KB057460

Theory of Soil Environmental Private Law

토양환경사법론

정 제 강 지음

법률지식의 중심
법문북스

<책을 펴내며>

　인류가 생존하고 있는 지구(地球)는 땅을 뜻하는 지(地)와 둥글다는 구(球)로 표현한다. 거대한 공과 같이 둥근 땅덩어리라는 것이다. 이러한 하나뿐인 지구를 잘 보전하고 지켜나가야 함은 우리 모두의 책임이고 의무이다. 그럼에도 불구하고 오늘날 인간 활동에서 생성되고 배출되는 여러 가지 물질이 땅 속으로 침투되면서 오염원으로 작용하여 지구는 상상하는 이상의 심각한 상태에 이르게 되었다. 즉, 오염원이 지표에 쌓이거나 농약 살포와 시설축산폐기물, 오폐수 등으로 지하자원의 이용과 농산물 생육에 지장을 주어 이는 결국 동물과 인간에게 치명적인 피해를 야기하고 있는 것이다. 이와 같이 이제는 토양환경문제가 인간생활에 있어 안전하고 건강한 삶과 직결되고 있을 뿐만 아니라 영속적인 지구환경 보전을 위한 노력과 그 필요성이 절실히 요구되고 있는 실정에 있는바 국가정책적 관심을 증대시키고 법적 체계와 실제간의 연계성을 따져 이론과 사례에 관한 연구가 병행되어야 하며 범국민적인 노력이 절실한 시점에 있다.

　토양환경오염으로 인한 피해에 대하여 법적 측면에 국한해서 살펴보면 공법적 구제와 사법적 구제로 생각해 볼 수 있다. 그 중에서 환경침해를 가져오는 행정조치의 취소를 다투어 이를 제거하는 등 오염을 사전에 방지하는 공법적 구제가 가장 효율적인 방법이지만 공법직 보호 및 구제가 강화된다고 하디라도 토양환경오염의 피헤를 완전히 막을 수는 없다. 따라서 토양오염의 피해를 입게 되는 경우에는 궁극적으로는 사법적 구제수단이 필요하게 된다.

　현행 환경정책기본법, 토양환경보전법 등 환경관련법규에 무과실책임에 관한 특별규정이 있어 사법적 구제에 기여하고 있으나, 종국적으로는 민사소송에 의해 해결할 수밖에 없다. 우선 사법적 구제로서 민사소송에 의하여 이루어지는 피해자의 보호로는 환경오염 그 자체의 침해를 예방하거나 또는 그 배제를 구하는 유지청구권과 환경오염으로 인하여 이미 발생한 손해를 전보하는 손해배상청구권 두 가지 수단이 있다. 그러나 토양오염사건은 일반적인 불법행위 피해와 달리 시간적으로 장기간에 걸친 누적적 형태의 피해로 나타날 수 있고 또 개인이 아닌 다수의 불특정인에게도 피해가 미칠 수 있을 뿐 아니라 특히 대기 또는 수질 등 다른 오염원에 기인하는 경우와 그 피해가 지역적으로 매우 광범위하게 나타날 수도 있다는 점에 있어서 완전한 사전방지 및 배제는 현실적으로 매우 어렵다는 점이다. 그렇기 때문에 사전에 오염을 통제할 수 있는 행정적 규율의 중요성과 함께 현행 법제도 하에서 개별적, 구체적 사건에 대응하는 법률적 구제수단으로서의 손해배상 또는 원상복구 등의 해결이 가장 효과적인 방안이 될 수 있다고 하겠다.

이 책에서는 토양환경의 보호가 그 실질적 중요성에 비추어 볼 때 다른 환경매체의 환경오염현상에 비해 그동안 경시되어 온 점이 없지 않고, 또한 사법상 해결된 사례가 많지 않다는 점에 문제의식을 갖고 현재 산업화의 후유증으로 나타나고 있는 오염토양이 자연환경을 황폐화 시키고 잔존 오염물질은 결국 지하수나 먹이사슬의 연쇄로 인체에까지 피해를 준다는 점에서 오염원인자에 대한 법적책임을 분명히 함으로써 토양환경의 오염문제에 대한 경각심을 일깨우고자 함에 논의의 초점을 두고자 한다.

이러한 토양오염에 관한 법적 규율과 책임에 대하여 제2장에서는 토양환경오염에 대한 일반론으로서 토양에 대한 개념과 기능, 오염의 특성, 그리고 토양오염 원인에 대한 실태와 현황, 오염 원인별 대표적인 사례 등에 대하여 일별하여 보고, 제3장에서는 환경오염에

대한 책임법적 근거와 함께 토양오염에 대한 법적 대응으로서 환경
정책기본법과 토양환경보전법을 중심으로 현행 법제를 개관하면서,
미국의 종합환경대응보상책임법(CERCLA)에 의한 토양오염 방지와
정화책임, EU의 유럽환경손해책임지침의 성립과 민사책임, 독일의
연방토양보호법상 Altlasten의 해결, 환경책임법의 입법과 그 내용
과 그리고 영국의 환경보호법에 의한 토양오염책임, 일본의 토양오
염에 대한 대처와 법적 규율 등 외국의 토양오염관련 책임법제와
그 내용을 비교법적으로 검토한다. 제4장에서는 토양오염책임에 대
한 법리적 측면, 즉 사법상 책임법적 구제법리를 중심으로 토양환경
보전법이 해결할 수 없는 법적 책임에 대하여 기존의 사법이론이
어떠한 방법적 기여가 가능한지에 대하여 먼저 학설을 개관하고, 사
전적 구제로서 민사상 유지청구제도와 사후적 구제수단으로서 불법
행위손해배상에 의한 해결을 검토하며, 최근 논의되고 있는 계약상
책임에 대하여 살펴보기로 한다. 또한 토양오염 피해의 배상과 정화
에 대한 무과실책임을 규정하고 있는 토양환경보전법상의 해결과
기타 환경법에 의한 책임에 대하여 중점적으로 논의하고, 아울러 현
행 법률체계로는 오염지 정화와 피해자구제에 한계가 존재하므로
그 해결방안으로서 입법론적인 검토를 통해서 토양오염피해에 대한
책임제도의 효과적인 구현에 일조하고자 한다. 그리고 행정기관에
의한 피해구제로서 환경분쟁조정제도를 간략하게 살펴보기로 하고,
끝으로 제5장에서는 이상의 논의를 바탕으로 한 토양환경오염에 관
한 사법상 규율 전반을 종합하여 결론을 맺고자 한다.
 또한 이 책의 구성은 토양환경오염과 관련한 책임법적 기초위에서
그 사법적 규율과 구제에 초점을 두고 문헌연구를 통해 연구목적을
달성하고자 하였다. 즉 국내외 환경 및 토양오염 관련 문헌의 조사
와 신문기사 및 인터넷을 통한 관련 현황자료를 수집하고, 수집한

자료를 바탕으로 법해석적 방법과 비교법적 방법으로 토양환경오염의 책임과 그 해결방안 모색에 대하여 논의를 전개하였다. 먼저 법해석적 방법으로 토양오염책임 관련법제에 관한 외국과 우리나라의 법률, 판례, 논문, 보고서 등의 문헌을 참고하여 토양오염 책임법리의 생성과 전개 및 법적 규율의 이론에 대하여 서술하고, 이와 같은 이론적 논의를 토대로 한 토양오염피해의 해결과 오염지에 대한 처리방법을 학설과 판례를 중심으로 고찰하였다. 그리고 비교법적으로는 외국의 토양환경보호를 위한 법정책적 대처와 입법례에 대한 분석을 통해서 우리나라의 다양한 원인으로 야기되고 또 향후 발생이 예견되는 토양오염에 대한 효과적인 대응과 해결방안을 모색하기 위한 입법론을 포함한 방법론에 대하여 검토하였다.

이 책은 고려대학교 법과대학의 안법영 교수님의 지도로 10년의 노력을 기울여 지난 2010년 완성한 박사논문을 기초하여 엮은 것이다. 논문심사과정에서 많이 부족한 논문을 애정 어린 조언과 그러나 혹독한 가르침으로 심사를 해주신 고려대 하경효 교수님과 김연태 교수님, 경기대 석희태 교수님, 경희대 전경운 교수님께 감사드린다. 책을 낸다는 것은 자신의 학문적 내공과 인격의 깊이를 가늠하는 척도에 다름이 아닐진대 막상 졸고를 단행본으로 출판하려니 자괴심이 앞선다. 그러나 토양환경 분야의 중요성에 비추어 볼 때 그 사법적 연구가 많이 부족한 실정이므로 이 책의 출간을 계기로 활발한 논쟁과 후속 연구가 발전적으로 전개되기를 기대해 본다.

끝으로 강의일정 등 바쁜 가운데에도 편집에 큰 도움을 준 윤명국 박사님과 출판을 위해 애써주신 법문북스 김현호 사장님께 큰 감사를 드린다.

2014. 7. 5.

정제강

목 차

제1장 서론

　토양(土壤)[1]은 물이나 대기와 같이 인간을 포함하여 지구상에 존재하는 모든 생명체가 그 삶을 영위하는데 절대적으로 필요한 환경의 중요한 구성요소이며 한편 토양은 지하수를 함양하고 청정을 유지케 하는 등의 능력이 있다. 20세기 이후 산업사회의 발달과 인구의 급속한 증가에 따른 도시화로 인하여 환경오염문제가 대두하고 있는데 그중에서 토양환경의 오염은 유해화학물질 등에 의한 직접적 오염과, 대기 및 수질오염 등에 따른 간접적 요인에 기인되고 있으며, 그 정도가 점점 심해져 특단의 대책을 수립하지 않는다면 미래 지구환경에 대한 예측은 매우 비관적이라 할 정도로 위기상황에 놓여 있다.[2]

---

1) 우리나라의 토양환경보전법에는 "토양"에 대한 명확한 정의가 언급되어 있지 않으나, 독일은 연방토양보호법(Bundes-Bodenschutzgesetz : Federal Soil Protection Act of 17 March 1998) 제2조 제1항에서 "토양의 기능(자연적 기능과 자연의 역사 및 문화사의 보고로서의 기능 및 이용측면에서의 기능으로 구분) 수행자로서 지하수와 하상(河床)을 제외한 액체 구성부분(토양 중 액체)과 가스형태의 구성부분(토양 중 기체)을 포함하는 지각(地殼)의 상층부"로 정의하고 있다. 그리고 미국 토양학회(Soil Science Society of America, 1997)에서는 "토양은 광물이 풍화되어 생성된 응고되지 않은(unconsolidated) 무기성 광물질(minerals)과 유기물질로 구성된 집합체로서 지각의 상층부에 위치하고 있고 육상식물의 생육을 위한 천연적 기반으로 기능을 보여주는 것"이라고 정의하고 있다. 박용하 외1, "토양환경보전법의 토양오염관련 주요용어의 정의 및 재정립에 관한 고찰", 環境政策研究 제4권 1호, 한국환경정책·평가연구원, 2005. 42쪽 이하 참조.
2) "무분별한 개발과 서식지 파괴로 전 세계 포유류의 24%인 1,130종과 조류(鳥類)의 12%인 1,183종이 멸종위기에 처해 있으며, 선진국이 주도하는 개발전략이 바뀌지 않을 경우 앞으로 30년 내에 지구 전체 육지의 3%가 콘크리트로 뒤덮이고 세계

　이러한 환경오염에 대한 인류의 위기의식은 오늘날 산업사회의 발전에 수반된 위험사회(Riskikogesellschaft : risk society)[3]의 대표적 표징으로써 생태적 환경의 파괴에 대한 반응이며, 이러한 산업화의 부작용은 이제 현대과학문명 스스로에 의해 극복되어야 할 과제로 등장하였다.[4]

　우리나라에 있어서도 1970년대를 전후하여 무분별한 국토이용과 개발위주의 경제정책을 추진하였고, 또 중화학공업의 육성 및 도시화 정책을 중점적으로 펴 오면서도 그에 상응한 환경오염대책을 수립하여 시행하지 못한 결과 근래에 이르러 토양을 비롯한 환경오염문제가 매우 심각해지고 있다. 이러한 환경오염은 질적이나 양적으로 뿐만 아니라 지역적으로도 광역화되고 그 침해내용과 그 정도 또한 복잡하고 크게 확대됨으로 인해서 환경문제는 이제 사회적 문제인 동시에 현대법학의 주요 해결과제가 되고 있다.

　그동안 수질과 대기, 소음·진동 등 다른 종류의 환경오염에 대해서는 사회적 관심의 증대로 많은 규제가 있어 왔지만 토양오염에 관해서는 그러하질 못하였다. 토양환경의 중요성에도 불구하고 위와 같이 토양오염의 문제가 수질이나 대기보전에 비해 상대적으로 소홀히 다루어져 온 것은, 오염의 진행속도가 느려 유동성이 없기 때문에 일상생활에서 쉽게 느낄 수 없고, 그 영향이 육안으로 인식할 수 없을 정도로

인구의 절반이상이 물 부족에 시달릴 것이다."라는 끔찍한 예측도 나온다. 동물이 살지 못할 정도로 파괴된 자연은 인간의 생명도 위협할 것이다. 중앙일보, 2002. 6. 5.자 2면 기사참조.
3) Humanity has created for itself a "risk society" attendant to development of an industrial society. Ulrich Beck, Risk Society : Toward a New Modernity 9(Mark Ritter trans, Sep. 1992).
4) 安法榮, "環境汚染事故와 危險責任 -一般條項的 危險責任構成을 위한 法政策的 小考-", 박기갑 외, 환경오염의 법적구제와 개선책, 小花, 1996, 290쪽.

서서히 나타나며, 피해가 간접적으로 나타난다는 데에 기인한다.5) 우리
나라도 20세기 초반부터 개발이 시작된 금속광산 및 석탄광산과 그 폐
광지역, 그리고 산업공장시설 등에서 배출되는 각종 오염물질과 폐기
물 매립지, 유류누출에 의한 오염 등 다양한 경로를 통해서 유입된 오
염원에 의해 토양이 심각하게 오염되고 있다는 사실이 밝혀지게 되었
다. 이로 인해 1990년대에 이르러 토양환경의 보전과 토양오염지역의
정화 및 복구에 대한 사회적 관심이 일기 시작하게 되고, 1995. 1. 5.에
"토양환경보전법(법률 제4906호)"을 제정·공포함으로써 토양환경의 오
염에 대한 대책을 강구하게 되었다. 그러나 우리나라는 토양오염에 대
한 심각성에 비추어 기름유출과 같은 일부 유형의 사고6)를 제외하고
는 그동안 환경오염사고에서 상대적으로 대응이 미흡하고 또 실제로

5) 토양오염은 어떠한 유해성분이나 물질이 일정한 한계량 이상으로 토양에 집적(集
積)됨으로써 토양 본래의 기능이 해를 받게 되는 것이기 때문에, 주로 인위적인
생산활동에 의해 부산물로서 배출되는 중금속 등의 유해물질에 규제의 초점이 맞
추어져 있다. 따라서 토양오염은 직접적인 피해보다는 유해물질에 의해 오염된
지하수와 오염된 토양에서 재배된 농작물의 장기간 음용 및 섭취, 또 表土의 유
실로 인한 오염물질의 하천유입으로 물속에서 사는 수생생물의 생물농축
(biological concentration) 등에 의해서 인체에 간접적으로 오염피해가 발생되는
것이고, 또 그 피해는 상당기간 지속적으로 나타나는 것이다. 이러한 토양오염은
이른바 '축적성 오염'이라는 관점에서 대기나 수질오염 등 다른 환경매체에 의한
오염과는 근본적으로는 다르다는 것이다.
6) 한 신문보도에 따르면, '1997년 정부가 최초로 도료 제조회사인 경기도 의왕시 H
화학공장의 정확한 오염상태를 파악하기 위해 정밀조사를 실시한 결과 공장부지
내의 유류저장탱크에서 새어 나온 기름으로 공장주변 1만 3천여 평의 토양 및 지
하수가 오염된 것으로 조사되었고, 정확한 실태조사에만 10억 원이, 그리고 오염
된 부지를 복원하는 데에는 무려 1천3백억 원의 비용이 예상된다는 용역보고서가
제출되면서 토양오염의 심각성이 대두하게 되었으며, 또한 최근 들어 미군기지
내 유류에 의한 토양오염 및 지하수오염으로 사회적 문제가 되고 있는 상황에서
지난 90년대 초부터 현재까지 주한미군에 의한 기름유출사고 피해에 관한 현황을
조사한 결과 총 주한미군이 반환했거나 반환할 예정인 기지 중에서 환경오염 조
사를 마친 29곳 중 26곳이 심각한 환경오염에 노출된 것으로 드러났다. 환경부가
밝힌 기지 26곳에 대한 환경오염 치유 비용은 적게는 약 277억 원에서 많게는
1,205억 원이 소요될 것으로 조사'되었다고 밝히고 있다. 한겨레신문, 2006. 7. 25.
자 기사참조.

4

산업단지나 개별입지의 토양오염 실태에 대해서도 정확한 통계파악도 이루어지고 있지 않은 실정에 있다. 이러한 토양오염으로 인한 피해의 심각성은 매우 큰데 반하여 막상 피해가 현실로 나타난 경우 피해자가 구제를 받는다는 것은 그리 용이하지 않다는데 그 문제가 있다.

이에 비해 미국이나 일본 등 선진국에서는 이미 오래전부터 다양한 경로에 의한 토양환경 피해사건[7][8]이 법적분쟁으로 비화되면서 심

---

7) 미국에서의 러브 커낼(Love canal)사건이 대표적 사례라고 할 수 있는데 이는 1892년 윌리엄 T. 러브(William T. Love)라는 사람이 나이아가라 폭포에 약 10㎞에 해당하는 운하를 건설하여 선박을 운항하고 발전소를 세우는 계획을 추진한데서 비롯되었다. 그러나 이 계획은 1.6㎞ 정도의 운하가 만들어져 갈 무렵에 미국에 불어 닥친 경제불황으로 회사는 재정적 어려움을 겪게 되고 때마침 1894년에 니콜라 테슬라(Nikola Tesla)에 의해서 장거리 송전이 가능한 교류전기방식이 발명됨에 따라 러브의 사업계획은 그 의미를 상실하게 되어 버렸다. 결국 러브는 길이 1마일, 폭 15야드, 깊이 40피트의 러브 커낼이라는 명예롭지 못한 이름의 웅덩이만 남긴 채 1910년에 사업을 중단하고 말았는데, 그 후 몇 십년간 이 웅덩이는 방치되어 오다가 후커화학회사(Hooker Chemical Company)가 이곳을 인수하여 1942년부터 1953년 사이에 공장에서 버리는 화학폐기물 22,000톤(55gal 드럼통 11만개 이상)을 이 웅덩이에 투기하게 되었고, 그 후 투기장소는 매립되어 학교나 주택이 건설되었다. 투기된 폐기물의 대부분은 금속제의 드럼통에 채워져 있었는데, 서서히 드럼통의 부식이 되면서 화학물질이 토양 속으로 침투하기 시작, 1970년대 들어 누출된 화학물질로부터 역겨운 냄새와 함께 천식과 간질환 등의 질병이 발생하는 등의 문제가 나타나 정부에 의한 조사가 시작되었다. 그 결과 누출된 유기화학물질 약 82종이 발견되었고, 그 중 벤젠(Benzene), 다이옥신(Dioxin) 등 11종이 발암물질로 밝혀졌다. 주 정부는 1978년에 긴급사태를 선언하고, 그 지역의 주민을 모두 이주시켰다. 이 사건으로 1,300여명의 피해자들이 후커화학회사와 정부를 상대로 수천억 달러의 손해배상 청구소송을 제기하였고 이는 1984년에 약 2천만 달러로 화해가 성립하였다. 그 이후 러브 커낼지역에서는 개량계획에 따라 유해화학물질의 제거작업이 이루어졌는데, 토양 및 지하수의 오염상태는 14년이 지난 1992년까지도 감시되었다. 이러한 과거의 오염사건에 대한 대처할 법률이 없었던 점이 종합환경대응보상책임법(CERCLA) 제정의 결정적 계기가 되었다고 할 수 있다. 東京海上火災保險株式會社 編, 環境リスクと環境法(美國編), 有斐閣, 1995, 20-21頁 參照; Linly Ferris, CERCLA Remedy Selection: Abandoning the Quick Fix Mentality, 21 Ecology Law Quarterly, 1994, p. 786.
8) 日本의 대표적인 토양오염사건은 기후(岐阜)縣 진즈가와(神通川) 유역에서 발생한 '이타이이타이병(イタイイタイ病)'을 들 수 있는데, 이 병은 원인불명의 대퇴부동통과 요통으로 시작되어 진행되다가 외부의 가벼운 타력에 의해서도 병적 골절을 일으키며 그 증세가 극심한 통증으로 '아프다, 아프다(イタイ, イタイ)'라고 호소

각한 사회경제적 문제로 대두되어 이에 대한 토양오염규제대책과 책임 법제가 입법화되었다.

토양오염은 그 원인규명이 쉽지 아니하고 또한 오염과 손해와의 사이에 인과관계 입증이 곤란하기 때문에 불법행위법상 책임추궁이 현 실적으로 매우 어렵다는 점,[9] 그리고 토양오염에는 다수의 당사자가 개입되는 경우가 많아 가해자를 특정한다는 것이 쉽지 않고, 손해액의 범위가 매우 크기 때문에 책임의 분배와 가해자의 배상능력 확보에 애 로가 많다는 점과 배상책임보험이 마련되어 있지 않다는 점 등이 피해 구제의 난점이다. 또 경우에 따라서는 오염행위와 피해발생 사이에 상 당한 시간적 간격으로 인한 청구시효가 소멸해 버리는 경우까지 고려 한다면 이는 일반적인 피해구제제도에서 찾아볼 수 없는 또 다른 특징

하는데서 병명이 유래되었으며 수백 명의 환자가 발생되었고 그 중 많은 환자가 사망에 이른 병으로, 1960년대에 규명된 내용을 살펴보면 위 진츠우가와(神通川) 상류에 위치한 미츠이(三井)광산(주)의 카미오카(神岡)광업소에서 납, 아연의 채굴, 선광, 정련을 하는 과정에서 방출되는 폐수가 강 하류지역의 농업용수로 흘러 들 어가 토양이 오염되었고 이 토양에서 산출된 농산물에 카드뮴 등 중금속 오염이 원인이 되었으며 오염된 농산물을 섭취한 주민이 이 병을 얻게 되었다는 것이다. 이는 피해자 유족 등이 위 광산을 상대로 토야마(富山)지방재판소에 청구한 손해 배상 청구사건에서 확인되어 피고의 손해배상책임을 인정함으로써 밝혀졌다. 이 병이 최초 발생한 것은 다이쇼우(大正)시대로 거슬러 올라가지만 특히 세계2차대 전 후에 다발한 것으로 조사되었다. 이 사건을 계기로 일본정부는 1969년 '이타이 이타이병'을 공해병으로 지정하였으며 그 후 '土壤汚染防止法'을 제정하기에 이른 다. 淡路剛久·大塚 直·北村喜宣 編, 環境判例百選(別冊 ジュリスト No. 171), 有 斐閣, 2004. 4, 48頁.

9) 실제 환경오염으로 인한 환경소송에 있어서는 오염원의 조사, 오염의 경로 및 피 해의 평가 등에 있어서 법원의 자력이 미칠 수 없는 고도의 전문적 지식을 요하 거니와, 원고측이 부담하여야 할 비용도 막중하고 소송이 복잡성으로 인하여 시 일 또한 장기화 되므로 경제적으로 약한 피해자로서는 감당하기 어려움이 있는 것이다. 그리고 원고로서 환경오염과 손해와의 사이에 인과관계를 입증하여야 하 는데 이에 관한 전문적인 지식이 없는 피해자로서는 환경오염과 같은 심히 곤란 한 인과관계를 입증한다는 것이 힘들다. 또한 소송의 성질상 제소한 원고에 대한 개별적 구제에 불과하고, 근본적이고 전체적인 해결책이 되지 못한다는 점을 들 수 있다. 洪天龍, "環境汚染被害의 救濟 -損害賠償請求와 留止請求-", 環境法硏究 第14卷, 韓國環境法學會, 1992, 6-7쪽.

이라 할 것이다.10)

　토양오염과 관련한 분쟁을 이상적으로 해결하는 방법은 무엇보다도 사전예방차원에서 토양오염 자체를 미연에 차단하고 자연적인 토양의 기능을 온전하게 유지하는 것이 중요하지만 완전한 예방이 사실상 불가능하기 때문에 사전에 이를 통제할 수 있는 관련법제의 중요성과 함께 사후적인 피해구제책이 요구되고 있다. 또한 민사책임법이 사적 법익침해에 따른 손해를 전보(塡補)하는 것에 중점을 두고 있다는 점에서 환경오염으로 인한 사고위험에 대응하는 데는 본질적으로 한계가 있기 때문에 환경오염의 심각성이 증가되는 현시점에서는 환경보호를 위해 공·사법 전 분야의 협동적인 조화가 요청되고 있다.11)

　따라서 이 책에서는 민사책임일반론과는 다른 환경오염책임의 특수성에 대하여 고찰하면서 토양오염사고의 합리적 해결을 모색하고자 한다. 즉 우리나라의 환경정책기본법과 토양환경보전법에서 규정하고 있는 책임원칙과 내용 등의 검토와 선진 외국의 토양오염책임법제를 개관하여 비교법적으로 고찰함으로서 우리 법제에서 나타난 문제점에 대한 논의를 바탕으로 적절한 토양오염의 해결방안을 마련하는데 시사점을 제시하고자 한다. 특히 토양오염에 대한 민사상 구제에 관한 법적 이론구성을 검토하고 실체법적인 측면과 절차법적 측면에서의 해결을 논의함으로써 토양오염피해에 대한 효과적인 법·정책적 규율의 방향을 마련하는데 그 목적이 있다.

---

10) 같은 취지로는, 古賀哲夫, "アメリカの最近の環境問題 -有害化學物質と人身被害-", 名古屋學院大學論集 社會科學篇 第27卷 1号, 1990. 7, 154-155頁.
11) 安法榮, "環境汚染事故와 危險責任 -一般條項的 危險責任構成을 위한 法政策的 小考-", 291쪽.

제 2 장 토양오염에 대한 기본적 고찰

제1절 토양오염의 의의

Ⅰ. 토양의 개념과 기능

1. 환경매체로서의 토양

일상생활 중에서 늘 접하는 대부분의 토양(soil, 흙)은 암석의 풍화물[1]이다. 지표면이나 지표 근처에 노출된 암석이 산소, 물, 열작용을 받아 크고 작은 입자로 된 혼합물과 화학반응 생성물(점토광물·탄산칼슘 등), 유기물로 구성되어 있는데, 이와 같은 토양의 실존적인 면에서의 구성은 고상(固相), 액상(液相), 기상(氣相)의 삼상(three phases of soil)으로 구분한다. 고상은 암석의 풍화산물인 무기물과 동식물의 유체(遺體), 생물체를 포함하는 유기물로 구성되어 있는 것을 말하며, 액상은 강수에

---

1) 암석이 쪼개져서 입자가 작아지거나 성질이 변하는 것을 풍화(weathering)라고 하며, 풍화에는 온도, 습도, 물, 바람 또는 식물이나 동물의 영향 등 물리적인 힘의 작용으로 분해(disintegration)되거나 마모되어 그 구성결정이 분리되는 물리적인 풍화와 가수분해(hydrolysis), 산화(oxidation), 산성화(acidification) 또는 용해(dissolution) 등 화학반응에 의해 암석의 조암광물(rock-forming minerals)이 분해(decomposition)되는 화학적 풍화가 있다. 이와 같이 풍화된 암석이 원래의 위치에 그대로 남거나 혹은 바람, 물, 빙하, 중력 등에 의해서 다른 곳으로 옮겨짐으로써 토양을 이룬다. 안영희·김인수·김은경·김무훈, 토양환경의 오염과 정화, 구미서관, 2004. 2, 12-13쪽.

8

의한 토양수가 미세한 틈을 점유하고 있는 것을 말한다. 그리고 큰 틈에는 물에 의해서 포화되어 있지 않는 한 공기가 들어 있는 기상(氣相)으로서 이 토양공기가 대기와 서로 가스교환을 한다. 토양은 암석이 풍화하여 생성된 것이지만 모암(母岩)의 광물성과 변성과정 등 풍화조건에 따라 점토(粘土), silt, 모래, 자갈 등 다양한 형태로 나타난다. 이렇게 생성된 토양은 홍수 예방, 수원함양, 수질정화, 토사붕괴 방지, 침식억제, 지반침하 방지, 오염물질 정화, 지표의 온도와 습도에 대한 간섭, 토양생물상 보호, 식생보호 등의 환경적 기능을 수행한다.2)

이와 같은 토양의 개념에 대해 일반적으로 확립된 정의가 법학의 영역에서는 존재하지 않기 때문에 명확하게 정의한다는 것은 어렵다고 하겠다. 즉, 토양은 다른 환경매체로서 공기나 물과는 다르게, 보는 관점에 따라 다양한 정의를 내릴 수가 있기 때문이다. 예컨대 지질학자는 토양을 지구암석이 풍화된 계층으로 파악하는가 하면, 또 공학자의 입장에서는 토양의 물리적 특성, 즉 토양의 압착성(Verdichtbarkeit)과 생산력(Tragfähigkeit), 물 투과성(Wasserpermeabilität) 등에 주안점을 두고 있으며, 그리고 토양학자는 토양을 부드러운 암석 부스러기(Lockergesteinsfragmente)와 유기물(Organische Substanz)의 다양한 층으로 형성된 하나의 자연체(Naturkörper)로 본다. 또 농학자는 토양을 무기질과 유기질, 그리고 물, 공기로 형성되어 식물을 잘 자라게 하는 지구의 부드러운 표층으로 정의하게 된다.3) 그리고 현실적으로 토양은 암석이 잘게 부수어진 광물질, 화산회(火山灰·volcanic ash) 등이

6

2) 환경부, 2008 환경백서, 2008. 11, 501쪽.
3) Buchwald, K./W. Engelhardt(Hrsg.), Umweltschutz. Bd. 4 - Schutz des Bodens. 1999. S. 4 ; Helmut Kohnke/D. P. Franzmeier, Soil Science Simplified(paperback, 4th Ed.) Waveland Pr Inc, 1994. 12. p. 1.

오랫동안 물리적, 화학적, 그리고 생물학적 작용을 받아 형성되며 물질과 에너지를 원활하게 순환시켜 수많은 생물들이 살아가는 터전을 지칭한다. 토양은 1차 생산자인 식물의 뿌리를 지탱해 주고, 성장에 필요한 에너지와 물질을 공급하는 등 생태계의 기초를 이루고 있다. 또한, 화석 연료나 광물 자원을 제외하고 인류가 사용하는 식량, 섬유, 목재, 세라믹(ceramic) 등의 원료 자원을 공급하고 있다.4) 위와 같이 토양은 각 분야의 관점에 따라서 다르지만 1차적인 정의는 토양이 생명현상의 근원이 되며 인간의 의·식·주생활에 필수불가결의 환경매체라 할 것이다.

2. 생태적 기능과 비생태적 기능

토양은 토양공극(soil pore)을 통해 이산화탄소가 나가고 산소가 들어오도록 뿌리부근의 통기를 도우며, 토양공극의 함수능(含水能)은 토양내의 수분변화가 심하지 않게 조절하며, 토양의 절연기능은 토양내의 온도의 변화가 민감하지 않게 조절한다. 이러한 토양의 수분 및 온도조절기능은 간접적으로 식물과 동물의 종류 및 수를 결정하는 역할을 한다. 그 밖에 물의 공급을 조절하는 기능, 토양의 여과 및 정화, 순환계로서의 역할과 토양생물의 서식처, 산업의 원료 및 공학적 매체 등 다양한 기능을 한다.5) 이와 같은 토양기능의 유지는

---

4) 1990년 유럽위원회(European Council)는 토양의 기능을 생태적 기능과 인간 활용의 기능, 지리적 유산으로 분류한 바 있다. 최봉석, "土壤汚染에 대한 法的·政策的 對應의 現況과 課題", 環境法研究 第29卷1號, 韓國環境法學會, 2007. 391-392쪽.
5) 토양하부의 지하수는 물의 공급원으로 작용한다. 오염된 토양이 토양내의 물을 오염시키기도 하지만 토양의 여과기능과 토양내부의 토착미생물에 의해 오염된 물의 정화가 일어나기도 한다. 또 토양은 영양분과 유기 폐기물의 순환계

10

토양환경보호 내지 보전에 대한 논의의 중심에 있다고 할 수 있다. 즉 토양보호관계 법률이 추구하고 있는 내용이 대체로 토양기능의 유지보전과 개선을 목적으로 하고 있기 때문이다. 따라서 토양의 기능 중 어떠한 것을 그 법적 보호대상으로 할 것인가는 대단히 중요한 문제이다. 이러한 토양의 기능에 관해서 다양한 서술이 가능하겠지만, 독일의 연방토양보호법(BBodSchG) 제2조 2항에서는 아래와 같이 규정하고 있다. 먼저 자연적 기능으로서 인간, 동물, 식물 그리고 토양생물에 있어서 삶의 토대 및 공간으로서의 기능, 특히 물의 순환 및 먹이순환을 가진 자연의 구성부분으로서의 기능, 여과, 완충, 물질변환의 특성에 기초한 물질적 영향에 대한 제거, 보상, 보충 매체로서의 기능 및 특히 지하수보호를 위한 기능, 그리고 자연사 및 문화사의 보고로서의 기능이다. 그리고 이용기능으로서는 천연자원 저장소로서의 기능과 주거 및 휴식을 위한 지역으로서의 기능, 농림업의 이용 장소로서의 기능, 그리고 기타 경제적·공공적 이용, 교통의 공급·처리를 위한 장소로서의 기능 등을 열거하고 있다. 이러한 독일의 연방토양보호법에서 규정한 토양의 기능을 생태적 기능과 비생태적 기능이라는 기준으로 분류할 수 있는데, 위의 기능 중 자연적 기능은 생태적 기능으로 볼 수 있으며, 나머지 토양의 기능은 비생태적 기능으로서, 생태적 기능과는 달리 인간의 이용에 기여하는 것이다.6) 이처럼 토양의 기능을 분류하는 이유는 생태적 기

로서의 기능도 수행한다. 즉 폐기물과 동·식물의 사체가 토양 내에서 생분해되어 유기물과 무기물로 전환되면 이들은 차례로 토양생물 및 식물의 영양분으로 작용하게 된다. 그리고 토양은 식물성장의 매체로 작용할 뿐만 아니라 미생물, 동·식물과 같은 토양생물의 서식처로서도 작용한다. 이들 토양 생물들은 생산자, 먹이, 포식자, 소비자, 또는 기생자로서 상호작용하며 토양생태계의 구성원을 이룬다. 또 토양은 공학적 매체가 되기도 한다. 즉 벽돌과 같이 건축원료가 되기도 하고, 도로 및 건설의 기초가 되며 요업, 제지와 같은 산업의 원료가 되기도 한다. 안영희 외 3, 토양환경의 오염과 정화, 23-25쪽.

능은 비생태적 기능과 양립되지 않는 경우가 많다는 데에 있다.7) 따라서 독일의 연방토양보호법이 규정하고 있는 토양의 기능 중 자연적 기능을 제외한 환경과 직접적으로 관련이 없는 나머지 기능들은 토양보호법에서 제외되어야 한다는 주장8)이 설득력이 있다.

II. 토양오염과 오염의 특성

1. 토양오염의 정의

토양오염(Soil contamination or Soil pollution)이란 토양의 어떤 상태를 의미하는지에 관해서 그 개념정의가 법률적으로 명시되어 있거나 판결례에서 찾아보기 어렵다.9) 다만, 우리나라

---

6) Petra Kauch, Bodenschutz aus bundesrechtlicher Sicht : Bestandsaufnahme, Defizitanalyse und Weiterentwicklungsmoglichkeiten, Selbstverlag des Instituts fur Siedlungs- und Wohnungswesen und des Zentralinstituts fur Raumplanung der Universitat Munster(1993), S. 12, 14.

7) 가령 비생태적 기능의 이용이라고 할 수 있는 주거지역이나 경제적 지역으로서의 이용은 일반적으로 생태적 목적규정에 반하기 때문이다. 즉 자연적인 토양의 기능성은 토양이용의 종류, 범위, 강도에 따라 축소될 수 있다. 극단적으로 말해서 토양을 절대적으로 보호한다는 것은 모든 주거의 밀집이나 천연자원채굴의 종식을 뜻할 수 있는 것이다. Wilfried Erbguth/Frank Stollmann, Zum Stand des Bodenschutzrechts, NuR 1994, S. 321.

8) Franz J. Peine, Die Bodenschutzkonzeption der Bundesregierung, UPR 1997, S. 57; 金鉉峻, "獨逸法上 土壤環境保護와 그 示唆點", 公法研究 第29輯 第1號, 2000. 11. 30, 470쪽.

9) 이에 대해서 '토양오염'은 산업과 생산활동 기타 인간의 활동에 의하여 각종 유해물질이 토양에 유입되어 이 토양을 매체로 성장하는 각종 식물 특히 농작물이 유해물질을 흡수함으로써 이것을 섭취하는 인간과 동물에게 해를 끼치거나 또는 토양의 물리적·화학적 성질을 변화시켜 사람의 건강이나 환경에 피해를 주는 상태라고 할 수 있다. 朴鈗炘, "美國 環境法上의 土壤汚染의 淨化責任", 美國憲法研究 7, 美國憲法學會, 1996. 7, 124쪽; 獨逸은 聯邦土壤保護法 第2조 제3항에서 "토양오염"이란 '유해한 토양변질(schädliche Bodenverschlechterung)'이라고 명시하고 있다. 유해한 토양변질이란 "토양의 기능에 영향을 미치는

토양환경보전법 제2조에서 '토양오염'이라 함은 사업활동 기타 사람의 활동에 따라 토양이 오염되는 것으로서 사람의 건강·재산이나 환경에 피해를 주는 상태라고 정의하고 있다. 그러나 이 규정에서 토양오염의 발생 원인요소를 "사업활동 기타 사람의 활동"으로 규정함으로써 자연적으로 발생되는 오염물질의 토양축적은 토양오염으로 간주하지 않고 있다.[10] 그런데 토양오염은 다른 환경오염과 달리 쉽게 눈에 보이지 않는다는 잠재성을 가짐으로써 오염이 상당히 진전될 때까지는 인식하기가

것들로서 개인 또는 공중에 대하여 위험이나 현저한 불이익 또는 침해를 야기하는 적절한 토양기능에 대한 피해"를 의미한다. 그리고 토양오염이란 용어에 대해서도 미국과 유럽에서는 Soil contamination과 Soil pollution의 차이에 대해서 오랫동안 논의되었다. 혹자는 contamination은 자연현상에 의해 오염물질이 토양에 축적되어 토양의 기능을 훼손한 상태이고 pollution은 인간의 활동에 의한 토양오염으로 구분하고 있다. 그리고 또 다른 한편에서는 "contamination은 항시 유해한 것은 아니나, 인간활동에 의해 토양 내에 유해물질의 수준농도가 증가하는 것이며 pollution은 토양 중 유해물질의 농도가 일반적으로 나타나는 배경이 자연함유량 이상으로 증가되어 토양의 기능에 피해가 나타나고 생물체에 독성을 보여주는 상태"로 정의하고 있다. 그러나 근래에는 두 용어 모두 인간활동에 의하여 토양에서 위해성물질의 수준이 증가하는 상태의 뜻을 포함하는 용어로 받아들여지고 있는 등 contamination과 pollution은 동의어로 인정된다. 그리고 일반적으로 토양오염을 지칭하는 경우 contamination이 pollution보다 많이 사용된다고 한다. 박용하 외 1, 앞의 논문, 46쪽 이하 참조; 또 자연과학적 관점에서 토양오염 즉, '오염된 토양'이란 인간의 활동에 의해 만들어지는 여러 가지 물질들이 토양에 유입·축적되어 토양의 조성이 변화되고 이를 이용하는 동·식물의 생육과 인간의 생활에 위해를 유발하는 등 자연상태로서의 기대되는 수준을 초과해서 비정상적으로 악화된 토양을 말한다. 류순오 외 1, 韓國地下水土壤環境學會 1996년도 경기지부결성 및 세미나자료, 17쪽.
10) 이와 같이 '토양오염'의 정의는 사후적 측면에만 주목하여 규정한 것으로 보이므로, 이를 "인위적인 오염물질이 토양에 유입되어 토양의 형질과 조성을 변화시키고, 토양구조를 파괴하여 생물의 생육에 장애를 일으키는 등 토양의 질이 악화되는 것"으로 이해되어야 할 것으로 보인다. 이에 관한 상세한 내용은, 趙弘植, "土壤環境侵害에 대한 法的 責任", 環境法研究 제20권, 1998, 298쪽 이하; 金明龍, "土壤環境保全法의 比較法的 分析 - 獨逸의 聯邦土壤保護法을 中心으로 -", 環境法研究 第24卷 第1號, 韓國環境法學會, 2002. 9, 2쪽 이하 참조.

어렵고, 대부분은 피해를 입은 후에야 그 오염사실을 알게 되므로 피해를 면하기가 매우 어렵게 된다. 또한 토양오염은 주로 토양에 서식하는 생물체와 지하수오염을 통하여 사람에게 피해를 유발하므로 오염행위와 피해발생 사이에 상당한 시차가 발생하고 그 피해는 장기간에 걸쳐 나타나게 된다. 아울러 토양오염은 대부분의 환경오염처럼 한번 오염되면 그 개선이 어려우면서도 대기나 수질오염에 비해 훨씬 더 많은 시간과 비용을 필요로 한다는 특징을 가지고 있다.[11]

2. 오염의 일반적 특성

근대 시민법이 예상하지 못했던 새로운 침해유형으로서 환경오염피해는 그 사법적 구제를 위한 타당한 법리를 설정함에 있어서도 환경오염의 특질로부터 비롯된다고 할 수 있으므로, 환경오염의 특질에 대한 검토가 선행되어야 한다. 그 중 특히 토양오염의 특성은 간접적이고, 만성적이며, 시간적·경제적으로 그 복원이 어렵다는 세 가지로 요약될 수 있다. 즉 토양이 오염되면 그 속에 살고 있는 토양생물들과 지하수가 오염되고 이는 인간에게 피해를 주게 되는 식의 간접적인 영향관계를 형성하고 있는 것이다. 또한 이러한 영향은 곧바로 나타나기보다는 오랜 기간 누적되어 피해를 일으키는 만성적인 영향이라 할 수 있는데, 아울러 토양오염도 대부분의 환경오염처럼 한 번 오염되면 그 개선이 어려우면서도 대기나 수질에 비해 훨씬 더 긴 시간과 많은 경제적 투자를 필요로 한다는 특징을 가지고 있다.[12] 지금까지 학설·판례가 지적하고 있는 토양오염을

---

11) 환경부, 2009 환경백서, 2009. 12, 494-495쪽.

포함한 환경오염의 공통적 특성을 살펴보면 아래와 같다.

가. 피해의 누적성·지속성

토양오염을 비롯한 환경오염은 그 발생과 피해에 있어 일회적인 것이 아니라 계속적이어서 돌발사고에 의한 산업재해와 구별되고, 또 그 원인이 되는 인위적 활동이 계속되는 동안 그와 함께 침해도 계속된다.13) 특히 수질 및 대기오염의 경우는 오염원으로부터 오염물질의 배출이 차단되면 물 또는 공기의 지속적 흐름으로 인하여 오염물질이 희석되면서 비교적 단기에 오염상태가 개선될 수 있으나, 토양오염의 경우는 오염물질의 배출이 차단된다 하더라도 그 오염상태가 상당기간 지속됨으로써 복원의 어려움과 많은 비용이 소요되는 특질에서 차이가 있다.14) 그러므로 토양오염으로 인한 피해의 구제는 이미 발생한 손해를 전보해 주는 것만으로는 불충분하고, 이미 존재하는 오염을 근원적으로 복구함과 동시에 장래에 발생할 우려가 있는 오염피해를 방지하기 위한 사전예방대책의 수립이 필요한 것이다.

나. 오염의 인위성과 피해의 간접성

토양오염은 간접적으로 수질 또는 대기오염을 통한 2차 오염으로 발생하기도 하지만, 직접 유해물질의 배출, 누출, 폐기물의 매립 및 불법투기에 의한 경우가 많다.15) 이와 같이 토양오염은 인위적인

---

12) German Federal Ministry for Environment, German Federal Government Soil Protection Report, 2002, p. 7.
13) 李銀榮, 債權各論(제4판), 博英社, 2004, 945쪽.
14) 안영희 외 3, 토양환경의 오염과 정화, 3쪽.

것, 즉 사람의 행위에 의하여 발생하고 인위적이라는 점에서 자연현
상에 기인하는 자연재해와 구별되고, 또 인위적인 것이기 때문에 그
에 대한 방지도 인위적인 힘으로 가능하다. 따라서 환경오염을 유발
시키는 매체를 지배하는 자에게 그 예방에 관한 의무를 부과시키고
환경오염책임을 묻게 된다.16) 그러나 인체나 재산에 대한 피해는 통
상 토양 등 1차적으로 환경매체에 침해가 가해지고 다시 이들을 매
개체로 하여 손해를 입힌다는 것이다. 일반적으로 환경오염은 매체
를 통한 간접적 피해로 나타나기 때문에 손해의 발생과 정도, 그리
고 그 내용 등이 명확하지 아니하고 환경오염원인인 가해행위와 손
해발생 사이에 인과관계가 불분명하여 입증의 곤란을 가져온다.17)

다. 피해의 광역성·포괄성

토양오염은 물, 대기 등 다른 매체를 통하여 당해지역에 거주하
는 사람은 물론이고 광범위한 지역에서 공중일반 혹은 불특정의 다
수인에게 발생한다. 이러한 오염피해는 사람뿐만 아니라 생물 및 재
산에 이르기까지 그 미치는 범위가 매우 넓고 다양하며 피해가 무
한정 확대될 가능성이 있고, 그 후유증 또한 심각하기 때문에 가해
자에게 있어서도 부담해야 할 피해배상액이 막대한 액수에 이르게
된다.18) 그 결과 가해자의 배상능력이 충분하지 못하면 피해자의 손
해배상청구권은 유명무실하게 되고, 만일 가해자에게 상당한 배상능

---

15) 따라서 토양의 보전을 위한 대책의 수립을 위해서는 무엇보다도 총체적인 개
    념에서 오염원을 다루어 접근할 필요가 있다. 안영희 외 3, 앞의 책, 3쪽.
16) 具然昌, 環境法, 法文社, 35쪽. 따라서 우리나라는 "環境改善費用負擔法"을 제
    정하여 1992년 7월 1일부터 시행하고 있다.
17) 吳錫洛, 環境訴訟의 諸問題, 日新社, 1991, 20-21쪽 참조.
18) 趙銀來, 環境法, 세종출판사, 2003, 182쪽.

력이 있더라도 가해자는 배상책임의 과중으로 파산을 가져오게 되
므로, 불특정 제3자를 위한 환경오염보험이나 환경오염으로 인한 피
해보상기금제도의 필요성이 제기되고 있다.[19] 그리고 환경오염피해
는 재산 및 건강에 영향을 미치거나 인간의 쾌적한 생활을 방해하
고 위협하는 생활전반에 대한 침해이다.[20] 이와 같이 침해가 포괄적
이고 전면저이라는 점에서도 다른 불법행위와 구별된다.

라. 당사자지위의 비호환성

토양오염은 가해자와 피해자의 입장 및 지위에 대한 비호환성이
뚜렷이 드러나는 특징이 있다. 대개 가해자는 일반적으로 일정한 생
산활동을 하는 기업이고, 피해자는 인근의 주민이므로 교통사고와
같은 일반 불법행위로 인한 침해와 달리 가해자와 피해자의 지위가
뒤바뀌어질 가능성이 거의 없다.[21] 즉, 일반 불법행위에서는 누구나
가해자도, 피해자도 될 수 있지만 환경오염에 있어서는 오염물질을
배출하는 가해자는 언제나 기업이고 피해자는 그 지역 주민일 수밖
에 없어 가해자와 피해자가 명확히 구별되며, 복합적인 원인에 의한
오염의 경우에는 당사자 특정에 관해서도 문제가 된다.[22] 또한 기업

---

19) 李均成, "公害의 被害者救濟와 保險", 環境法研究 第2卷, 韓國環境法學會,
   1980, 73쪽 이하.
20) 具然昌, 環境法, 36쪽; 徐燉珏, "公害로부터의 自由", 法과 公害, 韓國法學敎授
   會, 1974, 12쪽.
21) 全昌祚, "公害의 私法的 救濟의 法理에 관한 研究" 東亞大 東亞論叢 제11집,
   1974, 25쪽 참조.
22) 환경오염은 광역적으로 발생하므로 피해자가 다수 발생하기 마련이고 가해원
   인도 복합적으로 이루어지기 때문에 가해자도 다수인 경우가 많다. 환경오염
   의 이러한 특질은 환경오염의 사법적 구제에 있어서 여러 제약과 한계를 주게
   되며, 개별적 소송을 원칙으로 하는 현대 민사소송구조와의 관계에서도 여러
   문제점을 야기하게 된다.

이 가해자인데 반하여 피해자는 경제적 약자인 경우가 대부분이어서 일반적으로 상호 사회적·경제적 힘의 불균형으로 나타나 피해자는 당사자로서의 지위도 상대적으로 약해질 수밖에 없기 때문에 효과적인 피해구제를 위한 법리의 정립이 필요하게 된다.

마. 가해행위의 허용성

일반적으로 오염물질을 배출하는 가해자인 기업은 허용된 생산활동으로 인하여 부수적으로 오염침해를 유발하는 것이 대부분이다. 이와 같은 가해자의 생산활동은 공공목적인 경우도 있고 사기업의 영리활동인 경우도 있으나, 이는 모두 사회에 대하여 어느 정도 공익적 기여를 하고 있다는 점은 부인할 수 없을 것이다. 그러므로 피해의 구제에 있어서도 가해자와 피해자의 이익이 비교형량되어야 한다. 문제는 당사자 간의 이익형량에 있어서 산업우선주의에 의한 기업편중, 인권경시의 경향을 낳을 우려가 있다는 점인데, 특히 토양오염 등 환경오염의 피해 문제는 그동안 국가의 경제성장정책에 따라 일정부분 허용된 오염이라는 점에서 경시되는 경향이 있었고, 따라서 피해구제가 불완전한 경우가 많았다.[23]

---

23) 따라서, 가해기업에 대한 손해배상이나 오염방지조치를 요구함이 타당하다고 판단되는 정도의 환경오염만이 가해자의 배상책임을 발생시킨다. 徐燉珏, "公害로부터의 自由", 12쪽 참조.

제2절 토양오염의 원인과 실태

Ⅰ. 토양오염의 원인

1. 개황

우리나라의 경우 전국적인 토양오염실태를 원인별로 조사한 사례가 없기 때문에 정확한 오염지에 대한 현황은 알 수 없는 실정이나, 토양오염을 유발할 가능성이 있는 주요 시설 및 부지를 구분하여 대략 추정해 볼 수 있다. 가장 일반적인 토양오염에 의한 피해는 특히 기업활동에서 산업원료를 투입하여 제조물을 생산하는데 수반되는 다양한 경로를 통하여 유발 된다. 즉 유해물질의 직접 배출 또는 매연, 분진, 공장폐수 및 각종 폐기물 등에 함유된 유해화학물질 또는 중금속[24]이 최종적으로 토양에 유입되어 잔류함으로서 나타나는 것이다. 그리고 농업생산에 수반하여 사용되는 농약 및 화학비료의 사용도 토양오염의 원인이 되고 있다.[25] 뿐만 아니라 공업과 농

---

[24] 비소·안티몬·납·수은·카드뮴·크롬·주석·아연·바륨·비스무스·니켈·코발트·망간·바나듐·셀렌 등 주기율표상의 아래쪽에 주로 위치하고 있는 비중 4 이상의 무거운 금속원소를 말한다. 중금속이 환경에 배출되면 생물권을 순환하면서 먹이연쇄를 따라 사람에게까지 이동해 오기 때문에 중금속에 의한 환경오염을 막으려는 노력이 필요하다. 중금속은 미량이라도 체내에 축적되면 잘 배설되지 않고 우리 몸속의 단백질에 쌓여 장기간에 걸쳐 부작용을 나타내기 때문에 매우 위험하다. 예를 들어, 우리 몸 곳곳에 산소를 운반하는 헤모글로빈은 글로빈이라는 단백질에 철이 결합한 형태를 갖추고 있지만, 우리 몸속에 수은이 들어와 글로빈에 철 대신 붙으면 산소운반능력을 상실하게 된다. 또한 납(Pb)은 신경과 근육을 마비시키고 카드뮴(Cd)은 폐암을 일으킬 수 있으며 뼈를 무르게 한다. 망간(Mn)은 뇌와 간에 축적되어 성장부진과 생식능력 저하를 유발하기도 한다. 출전; 네이버 백과사전

[25] 토양에 흡수축적된 중금속, 농약 등이 농작물에 흡수되어 오염되는 외에도, 직접 공장에서 유출된 폐액에 의해서 농경에 피해를 준다. 1976년 이태리 북부 Seveso市에서는 ICMESA사에서 농약을 합성하는 과정에서 유독한 TCPD

업 등의 생산활동에 수반되는 폐기물처리와 대기오염, 수질오염 등
의 대부분이 지표면 부근에서 나타나고 또 그 오염이 토양에 직접
적으로 작용함은 물론 지상에서 이루어지는 모든 인위적 활동의 귀
결이 모두 토양에 이르게 된다. 따라서 위와 같이 토양에 부하(負荷)
된 오염물질은 지층내로 침투하여 지하수오염으로 나타나고 지하수
를 음용 또는 생활용수로 사용하는 인간생활에 곧바로 엄청난 영향
을 끼치게 된다.[26]

　토양오염은 석유류저장시설 및 유독물저장시설의 경우 시설의
노후화 및 누출 등에 의해 발생되고 있으며 예상되는 오염물질의
종류는 BTX, TPH, PAHs[27]나 중금속, VOCs, PCP[28] 등이고, 휴・폐

(Tetra Chlordibenzo p-dioxane) 2kg이 공기 중에 분출되었는데 수일 후에는
부근농토 지표 60cm의 깊이까지 이것이 침투 오염되었다. 이에 앞서 부근 가
축이 도사하고 소아들의 피부에 적반이 발생하고 입원환자가 증가하였는데 시
에서는 농작물에 흡수되어 인체에 미치는 피해를 우려하여 농작물을 전부 소
각하고 임산부에게는 기형, 기능이상아의 출생을 우려하여 임신중절을 권유하
였다. 우리나라 농토에도 과거 10여년동안 살포하여 왔던 도열병방제제 유기
수은제는 아직도 농토 중에 잔류하고 있는 수은제의 90%가 10~90년이 걸릴
것으로 추정되고 있다. 그밖에 유기염소계 농약도 토양을 오염시켜 토양세균
의 분포를 변화시키고 천적을 멸살하여 농약사용을 더욱 촉진시키고 있다. 權
肅杓, "環境汚染의 現況과 그 對策", 公害問題와 裁判, 裁判資料 第2輯, 法院行
政處, 1978, 262쪽.
26) 지하수오염물질은 각종 산업 및 인간활동에 따른 의도적인 행위나 예기치 못
한 사고 또는 무관심과 무지때문에 지하로 유입되어 지하수를 오염시킨다. 자
연상태하에서 지하수는 연간 1~5m 정도로 매우 서서히 이동하는 속성을 지니
고 있기 때문에 지하저수지 역할을 하는 대수층이 한번 오염되면 오염물질은
대수층 내에서 반영구적으로 잔존하여 우리 후세에까지 아주 심각하고, 지속
적인 환경오염의 부산물을 물려주게 된다. 환경부, 2005 환경백서(2005. 8.),
568-569쪽.
27) **BTX**(Benzene, Toluene, Xylene)란 naphtha의 접촉개질 등을 통하여 생산된
방향족화합물로 벤젠(B)・톨루엔(T)・크실렌(X)의 머리글자를 합하여 약칭으로
BTX라고 부르며, **TPH**(Total Petroleum Hydrocarbon : 총석유계탄화수소)는
대부분의 유류성분은 수백 가지 이상의 탄화수소 화합물의 복합체라고 할 수
있는데 BTEX와 같이 상대적으로 독성이 높은 특정물질을 제외하고는 개별 화
합물질별로 규제하는 것이 바람직하지 않아 석유류에 대한 관리는 함유된 탄
화수소의 총량을 측정하는 TPH를 기준으로 하고 있다. 또 **PAHs**(Polynuclear

20

금속광산의 경우는 광산 활동 중에 배출되어 처리되지 않고 방치되어 있는 폐광재, 광미와 갱내 폐수이며 이들 지역에서는 카드뮴(Cd), 납(Pb), 비소(As) 등 주로 중금속이 배출되고 있다. 사용이 종료된 폐기물 매립지의 경우는 주로 침출수에 의해 토양이 오염되며 주된 오염물질은 유기물, 중금속, VOCs, PAHs 등이다.

한편 공상 및 산업부시의 경우는 유·무기화학의 원료 및 제품의 제조공장, 배터리, 안료 및 도료제조공장, 제철 및 제강공장, 제지 및 섬유공장, 목재의 방부처리 및 가공시설 등이 주된 오염원이 되며 이들 지역에서는 주로 제조 및 가공공정에서 배출되는 오염물질이 오염요인이 되며 주된 것은 시안(CN), 페놀, Cd, Pb, As 등 중금속과 BTEX,[29] VOCs, PAHs, 다이옥신 등을 들 수 있다.

또한 국방관련 군사기지에서 우리나라에 주둔하고 있는 외국군과 우리 국군이 사용하였거나 사용하고 있는 병영, 훈련지, 비행장, 유류저장기지 등의 토지, 건물 및 시설부지 등을 토양오염대상지역으로 들 수 있고, 특히 재래전이나 화학전에서의 전투물자 및 시설

Aromatic Hydrocarbons : 다핵방향족탄화수소)는 두 개 이상의 벤젠고리를 가지는 방향족화합물로 독성을 지닌 물질이 많고, 특히 벤조피렌(benzopyrene)은 발암물질로 알려지고 있음.

28) **VOCs**(Volatile Organic Compounds : 휘발성유기화합물)란 증기압이 높아 대기 중으로 쉽게 증발되는 액체 또는 기체상 유기화합물을 총칭하며, VOCs는 대기 중에서 광화학반응을 일으켜 오존 등 광화학 산화성물질을 생성시켜 광화학스모그를 유발하는 물질을 일컫는다. 대기오염뿐만 아니라 발암성 물질이며, 지구온난화의 원인물질이므로 국가마다 배출을 줄이기 위해 정책적으로 관리하고 있다. 벤젠, 아세틸렌, 휘발유 등을 비롯하여 산업체에서 사용되는 유기용매 등 다양하다. 그리고 **PCP**(Pentachlorophenol)는 약한 페놀냄새를 가진 승화성의 무색결정체로 된 농약의 하나로서 살균, 목재의 방부, 논의 잡초나 피를 제거하는데 쓴다.

29) **BTEX**란 단일환 구조의 방향족탄화수소 네 가지(Benzene, Toluene, Ethyl-benzene, Xylene) 화합물을 통칭하는 것으로 휘발유의 주성분을 이루고 있으며, BTX에 에틸벤젠을 추가한 것이다.

에 적치된 유해화학물질 등이 오염원인이 된다고 할 수 있다. 또 과거에 전쟁물자의 생산공장, 탄약고, 지뢰지대, 사격장, 전쟁물자의 임시 및 최종저장기지로 사용된 지역도 중요한 오염원인의 검토대상이다.

2. 오염원인의 검토

　전반적인 면에서 우리나라의 토양은 대부분 오염되지 않은 안전토지라고 할 수 있으나 과거부터 식량증산을 위한 수단으로 화학비료를 장기간 시비(施肥)함에 따라 이들 중에 포함되어 있는 유해물질이 토양에 축적되어 작물의 생육을 저해하고 인체에 해를 끼칠 수 있다. 구체적으로 이와 같은 인위적인 오염, 즉 농약의 과다살포, 대기오염물질에 의한 산성비, 산업폐기물 등에 의한 오염은 낮은 농도로 분포되어 있지만 넓은 범위에 걸쳐 오염이 진행되어 있어 그 오염부지에 대한 정화방법에 있어 많은 문제점이 있다. 또한 도시의 토양오염피해에 대해서는 폐기물관리법이 개정되면서 유해물질을 지정폐기물로 분류하고 특별히 규율하고 있으며, 수질환경보전법에서도 유해물질을 차단시켜 지하수 침투를 방지하기 위한 규정을 두어 많은 부분이 개선되고 있다. 그러나 최근 경제발전의 고도화에 따른 산업활동의 활성화와 생활수준의 향상으로 토양에 대한 유해물질의 부하량이 증대하는 경향이 있고, 또 새로운 화학물질에 의한 토양오염에 대한 염려와 폐기물 문제 등 토양오염피해에 관한 관심이 크게 증가하고 있다. 여기에 도시의 재개발과 관련하여 과거에 축적된 유해물질이 함유되어 있는 토양의 존재가 명확히 드러나는 사례가 크게 늘어나고 있는 실정에 있다.

　우리나라는 1970년대부터 이루어진 경제성장과 대조적으로 토양오염에 대한 재산 및 인적피해와 자연의 안전성에 대한 배려가 미흡하였다. 1910년대 이후 일제에 의하여 10,000여개의 금속광산(1941년에 10,318개)이 개발되었고, 1970년대 이후 농업 및 산업개발에 따라 중금속 및 유해화학물질을 포함하고 있는 폐기물, 폐수, 분진 등의 토양오염물질의 배출량이 증가되고 있다. 또한 농약과 화학비료 등의 장기간 사용 및 사용량의 증가에 따라 자연의 정화능력한계를 넘는 오염물질이 누적되어 토양오염이 점차로 증가하는 추세에 있다. 특히 산업폐기물의 회수 및 처리에 대한 과학적·사회적 미흡한 대처는 결국 산업활동에 의한 오염물질이 직접 토양에 투기되기도 하고, 광산 및 공장에서 배출된 폐수 등은 하천을 오염시키고 그 결과 토양오염피해가 점차 증가되고 있는 실정에 있다. 휴·폐광산, 제련소, 폐기물매립지, 쓰레기매립지, 산업시설 등에서 배출되는 오염물질은 토양에 계속적으로 누적되어 1987년에 전국토의 1.5% 정도로 측정되었던 토양오염피해가 우려되는 지역은 매년 증가하여, 2000년에 4.8%, 2010년에 6.6%로 증가되는 추세이다. 따라서 이러한 토양오염피해의 증가추세를 감소시키고 토양오염을 관리할 수 있는 종합적인 토양환경보전대책이 절실히 필요하다고 하겠다.

II. 토양오염실태와 피해사례

1. 폐기물의 매립지

가. 폐기물 처리실태

쓰레기로 분류되는 폐기물[30]은 근대 산업사회가 진행되면서 대량생산과 대량소비에 따라 불가피하게 발생되고 있는데 이를 제대로 처리하지 아니하고 불법으로 매립하거나 몰래 투기함으로서 토양과 지하수를 오염시키고 있는 원인이 되고 있다. 공식적으로 조사된 통계자료에 의하면 일상생활과 경제활동과정에서 발생하는 우리나라의 생활폐기물은 1995년 쓰레기종량제가 도입된 이후 크게 감소하여 1일 평균 44,583톤이 발생하였으나 1999년 이후에는 점차적으로 그 발생이 증가하여 2003년도에는 1일 평균 50,737톤으로 발생량이 50,000톤을 넘어섰으며, 2005년 이후 다소 감소추세를 보이는 듯하다가 2007년에 다시 50,346톤으로 증가하는 추세를 보이고 있다. 또 사업장에서 배출되는 일반폐기물과 지정폐기물을 포함하는 사업장폐기물은 1998년 1일 평균 145,671톤 발생되던 것이 매년 증가하여 2003년도 말에는 252,292톤, 2007년도 말에는 296,324톤으로 1일 평균 발생량이 계속 증가하는 것으로 나타나고 있으며, 특히 그중 건설폐기물이 높은 증가율을 보이고 있다.[31] 폐기물의 배출량이 많다는 것은 그만큼 자원의 소모가 많고 재활용율이 떨어진다는 뜻이기도 하다.[32] 폐기물처리와 관련한 오염은 주로 매립지로부터 발생

---

30) 현행 폐기물관리법 제2조에서 '폐기물'이란 "사람의 소비활동이나 생산과정에서 필요하지 아니하게 된 물질로서, 쓰레기, 연소재(燃燒滓), 오니(汚泥), 폐유(廢油), 폐산(廢酸), 폐알카리, 동물의 사체(死體) 등을 포함하는 것"으로 정의하고 있다. 이러한 폐기물에 해당하는 물질의 경우 그 처리의 최종적인 책임과 처리방법은 폐기물의 분류체계에 따라서 결정되는데 폐기물관리법은 폐기물을 그 발생원에 따라 생활폐기물과 사업장폐기물로 구분하고 있다.

31) 건설폐기물은 1998년 1일 평균 47,693톤 발생(총 사업장폐기물의 32.7%)에서 2007년에는 무려 172,005톤(총 사업장폐기물 발생량의 58%)으로 매년 큰 폭의 증가추세를 보이고 있다. 환경부, 환경백서(2009), 526쪽 참조.

32) 환경부가 1998년에 조사한 자료에 의하면 사용이 종료된 폐기물 매립지는 898개소로 매립면적이 7,655천 ㎡, 매립된 폐기물량은 177,033천 톤에 달하고, 이 중 약 20%는 침출수를 자체처리하거나 이송 또는 위탁처리하고 나머지 80%는 미처리되어 주변의 토양오염요인이 되고 있다는 것이다. 환경부, 1997 폐기물

되는 가스 즉, 메탄(methane), 황화수소(hydrogen sulfide), 메틸멜캅
탄(Methyl mercaptane), 황화메틸(dimethylsulfide : DMS) 등이 '폐
기물층'에 충만해 사고가 날 우려가 크며, 특히 매립지에서 발생한
침출오수가 토양과 지하수를 오염시키고 있는 것이다.[33]

그리고 이러한 다량의 유기화합물이 토양에 유입되면 토양미생
물에 의한 분해가 잘 되지 않고 토양에 축적되어 잔류함으로서 농
작물에 여러 가지의 피해를 끼친다. 배설물처리장 등의 방류수, 혹
은 각종 제조공장 등으로부터의 산업폐수 그리고 가축분뇨가 배출
원이 되어 오염된 물을 관개용수(灌漑用水) 등으로 이용함으로서 유
기물에 의한 오염이 발생하는데 이는 질소과잉으로 인한 장해, 토양

발생 및 처리현황, 1998; 그리고 한국폐기물학회의 연구보고서에 의하면 사용
이 종료된 매립지의 단위면적 1000~5000㎡범위가 조사대상 매립지 총 855개소
의 41.1%, 50,000㎡이하가 전체의 58.3%이었고, 50.000㎡이상의 경우는 불과
5.1%에 불과하여 대부분 소형매립이 이루어진 것을 알 수 있다. 사용종료매립
지의 소유자는 개인소유가 58.9%로 가장 많았고 국공유지 31.0% 공동소유
7.7% 기타 2.4% 순 이었으며, 개인소유가 많은 것은 지방자치단체가 개인 토
지를 임대하여 사용한 까닭으로 판단되고, 이는 향후 토지이용과 정화책임문
제로 분쟁소지를 제공할 것으로 보여 진다. 또한 매립지의 조성위치는 농경지
가 37.2%, 임야 23.5%, 저습지 21.0%, 하천부지 6.4%이며 사용이 종료된 매립
지의 토지이용상황은 농경지가 36.4%, 임야 12.6%, 택지 12.0%, 공장지 7.8%,
초지 4.8%, 공원 및 위락시설 2.9%로서 농경지, 임야, 저습지, 하천부지였던 매
립지가 택지, 공장지, 농경지 및 초지, 공원 및 위락시설로 이용되는 경향임을
알 수 있다. 韓國廢棄物學會 編, 使用終了埋立地의 適正事後管理方案, 1995,
418-423쪽
33) 특히 위험한 폐기물의 처리는 공중보건과 생태계에 특히 심각한 위험이 된다.
폐기물의 처리는 소각, 압축, 파쇄, 탈수 등에 의하며, 재활용되는 것을 제외하
고는 최종적으로 매립하게 되는데, 다른 나라에서도 폐기물을 처리하는 주된
방법은 매립하는 것이다. 따라서 매립이 주위환경과 격리되지 않으면 위험한
폐기물과 그것들이 뿜어내는 가스는 토양, 지하수, 지표수, 그리고 공기로 유입
될 수 있다. 또한 지하수는 음용수의 주된 수원이기 때문에, 유해한 폐기물의
부적절한 처리는 그래서 심각한 환경위험을 초래한다. 게다가 흘러 다니는 가
스는 폐기장 부근의 지하 밀폐공간 등에 축적되었다가 폭발할 수 있어 심각한
인명 또는 재산피해나 보건에 대한 우려를 유발케 한다. Peter S. Menell, 'The
Limitations of Legal Institutions for Addressing Environmental Risk', Journal
of Economic Perspectives, 5(1991), p. 105.

의 산화환원전위(oxidation reduction potential)[34]의 저하로 인한 철, 망간, 황화수소의 생성에 따른 양분의 흡수와 대사이상(代謝異常), 부유물의 침전에 의한 토양표층의 고체화와 특수성의 악화 및 특수한 미생물의 이상발생의 현상으로 나타난다.[35]

나. 피해사례

1) 화선키메탈(주) 공장부지 토양오염사건

이 사건은 비철금속인 납, 안티몬, 주석 등을 생산하는 경북 안동군 일직면 소재 화선키메탈(주)가 공장을 가동하면서 배출되는 특정폐기물을 외부에 위탁처리하였는데, 1991. 12. 26. 경영악화로 도산함에 따라 공장부지상에 미처 처리하지 못하고 방치되어 있던 납, 더스트, 주석 2차슬래그, 납 1차 슬래그 등으로 인하여 토양이 오염된 사건이다. 당시 서울은행은 위 공장부지 등을 담보로 금 14억 원을 대출하여 준바 있는데 위 회사가 도산하자 곧바로 경비용역업체에 공장 경비를 의뢰하는 한편, 공장 종업원들과 협의 아래 약 10개월 동안 공장을 일부 가동하면서 폐기물이 추가로 발생하게 되었다.

---

34) 산화환원반응은 산소와 수소와의 결합 또는 분리에 의해 정의된다. 산화는 산소와 결합하거나, 수소나 전자를 내어주는 경우이며 환원은 그 반대현상이다. 이러한 산화환원반응은 상호작용에 의해 형성되어 일정물질이 산화되면 반응식에서 다른 물질은 환원이 일어나며 대부분 가역반응이다. 산화환원반응은 수소분자가 이온화하여 두개의 수소이온으로 변하는 표준수소전극반응의 산화환원전위를 기준(Eh=0V)으로 상대적 크기로 나타내며, 산화환경일 때는 Eh값이 양(+)이고 환원환경이면 음(-)의 값이다. 토양의 Eh값은 토양의 pH, 무기물, 유기물, 배수조건, 온도 및 식물의 종류에 따라 변화하며, 보통은 -0.35V~+0.80V범위에 있으며, 물에 포화된 토양의 Eh는 대개 -0.18V 정도이다. 안영희ㆍ김인수ㆍ김은경ㆍ김무훈, 土壤環境의 汚染과 淨化, 구미서관, 2004. 2, 48쪽.

35) 那須淑子ㆍ佐久間敏雄, 土と環境, 三共出版, 1997, 71~72頁.

26

서울은행은 담보권 실행을 위하여 위 공장부지 등을 경매신청 하였으나 네 차례나 유찰되어 결국 1993. 3. 27. 서울은행 스스로 최저경락가의 40% 금액으로 경락받게 되었는데, 대구지방환경청은 1994. 8월 서울은행에 대하여 토지매수인으로서 폐기물 처리책임을 승계하였다고 보고 그 특정폐기물을 위탁 처리하라는 명령을 내렸다.

서울은행은 이에 대해 특정폐기물 배출자가 아닌 자를 대상으로 내려진 행정처분은 부당하다는 이유를 들어 행정소송을 제기하였고, 법원은 서울은행이 직접 배출자인 화선키메탈(주)의 승계인으로써 그 폐기물을 처리할 의무가 있다고 판결[36]하였다. 이후 서울은행은 대법원에 상고하였으나 원심의 판단 이유와 같이 특정폐기물이 방치되어 있다는 것을 알면서 당해 공장용지를 취득하였다는 사실에 의하여 승계인으로서의 지위를 인정하고 서울은행의 상고를 기각[37]하였다. 이 사건은 폐기물처리와 관련하여 이루어진 선례이기는 하지만, 폐기물 내지 오염에 대하여 그 관련 지위를 승계한 자의 책임이 여하하게 성립될 지에 대하여 하나의 기준을 마련한 경우이다. 따라서 '폐기물관리법'에 이와 같은 원칙이 새로이 신설되었고, 유사한 기준이 오히려 더욱 절실하였던 '토양환경보전법'에 받아들여지는 계기가 되었다고 할 수 있다.[38]

---

36) 대구고등법원은 1995. 10. 27. 선고 94구5572 판결에서 서울은행측이 이 사건 부동산에 특정폐기물이 야적 또는 매립된 사실을 알면서도 이를 경락받았다고 보여 지고, 뿐만 아니라 화선키메탈(주)의 부도 후 이를 관리해 오면서 그 종업원들과 협의하여 공장을 일부 가동하고 그 원료에 대한 관리부실로 또다시 그 폐기물을 추가 발생케 하였음을 인정하여 승계인으로서 특정폐기물을 처리할 책임이 있다고 판시하였다.
37) 대법원 1997. 8. 22. 선고 95누17724 판결.
38) 박용하·윤서성·송재우·장지수·이양희, 土壤汚染地域의 管理 및 復元方案 II, 한국환경정책·평가연구원, 2003. 12, 21쪽.

2) 한국철강(주) 공장부지 토양오염사건

이 사건은 양수인이 토지를 양수한 후에 토양오염을 조사한 결과 토양환경보전법상의 토양오염우려기준이나 대책기준을 초과한 것으로 드러나자 해당 지방자치단체장이 토지양수인을 오염원인자로 보고 정화명령을 발한 사안에 대하여 그 취소를 구한 사건이다. 양수인인 원고 (주)부영은 한국철강(주)의 철강공장 부지로 사용되어 오던 토지 합계 245,730.7㎡를 2003. 3. 14.자 매수하고 같은 달 3. 25.자 소유권이전등기를 마쳤는데, 이 토지는 2006. 10.경 토양오염정밀조사 결과 아연, 니켈 등 토양오염물질이 토양환경보전법이 정한 토양오염 우려기준을 초과하는 것으로 나타났다. 피고 마산시는 2007. 9. 18. 원고에게 토양환경보전법 제10조의3 제3항 제3호의 토양오염 관리대상시설을 양수한 자에 해당한다고 보아, 오염토양인 이 사건 오염토사량 679,645㎡에 해당하는 토지에 대하여 동법 제15조 제3항 제3호에 정한 정화조치명령을 하였고, 원고는 이 사건 처분이 위법하다고 주장하면서 그 취소를 구한 사건이다. 이에 대해 대법원은 원고가 소유권이전 이후에도 철강공장을 가동한 사실과, 자신의 비용으로 폐기물을 철거를 한바 있고, 이 사건 부지는 토양환경보전법이 정한 토양오염관리대상시설에 해당하므로, 원고는 양수인으로서 오염원인자에 해당한다는 원심의 판단[39]은 정당하고, 상

---

[39] 부산고등법원 2009. 6. 26. 선고 2009누829 판결은, 원고 (주)부영이 "이 사건 토지는 공장부지로서 공장가동으로 인한 토양오염의 객체에 불과할 뿐 토양환경보전법 제2조 제3호의 토지오염관리대상시설에 포함되거나 해당하지 아니하고, 원고는 한국철강으로부터 공장건물 등 시설물 일체의 철거를 전제로 하여 토양을 오염시킬 우려가 없는 이 사건 토지만을 매수하였으므로, 이러한 경우 동법 제10조의3 제3항 제3호의 "토양오염관리대상시설을 양수한 자"에 해당하지 아니할 뿐만 아니라 원고는 위 매수 당시 이 사건 토지의 토양오염을 전혀 알지 못하고, 알지 못한데 아무런 과실이 없었으므로, 동법 제15조 제3항 제3

고이유로 주장하는 바와 같은 법 제2조 제3호 소정의 토양오염 관리대상시설의 의미, 법 제10조의3 제3항 제3호 소정의 오염원인자의 범위에 관한 법리오해 등의 위법이 없다고 하면서 원고의 상고를 기각하였다.[40] 이 사건에서와 같이 토지 양수인이 오염원인자로서 정화책임을 부담하느냐의 여부는 여러 요소에 대해 사안별로 구체적인 판단이 있어야하겠지만 결국 양수인이 양수당시에 토양오염의 여부를 알았는지 또는 알 수 있었는지에 따라 결정되는 것으로 보인다.[41] 이 사건은 산업화의 후유증이라고 할 수 있는 공장부지의 오염토양에 대한 책임공방과 토양환경보전법상의 정화명령이 향후 어떻게 운용될지에 관한 원칙이 정해져 행정조치에 많은 도움이 될 전망이다.

호에 정한 오염토양정화책임을 지지 아니한다고 전제하고, 피고 마산시가 이 사건 토지에 관하여 직접적 오염원인자인 한국철강(주)에만 오염토양 정화조치 명령을 하면 충분함에도 원고에게까지 정화조치명령을 한 것은 그 재량권을 일탈, 남용한 것이라고 주장"함에 대하여, "원고가 2003. 3. 14. 한국철강(주)로부터 이 사건 토지를 매수하여 2003. 3. 25. 원고 앞으로 소유권이전등기를 마친 사실, 이 사건 토지는 오래 전부터 한국철강의 철강공장 등 부지로 사용되어 오던 것으로서, 한국철강은 2003. 11.말경까지 계속하여 철강공장 등을 가동하였고, 원고는 2004. 3. 31.경 한국철강으로부터 제강설비, 압연설비 일부를 제외한 각종 시설물 및 잔해 등이 야적, 매립, 방치되어 있는 상태로 이 사건 토지를 인도받았으며, 2004. 6.경부터 장기간에 걸쳐 자신의 비용으로 대규모 철거작업을 수행한 사실, 원고 등이 2006. 10. 말경 서울대학교 농업과학공동기기센터 등 3개 연구기관에 의뢰하여 실시된 이 사건 토지에 대한 토양오염정밀조사결과, 이 사건 토지에서 검출된 아연, 니켈, 불소, 카드뮴 등 9개 항목 토양오염물질이 토양환경보전법 제4조의2가 정한 토양오염의 우려기준을 초과하는 것으로 밝혀진 사실 등에 비추어, 공장시설 등의 부지인 이 사건 토지는 동법 제2조 제3호 소정의 토양오염관리대상시설에 해당하고, 이 사건 토지의 양수인인 원고는 동법 제10조의3 제3항 제3호 소정의 오염원인자에 해당한다." 고 판단하였다.

40) 대법원 2009. 12. 24. 선고 2009두12778 판결
41) 趙弘植, "土壤汚染侵害에 관한 法的 責任", 한국환경법학회 추계학술세미나, 1998, 17쪽.

2. 석유류, 유독물의 제조·저장시설

가. 관련시설 설치현황

토양환경보전법상 특정 토양오염유발시설[42])로 규정된 대상시설 설치신고업소 수 중 산업시설 및 난방시설 등은 감소하는 추세이나 주유소는 지속적인 증가세를 나타내고 있다. 2013년 말 현재 전국의 특정토양오염관리대상시설 설치신고업소 수는 전년보다 1.2% 감소한 22,583개소이며, 저장시설 종류별로는 석유류가 22,180개소(98.2%)를 차지하고 있고 유독물은 403개소로 1.8%에 불과하며, 석유류 저장시설 중에서는 주유소가 15,048개소(66.6%)로 가장 많고 산업시설 4,493개소(19.9%), 기타 난방시설 등 2,639개소(11.7%) 순으로 나타났다. 특히 이들 저장시설은 대부분 지하에 설치되어 있으며 이들 시설에서의 이중벽의 설치 및 방호벽의 설치 등이 1980년대 후반 소방법 개정 이후에 규정되어 법 개정 이전에 설치된 상당수의 시설들은 방지시설의 설치가 없는 것으로 판단된다. 유류저장시설로부터 유류의 누출율은 탱크개수기준으로 10내지 29%에 이르는 것으로 추정되고 있으며,[43]) 차량의 증가나 석유류 수요의 증가로 인하여 이들

---

42) 토양환경보전법 시행규칙 제1조의3 별표 2에서 특정 토양오염관리대상시설로 규정하고 있는 시설은 "위험물안전관리법"에 의한 2만 리터 이상 석유류 제조 및 저장시설, "유해화학물질관리법"에 의한 유독물 제조 및 저장시설, "송유관안전관리법"에 의한 송유관 시설, 기타 환경부장관이 고시한 시설 등이다.

43) 미국 EPA(United States Environmental Protection Agency)의 경우 강철탱크 누유율은 5~10년 4.9%인데 반해 10~15년 30.2%, 15~20년 42.3%로 급격히 증가하고 있는 것으로 조사되었는데, 우리나라에서도 15년 이상 오래된 주유소 321개소에 대한 누유로 인한 토양오염도검사결과 6.9%인 22개소가 기준을 초과하여, 평균 기준초과율을 훨씬 웃돌고 있어 오래될수록 오염이 증가됨을 보여주고 있다. 이에 따라 환경부는 주유소 토양오염 방지를 위해 이중벽탱크, 이중배관, 흘림 및 넘침 방지시설 등 오염물질의 누출·유출을 방지하는 시설을 갖추어 토양오염을 사전에 예방하고, 만일의 누출시에도 감지장치에 의한

시설은 계속 증가될 것으로 예상되며 부식으로 인한 탱크의 내구연한이 10년에서 20년 사이인 것을 감안할 때 지하저장시설에서 유류의 누출에 의한 토양오염은 더욱 증대될 것으로 예상된다.[44]

주유소는 특정 토양오염 관리대상시설의 60% 이상을 차지하고 있고 유류저장탱크를 지하에 매설하여 토양오염에 매우 취약할 뿐만 아니라 오염이 되더라도 뒤늦게 확인되어 현재의 제도로는 오염의 예방 및 확산을 방지하기에는 한계가 있다. 또한, 대부분 강철재 질의 탱크 및 배관을 사용, 부식에 매우 취약하여 시설물의 부식, 노후로 인한 누출이나 유출뿐만 아니라 넘침이나 흘림 등 관리부주의로 인해 토양오염을 유발하고 있다.

신속한 확인으로 오염의 확산을 방지할 수 있는 체계를 갖춘 클린주유소 지정제도를 도입하여 시행하게 되었다. 환경부, 2007. 7. 5. 보도자료.

44) 최근 많은 문제가 제기되고 있는 미군주둔지의 토양오염실태를 보아도 상당부분이 유류저장시설의 관리소홀과 배관의 부식에 기인되고 있다. "주한미군 환경오염사건 47건 중 유류저장시설의 관리소홀과 송유관 부식으로 인한 기름오염사건이 26건으로 55.3%를 차지했으며 2000년 이후 드러난 미군환경오염사건 중 85%가 기름유출에 의한 토양오염 사건이었다. 2000년 1월 경기도 평택의 K55기지에서 지하 유류탱크 침수로 항공유 3700갤런이 유출된 것을 포함, 미군기지 내 유류시설 파손으로 인한 토양오염 사고는 2000년 이후에만 17건에 이른다(2000년 9건 중 7건, 2001년 4건 중 4건, 2002년 7건 중 6건). 이 가운데 지난해 5월 강원도 원주시 캠프롱(Camp Long)에서 발생한 항공유 유출사고 때는 인근 4800여㎡의 논이 검게 오염되기도 했다. 미군은 특히 지난 7월 대구시 캠프워커(Camp Walker) 내 골프장 공사 도중 기름에 오염된 흙을 발견하고도 이를 40일이 지나 해당 구청에 통보해 기름유출 사고를 은폐하려 한 것이 아니냐는 의혹을 사기도 했다. 지난해 개정된 한·미 주둔군지위협정 '환경보호에 대한 특별각서'에는 미군부대에서 토양오염 사실이 발견되면 이를 48시간 이내에 우리 측에 통보하도록 돼 있다. 이에 앞서 2000년 8월 경기도 파주 캠프하우즈(Camp Howze)기지에서 유류탱크 파손으로 난방용 유류 500갤런이 유출됐고, 2001년 2월 평택 K6기지에서는 주유소 지하배관 파손으로 인해 항공유 1,100갤런이 유출돼 인근 토양이 오염된 바 있다. 기름오염피해는 발생초기에 해결하지 않으면 기름이 땅 밑으로 스며들어 아주 빠르게 많은 양의 토양을 오염시킬 뿐만 아니라 지하수를 통하여 수질오염을 유발한다. 따라서 복구가 어렵고 복구비용도 천문학적으로 증가한다." 국민일보, 2002. 10. 29.자 기사.

나. 피해사례

1) 한진화학 공장주변 유류오염

경기도 의왕시 소재의 도료제조회사인 한진화학공장 기름탱크에서 지하로 누출된 기름이 주변의 다른 회사부지 약 13,000여평의 토양을 오염시킨 사고로서 이 사건은 조사결과 위 한진화학 공장에서 누출된 오염물질은 고농도의 톨루엔과 등유이며, 그밖에 자일렌(xylene, 크실렌)과 경유가 혼재된 것으로 밝혀졌고 토양오염의 범위는 지하수의 흐름방향을 따라 인근 제일모직 기숙사 부근까지 약 500m지역이 오염되어 있었고, 위 공장의 기름탱크에서 200여m나 떨어진 제일모직 주차장 지하 4.5m지점에서 채취한 토양시료에서는 오염물질인 BTEX가 기준치인 80ppm을 22배를 초과한 1,809ppm이 검출되었다. 이 사건의 피해규모는 정확한 실태조사비용으로 금 10억 원이, 오염부지의 복원비용으로 금 1,300억 원이 소요될 것으로 파악되었으며, 기름오염덩어리의 중심부는 조사당시 기준으로 20년 이후에나 오염농도가 기준치 이하로 내려갈 것으로 예상하였다.[45] 이 사건은 이후 국회에서까지 논의되었고, 1999년 의왕시는 토양오염지역에 대한 정화조치를 발령하였으며 이에 따라 위 한진화학은 정화작업을 시작하였는데 오염원인자가 한진화학인가 여부에 대하여 이를 의심케 하는 여러 정황, 예컨대 한진화학이 이건 당해공장부지를 점유하기 이전에 이미 사용하던 제3자의 책임가능성이 있다는 주장과 또 오염물질과 관련하여 의문되는 사정이 있으므로 오히

---

45) 박용하 외 4인, 앞의 논문, 21쪽; (사)한국토양환경학회, "의왕시 소재 유류오염부지 등에 대한 토양정밀조사보고서", 1998.

려 한진화학과 인접한 다른 회사에 의한 오염이 아닌가 하는 등 추가적인 조사 및 오염개선의 조치가 계속 이루어져야 하는 사안으로 있다.

2) 함안군 주유소 기름유출로 인한 토양오염사건

이 사건은 피신청인이 직영하는 주유소에서 2002. 7. 20.자 주유작업 중 부주의로 약 80ℓ가량의 경유가 농수로로 유출되어 신청인 소유의 인근토양을 오염시키고 그로 인하여 재배중인 벼 작물의 고사피해와 후기작으로 재배예정인 양파 경작을 할 수 없게 하는 피해를 입혔다고 하면서 금 7,885,585원의 피해배상재정을 신청한 사건이다. 조사결과에 따라 토양오염물질인 TPH가 동·식물의 생육에 지장을 초래할 우려가 있는 토양오염우려기준 2000mg/kg을 초과하는 것으로 나타났고,[46] 벼에 기름흡착에 의한 완전고사가 전체 논의 50%, 나머지도 생육저하로 인한 낱알수감소 등 50%의 수확량이 감수되었고 후작물인 양파재배에 까지 농업피해가 추정된다는 전문가의 의견을 종합할 때 피신청인의 주유소에서 유출된 기름으로 인하여 토양이 오염되고 신청인의 농업피해가 있었던 것으로 인정하였다. 따라서 피해배상기간은 신청인의 논에 벼를 재배하였던 2002.

---

46) 사실조사결과 923㎡ 면적의 신청인의 논은 배수가 양호한 사양질 토성으로서 2기작에 적합한 논의 특성을 갖고 있으며 하절기에는 벼농사를 하고 후작으로 양파를 재배하여 왔던 사실, 이건 기름유출로 논에 심은 벼가 대부분 고사된 피해상태와 기름 냄새도 인식할 수도 있었고, 그 후 후기작으로 예정한 양파 재배도 하지 않았던 사실을 확인하였다. 사고 발생 후 1개월이 지난 2002. 8. 22. 신청인의 논 3개 지점에 대한 토양오염도조사결과 TPH는 각 3,049mg/kg, 68mg/kg, 33mg/kg으로 1개 지점만이 토양환경보전법 규정에 의한 토양오염우려기준을 초과하는 토양오염이 발생한 것으로 나타났고, BTEX는 모두 불검출된 것으로 나타났다.

7월부터 후작물인 양파재배기간까지로 하며 피해배상의 범위에 관하여는 2001년 농축산물 소득분석 자료를 토대로 신청인의 농경지에서 벼의 경우 쌀 생산량에 의한 조수입의 75%에 해당하는 소득금 739,940원을, 양파의 경우 함양군의 양파생산량에 의한 순소득금 993,641원을, 그리고 재정신청수수료 28,650원을 가산한 금 1,762,231원으로 결정하였다. 다만, 토양오염에 대한 복구로서의 정화의 필요성에 대해서는 2002. 8. 23. 토양오염우려기준을 초과하였던 유류성분농도가 동년 10. 17.에는 토양오염우려기준 이내인 1,392㎎/㎏으로 낮아졌고, 별도의 정화작업을 하지 않더라도 영농에는 지장이 없다는 전문가의 의견에 따라 복토비용을 인정하지 않는다고 판단하였다.47)

3) 남양주시 주유소 기름유출에 의한 토양오염사건

신청인은 남양주시 화도읍 소재 자신의 소유농지에서 미꾸라지 양식업을 하는 자이고, 피신청인 A는 미꾸라지 양식장 인근에서 주유소48)를 운영하여 왔는데, 2000. 8. 24.부터 8. 28. 사이에 폭우가 내렸고 그때 신청인의 양식장에 미꾸라지가 집단으로 폐사한 사건이 발생하였다. 신청인은 피신청인 A가 위 폭우시 주유소의 잔폐유를

---

47) 중앙환경분쟁조정위원회, 2003. 4. 25.재정, 환조02-3-298(경남 함양군 주유소 기름유출로 인한 도양오염 및 농작물 피해 분쟁사건), 2003환경분쟁조정사례집 (2004. 7.), 675-682쪽.

48) 이 주유소는 피신청인 B의 소유로서 '94. 7. 1 허가를 받아 운영되고 있으며, 대지면적은 797㎡, 건축연면적은 250.08㎡이고, 무연휘발유 2기(30,000ℓ ×2), 경유 2기(30,000ℓ×2), 등유 1기(30,000ℓ×1) 등 총 5기(150,000ℓ 용량)의 유류저장탱크를 보유하고 있다. 피신청인 A는 위 주유소를 2000. 5월부터 피신청인 B로부터 임차하여 운영하였으며, 그 후 2001. 5월부터는 신청외 임차인이 운영하고 있다.

양식장 쪽으로 유출하여 미꾸라지가 폐사되었으며, 폐사시킨 이후인 2000. 8. 30. 잡폐유 배출구의 배관을 개천방향으로 신설하여 배출하였다고 주장하면서 중앙환경분쟁조정위원회에 주유소 운영자인 피신청인 A와 주유소 소유자인 피신청인 B를 상대로 미꾸라지 양식장 피해로서 치어구입비용 6,600,000원 및 성장비육비용 18,000,000원 등 총 32,850,000원의 손해배상을 지급할 깃을 요구하는 조정을 신청한 사건이다.[49]

중앙환경분쟁조정위원회는 2002. 6. 7. 피신청인인 주유소 운영자와 소유자는 연대하여 신청인에게 금 1,390만원(미꾸라지 추정판매가 15,400,000원에서 사료 미공급분 금 1,500,000원을 공제하여 산정한 금액)을 배상하고 오염토양을 복원하라는 재정결정을 하였다. 결정이유에서 오염부지에 대한 현장조사 결과 양식장에 기름띠가 형성되어 있고, 피신청인의 주유소에서 판매하는 것과 동일한 유류혼합물인 BTEX가 0.649ppm, TPH가 1,089ppm이 검출 되었으며 또한 주유소 저장탱크 배관의 기름유출이 확인되었고, 주유소 경계지점의 토양에서 토양오염대책기준을 BTEX가 200mg/kg, TPH는 2,000 mg/kg을 각 초과하였다는 사실로 미루어 주유소 저장탱크 배관의 부식으로 인한 누출된 기름이 토양을 통해 주유소 아래쪽에 위치한 신청인 소유의 농지를 오염시키고 또 미꾸라지를 양식하기 위한 담수에 따라 토양속의 유분이 활성화되어 물위로 떠오르게 되고 이때 미꾸라지들이 호흡곤란을 일으켜 집단으로 폐사했을 개연성이 인정된다[50]고 판단하였다. 특히 이 사건은 피신청인을 유류유출 책임이

---

49) 2002 환경분쟁조정사례집(제11집), 중앙환경분쟁조정위원회, 2003. 6, 801쪽 이하 참조.
50) 전문가의 의견도 미꾸라지는 오염에도 내성이 강하고 더러운 물에서도 잘 자라지만, 기름이 유입되면 유막이 수면을 도포하여 광합성작용을 저해하고 장

있는 주유소 운영자뿐만 아니라 주유소 소유자에게도 오염원인자로서 연대배상책임을 지우고 있으며 배상과 아울러 원상회복으로서 토양정화책임을 부과하고 있다.[51]

3. 산업단지지역

가. 실태와 현황

산업단지는 각종 토양오염물질이 축적되는 특성을 가지고 있고, 특히 단지 내 폐기물시설은 폐기물의 매립에 따른 토양오염문제가 발생할 소지가 높다. 하지만 토양환경보전법 등 현행법규는 개별공장의 시설규제에 머무르고 있어 산업단지 및 그 영향권에 대한 포괄적인 토양오염관리가 실현되기 어려운 구조이다.[52] 최근 들어 공

호흡을 방해하여 호흡 곤란 등에 의한 폐사가능성이 있다는 것을 제시하였고, 또 양식장 인근에는 주유소 외에는 다른 특별한 유독물질을 발생시킬 오염원이 입지하지 않고 있는 점 등을 감안할 때 피신청인들의 주유소의 기름누출로 인하여 신청인 양식장의 미꾸라지가 폐사했을 개연성이 있다고 인정하였다.

51) 우리나라에서 2000년대 초반까지 토양오염의 피해와 관련하여 법원을 통한 민사상 손해배상청구사례는 그 근거를 찾지 못하였으나, 중앙환경분쟁조정위원회에 조정신청을 한 사례로서 2000~2005년 사이에 총 1,413건 중단 2건 만이 있을 뿐인데, 이 재정사건(02-3-20)은 토양오염에 관한 최초의 피해배상결정으로서 그 의미가 있다.

52) 실제로 토양환경보전법 제10조의2 제1항에 의하면 "토양오염관리대상시설이 설치되어 있거나 설치되어 있었던 부지를 양도·양수하거나 임대·임차하는 경우에 양도인·양수인·임대인 또는 임차인은 당해 시설이 설치된 부지 및 그 주변지역에 대하여 토양관련전문기관으로부터 토양환경평가를 받을 수 있도록" 하고 있다. 하지만 산업단지를 지정해제하거나 다른 용도로 공업용지를 활용하고자 할 때 토양오염에 대한 평가를 강제할 수 없으며, 이전의 토양오염에 대한 책임소재를 물을 수 없어 적절한 토양관리가 이루어지지 못할 가능성이 높다. 또 계속 조업을 하는 경우 토양오염을 유발시켰을 때 동법 제15조 제3항에 의거하여 오염된 토양을 정화할 법적 의무를 가지고 있으나, 폐업이나 이전 등을 한 공장의 경우 마땅한 토양복원대책을 강구할 수 있는 방법이 없다. 최진석, 산업클러스터 구축정책과 환경관리, 한국환경정책·평가연구원, 2006. 12, 41쪽.

단지역과 금속광산지역에서 배출되는 중금속류에 의한 토양오염은 그 심각성이 매우 우려되고 있는 실정에 있다. 산업발전과 더불어 필연적으로 발생하는 중금속의 사용량의 증대는 자연환경계에 중금속오염을 확산시키는 원인으로 작용하며 이에 따른 여러 가지의 생태적인 문제를 야기하고 있다. 즉, 중금속 사용량의 증가는 자연계로의 환류가 되어 사용된 중금속이 다시 토양을 거쳐 동·식물을 통해 농축되고 최종적으로 인체에 축적됨으로서 일단 축적된 중금속은 분해 또는 제거되지 않고 여러 가지 병발증으로 나타나게 된다. 토양을 비롯하여 물과 생명체에 함유되어 있는 중금속은 그 농도가 과다하게 되면 독성이 생명에 위해를 끼치게 되는데 카드뮴이나 납, 수은 등의 중금속은 허용기준치 이상의 양을 섭취할 경우 인체에서 배설되지 않고 축적되어 그 독성으로 말미암아 생명시스템에 심대한 악영향을 주게 된다.

우리나라에는 국가산업단지 35개소(면적 864,499천㎡), 지방산업단지 227개소(면적 252,681천㎡)가 지정되어 있으나,[53] 2009년 5월 현재 국가산업단지 입주업체 36,169개소가 조업 중에 있으며 이 중 73.9%를 차지하는 10,472개사가 수도권 주요단지(서울, 인천 남동, 반월, 시화)에 입주[54]해 있다. 이들 대부분은 석유화학, 섬유, 기계, 금속 등 제조업체로서 원료 및 부자재의 부적정한 관리와 생산공정상의 부적절한 취급으로 공장부지의 토양오염이 상당한 정도에 이를 것으로 판단된다. 이러한 계획입지지역에 설치·운영 중인 산업시설이외에 개별입지 내에 있는 공장 및 산업시설은 약 2만여 개소로[55] 주로 도금, 피혁, 제지, 화학물질가공업체임으로 오히려 토양오

---

53) 환경부, 환경통계연감 제20호(2007. 10.), 98-100쪽.
54) 헤럴드경제, 2009. 7. 27.자 기사
55) 1999년도 환경통계연감과 1999년 환경백서에 의하면 전국 대기배출업소의 수

염 유발가능성이 공단지역 입주업체보다 더욱 크다 할 수 있음으로 향후 관리체계 구성 시에 많은 문제가 제기될 것으로 예측되고 있다.[56] 사정이 이러함에도 개별공장 및 산업시설에 대한 토양오염도 검사와 오염상태의 파악이 효과적으로 이루어지고 있지 않은 실정에 있다. 환경부가 최근 발표한 "2009년도 산업단지 토양·지하수 환경조사결과"에 의하면, 양산일반산업단지 등 우리나라의 4개 산업단지에 입주한 499개 업체 중 23개 업체가 토양환경기준을 초과한 것으로 나타났다. 각 산업단지별 초과된 업체비율은 양산일반산업단지가 9.6%, 달성일반산업단지가 4.9%, 전주 제1일반산업단지 4.5%, 구미국가산업단지가 3.0%로 조사되었고, 기준초과 오염물질은 구미국가산업단지는 유류(TPH), 유기용제류(PCE), 비소로 나타났으며, 그 밖의 단지는 모두 유류(TPH, BTEX), 중금속 중 아연으로 드러났다.[57]

는 37,621개소로 대기 및 폐수배출을 중복하는 업체와 계획입지지역 입주업체 수를 제외하면 토양오염유발가능성이 있는 개별입지 업체 수는 약 2만 개소에 이를 것으로 추정된다고 한다. 특히 이들 업체들의 이전, 이동과 업종변경 및 개·폐업이 빈번함으로 토양오염관리상 어려움을 제기할 것이 예상되어진다.

56) 1991년에 실시된 일본 환경성의 산업시설에 대한 토양오염 사례조사에 의하면 과거 토양오염을 유발하는 업종은 화학공업, 전기도금업, 전기기계기구 제조업 등의 순위를 나타내고 있으며, 주요 오염물질로는 납, 6가크롬, 수은 등의 중금속류이었으나, 근년에 들어서 TCE, PCE 등 유기염소 용제에 의한 토양오염이 증가하는 것으로 나타나고 있다. 조사결과 총 177건의 사례중 75건은 주변 환경에 직접적으로 영향을 미치고, 이중 TCE 또는 유기염소계 용제를 배출하였던 63건은 토양을 거쳐 지하수의 오염을 유발하는 것으로 확인되었다(日本 環境省資料, 1994).

57) 환경부는 이번 조사결과를 해당 지자체에 통보하고 '토양환경보전법' 및 '지하수법'에 따라 23개 업체에 정화조치를 명령하도록 하였다. 또 기준초과 오염물질이 주로 유류 등으로 나타남에 따라 사업장내 유류저장시설 취급 소홀 등에 의한 것으로 판단하고, 지자체와 합동으로 정화명령을 받은 사업장에 대해 이행상태를 주기적으로 점검하여 정화가 조기에 완료될 수 있도록 독려하기로 하였다. 특히 2011년에는 옥포산업단지 등 5개의 대규모 산업단지를 조사하고, 2012년부터는 중소규모 산업단지 중 오염우려가 높은 산업단지 50개소를 선정하여 년차별로 토양오염실태를 조사 추진한다는 방침이다. 환경부, 2010. 2. 11자 보도자료.

38

나. 피해사례

1) 온산공업단지 중금속오염사건

이른바 '온산병(溫山病)'으로 일컫는 온산공업단지 일대에서 발생한 중금속오염사건은 '우리나라 공해병의 고향', '한국 공해문제의 대명사'로까지 불릴 정도로 대표적인 환경오염사건이다. 이 사건은 농작물과 양식어장 피해로 시작되어 사람에게까지 그 피해가 확산된 복합적인 중금속오염의 대표적 사례로서 1983년부터 온산공단지역 주민들의 허리와 팔다리 등 전신이 쑤시고 아픈 증세가 나타나기 시작하면서 중금속에 오염된 사실을 알게 되었다. 1985년에는 이 지역 주민 1천여 명이 전신마비증상을 보이게 되자 '한국공해문제연구소'가 일본의 '이타이이타이병의 초기 증세와 비슷한 병'이라고 발표하면서 언론의 집중적인 조명을 받은바 있다. 울산 온산공업단지는 1974년 구리·아연·알루미늄 등 비철금속공업기지로 지정된 후 1980년대 들어 화학·제지·자동차부품 등 다양한 업종의 공장들이 입주해 종합단지로 탈바꿈하게 되었는데, 당초 공업단지 개발을 위한 종합계획도 세우지 않은 상태에서 개별공장들이 들어서는 바람에 공단지역 전체 14,000여 명의 주민 가운데 1,800여 명만이 다른 곳으로 이주하고 나머지 12,000여 명은 공단에 포위되거나 고립된 채 그곳에서 그대로 살 수밖에 없었다. 그러던 중 위와 같은 중금속 중독 증세가 나타나고 더욱 심화되자 온산공단지역 주민들은 11개 공해배출업체를 대상으로 손해배상 청구소송을 제기해 건강피해에 대한 위자료, 농작물 피해보상금 등의 지급판결58)을 받음으로써 우리나라

---

58) 대법원 1991. 7. 26. 선고 90다카26607 판결에서 "피고들의 공장에서 배출된

에서는 처음으로 공해피해에 대한 법원의 구체적인 인정을 받기도 하였다. 이후 정부 당국도 공해피해를 인정하고 주민들의 집단이주를 결정, 공단에 둘러싸여 있던 1만여 명의 주민을 공단에서 2km 떨어진 산간분지로 이주시켰는데, 현재까지도 이 지역의 중금속오염은 진행 중이고[59] 이 '온산병'의 구체적인 원인은 밝혀지지 않았다.

공해물질로 인하여 초래된 환경오염의 정도에 비추어 볼 때 원고들이 구체적인 발병에 이르지는 아니하였다 하여도 적어도 장차 발병 가능한 만성적인 신체건강상의 장해를 입었고 이는 통상의 수인한도(受忍限度)를 넘는다고 할 것인바, 위와 같은 환경오염을 초래한 피고들의 행위는 생활환경의 보호와 그 침해에 대한 구제를 규정하고 있는 헌법 제35조 및 환경보전법 제60조 등에 비추어 볼 때 그 위법성이 있다 할 것이므로 피고들은 공동불법행위자로서 이로 인한 손해를 배상할 책임이 있다 할 것인데, 원고들이 위와 같은 생활환경의 침해 및 이로 인한 발병 가능한 만성적인 신체건강상의 장해로 심대한 정신적 고통을 받았을 것임은 경험칙상 넉넉히 수긍되므로 피고들은 공동불법행위자로서 원고들이 받은 위와 같은 정신적 고통을 위자함에 상당한 위자료를 지급할 의무가 있다"고 판시하였다.

59) 울산 울주군 온산국가산업단지 곳곳이 각종 중금속으로 오염된 것으로 나타났다. 2일 환경부에 따르면 지난해 2월부터 12월까지 온산국가산업단지(370여 만평) 533개 지점을 대상으로 토양오염도를 조사한 결과, 전체 조사대상의 13.5%인 72개 지점에서 토양오염 우려 기준치를 최고 35배까지 초과한 것으로 드러났다. 조사결과 토양오염 우려기준치를 초과한 총 72개 지점 중 69개 지점은 비소와 납, 구리, 아연, 카드뮴 등 중금속이 기준을 초과했고 나머지 3개 지점의 경우 유류 오염항목인 TPH기준을 각각 초과한 것으로 조사됐다. 온산산업단지내 모 사업장 부지의 경우 비소가 우려 기준치인 20mg/kg을 최고 35배 초과한 703mg/kg으로 조사됐으며, 구리도 우려 기준치(200mg/kg)의 최고 4.9배(980mg/kg)까지 초과한 것으로 드러났다. 또 각 업체들이 원료인 원광석을 온산항으로부터 운송해 오는 도로변 일대에서도 비소가 우려 기준의 8.3배를 초과한 것은 물론 구리와 납도 우려 기준을 각각 6.3배, 3.8배 초과해 온산산업단지 곳곳이 중금속으로 오염된 것으로 나타났다. 특히 온산산업단지 내 사업장 주변과 도로변, 가로화단 등은 2003년에도 아연 납 비소 카드뮴 등의 중금속에 심하게 오염된 것으로 드러나 2004년 대규모 오염토양복원사업을 벌인 데 이어 또다시 중금속 오염사태를 빚어 근본적인 대책이 시급한 것으로 드러났다. 환경부 관계자는 "1974년 온산국가산업단지 조성 이후 토양이 장기간 오염된 것으로 분석됐다"며 "조사결과를 울산시에 통보해 오염된 토양을 복원하도록 조치했다"고 말했다. 세계일보. 2006. 3. 2.자 기사.

2) 안산 반월공단 공장폐수 농작물 피해사건

안산시 신길동 주민 21명이 농업용수로 사용하는 신길천에 유입된 반월공단의 601블럭 인근 5개 공장의 폐수로 인해 2000. 7. 26. 벼가 말라죽고 논(畓)의 토양이 오염되는 피해를 입었다며 우(雨)·오수(汚水)관로의 관리와 영농지도책임이 있는 안산시와 동 우수 토구[60]를 통해 오염물질 배출가능성이 있는 반월공단 내 5개 업체를 상대로 벼 피해 손해와 피해 논의 객토에 필요한 비용을 포함 총금 444,504,869원의 손해배상을 요구하였다. 중앙환경분쟁조정위원회는 재정[61]결정에서 오염물질이 유입된 우수토구와 농업용수 취수지

---

60) "토구(吐口)"라 함은 하수도시설로부터 하수를 공공수역에 방류하는 시설로서 처리장에서 처리수를 방류하는 토구, 우수토구, 펌프장토구 등이 있다.

61) 환조 00-3-63(2001. 7. 20. 재정) 사건에서 토양에 구리성분이 과다 함유되었을 경우 뿌리의 성장 저해와 잎 황화현상 등이 초래 될 수 있으며, 구리나 아연 등 중금속을 다량 함유한 관개용수가 논에 유입되었을 경우 벼에 황화 및 적갈색 괴사현상 등이 발생할 수 있다는 관련 문헌자료 등을 종합적으로 검토해 볼 때 신청인들의 벼 피해는 우수토구를 통해 고농도의 구리함유 폐수가 유입된 신길천 물을 장기간 사용함에 따른 결과일 개연성이 큰 것으로 판단하였다. 조사결과 피신청인 5개 업체 중 B사 공장에서 폐산, 폐알카리를 회수하여 용매 추출에 의거 폐액 중의 구리는 회수하여 황산동으로 제품화하는 과정에서 Cu가 7.968ppm으로 폐수배출허용기준을 초과하고 있고, 침전물시료에서는 Cu가 981ppm, Pb가 43.25ppm, As가 18.08ppm, Cr이 3.145ppm, Hg가 0.665ppm, Cd가 0.025ppm으로 검출됨에 따라 B사로부터 고농도의 구리 함유 물질이 고의 또는 과실로 우수토구를 통해 신길천으로 유입되었을 개연성이 있다고 하여 인과관계를 인정하고 그 책임비율을 60%로, 영농지도책임이 있는 안산시로서도 신청인들이 601블럭 인근 우수토구를 통해 청색 물이 신길천으로 유입되고 있다는 신고를 받았다면 곧바로 농업용수에 대한 수질분석과 영농지도 및 대체 농업용수의 확보 등 적절한 대책을 수립하여 피해를 줄일 수 있는 방안을 강구하여야 할 책임을 다하지 않고 환경출장소 등에 위 사실을 통보한 외에는 별다른 조치를 취하지 않은 과실이 있다고 하여 그 비율을 30%로 인정하였다. 또 신청인들도 어느 정도의 주의를 기울였다면 2000년 4월 청색 물 유입 시 동 물질이 공장에서 유입되는 폐수일 수도 있다는 점과 이로 인한 농작물 피해의 개연성을 알 수도 있었을 것임에도 이를 농업용수로 사용한 점 등을 감안할 때 그 과실비율을 10%로 참작하였다. 이 사건 손해배상액은 피해면적, 그 지역 10a당 벼 평균수확량, 단위보정(100a/ha), 정부수매가격을 기초로 하여 총

점, 피해 논의 오염도 등을 조사한 결과 구리(Cu)성분의 폐수로 인한 벼 피해와 공단 내 5개 업체 중 산업의 구리폐수 배출 개연성이 인정되어 5,058만 원을 배상하도록 결정하고, 공장폐수를 농업용수로 사용하면 위험하다는 것을 알면서도 방치한 안산시 농업지원센터의 과실도 일부 인정하여 2,529만 원을 배상하고, 구리폐수로 피해가 발생한 논의 토양오염도를 조사하여 적절한 대책을 강구하도록 하였다.

4. 휴 · 폐광지역

가. 오염실태

국내 금속광산62)중 상당수의 광산들은 현재 휴 · 폐광된 상태에 있으며 이러한 휴 · 폐광지역에는 광산개발당시 발생한 광산폐기물과 폐시설물 등이 그대로 방치되어 있는 상태이다. 지식경제부(舊 산업자원부) 통계에 의하면 2005년 현재 휴 · 폐광상태의 금속광산은 936개소가 산재하는 것으로 조사63)되었으며 이는 대부분 1940년대

75,870,000원을 산정하고, 피해를 구체적으로 입증할 수 있는 근거가 미흡한 신청인은 배상대상에서 제외하여 신청인들 중 7인에 대해서만 벼 피해 명목으로 지급받은 생계지원비를 차감한 금액을 손해배상액의 총액으로 확정하고, 위 금액 중 신청인들의 과실비율 10%를 공제한 금액을 오염원인자인 B사가 60%를 배상하고, 안산시는 30%의 비율에 의한 금액을 배상함과 함께 피해 논 전체에 대한 토양오염도 조사를 실시한 후 적절한 대책을 강구하라고 결정을 하였다. 2001 환경분쟁조정사례집(제10집), 중앙환경분쟁조정위원회, 2002. 2, 557쪽.

62) 우리나라 광산은 석탄광산, 금속광산, 기타 석회석광산 등으로 구분되는데 이 중 금속광산의 광석에, 포함되어 있는 중금속 성분과 제련과정에서 사용되는 사이아나이드(CN) 등 화학약품, 갱구에서 유출되는 갱내수 등이 주요 토양오염원이라 할 수 있다. 2005 환경백서, 560쪽.

63) 환경부, 보도자료(2009. 3.)에 의하면 "2008년 폐금속광산 주변지역 토양·수질 오염실태 정밀조사결과" 2008년까지 419개소 폐금속광산에 대해 토양오염실태 정밀조사를 완료하였고, 미실시 407개소는 2005년 개황조사 결과 오염개연성

이전에 개발되었다고 한다. 특히 1970년도 이전에 폐광된 금속광산 지역에 산재한 광미, 갱내수, 폐석 등으로 주변 농경지, 하천 등의 오염으로 환경문제가 대두되었고, 1992년부터 폐금속광산 주변지역 의 토양에 대한 조사를 시작하여 오염이 심각한 지역은 정부가 복원작업을 추진하고 있으나, 최근에는 폐금속광산 주변의 토양오염범위가 농경지, 하천수, 지하수뿐만 아니라 오염된 토양에서 생산된 농작물에 2차 오염되어 주민들의 건강까지 위협하고 있다는 조사결과가 발표되어 충격을 주고 있다.[64] 2002년 8월에도 집중호우와 태

이 비교적 낮거나 없는 광산 377개소와 지식경제부 추가조사('04~'05년)로 확인된 광산 30개소이며 30개소는 추후 개황조사를 거쳐 정밀조사를 실시할 예정에 있으며, 토양오염우려기준 초과 및 토양오염 우려가 있는 100개 광산을 조사한 결과 87개 광산이 토양·수질기준을 초과하였으며, 토양시료 분석결과 일부는 오염이 심각하여 시급한 복구가 필요한 것으로 나타났다. 토양의 경우, 100개 광산 중 경기 가평군 복장광산에서 비소가 기준치(6mg/kg)를 236배 초과(1,414mg/kg) 하는 등 75개 광산이 토양오염우려기준을 초과(초과율 75%, 62개 광산 토양오염대책기준 초과)하였고, 토지용도별로는 임야(329개 시료, 35.5%), 밭(296개 시료, 31.9%), 논(169개 시료, 18.2%), 기타(134개 시료, 14.4%) 순으로 오염기준을 초과하였으며, 오염물질별로는 전체 1,189개 토양오염우려기준 초과항목 중 비소(382개, 32.1%), 아연(273개, 22.9%), 니켈(183개, 15.4%), 카드뮴(132개, 11.1%), 납(99개, 8.3%), 구리(99개, 8.3%), 시안(19개, 1.6%), 6가 크롬(2개, 0.3%) 순으로 검출되었다고 한다.

64) 폐금속광산 주변지역에서 생산된 쌀·콩을 비롯한 상당수 농산물이 허용기준 이상으로 중금속에 오염된 충격을 주고 있다. 폐광인근에서 재배된 농산물은 수십년 동안 해당지역 뿐만 아니라 전국으로 유통·판매되었을 것으로 보여 적잖은 파문이 예상된다. 식품의약품안전청은 농림부, 환경부와 함께 전국 44개 폐광지역과 그 인역에서 생산되는 쌀, 콩, 옥수수, 팥, 감자, 고구마, 무, 배추, 파, 시금치 등 10개 농산물을 대상으로 납, 카드뮴, 구리, 비소, 수은 등 5개 중금속 오염정도를 조사해 발표했다. 조사결과 폐광지역 44곳 중 27곳이 '토양오염우려기준'을 초과했고, 19개 지역의 물이 중금속에 오염된 것으로 나타났다. 또 이들 지역에서 재배된 쌀은 총 조사건수 757건 중 27.5%가 납 함유기준을 초과했고, 8.1%가 카드뮴을 초과 함유한 것으로 밝혀졌다. 배추도 27.5%가 납을, 28.1%가 카드뮴 허용기준을 각각 초과했다. 또 감자는 24.8%가 납을, 23.0%가 카드뮴을, 파는 35.4%가 납을, 38.8%가 카드뮴을 각 초과하였으며, 대부분의 농산물이 허용기준을 초과한 것으로 나타났다. 이번 중금속오염 실태조사는 전국 폐광지역 936곳 중에서 일부인 44곳만을 대상으로 한 것이어서 앞으로 확대조사하면 더 큰 파장을 피할 수 없을 것으로 보인다. 매일경제,

풍으로 인해 경북 봉화, 강원 삼척 등지의 폐광 여러 곳이 무너져 주변 수질이 광미나 중금속 폐수에 오염된바 있는데 이와 같이 폐광미나 중금속은 장마기에 유실되어 인근의 농경지에 직접 유입되기도 하고 근처의 소하천을 통해 농업용수로 흘러들어가 농경지 오염의 주원인이 되어 왔다.

나. 피해사례

1) 광명 가학 폐금속광산 오염

경기도 광명시 가학 폐금속광산은 1912년경부터 은, 동, 아연 등을 채굴하여 오다가 1973년 7월에 폐광된 이후 광미와 광재가 광해방지시설 없이 방치되어 왔으며 인근에서 재배되고 있는 쌀 및 채소류에서 상당량의 중금속이 검출되기도 하였던 곳이다. 광명시 가학 폐금속광산 인근지역주민 284명(남자 108명, 여자 176명)과 대조군 119명을 대상으로 요중(尿中) 카드뮴, 근위콩팥 요세관(尿細管)의 손상을 민감하게 반영하는 N-acetyl glucosamidase(NAG)활성도, β2-microglobulin(MG) 및 metallothionein(MT)을 측정한 결과, 폐금속광산 지역주민들의 평균 요중 카드뮴농도가 대조군에 비해 남녀 모두에서 유의하게 높았고, 폐금속광산 지역주민에서 연령, 거주기간, 농사일 종사 및 식생활양상 등에 따라 요중 카드뮴농도가 뚜렷한 차이가 있어 폐금속광산 지역에서 거주하는 주민들이 상대적으로 많은 양의 카드뮴에 노출되는 것으로 평가되었다. 평균 요중 NAG, β2-MG 및 MT 농도는 폐금속광산 지역주민과 대조군 사이에 큰 차이가 없었으나, 폐금속광산지역 주민에서 요중 NAG, β2-MG 및

2006. 9. 6.자 기사.

44

MT배설량은 요중 카드뮴농도와 유의한 관련성이 있는 것으로 밝혀졌다.[65]

2) 경남 고성 폐금속광산 오염

경남 고성군 삼산면의 폐광지역에서 일본의 대표적인 공해병인 '이타이이타이병'으로 의심되는 환자가 집단으로 발병했다는 주장이 시민환경단체에 의해 언론에 보도[66]되면서 환경부가 정밀조사에 착수한 사건이다. 병산리 주민 102명과 대조지역인 송천1구와 대평리에서 각각 58명, 91명의 주민을 대상으로 중금속 노출수준을 조사한 결과, 요중 구리와 아연농도의 평균값은 마을별로 차이가 없었으나, 혈액과 요중 카드뮴농도는 병산리 주민들의 평균값에 비해 통계적

65) 司空埈, "廢金屬鑛山이 隣近地域 住民健康에 미치는 影響", 영남의대학술지 제24권 제2호, 2007. 7, 213-214쪽.
66) 경남 고성군에서 일본의 대표적인 공해병이었던 이타이이타이병으로 의심되는 환자가 집단으로 발병됐다는 주장이 제기됐다. 환경운동연합 (사)시민환경연구소 수질환경센터에 따르면 고성군 삼산면 한 마을의 옛 구리광산 부근에 사는 주민 7명을 전문기관에 의뢰해 혈중 카드뮴 농도를 조사한 결과, 6명이 2.51~6.64ppb(10억분의1)로 측정돼 노동부 산하 산업안전공단의 작업환경 기준을 적용, 일반인 함유 기준치인 2ppb 이하를 초과한 것으로 나타났다. 특히 서모(75)씨와 최모(76. 여)씨의 경우 각 6.64ppb와 5.12ppb로 측정돼 카드뮴 전문 취급자의 허용 기준치인 5ppb 이하를 넘어서는 등 심각성을 드러냈다. 이들은 뼈마디가 쑤시고 요통과 관절통을 심하게 호소하는 등 전형적인 이타이타이병 증세를 보였다고 수질환경센터는 주장했다. 또 이 마을에 사는 주민들의 상당수가 뼈와 관련된 질환으로 인해 유모차 등 보조기구에 의지해 보행하는 등 거동이 불편한 상태다. 주민들을 대상으로 설문한 결과, 일부는 가족 단위로 허리 수술을 받거나 뼈가 자주 부러지고 외지에 나가 있는 자녀들에게도 이 같은 증세를 보였다는 답변이 나왔다. 폐광 갱내 유출수에서도 카드뮴 성분이 먹는 물 수질 기준인 0.005ppm(1백만분의1)의 5배, 하천수 기준인 0.01ppm의 2.5배인 0.025ppm으로 나왔다. 마을에는 30여년 전 폐광된 구리광산이 있었는데 갱내 유출수가 하천으로 유입돼 이 물로 인근 논에서 재배된 쌀을 오랫동안 섭취한 결과, 쌀에 함유된 카드뮴 성분이 인체에 축적된 것으로 보여 일본 이타이이타이 발병 경로와 거의 같다고 그는 주장했다. 수질환경센터는 이타이이타이의 집단 발병은 국내 첫 사례라며 앞으로 이 마을 주민 200여명을 대상으로 추가 정밀 조사를 벌일 예정이라고 하였다. 연합뉴스, 2004. 6. 3.기사.

으로 유의하게 높은 것으로 나타났다. 병산리의 지표수나 토양에서는 구리의 농도는 높게 검출되지만 카드뮴농도는 높은 편이 아니었으며, 폐금속광산 갱구의 저질에서 토양오염우려기준을 초과하는 농도의 카드뮴이 검출되는 것으로 볼 때 예전에는 지금보다 높은 농도의 카드뮴이 배출되었을 것으로 추정되고, 병산리의 삼산제일광산의 선광장(選鑛場), 광미사(鑛微砂)[67]가 주오염원으로 추정된다는 것이다. 또 환경조사결과 병산리 주민들이 마시는 음용수에는 카드뮴의 농도가 높게 검출되지는 않았으나, 폐금속광산 인근농경지에서 재배한 쌀의 카드뮴농도가 다른 농경지의 쌀에 비해 높게 나타나 쌀이 주된 오염경로로 추정되었다. 병산리 주민 중 간이상수도를 음용수로 사용하는 주민들의 혈중 및 요중 카드뮴농도가 다른 음용수를 사용하는 주민들보다 높게 나타났다.[68] 그리고 2차 건강진단을 받은 주민을 대상으로 분석한 결과에 의하면 24시간 요중 카드뮴농도와 요추부와 대퇴부의 골밀도 사이에는 일정한 음의 상관관계가 있었는데, 이러한 관련성은 나이, 성별, 체중 등 골다공증의 주요위험인자를 보정하고도 여전히 유의하게 나타나 카드뮴이 신장손상을

---

67) 선광장은 캐낸 광석에서 가치가 낮거나 쓸모없는 것을 골라내는 일을 하는 곳을 가리키며, 광미사는 광산에서 광물을 뽑아 내기 위해 돌을 잘게 부수고 광물은 가려내고 남은 돌가루를 말함.

68) 조사결과에 의하면 병산리 주민에서는 거주기간에 따라 요중 카드뮴농도가 증가하는 경향이 관찰되고, 특히 거주기간이 30년 이상인 경우에서 카드뮴농도가 급격히 증가하는 것으로 나타나 채굴활동이 활발했던 70년대에 높은 농도로 배출된 카드뮴이 쌀이나 음용수를 통해 체내로 유입되었을 가능성이 높다. 병산리 주민들의 일반적인 건강상태는 대조지역 주민들과 비교하여 특별한 차이가 없었고, 카드뮴의 표적장기인 콩팥 뇨세관 손상의 조기지표인 β2-MG, α1-MG, NAG의 평균값 역시 마을 간에 유의한 차이가 없었다. 2차2건강진단을 받은 54명의 24시간 요중 칼슘, 인산, 요당, 단백질 등을 조사한 결과 콩팥뇨세관 손상의 징후를 보이는 사람은 없어, 병산리 주민들은 카드뮴에 노출되었지만 콩팥 뇨세관 손상의 증거가 없고 골연화증 소견을 보이는 사람이 없기 때문에 이타이이타이병의 인정기준에 부합되는 사람은 없었다.

46

유발하지 않으면서 골밀도를 저하시킬 가능성을 시사한 것이라고 지적되었다.[69] 환경부는 2004. 12. 9 정부청사 브리핑룸에서 밝힌 최종조사결과에서 "병산리 주민 중에 일본 환경성에서 정의한 이타이이타이병의 진단기준인 '콩팥 세뇨관(renal tubule)손상이 수반된 골연화증 및 골다공증'이 있는 것으로 확인된 사람은 없었으나, 병산리 2차 건강진단 내상 주민들의 골다공증 유병률이 높게 나다나고 尿中 카드뮴 농도가 높아질수록 골밀도가 감소하는 소견이 관찰되었다. 카드뮴이 직접적으로 뼈에 작용하여 골밀도를 감소시켰을 가능성에 대해서는 현 단계에서는 확정적으로 판단하기 어려우므로 추가적인 연구와 관찰조사가 필요할 것으로 생각한다."고 발표하였다. 이 사건을 계기로 폐광산 등에서 발생하고 있는 중금속 등 광해로 인해 자연환경보호 및 국민건강에 대한 침해를 예방하고, 광해방지사업을 일관되고 체계적으로 추진하기 위하여 2005. 5. 31. 법률 제7551호로 "광산피해방지 및 복구에 관한 법률"이 제정되었고, 광해방지를 위한 정부차원의 전담조직이 신설되는 등 많은 변화가 있게 되었다.

5. 국방관련 시설부지

가. 실태와 현황

최근까지 주한미군이 사용하였다가 폐쇄 또는 이전하는 대부분의 기지에서 유류누출 등에 의한 토양오염으로 책임과 처리방안을 놓고 많은 다툼과 문제가 대두되고 있다.[70] 국방부와 환경부가 1995

69) 고성군, "경남 고성군 병산마을 폐광산의 건강영향조사", 2004. 214-215쪽.
70) 주한미군과 관련된 환경오염사건 중에서 가장 심각한 피해를 불러오는 것은

년과 1996년 사이에 31개 부대 60개 단위부대를 대상으로 하여 합동으로 조사한 바에 의하면 유류저장시설은 조사대상 107개 지점 중 27개소(25.2%)가 기준을 초과하였고, 폐기물매립지는 34개소 중 3개소(8.8%), 사격장은 19개소중 11개소(57.9%), 탄피 등 야적장은 6개소 중 3개소(50%)가 기준을 초과하였으며 기준을 초과한 오염물질은 납, 카드뮴, 페놀, 구리, 수은이었다.[71] 앞으로도 국방부와 환경부의 정밀한 합동조사가 꾸준히 요구된다. 독일연방의 경우 전체 국방관계오염에서 유류가 60%, 폐기물관련이 35%, 탄약관련이 5%를 점유하고 있는 것과 한국의 환경관계법규에서 국방시설에 대한 적용 예외를 명시적으로 인정하고 있는 법규는 환경영향평가법의 관계조문뿐이라는 것, 그리고 한국에 주둔하고 있는 외국군대의 군사시설과 활동에서의 토양오염요인을 사전에 차단하는 법적 노력이 시급하다.[72]

미군기지로부터 생기는 토양오염이다. 한미 양국이 2004년 7월에 체결한 '용산기지이전협상'에 다르면 2009년에 약 350만㎡에 달하는 방대한 토지가 우리나라에 반환된다. 오염된 토양을 정화해 본 선진국의 경험으로 비추어 볼 때 우리나라가 반환될 토지의 정화책임을 부담할 경우 엄청난 처리비용을 지출하여야 할 것이다. 미군에 의해 발생하는 환경오염은 과실에 의해, 특히 기지 내 노후시설의 관리소홀에 의해 나타나고 있으며, 1990년대 주한미군기지에서 발생한 환경오염사고는 특히 1998년 이후 사고 16건 중 13건(약 81%)이 노후한 지하유류탱크 파이프 파손, 노후시설교체 중 발생이라 한다. 그리고 미군기지에서 비롯된 환경오염사고 대부분은 미군기지 내에서 유출된 기름으로 인해 인근지역 토양과 지하수오염이라고 할 수 있다. 趙弘植, "駐韓 美軍의 環境責任과 SOFA의 後續契約", 서울대학교 법학 제45권 제3호, 2004. 9, 94-95쪽.

71) 金明龍, 토양환경보전법의 개선방안, 한국법제연구원, 2001. 12, 29쪽.

72) 한미주둔군지위협정(SOFA)를 개정하여 미군이 철수한 군사기지의 토양오염방지를 위해 기지반환 시에 원상회복 및 보상의무를 규정하고, 주한 미군기지에 대한 환경오염실태조사를 단독 또는 공동으로 실시할 수 있는 근거규정의 마련이 필요하다.; 1993년에 국립환경연구원이 3개의 미군철수지역을 조사한 바에 의하면 유류저장고 주변지역의 토양은 유류와 납 오염으로 토양교체와 지하시설의 폐쇄가 요구되는 것으로 판단되었다.

48

나. 피해사례

1) 용산미군기지 토양오염

이 사건은 미군기지 내에서 밖으로 오염물질이 유출되면서 확인된 기존의 오염사건과는 달리 용산 미군기지 내에서 유류오염사실이 확인된 최초의 사례이다. 2001년 1월 녹사평역에서 이태원 쪽으로 120m 떨어진 지점의 지하터널에서 매일 10ℓ의 유류유출이 발견되었으며, 동년 7월 25일에는 녹사평역 승강장 남쪽 끝 지점 삼각지 방향에 있는 집수정(集水井)에서 다량의 유류가 검출되었다. 또 2002년 4월에는 녹사평역에서 삼각지 방향으로 150m지점 토양에서 등유가 발견되기도 하였다. 처음 기름 유출이 확인된 이후, 녹사평역 기름오염의 정확한 오염원을 밝히기 위한 조사가 진행되었는데, 조사결과 녹사평역에서 유출된 등유 성분이 미군부대 난방유 성분과 일치하였고, 지하수가 미군기지에서 녹사평역으로 흐르고 있다는 사실과 미군이 약 5억 원을 들여 유출차단작업을 한 뒤 녹사평역에 고였던 기름의 양이 하루 약 10ℓ에서 0.5ℓ정도로 줄었다는 관계자의 진술 및 농업기반공사 조사결과 미군이 쓰는 등유에 첨가된 JP-8 성분 확인 등을 통해 용산 미군기지에서 나오는 기름으로 확인되었다.[73]

녹사평역 기름오염의 심각성은 서울시가 작성한 '녹사평역 지하

---

73) 그러나 2003년 12월 12일 미8군공보실, 서울시, 환경부를 통해 발표된 '녹사평 유류오염 관련 한·미 공동 합의문'은 ① 지하수 흐름 특성을 고려할 때 등유는 미군 용산기지로부터 지하철 남쪽 터널로 흘렀을 가능성이 있다는 점은 인정하고 있으나, ② 미군사용 등유(JP-8)의 일부 성분이 검출되지 않았다(JP-8의 성분중 '산화방지제'는 검출되었으나 '빙결방지제' 불검출)는 근거를 들며 주한미군이 강력하게 반발하자, "등유의 오염원을 최종적으로 확인하지 못하였고, 등유의 종류에 관하여도 합의하지 못하였다"는 애매모호한 내용을 담고 있다.

오염조사보고서'를 통해 정확한 실태가 밝혀졌다. 이 조사보고서에 따르면 유독성 발암물질인 벤젠이 지하수 정화기준(0.015ppm)의 최고 1830배를 초과하는 27.46ppm으로 나온 곳을 포함하여, 녹사평역 주변 22개 관정의 지하수를 조사한 결과, 20곳에서 기준치 이상의 BTEX가 검출된 것으로 확인되었다.74)

---

74) 서울지하철 6호선 녹사평역 지하의 구체적인 오염실태가 드러났다. 2000년 7월 미군 용산기지 기름유출 사실이 처음 발견된 녹사평역 지하수에서 최근 유독성 발암물질인 벤젠이 생활용수 기준치의 최고 1830.7배나 검출됐다. 서울시의 '녹사평역 지하오염 조사보고서(1, 2, 3차)'에 따르면 올해 녹사평역 주변에 뚫은 22개의 관정 지하수에서 유독성화학물질인 BTEX(벤젠, 톨루엔, 에틸벤젠, 크실렌)가 생활용수 기준치보다 수 백 배 높게 나오는 등 오염이 심각한 것으로 드러났다. 미군기지가 오염원인 기름유출사고의 조사보고서 내용이 공개된 것은 이번이 처음이다. 우리 정부는 그간 미군기지 환경오염사고의 경우 조사보고서를 주한미군지위협정(SOFA) 규정을 이유로 단 한 번도 공개하지 않았다. 이 보고서 가운데 녹사평역 지하수시험성적서(한국환경수도연구소)에 따르면 지난 6월 9~21일 녹사평역 주변 22개 관정의 지하수를 조사한 결과 20곳에서 기준치 이상의 BTEX가 검출됐다. BH-34 관정에서 벤젠이 생활용수기준치(0.015ppm)의 1830.7배인 27.460ppm이 나오는 등 19개 관정에서 기준치 이상의 벤젠이 검출됐다. 다른 관정(BH-2)의 지하수에서는 벤젠이 기준치의 501.6배인 7.524ppm이 검출됐다. 또 22개 관정 가운데 7개 관정에서 기준치 이상의 톨루엔이 나왔다. BH-8 관정에서 톨루엔이 기준치인 1ppm의 7.3배인 7.338ppm이 검출됐다. 에틸벤젠도 22개 관정 가운데 5개 관정에서 기준치 이상이 나왔다. BH-7 관정에서는 기준치인 0.45ppm의 1.77배인 0.798ppm이 나왔다. m, p크실렌도 22개 관정 가운데 7개 관정에서 기준치 이상이 검출됐다. BH-4 관정에서는 기준치인 0.75ppm의 3.09배인 2.323ppm이 검출됐다. 또 다른 독성물질인 o-크실렌도 4개 관정에서 기준치 이상이 나왔다. BH-4 관정에서는 기준치인 0.75ppm의 1.40배인 1.051ppm이 검출됐다. 토양오염도 심각한 것으로 드러났다. 토양오염도를 가늠할 수 있는 TPH(석유계 총탄화수소)도 BH-6, BH-16 관정에서 기준치(1.5ppm)보다 각각 22.8배, 12.7배 높은 34.2, 19.1ppm이 검출됐다. 또 서울시의 '지하수오염 복원조사 및 정화용역 중간보고(지난 3~11월)'에 따르면 이태원입구에 설치한 2개의 양수처리공 가운데 한 곳(PW-2)에서 벤젠이 기준치의 180~479.5배인 2.701~7.192ppm이 검출됐다. 다른 곳(PW-1) 처리공에서는 벤젠이 기준치의 5.5~194.6배인 0.083~2.920ppm이 검출됐다. 연세대 지구시스템과학과 한정상 교수는 "벤젠은 백혈병을 일으킬 수도 있는 독성이 강한 물질로 기준치의 수백 배가 넘는다는 것은 매우 위험하다"며 "생태계에 미칠 영향 등을 감안해 심도 있는 분석을 해야 할 것"이라고 말했다. 서울시는 현재 1주일에 2~3차례 녹사평사거리에 설치된 폐수집수탱크를 통해 오염된 지하수를 퍼내고 있다. 서울시 환경국 수질과장은

현재 녹사평역 기름오염 사건은 SOFA규정시행에 관한 민사특별법상 주한미군이 대한민국 정부 외의 제3자에게 손해를 가한 때에는 국가가 배상할 책임이 있다는 규정에 근거해, 서울시가 2006년 3월 8일 국가를 상대로 손해배상 소송을 제기하였으며, 이 사건은 대법원에서 "공해소송에 있어서 피해자에게 사실적 인과관계의 존재에 관하여 과학적으로 엄밀한 증명을 요구한다는 것은 공해로 인한 사법적 구제를 사실상 거부하는 결과가 될 우려가 있는 반면에, 가해기업은 기술적·경제적으로 피해자보다 훨씬 원인조사가 용이한 경우가 많을 뿐만 아니라, 그 원인을 은폐할 염려가 있기 때문에, 가해기업이 어떠한 유해한 원인물질을 배출하고 그것이 피해물건에 도달하여 손해가 발생하였다면 가해자 측에서 그것이 무해하다는 것을 입증하지 못하는 한 책임을 면할 수 없다고 보는 것이 사회형평의 관념에 적합하다"고 하여 개연성설에 근거한 주한 미군이 관리하는 유류저장시설에서 휘발유와 등유가 유출되어 원고소유의 토지를 오염시킨 인과관계가 증명되었다고 판단하고 손해배상책임을 인정하였다.[75]

2) 원주 캠프롱기지의 토양오염

원주시 태장동에 위치한 캠프롱기지안에 있는 지하 유류배관이

"녹사평역이 완전 정화될 때까지 앞으로 몇 년이 더 걸릴지 모른다."고 말했다. 세계일보 2004. 10. 31.자 기사.

75) 대법원 2009. 10. 29. 선고 2009다42666 판결. 이에 앞서 손해배상의 범위에 관하여 1심에서 금1,820,314,960원을 배상하라는 판결(서울중앙지방법원 2007. 8. 21. 선고 2006가합18858 판결)과, 항소심에서 청구취지확장에 따라 추가로 금 439,713,000원 등 총 금2,260,027,960원으로 증액판결(서울고등법원 2009. 5. 14. 선고 2007나92423 판결)이 선고된바 있으며, 이는 최종 상고심에서 확정되었다.

파손되어 난방유 등으로 사용하고 있는 2,500갤런 크기 저유탱크에
의해 유출된 유류가 장기간 농토로 스며들어 논이 검은색으로 오염
되면서 영농에 지장을 주는 등 피해가 발생한 토양오염사건이다.
2001. 5. 21.자 확인된 이건 사고는 1996년에 25년 동안 사용해 오던
유류저장시설의 배관교체공사 후 보일러실로 연결된 파이프를 막지
않고 방치한 것에서 비롯되었다고 추정하고 있다.76) 환경관리공단이
이 지역일대 10개 지점에 대한 굴착조사와 시료분석 등을 통해 정
밀조사를 실시한 결과에 의하면 오염토양에 유출 된 유류는 미군의
항공기연료의 원액 시료와 유사한 것으로 보이며, 유출시점은 1998
년 이전부터인 것으로 추정되었다. 또 오염은 마을 농경지 쪽으로
지하수를 타고 확산 되었으며, 최소한 11,000㎡의 토양이 오염된 것
으로 보고 있다. 이 사건으로 한·미 공동조사가 한 달이 넘도록 이
뤄지지 않고 있는 가운데 그곳에서 600여m가량 떨어진 전골마을 저
수지 주변을 장비를 동원하여 파헤친 결과 모래층 사이로 기름이
흐르고 있는 것을 확인하였다. 그 후 원주시는 해당 토양에 대해 정
화조치를 시행하고 이른바 '한미주둔군지위협정(SOFA)'에 따라 국가
를 상대로 정화비용을 구상금으로 청구하였고, 2009년 3월 대법원으
로부터 전액 배상하라는 판결을 받았다.77)

76) 원주시는 환경관리공단과 용역계약을 체결하여 주변지역의 피해범위와 원인
    에 대한 조사를 실시하게 하고 조사용역비 32,636,000원을 배상받기 위해 한국
    정부에 배상신청을 하였는데 미군은 2003. 4월 원주시에 조사용역비 전액을
    지급할 것을 결정하였다. 이 사건은 미군이 환경피해를 조사하기 위해 소요된
    비용을 지급하기로 한 최초의 사건이다. 趙弘植, "駐韓 美軍의 環境責任과
    SOFA의 後續契約", 99쪽.
77) 원주시는 대법원 민사1부가 최근 원주시가 국가를 상대로 미군기지 캠프롱
    기름유출 사건과 관련해 제기한 구상금 청구소송 상고심에서 '국가는 원주시
    에 1억5,848만원을 지급하라'고 판결한 원심을 확정했다고 4일 밝혔다. 원주시
    는 2001년 캠프롱 미군부대 오염사고 직후 한·미 공동조사를 실시하고 2004년
    8월 한국 측에서 오염된 토양을 정화한 후 주한미군 측에 정화비용을 청구하

제3절 토양오염 기준과 측정

I. 토양오염우려기준 등

현재 우리나라는 토양환경보전법상 카드뮴, 구리, 비소, 수은,
유류, 유기용제 등 토양오염의 원인이 되는 16개 물질을 규제대상
토양오염물질78)로 규정 관리하여 왔으며, 각각의 물질에 대하여 사
람의 건강 및 재산, 동·식물의 생육에 지장을 초래할 우려가 있는
정도의 토양오염도인 토양오염우려기준(동법 제4조의2)과 우려기준
을 초과하여 사람의 건강 및 재산, 동·식물의 생육에 지장을 주어
토양오염에 대한 대책을 필요로 하는 토양오염대책기준(동법 제16
조)을 정하고 있다. 토양오염의 기준은 오염원의 대상과 토지의 용
도에 따라 다를 수 있다.79) 현재까지 토양오염우려기준은 <표 1>과

는 내용의 합의서를 작성했지만 주한미군이 정화비용에 대한 배상을 할 수 없
다고 번복해 2006년 10월 소송을 제기했었다. 대법원은 "국가는 미군부대의
기름유출로 오염된 토지를 해당 자치단체에서 정당한 비용을 들여 복원했다면
이에 대한 비용 전액을 배상해야 한다."라고 판결한 1심 판결을 유지해 최종
적으로 원주시의 손을 들어줬다. 江原日報, 2009. 3. 5.자 기사.

78) 토양환경보전법 제2조의 2 관련 토양오염물질은 2009. 6. 25. 同法 시행규칙
개정(환경부령 제333호)으로 최근까지 지정 적용하여 온 16개 물질에서 6개 물
질이 추가된 22개 물질을 규제대상 오염물질로 지정하여 2010. 1. 1.부터 적용
시행하게 되었다. 이는 ① 카드뮴 및 그 화합물 ② 구리 및 그 화합물 ③ 砒
素 및 그 화합물 ④ 수은 및 그 화합물 ⑤ 납 및 그 화합물 ⑥ 6가크롬화합물
⑦ 아연 및 그 화합물 ⑧ 니켈 및 그 화합물 ⑨ 불소 화합물 ⑩ 유기인 화합
물 ⑪ 폴리클로리네이티드비페닐 ⑫ 시안화합물 ⑬ 페놀류 ⑭ 벤젠 ⑮ 톨루엔
⑯ 에틸벤젠 ⑰크실렌 ⑱ 석유계총탄화수소 ⑲ 트리클로로에틸렌 ⑳ 테트라클
로로에틸렌 ㉑ 벤조(a)피렌 ㉒ 기타 위 물질과 유사한 토양오염물질로서 토양
오염의 방지를 위하여 특별히 관리할 필요가 있다고 인정되어 환경부장관이
고시하는 물질 등이다.

79) 토양환경보전법에 의한 규제는 동법 목적에 명시된 바와 같이 공공적인 목적
을 위한 토양환경의 지표를 제시하고 이를 유지하는 일응의 기준이 된다 할

같이 전국의 토지를 지적법에 의한 토지·용도별로 구분하여 '가·
나 지역'으로 설정, 즉, 전·답·임야 등 상대적으로 오염가능성이
적은 지역을 '가'지역으로, 공장용지·도로·철도용지 등 비교적 오
염가능성이 큰 지역을 '나'지역으로 구분하여 토양오염물질에 대해
규제하여 왔다.[80] 그리고 2005년 6월에는 유류 중 TPH(석유계 총
탄화수소)에 대한 '가'지역의 토양오염기준을 설정하여 비오염지역에
서의 유류오염에 대한 관리를 강화하였다.

그러나 2개 지역으로만 구분하는 것은 정밀한 환경관리를 위해
서는 불충분하다는 판단에 따라 2009. 6. 25. 토양환경보전법 시행규
칙을 일부 개정하여 2010. 1. 1.부터 시행하는 토양오염우려기준은
토지의 용도별로 환경위험성을 정밀 분석하여 구분 관리할 수 있도
록 규제대상 오염물질과 오염지역을 세분화하였다.[81]

것이어서 민사상 청구소송에서 토양오염의 기준이 되는 것은 아니라고 생각된
다. 孫潤河, 環境侵害와 民事訴訟, 청림출판, 2005. 10, 362쪽.
80) 환경부, 2005 환경백서, 548쪽.
81) 2010. 1. 1.부터 시행되는 개정기준은 기존의 토지용도별로 '가·나지역'으로
구분하던 것을 '1·2·3지역'으로 세분화하여 '1지역'은 지적법에 따른 지목이
전·답·과수원·목장용지·광천지·垈(지적법 시행령 제5조제8호 가목 중 주
거의 용도로 사용되는 부지만 해당)·학교용지·溝渠·양어장·공원·사적지
·묘지인 지역과 어린이놀이시설 안전관리법 제2조 제2호에 따른 어린이 놀이
시설(실외에 설치된 경우에만 적용) 부지인 지역, '2지역'은 지적법에 따른 지
목이 임야·염전·垈(1지역에 해당하는 부지 외의 모든 垈를 말함)·창고용지
·하천·유지(溜地)·수도용지·체육용지·유원지·종교용지 및 잡종지(지적법
시행령 제5조 제28호 가목 또는 다목에 해당하는 부지만 해당)인 지역, '3지역
'은 지적법에 따른 지목이 공장용지·주차장·주유소용지·도로·철도용지·
제방·잡종지(2지역에 해당하는 부지 외의 모든 잡종지를 말함)인 지역과 국방
·군사시설사업에 관한 법률 제2조 제1항 제1호부터 제5호까지에서 규정한 국
방·군사시설부지 지역으로 구분하였다. 그리고 공익사업을 위한 토지 등의
취득 및 보상에 관한 법률 제48조에 따라 취득한 토지를 반환하거나 "주한미
군 공여구역주변지역 등 지원특별법" 제12조에 따라 반환공여구역의 토양오염
등을 제거하는 경우에는 해당 토지의 반환 후 용도에 따른 지역기준을 적용하
며, 새로 추가된 규제대상 오염물질 중 벤조(a)피렌 항목은 유독물의 제조 및
저장시설과 폐침목을 사용한 지역(예: 철도용지, 공원, 공장용지 및 하천 등)에

또 <표 2>의 토양오염대책기준도 2010. 1. 1.부터는 토양오염우
려기준과 같이 기존의 '가·나 지역'에서 '1·2·3지역'으로 세분화
하고 규제대상오염물질도 21개 물질로 확대 지정하였다.

<표 1> 토양오염우려기준(17개 항목)

(mg/kg)

구분	카드뮴	구리	비소	수은	납	6가크롬	아연	니켈	불소	유기인	PCB	시안	페놀	BTEX	TPH	TCE	PCE
'가'지역	1.5	50	6	4	100	4	300	40	400	10	-	2	4	-	500	8	4
'나'지역	12	200	20	16	400	12	800	160	800	30	12	120	20	80	2,000	40	24

※ 출처 : 토양환경보전법 시행규칙 별표3

<표 2> 토양오염대책기준(16개 항목)

(mg/kg)

구분	카드뮴	구리	비소	수은	납	6가크롬	아연	니켈	불소	PCB	시안	페놀	BTEX	TPH	TCE	PCE
'가'지역	4	125	15	10	300	10	700	100	800	-	5	10	-	1,200	20	10
'나'지역	30	500	50	40	1,000	30	2,000	400	2,000	30	300	50	200	5,000	100	60

※ 출처 : 토양환경보전법 시행규칙 별표7

만 적용하도록 하였다.

II. 토양측정망 및 토양오염도 현황

환경부는 농경지, 산업지역 등 토양의 용도별로 전국을 일정단위로 구획하여 토양측정망[82]을 설치하여 토양에 대한 오염도를 상시 측정하고 있다. 농경지는 3~4월에, 기타지역은 5~6월에 시료를 채취한 후 중금속(Cd 등 8개 항목), 일반항목(PCB 등 8개 항목) 및 토양산도(pH) 등 총 17개 항목에 대하여 매년 오염도를 측정하여 전국토양에 대한 오염추세를 파악하고 있다.[83]

2008년 전국망 1,521개 지점의 토양오염측정결과[84] 대부분 항목이 토양오염우려기준 내로 조사되었으나, 다만 제주 10개 지점과 전남 1개 지점에서 니켈(Ni)이 우려기준을 초과한 것으로 나타났다. 이는 외부오염원의 영향보다는 지질특성에 따른 자연함유량이 높은 것에 기인한 것으로 판단되고 전국평균 오염도는 2007년과 비슷한 수준으로 조사되었다.[85] 그리고 토지이용별로 살펴보면 공장용지, 철도용지 등 산업활동과 관련한 지역에서 카드뮴(Cd), 구리(Cu), 납(Pb), 아연(Zn), TPH(석유류 총탄화수소)항목이 평균보다 높게 나타

---

82) 전 국토의 토양오염상황 및 오염 변화추이를 파악하여 정책수립의 기초자료로 활용하기 위하여 전국토양에 대한 오염도를 상시 측정하고 있다. 현재 전국 토양오염조사는 환경부장관이 설치·운영하는 측정망과 시·도지사(시장·군수·구청장)가 실시하는 토양오염실태조사의 두 가지 경로를 통하여 이루어지고 있다. 환경부에서는 지난 1987년도에 250지점의 토양측정망(전국망)을 설치하고 토양오염도를 상시 측정하기 시작한 후 1997년부터는 지역망까지 확대하여 1999년도에는 총 4,500지점의 토양측정망을 운영하여 왔으며, 2008년에는 1,521개 지점의 토양측정망과 2,516개 지역에 대한 토양오염실태조사를 실시하였다. 환경부, 2009 환경백서, 496쪽.
83) 환경부, 2009 환경백서, 549쪽.
84) 환경부, 2008년도 토양측정망 및 토양오염실태조사결과(2009. 8. 17.), 3-5쪽.
85) 카드뮴, 구리, 비소, 수은, 납, 6가 크롬은 토양오염 우려기준의 10% 미만이고, 아연과 니켈은 30% 미만으로 검출되었다. 그리고 유기인, PCB, 페놀, BTEX, TCE, PCE는 검출되지 않았으며, 불소는 53.9%, 시안과 TPH는 5% 미만으로 검출되었다.

낮고, 전, 답, 과수원 등 농경지의 경우 비소(As), 수은(Hg), 6가크롬 (Cr6+), 시안(CN) 등이 평균값보다 다소 높게 나타났지만 대부분 항목에서는 비슷한 수준이었다. Cu, As, Hg, Zn, Ni, TPH는 전년도보다 약간 상승하는 것으로 나타났고, 중금속농도는 우리나라 토양의 중금속 배경농도(자연함유량)와 비슷한 수준이나 Cu, As, Pb, Zn은 약간 높은 것으로 조사되었으며, Cr6+, 유기인, PCB, 페놀, TCE, PCE는 검출한계 이하이고, pH는 4.1~9.9의 범위이며, pH 평균치는 6.7로 나타났다. (자연토양은 PH 5.7)

<표 3> 토양측정망 조사항목

지 목	조사항목	
전, 답, 과수원, 임야, 목장용지, 공원, 유원지, 체육용지, 하천부지, 학교용지	중금속(8)	Cd, Cu, As, Hg, Pb, Cr+6, Zn, Ni
	일반항목(2)	CN, 유기인 *유기인 : 전, 답, 과수원, 체육용지에 한함
	토양산도(1)	pH
도로, 대(垈), 공장용지, 철도용지, 잡종지	중금속(8)	Cd, Cu, As, Hg, Pb, Cr+6, Zn, Ni
	일반항목(7)	PCBs, CN, 페놀류, 유류(벤젠, 톨루엔, 에틸벤젠, 크실렌, TPH), 불소, TCE, PCE. *PCBs, 페놀류, TCE, PCE : 공장용지, 잡종지에 한함
	토양산도(1)	pH

※ 근거 : 토양환경보전법 제5조 제1항

<표 4> 2008년도 전국토양측정망 조사지점 현황

계	한강청	낙동강청	영산강청	금강청	원주청	대구청	전주청
1,521	285	190	262	228	193	243	120
100(%)	18.7	12.5	17.2	15.0	12.7	16.0	7.9

※ 출처 : 2008 토양측정망 설치계획(환경부 고시 제2008-55호)

<표 5> 토지용도별 토양측정망 구성(15개 지목)

계	임야	답	전	과수원	목장용지	잡종지	대지	공장용지	학교용지	공원	체육용지	유원지	도로	철도용지	하천부지
1,521	70	127	86	51	54	74	256	161	257	52	154	36	70	35	37
100(%)	4.6	8.3	5.7	3.4	3.6	4.9	16.8	10.6	16.9	3.4	10.1	2.4	4.6	2.4	2.4

※ 출처 : 2008 토양측정망 설치계획(환경부 고시 제2008-55호)

<표 6> 전국 평균 토양오염도 현황

(단위 : mg/kg)

구분	Cd	Cu	As	Hg	Pb	Cr6+	Zn	Ni	F	유기인	PCB	CN	페놀	유류		TCE	PCE
														BTEX	TPH		
'08평균	0.049	3.521	0.241	0.037	4.042	0.013	82.662	9.150	215.473	0.000	0.000	0.001	0.000	0.000	16.447	0.000	0.000
'07평균	0.063	3.799	1.064	0.053	5.068	0.000	83.324	11.052	209.941	0.000	0.000	0.003	0.000	0.009	21.557	0.000	0.000
'06평균	0.076	3.587	0.481	0.025	5.395	0.000	82.318	10.222	280.109	0.000	0.000	0.010	0.000	0.000	16.207	0.000	0.000
우려기준(가지역)	1.5	50	6	4	100	4	300	40	400	10	-	2	4	-	500	8	4
자연함유량	0.040	0.48	0.089	0.085	3.06	0.09	54.27	17.28	-	-	-	-	-	-	-	-	-

※ 출처 : 2008년도 토양측정망 및 토양오염 실태조사결과

※ 1. 2008년 pH의 범위는 3.8~9.1(평균 6.5)
   2. 자연함유량은 국립환경과학원의 토양오염기준평가 및 확립에 관한 연구 Ⅰ(2004년)결과에서 현행 토양오염공정시험방법에 의한 우리나라 토양(산림지역)의 분석결과임

제 3 장　토양환경오염의 책임법제 개관

제1절 서언

　　토양오염은 인류가 금속을 사용하면서부터 비롯되었다고 해도 과언이 아닐 것이다. 금속은 인류의 역사가 시작된 이래로 인간의 생활을 편리하게 해 주었으며, 오늘날 물질문명의 발달도 이와 같은 여러 가지의 금속의 활용으로부터 시작되었다고 할 수 있다. 그러나 근대에 이르러 일부 금속성분은 인간에게 치명적인 해를 끼치기도 하였고, 최근에는 산업화의 진전으로 인위적인 각종 중금속이 함유된 폐기물 및 오·폐수 등 오염물질이 토양에 유입되어 토양의 조성을 변질시키고 토양구조를 파괴시켜 생물의 생육에 장애를 일으키는 등 많은 문제를 야기하고 있다. 사회적으로 심각한 토양오염의 발생은 유럽의 경우 대규모 산업 및 광산업이 활발하게 된 산업혁명 이후로 추정되고 있으나, 토양오염의 발생으로 자연생태계의 파괴현상이 사회적으로 심각하게 인식된 시기는 1960년대 이후라 할 것이다.

　　영국의 경우 1966년 Aberfan 광미댐의 중금속 유출로 인근의 하천 및 토양오염이 계기가 되어 영국정부는 오염토양처리 및 토양오염방지를 위한 재정확대를 추진하였다. 미국의 경우도 1970년대 뉴욕의 Love canal 매립장 주변의 유해화학물질의 유출로 인한 토양 및 하천오염으로 인근지역에서 중금속오염에 의한 주민의 피해 발생을 계기로 토양오염의 심각성을 인식하게 되면서 이는 1976년 자원보전회복법(RCRA)과 1980년 종합환경대응보상책임법(CERCLA)을 제정하게 된 중요한 계기가 되었으며, 특히 국가적 오염지 복원 프로그램인 Superfund에 의해 1억 4천만 달러를 들여 위 지역의 오염된 토양과 하천을 정비하였다.[1]

독일에서는 1980년대 초기에 Bielefeld-Brake의 폐기물매립지에 건설된 주택개발지에서 여러 가지 심각한 토양오염사건이 발생하여 사회문제화 되었고, 오랜 공업화의 역사와 더불어 그동안 합법적, 비합법적인 폐기물의 투기와 유해물질의 배출에 따른 'Altlasten'을 둘러싼 문제가 1980년대 중반에 이르러 심각하게 대두되면서 토양오염에 대한 사회적 반향을 불러일으켜 '종합적 토양보호구상'(Bundestags-Drucksache)이라는 보고서가 1985년 3월 연방의회에 제출되었고, 이후 환경책임법과 연방토양보호법이 제정되었다. 일본의 경우는 1960년대 말 기후(岐阜)현 카미오카(神岡)광업소에서 유출된 중금속에 의하여 진츠우가와(神通川)와 인근 농경지가 오염되었으며 이로 인해 '이타이이타이병'이 발병되면서 1970년 토양오염방지법을 제정하기에 이르렀다. 우리나라도 급속한 산업화에 따른 유류 등 사용량 급증, 그리고 폐기물매립지 및 금속광산지역 등의 토양오염요인이 계속적으로 증가하고 심화되어 이를 규제 또는 관리할 체계적인 법률의 필요하다는 현실인식이 대두되었으며 토양오염의 사전예방 및 확산을 방지하고 토양환경을 종합적이고 효율적으로 보전하기 위하여 1995. 1. 5. "토양환경보전법"을 제정하게 되었다. 과거

---

1) 박용하·이승희, 토양환경보전을 위한 오염방지기준 및 관리대책, 한국환경기술개발원, 1995. 12, 47쪽.

"수질환경보전법" 및 "광산보안법"이 토양오염에 관한 규정을 두고
있었으나 그 대상이 농지 및 폐광산의 토양오염에 국한되어 있었기
때문에 토양환경보전법은 사실상 전국토를 대상으로 토양오염을 규
제하는 최초의 법이라고 할 수 있다. 아래에서는 우리나라의 "환경
정책기본법"과 "토양환경보전법"의 주요내용을 살펴보고 선진 외국
의 토양환경보호에 관한 법제와 오염피해에 대한 책임을 중심으로
검토하고자 한다.

제2절 우리나라의 토양오염 관련 법제

우리나라는 1960년대 초 본격적으로 추진된 경제성장정책과 산
업구조의 근대화에 따라 환경문제가 심각하게 대두되면서, 이에 대
처하기 위한 입법적 조치로 1963년 공해방지법이 제정되었다. 그 후
1970년 3월 일본 도쿄(東京)의 사회과학자대회에서는 '공해(公害)'의
개념을 환경파괴(environmental destruction)로서 이해되어야 한다는
주장이 지지를 받은 바 있다.2) 그리고 우리나라는 세계적인 추세에
따라 1977년 12월에 환경보전법을 제정, 공포하고, 동시에 기존의 공
해방지법을 폐지하였는데, 환경보전법에서는 위와 같은 '공해(public
nuisance)'라는 개념 대신 '환경오염(environmental pollution)'3)이라
는 개념을 새로이 도입하였다. 그럼에도 불구하고 동법 제2조에서
'환경오염'에 관하여 규정하면서도, '환경오염'에 관한 정의를 하지

---

2) J. Kriser, Environmental Law and Policy, Bobbs-Merril, 1971, p. 1.
3) '환경오염'과 '공해'는 엄격한 의미에서는 상이한 개념으로 전자는 일정수준 이
   상의 대기오염, 수질오염, 토양오염, 소음, 진동 등 현상 자체를 지칭할 따름이
   나, 후자는 그로 말미암아 초래된 피해까지도 포괄하는 점에 서로 차이가 있
   다. 具然昌, 環境法論(改訂版), 法文社, 1993, 41쪽.

않았다. 이와 같이 논의의 여지는 다소 있었지만 환경보전법은 불완전했던 공해방지법을 전면적으로 개편, 확충시킨 법으로서 공해방지는 물론 환경보전을 도모한 획기적인 입법이라고 평가를 받았다. 그후 환경보전법은 수차에 걸친 개정을 통하여 그 내용을 더욱 강화시켰으나 대기, 수질, 소음, 진동 등 이질적인 분야를 함께 규정하고 있음으로 해서 날로 다변화하고 복잡해지는 환경문제에 효과적으로 대처하기 곤란한 실정이었다. 그래서 이를 각 개별법으로 분리함과 동시에 헌법에 명시된 국민의 환경권을 실질적으로 보장하기 위한 법제도의 요청이 필요하게 되었다. 국가환경보전정책의 기본이념과 방향을 제시하고 환경관계 법률 상호간의 합리적 체계를 정립하여 환경보전정책이 국가 전체로서 유기적 관련 하에 일관성 있게 추진되도록 하기 위해서 환경보전법을 폐지하고 1990년 8월 1일 법률 제4257호로 "환경정책기본법"을 제정4)하면서 토양환경보전법5) 등 각 분야별 개별법이 제정되었다.

환경법의 입법방식은 환경문제를 하나의 법률에 총괄적으로 규

---

4) ; '환경정책기본법'은 '환경훼손'이라는 개념을 등장시켜 더욱 환경상의 위해를 예방하도록 하였고, 법적으로 정의되지 않았던 환경오염의 개념을 등장시켰는데 동법 제3조 4호에 "환경오염이라 함은 사업활동 기타 사람의 활동에 따라 발생되는 대기오염, 수질오염, 토양오염, 해양오염, 방사능오염, 소음, 진동, 악취 등으로서 사람의 건강이나 환경에 피해를 주는 상태를 말한다."라고 규정하였다. 따라서 위 법률에서 말하는 '환경오염'은 사람의 활동에 의해서 발생하는 현상으로 사람의 생산활동 뿐만 아니라 등산, 낚시, 관광 등 여가활동이나 직장, 가정에서의 일상활동에 따라 발생하는 현상이라는 점에서 태풍, 지진, 화산폭발 등 자연재해와 다르고, 환경오염이라고 하기 위해서는 사람의 활동에 의해서 대기오염, 수질오염, 토양오염, 해양오염, 방사능오염, 소음, 진동, 악취 등 환경을 해치는 요인이 발생해야 한다. 법제처, 환경정책기본법 제정이유, 관보 제11589호, 1990. 8. 1, 63쪽.

5) 토양환경과 관련된 법제는 대표적으로 토양환경보전법, 폐기물관리법, 환경개선비용부담법, 먹는물관리법, 유해화학물질관리법, 지하수법 등 주로 각 환경매체별로 나누어 개별적인 대책법률로 규정하고 있다.

정하는 단일법주의, 오염종류별 또는 규제대상별로 여러 개의 독립된 법을 제정하는 복수법주의, 단일법을 기본으로 하고 단일법에 포함시킬 수 없는 사항들은 개별법을 따로 제정하는 절충주의가 있는데,[6] 우리나라의 환경법은 환경정책기본법과 오염분야별 대책법을 제정하는 복수법주의를 취하고 있다. 즉 토양오염에 관한 책임법제로서 토양환경보전법에서 규율하고 있다.

I. 환경정책기본법

우리 헌법 제35조는 "모든 국민은 건강하고 쾌적한 환경에서 생활할 권리를 가지며, 국가와 국민은 환경보전을 위하여 노력하여야 한다. 환경권의 내용과 행사에 관하여는 법률로 정한다."고 규정함으로써 국민의 권리로서 환경권을 입법화함과 동시에 국가에게 환경보전대책을 추진할 의무를 지우는 한편, 국민에게도 기본적 의무의 하나로 환경보전의무를 지우고 있다. 환경정책기본법 등 개별 환경법은 이러한 헌법상의 환경권 이념을 구현하기 위한 하위개념으로 의의를 갖는다. 특히 환경정책기본법은 환경보전에 관한 국가의 정책방향을 제시함으로써 환경대책의 강화와 함께 국민의 쾌적한 환경에 대한 욕구를 충족시키기 위한 환경정책상의 기본철학을 입법화한 법으로서의 특성과 환경관련 개별법들의 최고의 법규범으로서의 성격을 가지며, 주요내용으로는 오염원인자 비용부담원칙, 환경보전장기종합계획의 수립 및 그 시행에 관한 사항, 환경오염피해에 대한 무과실책임 및 사업자의 연대책임 등에 관하여 규정하고

---

6) 全炳成, "우리나라 環境法의 發展과 環境政策基本法의 制定", 環境法研究 第14卷, 韓國環境法學會, 1992, 85쪽.

64

있다.

1. 성격과 기본이념

환경보전법이 분야에 따라 각각 별개의 단행법으로 분리됨에 따라 헌법에 명시된 환경권의 실현과 보장을 위하여 국가의 환경보전시책의 기본이념과 방향을 제시하고 환경에 관한 기본적인 사항을 정한 법이 바로 환경정책기본법이다. 이는 미국의 국가환경정책법(National Environmental Policy Act 1969 : NEPA)과 일본의 1969년의 공해대책기본법(公害對策基本法)을 참조로 하여 제정되었는데 이러한 법률의 제정은 환경입법을 복수법화하는 데에는 필수적인 것이다.[7]

환경정책기본법은 그 법적 성격이 규제법이나 집행법이 아닌 정책법으로서 환경관계의 개별대책법들의 헌법으로서의 지위를 가진다. 따라서 개별 환경법의 기본내용에 관해서는 물론이거니와 환경에 관계되는 각종의 국가정책에 대해서도 구속력을 가지게 된다. 환경정책기본법의 이념은 제2조에 천명되어 있는데 "인간과 환경 간의 조화와 균형의 유지"라는 "환경적으로 건전하고 지속가능한 발전(ecologically sound and sustainable development)"의 개념[8]에 입각하고 있으며, 단순히 개발과 환경보호가 조화를 이루는 것이 아니라 환경보전을 우선적으로 고려하도록 하고 있다. 그리고 현재의 국민뿐만 아니라 환경보전의 혜택이 "미래의 세대에게 계승"되도록 할

---

7) 具然昌, "環境政策基本法(案)에 관한 小考", 環境法研究 제10권, 韓國環境法學會, 1988, 156쪽
8) 'ESSD' 개념이 공식화된 것은 UN의 '세계환경개발위원회(World Commission on Environment and Development : WCED)'가 1987년에 발표한 「우리 공동의 미래(Our Common Future)」라는 보고서에 의해서다.

것을 동조 후단에 규정하여 이른바 세대 간의 형평(intergenerational equity)을 도모하도록 하고 있다. 그리고 이 법의 기본이념은 "환경보전"임을 분명히 하고 있는데 이는 단순한 보존을 넘어서 개선, 유지 및 조성을 포함하는 개념이다.9)

2. 기본원칙의 법규정화

환경정책기본법을 비롯한 우리나라의 환경법제는 그 기본원리 또는 원칙에 대하여 명시적으로 규정을 두고 있거나 그렇지 않은 경우에도 그 해석상 인정되는 원칙이 있다. 이러한 기본원리는 그것이 직접 구속력을 갖는 경우도 있지만 환경정책의 방향을 제시하는 정도의 효력만 갖는 것도 있다.

환경행정의 궁극적인 목표는 헌법상 환경권의 구현, 나아가서는 지구환경을 보전하는 하는 것이다. 이러한 환경보전정책을 수행함에 있어서 기초를 이루는 기본원리로서 학자들은 사전배려의 원칙, 존속보장의 원칙, 원인자책임의 원칙, 공동부담의 원칙, 협동의 원칙을 들고 있다.10) 이들 원칙은 서로 선택적으로, 보충적으로 또는 중복되게 적용될 수 있으며 법률에 명문으로 규정됨으로써 직접 구속력을 갖기도 하고, 환경 및 법 정책에 있어서 행위원칙으로서의 기능을 하기도 한다. 이하에서 사전배려의 원칙(Vorsorgeprinzip), 지속가능성의 원칙(Grundsatz der Nachhaltigkeit), 원인자부담의 원칙(Verursacherprinzip), 협동의 원칙(Kooperationsprinzip)으로 구분하여 살펴본다.

---

9) 全京暈, "韓國環境立法의 槪觀", 延世法學 제12권, 延世大學校 法學會, 1995, 73쪽.
10) 金南辰, 行政法 II(第7版), 法文社, 2002, 594-596쪽.

가. 사전배려의 원칙(Vorsorgeprinzip)

오늘날 환경문제는 인류의 생존문제이자 국가가 해결해야 할 최우선적 과제중의 하나로 인식되고 있다. 환경은 한번 훼손되면 복구가 불가능하거나 가능하다 하더라도 막대한 예산과 장구한 시간이 필요하게 된다. 따라서 환경보전에 있어서는 환경문제의 특성으로부터 무엇보다도 예방적 환경보호가 긴요하다 할 것이며, 이러한 점에서 환경법의 기본원리로서의 사전배려의 원칙은 특히 중요한 의의를 가지는 것이다.11) 사전배려의 원칙이란 환경사고를 예방하기 위하여 미래 예측적이고 형성적인 계획의 책정에 의하여 모든 사회적·국가적 행위의 주체들이 환경보호의 차원에서 행동하고 그 결정과정에 있어 최대한 환경영향을 고려하도록 함으로써 생태계의 기초로서 환경을 보호하여야 한다는 원칙이다.12) 환경보전에 있어서 예방적 기능이 특히 중요한 이유는 환경보전은 단순히 오염의 방지 또는 사후처리만으로는 부족하기 때문이다. 왜냐하면 환경이란 한번 훼손되면 이를 원상회복하기가 어렵기 때문에13) 회복할 수 없는 환경의 파괴나 손상을 예방하기 위한 제도로서 의의를 갖는다.14)

---

11) 韓貴鉉, "獨逸 環境法上 事前配慮와 危險防止", 大學院論文集 第22號, 東亞大學校 大學院, 1997. 7, 89쪽.

12) Breuer, in: Ingo von Munch, Besonders Verwaltungsrecht, 1992, S. 398. 洪準亨, 環境法, 한울아카데미, 1994, 44쪽에서 再引用.

13) 시화호(始華湖) 사업의 경우, 1992년부터 총사업비 5,000여 억원을 들여 간척사업을 하여 필요한 용지를 확보하고 담수호를 조성함으로써 이를 인근 공업단지 및 농지의 부족한 용수난을 해결하고자 하였으나 심각한 수질오염이 유발되어 결국 담수화를 포기하고 해수를 다시 유통시키는 것으로 정책을 변경하였다. 이 과정에서 막대한 예산의 낭비는 물론 인근 해역에 심각한 생태계의 파괴를 초래하게 되었다. 이는 환경을 배려하지 않고 사업을 시행함으로써 얼마나 큰 손상을 발생시키는지를 보여주는 대표적 사례이다.

14) 사전배려의 원칙은 특히 독일에 있어서는 1976년 연방정부의 환경보고서에서

우리나라의 환경정책기본법은 제1조에서 "이 법은 환경보전에 관한 국민의 권리·의무와 국가의 책무를 명확히 하고 환경정책의 기본이 되는 사항을 정하여 환경오염과 환경훼손을 예방하고 환경을 적정하게 관리·보전함으로써 모든 국민이 건강하고 쾌적한 삶을 누릴 수 있도록 함을 목적으로 한다."라고 규정하여 사전예방의 원칙을 천명하고 있다. 동법은 이 외에도 제4조에서 국가 및 지방자치단체의 환경오염 및 환경훼손과 위해예방의 책무와 제5조에서 사업자의 오염 및 훼손방지 의무, 제12조 내지 제14조 등에서 환경보전을 위한 장기종합계획의 수립·시행 사전예방을 강조하여 정하고 있다.[15]

사전배려의 원칙을 달성하기 위한 수단은 크게 자발적 수단, 명령적 수단 및 유도적 수단으로 분류할 수 있다. 자가측정제도, 환경친화기업지정제도, 인·허가제, 환경영향평가, 환경보전을 위한 직·간접적 자금조성, 환경부과금의 부과 등 다양한 방법이 시행되고 있다.[16] 최근 선진국들은 환경행정의 중점을 사전배려에 두고 있는 바, 사전배려의 중요성은 발생 가능한 환경적 위험을 회피하고 사회비용을 최소화한다는 측면에서 특히 강조되고 있다.

원인자부담의 원칙 및 협동의 원칙과 함께 환경법의 기본원리의 하나로 정립되었다. 韓貴鉉, "獨逸 環境法上 事前配慮와 危險防止", 90쪽 참조.

15) 개별법에서도 사전예방의 원칙을 천명하고 있다. 토양환경보전법은 제1조에서 "토양오염으로 인한 국민건강 및 환경상의 위해를 예방하고"라고 명시하였고, 대기환경보전법도 제1조에서 "대기오염으로 인한 국민건강 및 환경상의 위해를 예방하고", 수질환경보전법 제1조에도 "수질오염으로 인한 국민건강 및 환경상의 위해를 예방하고", 환경영향평가법도 제1조에 "환경영향평가 대상사업의 사업계획을 수립·시행할 때 미리 그 사업이 환경에 미칠 영향을 평가·검토하여"라고 각 규정함으로써 사전배려원칙을 분명히 하고 있다.

16) 金連泰, "環境法에 있어서 事前配慮原則의 實現", 高麗大 法學論叢 34, 1998. 12, 94-111쪽.

68

나. 지속가능성의 원칙(Grundsatz der Nachhaltigkeit)

1972년 6월 스웨덴의 스톡홀름(Stockholm)에서 열린 UN인간환
경회의(United Nations Conference on the Human Environment)[17]
에서 「UN인간환경선언」의 채택으로 환경손해방지에 관한 국가책임
의 원칙을 정하게 되면서 국제사회에서 환경문제는 새로운 국면을
맞게 된다. 특히 1990년대 들어 국내외환경정책을 통하여 관측되는
두드러진 변화는 '지속가능한 발전'의 개념의 등장이라 할 수 있다.
즉 환경문제가 광범위하게 확산되고 국제적인 문제로 대두됨에 따
라, 1992년 브라질의 리우데자네이루에서 개최된 이른바 '환경정상
회의(Environmental Summit)'라고 불리는 "UN환경개발회의(United
Nations Conference on Environment and Development : UNCED)"
는 세계 각국의 정부, 기업 및 민간단체가 함께 한 자리에서 '환경
적으로 건전하고 지속가능한 발전(ESSD)'[18]을 기조로 한 "환경과 개

---

17) 1968. 5. UN 경제사회이사회에서 스웨덴의 제안으로 1972. 6. 5.부터 16일간
   스웨덴의 스톡홀름에서 '오직 하나뿐인 지구(Only One Earth)'라는 슬로건으로
   개최된 이 회의에서는 1) 환경보전을 위한 인간정주사회의 계획 관리, 2) 유해
   물질의 제조사용 폐기에 관한 국제적 등록제도의 설치계획, 3) 방사성물질의
   배출에 대한 국제등록제도의 개발, 4) 세계보건기구를 중심으로 식품, 대기, 수
   질에 관한 환경기준, 인체의 허용한도 설정 등 100개 항목에 달하는 행동계획
   이 권고되었고, 마지막 날에는 인간환경선언(Declaration on the Human
   Environment)도 채택하였다. 그 후 이 스톡홀름회의 20주년을 기념하고, '환경
   적으로 건전하고 지속가능한 발전(ESSD)'을 목표로 1992. 6. 3.부터 14일간 브
   라질의 리우데자네이루에서 180개국 3만여 명이 참석한 가운데 'UN환경개발
   회의(일명 리우회의)'가 열렸다. 출전 : 네이버 용어사전.
18) 지속가능한 발전이라는 의미는 "미래의 세대가 그들의 필요를 충족시킬 수
   있는 능력을 저해하지 않으면서 현세대의 필요를 충족시키는 발전(Sustainable
   development is development that meets the needs of the present without
   compromising the ability of future generations to meet their own needs)"이
   라고 정의되고 있다. The World Commission on Environment and
   Development, *Our Common Future*, Oxford : Oxford University Press, 1987,
   p. 43.

발에 관한 리우선언(The Rio Declaration on Environment and Development)"과 그리고 그 세부 실천강령인 "Agenda 21"[19])을 채택하였다. 그리고 지속가능성의 개념은 세계환경개발위원회(WCED)의 보고서인 「우리 공동의 미래(Our Common Future)」에 의하여 정립되었다.[20]

　지속가능성은 개발과 보전을 세대간의 형평성에 부합하도록 해야 한다는 것으로서 지속가능성의 원칙은 이제 전 세계적으로 환경과 개발의 조화, 환경과 경제의 조화를 위한 새로운 패러다임으로 자리를 잡고 있다. 물론 이러한 환경정책적인 목표설정을 효과적으로 달성하기 위하여 어떠한 행동수단들을 강구해야 하는가 하는 것은 각각의 분야에 있어 구체적인 상황에 따라 결정될 문제이다.[21] 이와 같은 지속가능한 발전의 원리는 한편 국제환경법적인 차원을

---

19) "Agenda 21"은 전문(preamble) 및 4개 부문(Section), 40개 장(Chapter)으로 구성되어 있는데, 제1부는 사회경제적인 관점(Social and Economic Dimensions)부문의 7개 장, 제2부는 자원의 보전 및 관리(Protection and Management of the Resources)부문을 중심으로 14개장, 제3부는 주요그룹의 역할강화(Strengthening the Role of Major Groups)부문에 관하여 9개장, 제4부는 이행방안(Means of Implementation)을 다루는 8개장으로 각 구성되어 있다. "Agenda 21"의 중요내용은 지구환경문제의 원인이 되는 각종 사회·경제적인 요인에 대한 해결방안과 대기, 해양, 폐기물, 토양 등 각종 환경오염문제에 대한 해결방안, 또 이를 위한 사회 각계각층의 역할 그리고 법, 제도, 기술이전 및 재정지원 등의 광범위하고 포괄적인 이행체계를 규정하고 있으며, 토양환경보전과 관련하여서는 제2부 자원의 보전 및 관리부문의 제9장 내지 제22장(대기, 토양, 산림, 생물다양성, 해양, 폐기물 등의 환경청정관리 및 보전)에 규정되어 있다.
20) WCED는 환경과 개발의 조화방안을 찾기 위해 1983년 유엔에 의하여 구성되었으며, 당시 노르웨이 수상이었던 Gro Harlem Brundtland가 의장을 맡았다. WCED는 환경과 개발의 조화방안을 찾기 위한 방안으로 1987년 "Our Common Future"라는 보고서를 제출한바 있는데, 이것이 국제사회에서 ESSD 개념을 도입한 최초의 보고서이다. 이를 일명 "Brundtland 보고서"라고도 한다.
21) 洪準亨, "우리나라 環境政策基本法의 改定方向", 우리나라 환경법체계정비에 관한 연구Ⅱ, 한국환경정책·평가연구원, 1998. 12, 23-24쪽.

갖는다. 기후변화협약, 생물다양성 협약, 바젤협약 등 국제환경협약
은 '하나뿐인 지구(Only One Earth)'를 보전하고 현 세대가 향유하
고 있는 삶의 터전을 후세에게 물려주기 위한 인류 공동의 노력과
의무로 간주되고 있다. 지속가능성의 원칙의 실현은 환경손해에 대
한 국제적인 의무이기도 하다. 이러한 국제적인 의무는 "사태발생방
지의무"가 중심이 되는 것으로 환경손해라고 하는 사태의 발생이
의무위반의 성립조건이 된다.22)

우리나라 환경법에서도 지속가능성의 원칙을 천명하고 있는데,
환경정책기본법은 제2조에서 "…현재의 국민으로 하여금 그 혜택
을 널리 향유할 수 있게 함과 동시에 미래의 세대에게 계승될 수
있도록 함을 이 법의 기본이념으로 한다."라고 함으로서 지속가능성
의 원칙을 명문화하고 있다.

다. 원인자부담의 원칙(Verursacherprinzip)

원인자부담의 원칙은 자기의 영향권 내에 있는 자의 행위 또는
물건의 상태로 인하여 환경오염발생의 원인을 제공한 자는 그 환경
오염의 방지·제거또는 손실보상에 관하여 책임을 져야 한다는 것
을 말한다.23) 이는 두 가지 원칙을 내포하고 있다. 첫째는 원인자가
환경오염의 방지와 제거책임을 져야 한다는 것이고, 둘째는 이러한
방지·제거책임이 있는 원인자가 오염의 방지·제거 및 피해구제에
소요되는 비용을 부담해야 한다는 것이다.24)

---

22) 河村寬治·三浦哲男, EU環境法と企業責任, 信山社(2004. 4.), 148頁.
23) H. P. Prumm, Umweltschutzrecht, 1989, S. 67 f.
24) 趙顯權, 「環境法」, 法律文化院, 2006, 151쪽; 원인자부담의 원칙은 발전 연혁상
    경찰법의 비용귀속원칙(Kostenzurechnungsprinzip)에서 환경정책상 포괄적 일
    반원리로서 승화되기에 이르렀다. 그 내용은 일반적으로 환경오염 원인야기자

이 원인자부담의 원칙은 1972년 경제협력개발기구(OECD)에서
환경정책의 기본적 지도원리로 제시된 '오염자부담원칙(Polluter Pay
Principal)'에서 출발[25]하였다. 그러나 원인자부담원칙을 법적 의미
로 파악하기 위해서는 이를 순수한 수단적인 개념으로 축소하여, 원
인자는 환경오염을 야기 시키는 생산이나 사회활동에서 생기는 결
과로서의 모든 환경피해에 책임을 지는 것이 아니라 그에게 단지
환경정책이 필요하다고 인정되는 범위에 한정하여 책임을 물어야
할 것이며, 이 원칙의 기본의미는 인과귀속의 절대적 이론이 아니라
정책적 구분의 이론이라 할 것이다. 따라서 원인자부담원칙은 광범
위하고 일률적인 사회비용의 내부화가 아니라 국가목표 및 비용척
도에 따라 환경정책이 필요하다는 것만 오염자에게 책임을 요구한
다고 하겠다.[26]

원인자에 대하여 부과되는 비용부담은 그 내용 또는 범위에 따
라 원인자의 책임으로 돌릴 수 있는 오염의 방지 · 제거를 위한 현

가 환경보호를 위한 사실적, 재정적 책임을 부담한다는 것이다. 그러나 이 원
칙은 정책적 원리로서 민사책임법의 실체적 책임규준을 곧바로 제시하는 것은
아니다. 다른 환경정책 원칙들과 함께 환경법적 제도의 구체화, 환경사법의 책
임제도 구성에 있어서 기준이 된다. 安法榮, 環境汚染事故와 危險責任, 291쪽.
25) OECD에서 오염자부담의 원칙을 제창한 목적으로는 첫째, 환경 파괴를 가져
오는 경제활동이 회소재인 환경을 소비하는 것을 명확하게 함으로서 환경오염
이라고 하는 외부 불경제에 수반하는 사회적 비용을 재화나 서비스의 코스트
에 반영시켜 내부화하고, 그것을 통해서 회소인 환경자원을 효율적으로 배분
하는 시스템을 구축하는 것, 둘째, 환경 부하를 일으키는 소비재를 비교적 비
싸게 함으로써 소비자의 소비행동을 환경 부하의 적은 상품에 유도하는 것 등
을 들 수 있다. 그러나 이 OECD의 제창은 오염방지비용의 부담에 관한 원칙
에 그쳐, 원상회복비용이나 손해배상 등의 피해구제비용을 포함하지 않는 등
의 한계를 가지고 있었다. 거기서 이 오염자부담의 원칙을 발전시켜 비용 부
담의 문제에 그치지 않고 책임 분담에까지 넓혀서 일반화한 것이 원인자책임
원칙이라고 할 수 있다. 松浦 寬, 前揭書, 51頁.
26) 尹瑞成, "原因者負擔原則의 적용에 대한 考察", 環境法硏究 第10卷, 韓國環境
法學會, 1988, 21쪽.

실비용(Ist-Kosten)의 범위를 넘어서서 환경위해를 의무에 합당하게 방지·감소 및 제거하기 위하여 지불했어야 할 당위비용(Soll-Kosten) 까지 포함하여야 한다는 견해도 있다.[27] 그러나 환경의 가치와 환경 피해의 비용을 정확하게 측정하는 데는 한계가 있기 때문에 원인자 비용부담의 원칙에 당위비용까지를 부담시키는 것은 어려움이 있다.

우리나라의 환경정책기본법 제7조는 "자기의 행위 또는 사업활 동으로 인하여 환경오염 또는 환경훼손의 원인을 야기한 자는 그 오염·훼손의 방지와 오염·훼손된 환경을 회복·복원할 책임을 지 며, 환경오염 또는 환경훼손으로 인한 피해의 구제에 소요되는 비용 을 부담함을 원칙으로 한다."라고 규정하여 현실비용의 부담을 원인 자책임으로 하고 있다.[28]

그러나 현실적으로는 오염자부담의 원칙이 광범하게 확대되어 적용되고 있기는 하지만 최근에는 수혜자부담 또는 피해자부담도 늘어나는 경향이 있다. 무공해·저공해자동차의 보급과 배출가스저감 장치의 부착을 촉진하기 위한 지원(대기환경보전법 제36조의2), 하류 수계의 지역주민이 물 이용부담금을 부담하여 상류지역의 환경오염 방지사업에 투자하는 경우[29]는 수혜자 또는 피해자가 환경오염 방

---

27) 洪準亨, 環境法, 48쪽.

28) 원인자부담의 원칙은 현재 운용되고 환경행정법에서 광범위하게 수용되어 구 체화되고 있는 바, 환경정책기본법 제7조(오염원인자 책임원칙), 대기환경보전 법 제11조 내지 제19조(방지시설 설치 등, 배출부과금 등), 환경개선비용부담법 제9조(환경개선부담금의 부과·징수), 토양환경보전법 제19조(오염토양개선사 업) 등이 그 예이다.

29) "한강수계 상수원 수질개선 및 주민지원에 관한 법률" 제19조 내지 제25조에 따르면 팔당호 및 팔당댐 하류에서 취수하여 원수를 공급하는 수도사업자는 주민지원사업 및 수질개선사업 등의 재원조달을 위하여 최종 물 수요자로부터 물 이용부담금을 부과·징수하여 한강수계관리기금에 납입하여야 하며, 물 이 용부담금은 팔당 상류지역 수질보전을 위하여 필요한 토지 등의 매수, 주민지 원사업, 환경기초시설의 설치, 환경친화적 청정산업의 육성 등을 위하여 쓰도 록 하고 있다. 이는 오염으로 피해를 받는 수계 하류지역 주민의 부담으로 오

지비용을 부담하는 사례이다. "한강수계 상수원수질개선 및 주민지
원에 관한 법률" 등의 예에서 보는 바와 같이 수혜자 또는 피해자
부담이 늘어나는 이유는, 환경오염이 수계 또는 대기영향권을 따라
광역적으로 확산되는 데 비하여 오염자가 모든 비용을 부담한다는
것은 현실적으로 불가능한 경우가 많기 때문이다.

라. 협동의 원칙(Kooperationsprinzip)

환경법상의 일반원칙으로서 협동의 원칙은 환경보호의 과정수행
에 있어서 국가, 국민, 사업자 등이 서로 협력해야 한다는 것을 의
미한다. 이 원칙에서 환경보선의 과제는 사회 제 세력의 의사에 반
해서 또는 국가 혼자만의 힘으로 달성할 수 없고 국가와 사회의 협
력을 통해서만 용이하게 해결할 수 있다는 인식의 표현인 것이다.[30]
이러한 환경법상 협동의 원칙은 크게 두 가지의 의미를 가진다고
볼 수 있다. 그 하나는 국가의 새로운 조정도구 내지는 수단으로서
의미를 가지고, 또 다른 하나는 국가와 사회의 구별(이원론)을 전제
로 하여 그 책임분배로서의 의미를 가진다는 것이다.[31] 즉 국가의
협동적 행정작용은 명령이나 금지 등과 같은 국가에 의한 일방적
규율이나 통제가 아니라, 환경보전의 과제를 공적인 업무분할과 자
발적 참여를 통해 실현할 수 있다는 것이다. 국가와 경제주체간의
협동은 국가의 임무와 그 임무완수를 위해 사용할 수 있는 국가작
용의 도구가 서로 일치하고 있지 않다는 인식에서 나온 결과이며,

염자인 상류지역을 지원하는 이른바 수혜자부담의 전형적인 사례이다.
30) 金連泰, 환경보전작용연구, 高麗大學校 出版部, 1999. 11, 64쪽.
31) 鄭南哲, "環境法上의 協同의 原則", 環境法研究 제25권 1호, 韓國環境法學會,
    2003. 9, 386쪽.

74

여기에서 협동은 다른 선택 가능한 조직 및 행위형식과 경합관계에 있다.32) 또 국가와 사회의 공동책임으로서 책임배분문제에 있어서 자칫 국가가 환경보전에 수반되는 위험(Risiko, risk)을 사회와 경제에 일방적으로 전가시킬 수 있다. 그런 의미에서 책임의 소재와 그 범위를 명확히 확정하고, 이를 어떤 방식으로 분배해야 하는지는 매우 중요한 문제이다. 따라서 협동의 원칙과 밀접한 관계에 있는 결과에 대한 책임의 개념은 보다 명백하고 측정이 가능해야 한다.33)

환경문제는 모든 경제활동과정에서 발생되기 때문에 기업의 제품 생산과정은 물론 국민의 소비활동 그리고 국가나 지방자치단체의 행정작용도 환경문제의 원인이 되기도 한다. 더구나 환경오염은 원인자와 피해자를 정확하게 가려내기가 어렵다는 점에서 환경문제는 국가와 기업 그리고 모든 국민의 참여와 협동에 의해서만 해결할 수 있다. 협동의 원칙이란 이와 같이 환경보전 목적을 달성하기 위하여 모든 경제주체가 참여하고 협동하여야 한다는 것을 말한다. 환경보전에 있어서 참여와 협동의 원칙은 「리우선언」에서도 중요한 원칙의 하나로 천명되었다.34)

환경정책기본법은 제4조에서 "국가 및 지방자치단체의 책무"를, 제5조에서 "사업자의 책무"를 정하고 있으며 제6조에서는 "국민의 권리와 의무"를 규정함으로서 참여와 협동의 원칙을 선언하고 있다. "자연환경보전법", "환경개선비용부담법" 등35)에서 규정한 이러한

---

32) Gusy, Christoph, Kooperation als staatlicher Steuerungsmodus, ZUR 2001, S. 1.
33) Udo Di Fabio, Das Kooperationsprinzip, NVwZ 1999, S. 1156.
34) 1992년 선포된 Rio Declaration on Environment and Development은 Principle 10 에서 "Environmental issues are best handled with the participation of all concerned citizens, at the relevant level"이라고 명시함으로써 참여와 협동의 원칙을 선언하고 있다.
35) 자연환경보전법 제4조 제2항, 환경개선비용부담법 제4조, 자원의 절약과 재활

참여와 협동의 원칙은 입법과정과 행정과정 등에 국민과 기업의 참
여가 보장되고 정책결정과 관련된 정보에 대한 자유로운 접근이 최
대한 보장 될 때 실질적 효과가 나타날 수 있다는데 이론적 근거를
두고 있다. 협동과 참여는 비단 환경정책결정 과정뿐만 아니라 환경
에 영향을 미치는 모든 정책결정과정, 예컨대 경제정책, 토지정책,
과학기술정책도 그것이 환경에 영향을 미칠 경우에는 그 결정과정
에 환경보전을 위한 국민의 자유로운 참여가 허용되어야 할 것이다.

민간 환경단체에 대한 정책적 지원을 실시하고 정책결정과정에
기업은 물론 시민단체들을 참여시키는 것은 참여와 협동의 원칙을
실현하는 방안이라 할 수 있다. 참여와 협동의 원칙을 위해서는 무
엇보다도 국민의 환경정보에의 자유로운 접근과 환경정책의 형성과
정에의 참여가 실질적으로 보장되는 것이 필요하다.

II. 토양환경보전법

1. 제정경위 및 구성

우리나라에서는 토양오염과 관련하여 주로 휴·폐광산에 의한
오염문제가 간헐적으로 제기되었지만, 외국과 같은 대규모의 토양오
염사건은 발생하지 않아 사회적으로 크게 문제화되지 않았기 때문
에, 그동안 토양관련 법률은 "자연환경보전법", "수질환경보전법",
"환경정책기본법", "농약관리법", "폐기물관리법", "광산보안법" 등
여러 법률에 분산 규정되었었다.36) 그러나 1970년대의 농업생산성을

용촉진에관한법률 제5조 에서는 국가와 지방자치단체 및 사업자의 책무를 각
각 규정하고 있다.

높이기 위한 농약·화학비료 등의 사용량 증가와 1980년대 이후 급속한 산업화에 따른 유류 등 사용량 급증, 그리고 폐기물매립지 및 금속광산지역 등의 토양오염요인이 계속적으로 증가하고 심화되고 있었음에도 이를 규제 또는 관리할 체계적인 법률이 미흡하였다. 이러한 현실인식을 바탕으로 토양오염의 사전예방 및 확산을 방지하고 건전한 토양의 지속적 관리 및 오염된 토양의 개선을 비롯한 토양환경을 종합적이고 효율적으로 보전하기 위하여 1995. 1. 5. 법률 제4906호로 "토양환경보전법"을 제정·공포하였다.[37]

　　제정된 토양환경보전법은 그동안 "수질환경보전법" 및 "폐기물관리법" 등에서 다루고 있었던 토양오염에 관한 내용을 보완하고, 법의 체계 및 내용에 관한 수년간의 자료수집과 연구, 전문가회의 등을 통하여 법의 기조를 마련하였으며, 제1장 총칙, 제2장 토양오염의 규제, 제3장 토양보전대책지역의 지정 및 관리, 제3장의2 토양관련전문기관 및 토양정화법, 제4장 보칙, 제5장 벌칙 등 전체 5개의 장(章) 32개 조문으로 구성되어 있다. 토양환경보전법의 목적은 제1장(총칙) 제1조에 "이 법은 토양오염으로 인한 국민건강 및 환경상의 위해를 예방하고 토양을 적정하게 관리·보전함으로써 모든 국민이 건강하고 쾌적한 삶은 누릴 수 있게 함을 목적으로 한다."고 명시하고 있다. 즉, 동법은 국민이 쾌적한 삶을 누릴 수 있는 토양환경이 보전되어야 함을 궁극적인 목적으로 하고 두 가지의 세부목적으로 분류하고 있다. 첫 번째는 토양환경을 오염시키는 오염물질

---

36) 최봉석, "土壤汚染에 대한 法的·政策的 對應의 現況과 課題", 環境法硏究 第29卷1號, 韓國環境法學會, 2007, 402쪽
37) 제정 토양환경보전법은 부칙 제1항에 "이 법은 공포 후 1년이 경과한 날부터 시행한다."고 규정되어, 1996. 1. 5.부터 효력이 발생하였고, 이후 수차의 개정을 거쳐 현행은 2010. 5. 25자 제17차 개정법률(법률 제10314호)이다.

을 오염배출원 또는 오염배출지역으로부터 감소 또는 제거하여 토양환경으로의 오염물질 방출을 사전에 방지함으로써 건전한 토양환경을 유지하게 함이고, 두 번째는 이미 오염된 지역의 토양을 제거, 건전한 토양지역으로부터 격리 또는 목적에 적합한 오염된 토지이용의 변경 등이라고 할 수 있다.

한편 동법이 갖는 국제적인 의미는 우리나라가 1994. 10. 3.에 가입한 "생물다양성협약(Convention on Biological Diversity: CBD)"의 내용 중에서 제8항(생물자원의 현지내 보전: In-situ Conservation)과, 제9항(생물자원의 현지외 보전: Ex-situ Conservation), 제14항(자연생태계 보전에 악영향을 미칠 수 있는 영향평가 및 악영향 감소 : Impact Assessment and Minimizing Adverse Impacts)을 이행하기 위한 토대를 마련함이라 할 수 있다. 또한 1992. 6월에 UN환경개발회의(UN CED)에서 우리나라가 서명한 환경보전을 위한 세부실천지침인 'Agenda 21' 중 제10장(토지자원의 통합적 관리 및 기획: Integrated Approach to the Planning and Management of Land Resources) 등의 이행사항을 수행하기 위한 지구환경보전사업의 추진이라 할 수 있다.[38)]

따라서 여기서는 토양환경보전법의 구성과 특기할 만한 규정내용만을 살펴보고 책임귀속에 관한 부분은 제4장 제4절에서 자세히 다루기로 한다.

2. 토양오염 예방에 관한 규정

---

38) 박용하, "토지 이용 용도별 토양오염기준 및 복원기준 마련을 위한 연구", 한국환경정책·평가연구원, 2003, 5-6쪽.

가. 토양오염실태의 조사

토양환경보전법은 제5조 제1항에서 환경부장관은 토양오염실태를 파악하기 위한 측정망을 설치하여, 토양오염도를 상시 측정하여야 하고, 또 동조 제2항에서 시·도지사는 환경부령이 정하는 바에 따라 그가 실시한 토양오염실태조사의 결과 및 시장·군수·구청장이 보고한 토양오염실태조사의 결과를 환경부장관에게 보고하도록 규정하고 있다. 그리고 제5조 제4항에서 환경부장관, 시·도지사 또는 시장·군수·구청장은 상시측정과 실태조사결과 토양오염우려기준을 넘는 지역, 기타 토양오염사고 등으로 인하여 토양보전을 위하여 필요하다고 인정하는 경우에는 토양정밀조사를 실시할 수 있도록 하였으며, 상시측정 또는 토양오염실태 및 토양정밀조사를 위하여 필요한 경우에는 소속 공무원 등으로 하여금 타인의 토지에 출입하거나 그 토지에 있는 입목·토석 기타 장애물을 변경 또는 제거하게 할 수 있고(제8조 제1항), 이 경우 타인에게 손실을 입힌 때에는 그 손실을 보상하여야 한다(제9조 제1항)고 규정하고 있다.

나. 토양오염시설의 신고 및 방지조치

동법 제2조 제3호에서 토양오염관리대상시설이란 토양오염물질을 생산·운반·저장·취급·가공 또는 처리함으로써 토양을 오염시킬 우려가 있는 시설·장치·건물·구축물 및 장소 등을 말한다고 정의하고, 동조 제4호에서는 특정토양오염관리대상시설을 규정하고 있다. 이는 토양을 현저히 오염시킬 우려가 있는 토양오염 관리대상시설로서 환경부령이 정하는 것을 말하는데,[39] 특정 토양오염 관리대상

---

39) 즉, 토양환경보전법 시행규칙 제1조의 3 별표 2에서 정한 특정토양오염관리대

시설을 설치할 경우 당해 시설의 내용과 토양오염방지시설의 설치 계획을 관할 시장·군수·구청장에게 신고하여야 하고, 신고한 사항 중 내용을 변경 또는 시설의 폐쇄의 경우에 신고하여야 한다(제12조 제1항)고 규정하고 있다. 또 특정 토양오염 관리대상시설의 설치자 는 토양관련전문기관으로부터 당해 시설의 부지 및 그 주변지역에 대한 토양오염검사를 받아야 하고(제13조 제1항), 토양관련전문기관 은 토양오염검사를 실시한 경우에는 특정 토양오염 관리대상시설의 설치자, 관할 시장·군수·구청장 및 관할 소방서장에게 검사 결과를 통보40)하여야 하며, 특정 토양오염 관리대상시설의 설치자는 **환경부 령**이 정하는 바에 따라 통보받은 검사결과를 보존하여야 한다(제13 조 제4항)고 규정하고 있다. 그리고 시장·군수·구청장은 특정 토양오 염 관리대상시설의 설치자가 토양오염방지시설을 설치하지 아니하 거나 그 기준에 적합하지 아니한 경우, 토양오염검사 결과 우려기준 을 넘는 경우에는 대통령령이 정하는 바에 따라 기간을 정하여 토 양오염방지시설의 설치 또는 개선이나 당해 시설의 부지 및 주변지 역에 대하여 토양관련전문기관에 의한 토양정밀조사의 실시 또는 오염토양의 정화조치를 명할 수 있고(제14조 제1항), 토양관련전문기

상시설은 "위험물안전관리법 시행령" 별표 1의 제4류 위험물중 제1·제2·제3·제 4석유류에 해당하는 인화성 액체의 제조·저장 및 취급을 목적으로 설치한 저 장시설로서 총 용량이 2만 리터 이상인 시설(이동탱크저장시설은 제외)과 "유 해화학물질관리법" 제20조 제1항에 따른 유독물제조업, 유독물판매업, 유독물 보관·저장업, 유독물사용업의 등록을 한 자 또는 같은 법 제34조 제1항에 따른 취급제한 유독물영업의 허가를 받은 자가 설치한 저장시설 중 토양오염물질을 저장하는 시설(유기용제류의 경우는 트리클로로에틸렌(TCE), 테트라클로로에틸 렌(PCE), 저장시설에 한함), 그리고 "송유관안전관리법" 제2조 제2호의 규정에 의한 송유관시설 중 송유용 배관 및 탱크 기타 위 관리대상시설과 유사한 시 설로서 특별히 관리할 필요가 있다고 인정되어 환경부장관이 관계중앙행정기 관의 장과 협의하여 고시하는 시설을 말한다.

40) 소방서장에 대한 통보는 시설 중 누출검사결과 오염물질의 누출이 확인된 시 설의 경우에 한한다.

관은 토양정밀조사를 실시한 경우에는 조사결과를 지체 없이 관할 시장·군수·구청장에게 통보하여야 하며(제14조 제2항), 시장·군수·구청장은 특정토양오염관리대상 시설의 설치자가 제1항의 규정에 의한 명령을 이행하지 아니하거나 그 명령을 이행하였더라도 당해 시설의 부지 및 그 주변지역의 토양오염의 정도가 우려기준 이내로 내려가지 아니한 경우에는 그 특정토양오염관리대상 시설의 사용중지를 명할 수 있도록 하고 있다(제14조 제3항). 또한 동법 제15조 제1항에서 시·도지사 또는 시장·군수·구청장은 토양오염실태조사의 결과 우려기준을 넘는 지역의 오염원인자에 대하여 대통령령이 정하는 바에 따라 기간을 정하여 토양관련전문기관으로부터 토양정밀조사를 받도록 명할 수 있도록 규정하고 있다.

3. 오염원인자 책임부담의 원칙

토양환경보전법은 제15조 제3항에서 국가가 운영하는 상시측정망 또는 토양오염유발시설의 설치자 및 운영자에게 부과하고 있는 토양오염검사의 결과 토양오염물질로 규정된 16가지 물질[41]이 토양오염우려기준 또는 대책기준을 초과하여 검출된 것으로 확인된 토지에 대하여 그 오염원인자에 대하여 오염의 방지·제거 및 회복을 위한 조치를 발할 수 있도록 하고 있다. 현행법에 규정된 공법상의 책임은 "오염원인자"에 대하여 부과할 수 있도록 함으로써 오염원인자부담원칙을 취하고 있는 것으로 이해된다. 그러나 현행법의 규

---

41) 토양환경보전법 제2조의 2 관련 토양오염물질은 2009. 6. 25. 동법 시행규칙 개정(환경부령 제333호)으로 최근까지 지정 적용하여 온 16개 물질에서 6개 물질이 추가된 22개 물질을 규제대상 오염물질로 지정하여 2010. 1. 1.부터 적용 시행하게 되었다.

정들은 오염원인자책임원칙을 정하고서도 개별규정에 있어서는 마치 시설자에게도 그 원인제공 여부와 관계없이 공법상의 책임을 부과하는 듯한 조항들이 있다. 특히 제14조의 경우 특정 토양오염 관리대상시설의 설치자가 오염방지시설을 설치하지 아니하거나 기준에 적합하지 않은 경우 또는 토양오염검사 결과 우려기준을 넘는 경우 그 토양오염 관리대상시설의 설치자에게 그 개선명령 등을 할 수 있고 토양정밀조사의 실시 또는 오염토양의 정화조치를 할 것을 命할 수 있다고 규정하고 있다. 이러한 규정만으로는 현재의 시설의 설치, 운영자가 토양오염에 대한 기여함이 없이 과거의 설치자에 의하여 토양오염이 유발된 것일 경우에도 복원조치명령의 대상이 될 수 있는지 규정상 명확하지 않다. 이에 의하면 토양오염관리대상시설의 현재의 설치자는 토양오염검사를 통하여 우려기준을 초과하는 토양오염이 발견되는 경우 행정당국의 개선명령의 대상이 될 수 있는 것으로 해석될 수 있다. 그러나 토양환경보전법의 해석상으로는 단순히 오염된 토양 위에 토양오염관리대상시설을 설치, 운영하고 있다는 것만으로는 책임을 물을 수 없고 적어도 현재의 설치자가 당해 토양오염관리대상시설을 설치, 운영한 이후에도 그 토양오염물질이 누출이 계속되었던 경우에 한하여 공법상 책임을 물을 수 있다고 보는 것이 타당한 해석으로 보인다.42) 이러한 해석은 토양환경보전법의 규정이 명확하지 않는 경우라면 우리나라 환경법의 기본법이라고 할 수 있는 환경정책기본법상의 오염원인자부담원칙에 따를 때도 타당한 것으로 보인다.

---

42) 朴相烈, "土壤汚染의 法的 問題", 土壤環境 第1卷 1號, 韓國土壤環境學會, 1996, 20쪽 참조.

4. 무과실의 피해배상과 정화책임

2001년 개정 전의 토양환경보전법은 토양오염으로 인하여 피해가 발생한 때에는 당해 오염원인자가 그 피해를 배상하여야 한다고 규정하고 있었다. 토양오염피해에 대한 배상책임의 주체를 단순히 당해 원인자에 한정하고, 오염피해에 대해서만 그 배상책임을 규정하고 있었을 뿐 정화책임에 대해서는 규정하고 있지 않았으므로 토양오염의 정화에 어려움이 있었다. 이러한 문제를 해결하기 위하여 개정 토양환경보전법은 토양오염에 대한 피해배상은 물론 오염토양의 정화책임도 함께 원인자책임으로 규정하고 오염원인자의 범위를 확대하여 토양오염관리대상시설을 소유·운영한 자 뿐만 아니라 양수·경매 등으로 토양오염관리대상시설을 인수한 자를 모두 토양오염원인자로 규정함으로써 시설의 운영·소유자로 하여금 토양오염 예방에 힘쓰게 하고, 시설·부지의 거래 시에 방치된 오염토양을 적기에 정화 처리하도록 함은 물론 자발적인 토양오염조사를 활성화시킬 수 있게 하였다. 현행법은 소유자책임을 선언하여 미국의 CERCLA와 유사한 내용을 담고 있다. 동법 제10조의3 제1항은 "토양오염으로 인하여 피해가 발생한 때에는 당해 오염원인자는 그 피해를 배상하고 오염된 토양을 정화하여야 한다."고 명시함으로써 오염원인자에 대한 손해배상과 정화책임의 근거를 분명히 하고 있다. 물론 동조 제2항에서는 오염원인자가 불명한 경우 그 연대책임의 범위를 피해배상만이 아니라 정화책임에까지 확장하고 있다. 그리고 동조 제3항에서 토지의 양수인이 책임을 승계하게 되는 경우를 "토양오염관리대상시설을 양수한 자 및 합병·상속 그 밖의 사유로 양도인의 권리의무를 포괄적으로 승계한 자 및 민사소송법에 의한 경매,

파산법에 의한 환가, 국세징수법, 관세법 또는 지방세법에 의한 압류재산의 매각 그 밖의 이에 준하는 절차에 따라 토양오염관리대상시설을 인수한 자"로 규정하고 있다. 공장시설물 등이 존재하는 토지를 인수한 자는 그 인수시점 이전의 토양오염에 대하여도 피해배상책임 및 정화책임을 그대로 승계한다. 다만 토양오염관리대상시설을 인수한 자가 선의이며, 과실이 없는 때에는 소유자책임이 배제될 수 있다.

5. 토양환경평가

현행법 제10조의2 제1항은 "토양오염관리대상시설이 설치되어 있거나 설치되어있었던 부지를 양도·양수하거나 임대·임차하는 경우에 양도인·양수인·임대인 또는 임차인은 당해 시설이 설치된 부지 및 그 주변지역(토양오염의 우려가 있다고 인정되어 **환경부령**이 정하는 지역을 말함)에 대하여 토양관련전문기관으로부터 토양오염에 관한 평가를 받을 수 있다."라고 규정하고 있고, 동조 제2항은 "토양환경평가의 결과는 그 평가당시의 토양오염의 정도를 나타내고 있는 것으로 추정한다."라고 규정함으로써 토지거래에 관여하는 자들 사이에서 그 책임소재를 분명히 하기 위하여 임의적으로 토양환경평가를 받을 수 있도록 하고 그 결과는 당사자 사이의 오염기여도에 대한 법률상 추정으로 기능하도록 규정하고 있다. 토양환경평가는 부동산 거래에 있어 대상 부지의 환경오염 여부와 그 범위를 사전에 정확히 조사·평가함으로써 거래이후 이로 인한 재산상의 불이익이나 정화의무와 관련된 법적 책임관계를 분명히 하기 위하여 토양환경보전법에 도입된 제도라고 할 수 있다.[43)]

Ⅲ. 토양환경보호법제의 문제점

오염된 토양으로부터 국민의 건강과 재산을 보호하고 우리의 삶의 터전인 토양생태계를 유지·보전하기 위해 제정된 토양환경보전법은 제정된 후 수차례의 개정을 통해 개선되었으나 아직도 여러 가지 문제점이 남아있다. 이에 관하여 검토하여 본다.

1. 법규정과 체계상의 문제

가. 용어에 대한 정의

토양환경보전법은 주된 보호대상인 "토양"에 대해서는 정의하지 않고 있다. 토양은 특징적으로 다른 환경매체와는 달리 다양하게 정의될 수 있는데[44] 그에 대한 정의규정이 없다. 따라서 토양의 액상이나 기상부분이 토양환경보전법의 대상이 될 수 있는지, 그리고 수역도 동법의 대상이 될 수 있는지 등에 관하여 명확하게 정의할 필요가 있다.[45] 따라서 토양의 정의를 명확히 하여 토양의 개념상 혼

---

43) 신관호, "土壤環境評價制度 施行方案", 토양오염 평가 및 복원에 관한 세미나, 2001. 4. 24, 84쪽.

44) 그 이유는 토양 및 대지의 구성과 성질은 공기와 물이라는 환경매체와 비교하여 강한 차이를 보이고, 토지이용 및 환경적인 측면에서 광범위하게 주목받게 되며, 토양은 토지의 개념을 포함하는 영속적인 자연층(Natural layers)으로 간주될 수 있게 된다는 점에서이다. 尹瑞成, "汚染된 土壤의 公法上 淨化責任에 관한 硏究", 成均館大學校 大學院 博士學位論文, 1999, 11쪽; 유럽에서는 "토양을 암석과 지하수 등 물을 포함한 여타의 구성물질을 내포하며, 상당한 깊이까지의 지하를 포괄할 수 있으며, 토지개념을 포섭한다."고 정의하고 있다. Visser, W.J.F., Contaminated Land Polices in some industralized Countries, 2d., 1993, p. 6.

45) 네덜란드의 토양보전법은 국유수역과 지방수역으로 구분하여 수역 아래의 토

란을 방지하고 토양오염으로 인한 국민건강 및 환경상의 위해를 예
방하고 오염된 토양을 정화하는 등 토양을 적정하게 관리·보전할
필요가 있다.46) 또 동법은 '토양오염'에 대하여 "산업활동 및 기타
사람의 활동에 따라 토양이 오염되는 것으로서 사람의 건강·재산
이나 환경에 피해를 주는 상태"라고 정의(제2조 1호)하고 있을 뿐,
토양오염의 범위와 오염지복원의 정확한 정의가 누락되어 있고, 음
용수의 원천이랄 수 있는 지하수 오염과 그 정화문제에 대해서는
규율하지 못하고 있으므로 이를 명확히 할 필요가 있다.47) 독일을

양오염에 관한 권한과 직무를 가각 규정하여 오염된 토양의 정화를 하고 있다.
우리나라의 경우 그동인 수역, 즉 하천과 강 등에 오염물질이 유입되어 지표
수 아래의 토양이 오염되고 있으나, 이에 대한 정밀조사 및 정화계획이 전혀
이루어지지 못하고 있는 실정이다. 金明龍, 土壤環境保全法의 改善方案, 硏究報
告 2001-17, 한국법제연구원, 2001. 12, 159쪽.

46) 이와 관련, 현행 토양환경보전법 제2조에 제8호를 신설하여 "토양이라 함은
토양기능을 수행하는 것으로서 지하수와 하천의 바닥을 제외한 액체구성부분
과 가스형태의 구성부분을 포함하는 지각(地殼)의 상층부를 말한다."라고 토양
의 정의를 명시하는 내용의「토양환경보전법」일부 개정법률안이 2006. 1. 24
정성호 의원의 대표발의로 국회 환경노동위원회에 상정(2006. 4. 17, 의안번호
제3809호)된 바 있다.

47) 토양환경보전법 제2조(정의) 제1호에 "토양오염"이라 함은 사업활동 기타 사
람의 활동에 따라 토양이 오염되는 것으로서 사람의 건강·재산이나 환경에 피
해를 주는 상태를 말한다."로 규정함으로써 적용대상을 단순히 토양이 오염되
는 것으로 한정하고 있기 때문에 음용수의 원천이랄 수 있는 지하수 오염과
그 정화문제는 규율하지 못하고 있고, 또한 토양환경보전법 제3조(적용제외)에
서 토양오염의 범위에 관하여 제1항은 방사능물질에 의한 토양오염 및 그 방
지에 관하여는 이를 적용하지 아니한다. 그리고 제2항에는 오염된 농지를「농
지법」제21조의 규정에 의한 토양의 개량사업으로 정화하는 경우에는 제15조
의3 및 제15조의6의 규정은 이를 적용하지 아니한다고 규정하고 있을 뿐 폐기
물과 지하수 관련법, 소방법, 도시계획법, 사방사업법, 산림법 등과의 관계에
대해서는 아무런 규정도 두고 있지 않다. 따라서 예컨대 폐기물로 인하여 토
양이 오염된 경우 토양환경보전법과 폐기물관리법 가운데 어떤 법을 적용해야
되는지가 불분명하다. 이와 관련, 토양환경보전법 제1조 목적의 토양오염의 개
념규정에 지하수오염으로 인한 토양오염을 추가하는 내용의 일부 개정법률안
이 2006. 1. 16 장복심 의원의 대표발의로 국회 환경노동위원회에 상정(2006.
4. 17, 의안번호 제3785호)된바 있으나 그 후 자동 폐기되었다.

86

제외한 영국, 네덜란드, 미국 등 선진 외국들은 공통적으로 토양오
염의 범위에 지하수를 포함하고 있는데, 이는 토양보호법과 지하수
법이 구분되어 적용되는 우리나라와 비교되는 것이다.[48]

나. 관련법제의 충돌

토양오염물질은 여러 환경매체에 의해 확산되기 때문에 오염의
사전방지 또한 대기, 수질, 폐기물 문제를 함께 고려해야 한다. 즉
토양오염은 그 원인과 처리방법, 인체 및 환경노출에 대한 오염경로
를 감안하여 종합적인 정책과 이에 대응하기 위한 포괄적인 법체계
가 필요하다. 그러나 우리나라의 환경법체계는 매체별로 개별적 대
책법으로 구성되어 있기 때문에 토양오염지역의 관리 및 복원의 경
우에도 토양환경보전법, 지하수법, 폐기물관리법등 관련법들이 각기
독립되어 있어서 서로 충돌하는 문제가 자주 발생한다.[49] 또한 폐기
물의 매립 및 정화를 폐기물관리법의 규율대상으로 하여 불량매립
지의 복원을 매립지의 안정화 조치[50]의 일환으로 대처하고 있어서
매립지는 토양환경보전법에 포함되지 않는다. 휴·폐광산의 경우도
광해방지사업은 산업통상자원부가 실시하고, 오염방지사업은 환경부
가 실시하는 등 관리가 분산·중복되는 문제점이 있다.[51] 따라서 폐

---

48) 박용하외 4, "토양오염지역의 관리 및 복원방안Ⅱ", 140쪽.
49) 예를 들면, 오염물질이 토양과 지하수를 오염시켰으나 오염의 정도가 우려기
   준 이하여서 토양환경보전법의 규제 대상에 속하지 않은 경우 地下水法의 적
   용여부 문제와 토양오염지역의 정밀조사 시에 사용하는 측정관의 크기 규제
   등 지하수법과 토양환경보전법 간의 충돌문제가 발생하게 된다. 박용하 외 4,
   "土壤汚染地域의 管理 및 復元方案 硏究 Ⅰ -미국의 법제도를 중심으로-", 한
   국환경정책·평가연구원, 2002. 12, 35쪽.
50) 폐기물관리법 제47조(폐기물처리시설의 사후관리 등) 폐기물매립시설을 사용
   종료(閉鎖)한 자는 주민의 건강·재산·주변 환경의 피해를 방지하기 위하여
   사후관리를 하여야 함.

기물에 의한 2차 토양오염, 오염지의 처리문제, 토양오염에 의한 지하수 보전 및 오염방지, 휴·폐광산의 관리 등의 문제를 해결하기 위해 토양환경보전법, 지하수법, 폐기물관리법 등 개별 관련법에 대한 통합관리 의견이 비등하고 있다.[52]

2. 토양오염책임과 정화재원의 문제

가. 오염원인자의 특정과 책임범위

현행법은 오염원인자에 해당하는 자의 용어정의가 명확하게 규정되어 있지 않고, 또 토양환경보전법 제10조의3 제3항에서 오염원인자로 간주하고 있는 '토양오염 관리대상시설의 소유·점유 또는 운영하고 있는 자'에 대해서도 정의와 범위를 규정하고 있지 않음으로 해서 오염토양에 대한 책임 있는 오염원인자를 특정하기가 어렵고, 그 방법과 절차 또한 모호하다. 즉, 동법 제10조의3 제1항[53]에서

---

51) 1997년 산업자원부에서 광해방지사업을 실시한 경북 봉화 금정광산은 2002년 9월 태풍 루사(Rusa)에 따른 집중호우로 광미더미가 떠내려가 농경지와 계곡 및 하천을 오염시켰다. 이에 따라 어설픈 땜질식 광해방지사업에 대한 비판이 있었으며(중앙일보 2002. 9. 9.자 기사), 오염 복구사업을 둘러싸고 사업추진주관부서 문제로 갈등을 빚은 바 있다. 2002년에 개정된 광업법은 광해로 인한 피해배상(현행 제75조 이하)과 광산의 광해방지사업과 복구사업에 대한 보조 또는 융자(제86조)를 규정하고 있다. 그런데 광업법 102조의 '복구사업'과 환경부에서 주관하고 있는 폐금속광산의 토양오염방지사업과의 구분이 명확하지 않아 복구사업이 중복될 우려가 있다.

52) 박용하 외 4, "土壤汚染地域의 管理 및 復元方案 硏究 I -미국의 법제도를 중심으로-", 35쪽.

53) 제10조의3(토양오염의 피해에 대한 무과실책임) ① 토양오염으로 인하여 피해가 발생한 때에는 당해 오염원인자는 그 피해를 배상하고 오염된 토양을 정화하여야 한다. 다만, 토양오염이 천재·지변 또는 전쟁으로 인하여 발생한 경우에는 그러하지 아니하다. ② 오염원인자가 2인이상 있는 경우에 어느 오염원인자에 의하여 제1항의 피해가 발생한 것인지를 알 수 없을 때에는 각 오염원인자가 연대하여 배상하고 오염된 토양을 정화하여야 한다. ③ 다음 각 호의 1

토양오염원인자를 책임 있는 당사자로 정하여 토양오염피해에 대한 무과실의 피해배상과 정화책임을 부담하도록 명시하고 있는데, 동법 제10조의2[54])에서는 토양오염유발시설이 설치된 부지를 매매 또는 임대차하는 경우에는 토양환경평가를 자율적으로 실시하게 하여 오염원인자에 대한 책임관계를 다르게 구분하고 있다. 또 무과실책임과 과실책임간의 차별화가 모호하다. 현행법은 무과실책임을 규정하여 토양오염유발시설의 과실이 없는 오염사고에 대해서도 무한책임을 지우고 있다. 따라서 토양오염의 발생은 열악한 토양오염유발시설의 경우에는 큰 타격이 된다. 미국 Superfund의 경우에는 부정행위, 태만, 안전조치의 위반에 의한 오염사건의 경우에는 무한책임을 지우며, 무과실책임일 경우에는 각 시설의 규모에 따라 책임의 한계선을 규정하고 있다.

나. 소급책임과 복수원인자의 책임배분

토양환경보전법은 그 체계 및 내용에 있어 토양오염의 책임문제

에 해당하는 자는 제1항의 규정에 의한 오염원인자로 본다. 다만, 제3호(토양오염관리대상시설을 양수한 자에 한한다) 및 제4호의 경우에 토양오염관리대상시설을 인수한 자가 선의이며 과실이 없는 때에는 그러하지 아니하다. 1. 토양오염물질을 토양에 누출·유출시키거나 투기·방치함으로써 토양오염을 유발시킨 자. 2. 토양오염의 발생 당시 토양오염의 원인이 된 토양오염관리대상시설을 소유·점유 또는 운영하고 있는 자. 3. 토양오염관리대상시설을 양수한 자 및 합병·상속 그 밖의 사유로 제1호 및 제2호에 해당되는 자의 권리·의무를 포괄적으로 승계한 자. 4. 민사집행법에 의한 경매, 채무자 회생 및 파산에 관한 법률에 의한 환가, 국세징수법·관세법 또는 지방세기본법에 따른 압류재산의 매각 그 밖에 이에 준하는 절차에 따라 토양오염관리대상시설을 인수한 자.
54) 제10조의2(토양환경평가) ① 토양오염관리대상시설이 설치되어 있거나 설치되어 있었던 부지를 양도·양수하거나 임대차하는 경우에 양도인·양수인·임대인 또는 임차인은 당해 시설이 설치된 부지 및 그 주변지역(토양오염의 우려가 있다고 인정되어 환경부령이 정하는 지역)에 대하여 토양관련 전문기관으로부터 토양오염에 관한 평가(토양환경평가)를 받을 수 있다.

를 효율적으로 다루고 있다고 보기는 어렵다고 본다. 즉 동법 제10
조의3 제3항(구 제23조 제3항)의 오염원인자 규정이 적용되는 시점
이 법 시행 이후에만 적용이 되는지, 또는 소급책임을 인정하여 법
시행 이전에 발생된 오염토양에 대해서도 적용되는지에 대하여 명
확하게 규율하지 못하고 있다는 것이다. 따라서 이러한 소급책임에
대해 법리적인 다양한 견해는 향후 혼란을 가져올 것으로 생각된
다.55) 그리고 소급책임을 인정하지 않는 경우에도 현재 오염된 토지
의 대부분은 이에 포함되지 않기 때문에 개정법의 시행효과는 사실
상 10~20년 이후에나 가능할 것이기 때문에 실무적으로 법 시행이
전의 오염토양과 이후의 오염토양을 어떻게 구분할지의 문제가 발
생하게 된다. 그러나 소급책임을 적용할 경우에도 헌법상의 '소급입
법금지의 원칙'과 충돌하는 문제가 발생한다.56)

  그리고 동법 제10조의3 제2항은 오염원인자가 2인 이상 있는 경
우에 어느 오염원인자에 의하여 토양오염의 피해가 발생한 것인지
알 수 없을 때에는 각 오염원인자가 연대하여 배상하고 오염된 토
양을 정화해야 한다고 규정하고 있다. 그러나 토양오염의 원인자를
찾을 수 있을지라도 이들이 복수일 때 오염행위가 발생한 시기, 오
염행위의 목적대상 즉, 공공의 목적 또는 개인의 목적 하에서 토양
오염행위가 발생한 경우 등 다양한 변수를 고려해 볼 때 현행법에

---

55) 예를 들면, 소급책임의 엄격한 적용은 지나친 재산권 침해를 유발하는 위헌의
    소지를 안고 있으며, 법적 안정성과 형평성에 배치되므로 소급책임을 물어서
    는 안 된다는 견해가 있는 반면에, 헌법상 명시적으로 금지되는 소급입법은
    소급적으로 형사처벌을 가하거나 재산권 박탈의 효과를 갖는 입법에 국한되어
    야지 토양환경의 보전 및 오염된 토양의 회복이라는 목적을 달성하기 위해 합
    리적 범위 내에서 오염된 토지의 사용을 제한하거나 비용부담을 지우는 소급
    입법은 허용되어야 한다는 견해도 있다. 김종화, "土壤環境保全法의 改善課題
    : 토양오염의 책임에 관한 법리를 중심으로", 19쪽.
56) 金明龍, "土壤環境保全法의 改善方案", 158쪽.

90

의해 토양오염원인자를 찾는 것은 현실적으로 용이하지 않다. 따라서 복수의 원인자 상호간의 비용부담문제를 어떻게 해결할 것인가에 대한 세부적인 연대책임의 배분방식과 규정미비는 행정집행 시 토양오염지역의 오염원인자 간의 책임논란이 제기될 수 있다.[57] 다시 말해서 복수의 오염원인자 상호 간 관계 및 비용부담문제를 어떻게 해결한 것인가에 대한 세부적인 연대책임의 배분방식과 규정이 미비한 관계로 행정을 집행할 때 토양오염지역의 우선 책임자, 예를 들어 오염원인자가 토양오염 관리대상시설의 소유·점유자냐, 혹은 운영자이냐의 문제를 둘러싸고 논란이 야기된다는 것이다. 또 차후에 실제적인 오염원인자가 발견되거나 혹은 복수원인자 중 다수가 사망하거나 회사가 청산 등으로 소멸한 경우는 결국 일부 오염원인자가 이를 모두 부담하게 될 수도 있다.[58]

다. 오염지 정화를 위한 재원

토양오염에 대한 피해와 정화에 관하여 "오염원인자 책임원칙"을 규정하고 있으나, 원인자가 없거나 이행능력이 없는 경우가 다수이기 때문에 오염원인자의 책임을 확보하는데 한계가 있다. 오염원인자책임원칙을 적용할 수 없는 경우는 지방자치단체 또는 국가가 복원비용을 부담하는 것이 불가피하나 이에 필요한 재원의 확보방안 또한 전무한 실정이다. 토양환경보전법 제19조 제3항은 복원사업

---

57) 따라서 같은 장소에서 시간을 달리하여 누적적으로 토양을 오염시킨 경우 책임자를 관련당사자 모두로 할 것인가도 문제이다. 또 적용대상이 토양오염에만 한정하고 있기 때문에, 토양오염에 기인하는 지하수 또는 지표수 등 수질오염에 대한 대처가 미흡하다 할 수 있다. 金泓均, 環境法(問題·事例), 39쪽.
58) 박용하 외 4, "土壤汚染地域의 管理 및 復元方案 硏究 Ⅰ -미국의 법제도를 중심으로-", 22쪽.

의 시행 및 감독책임을 시·도지사로 규정하고 있다. 그리고 동법 제19조 제5항은 개선사업을 실시하는 지방자치단체에 대해 정부의 기술적·재정적 지원을, 제26조는 '예산의 범위 안에서' 토양보전사업에의 국고보조 또는 융자를 규정하고 있지만 이에 대한 자세한 규정은 없을 뿐만 아니라, 또 이는 '일부분에 대한 보조'이므로 지방자치단체가 자체적으로 복원사업을 실시하기엔 역부족이라는 문제가 있다. 이는 현실적으로 전국 각지에 불법으로 매립되거나 방치된 유해물질로 인한 토양오염에 대하여 국가 예산으로는 이에 적극적이고 효율적인 대처가 사실상 어렵다는 뜻이다.[59] 따라서 별도의 基金을 조성하여 방치된 오염지에 대한 신속한 정화를 시행하고, 그 비용은 사후 오염원인자에게 구상하는 제도적 틀을 마련할 필요가 있다.[60]

이와 관련, 우리나라의 토양오염이 우려되는 지역조사 및 오염지역 복원을 위한 비용이 1~2兆 원에 이를 것으로 추정되어 지난 수년간 오염지역의 복원기금을 마련하기 위한 연구가 활발히 진행되어 왔음에도, 토양오염지역의 복원기금이 조성되지 않은 건 토양오염지역의 복원에 대한 사회적인 수요가 충분치 않으며, 이에 따라 정책 집행순위에서 우선 고려하지 않는다는 것을 의미한다. 이러한 측면에서 국민들의 토양오염에 대한 위해성과 이로 인한 사회·경

59) 金明龍, "土壤環境保全法의 改善方案", 160쪽.
60) 대부분의 선진국에서는 모두 토양오염부지의 복원을 위한 기금제도가 수립되어 있다. 영국은 주로 오염부지의 조사 및 복원을 위해 필요한 재원을 대출해 주는 프로그램을 위주로 운영하지만, 네덜란드와 덴마크의 경우는 중앙정부의 예산과 자발적 협약에 의한 산업부지의 정화기금, 소유주 등 사적 정화를 위해 제공하는 기금 등을 운영하고 있다. 또 네덜란드와 독일은 부당이득상환제도와 가액조정금제도를 통해 부지복원으로 상승한 토지의 가치를 상환받는 수혜자부담원칙을 오염오염자원칙에 대하여 보충적으로 적용하고 있다. 그리고 미국의 경우는 Superfund에서 부담하고 있다. 박용하 외 4, 앞의 논문, 134쪽.

제적 악영향에 대한 인식이 미흡하다 할 것이므로, 이에 대한 대책
도 아울러 병행되어야 한다.[61]

제3절 외국의 토양오염책임에 관한 법제

I. 미국

미국에서는 1950년대 이후 비약적인 경제성장을 이룩하게 되었
는데 특히 화학분야의 산업발달이 두드러졌다.[62] 화학산업의 부산물
로 배출되는 유해화학물질은 그 위험성이 오래기간이 경과한 후에
드러나는 경우가 많고 또한 피해의 범위가 수많은 사람에게 확대된
다는 점 때문에 일찍이 유해화학물질에 대한 배출과 사용 후 폐기
문제 등에 관해 엄격히 관리하고 규제하는 법제도를 마련하였다. 미
국의 환경법제에서 토양오염과 관련된 법률은 매우 다양한데 이들
을 법의 특성과 적용범위 등을 고려할 때, 크게 'Superfund에 관련
된 법'[63]과 '자원보전회복법(RCRA)에 관련된 법'으로 구분된다. 미

---

61) 김종화, 앞의 논문, 23-24쪽.
62) 1945년부터 1985년사이 화학물질의 생산이 670만 톤에서 1억2백만 톤으로 약
15배 증가되었으며, 전세계적으로 매일 7만개 이상의 화학물질이 사용되고, 해
마다 5백개에서 1,000개의 새로운 제품이 추가되었다고 한다. Sandra Postel,
Diffusing the Toxics Threat : Controlling Pesticides and Industrial Waste, 79
Worldwatch Paper, 1987, pp. 5-9.
63) 미국은 1980년 고립된 폐기물처리장들이 초래한 문제들에 대처하기 위해 1980
년 "종합환경대응보상책임법(CERCLA)"을 제정했다. 그 법의 주목표는 위험한
폐기물 장소들을 신속하고 효과적으로 정화하는 것이었다. 게다가 의회는 그
정화비용을 위험한 조건을 만든 책임이 있는 당사자들에게 부담시키려 했다.
'CERCLA'는 정부가 우선적으로 정화해야 할 오염지들, 즉 전국우선순위목록
(National Priority List : NPL)에 오른 장소들이 파악되자마자 정화를 시작할
수 있도록 하기 위해 주로 원유세와 법인세, 석유화학 원료세, 자동차 연료세
등에서 마련되는 돈으로 수십억 달러 상당의 Superfund를 책정했다. 1990년까
지 우선순위목록에는 1,200개 이상의 장소들이 올라 있었는데, 이들 중 30개

국의 토양관리는 국가적 오염지 복원프로그램인 Superfund에 의해
과거에 유해물질로 오염된 부지를 복원하며, RCRA에 의해 현재 운
영 중인 시설에 의한 오염지역을 복원하고 있다.[64] 관련된 법으로는
"종합환경대응보상책임법(CERCLA)", 그 개정법인 "슈퍼펀드개정 및
재수권법(SARA)", Superfund 프로그램의 세부절차를 규정하고 있는
"유류 및 유해물질에 관한 국가비상계획(NCP)", SARA의 제3장인
"긴급대처계획 및 지역사회의 알권리에 관한 법률(EPCRA)" 등이고,
RCRA에 관련된 법으로는 최초의 폐기물법인 "고형폐기물관리법
(SWDA)", 그 개정법인 "자원보전회복법(RCRA)" 및 "유해·고형폐
기물법수정(HSWA)" 등이다.

1. Superfund 관련법과 책임법체계

가. 종합환경대응보상책임법(CERCLA)

미국에서 본격적인 환경관계법령이 제정된 것은 1970년 "대기정
화법(Clean Air Act : CAA)" 제1차 개정 이후부터이다. 그 뒤를 이
어서 1972년 "수질정화법(Clean Water Act : CWA)"과 그 개정법[65],

미만의 장소들만이 슈퍼펀드 프로그램이 개시된 첫 10년 동안에 정화가 되었
다. Peter S. Menell, 'The Limitations of Legal Institutions for Addressing
Environmental Risk', Journal of Economic Perspectives, 5(1991), pp. 106-107;
CERCLA 즉, 슈퍼펀드법에서 미국 연방정부는 스스로 오염시설을 정화하는
거액의 기금(Superfund)을 조성하였고, 1980年에 제정된 CERCLA는 1986年에
SARA에 의해 개정을 받았다. SARA에 의한 연장은 1991年에 기한이 도래했
지만, 법률의 내용은 개정되었으나, 기금규모는 같은 금액(매년 17억 달러)으로
1994년까지 다시 연장되었다. 또, 1994년에는 법 개정이 성립하지 않았기 때문
에 같은 내용에 1년간 연장되었다. John W. Bagby/F. William McCarty, The
Legal Environment of Business, 2nd, IRWIN, 1993, pp. 648-649.
64) 박용하 외 4, "토양오염지역의 관리 및 복원방안 연구 Ⅰ-미국의 법제도를
중심으로-", 44쪽.

94

그리고 1976년 "자원보전회복법(RCRA)"이 제정되었다. 그러나 이러한 일련의 법들은 현재와 장래를 위해 오염물질의 생산, 운반, 배출을 규제하기 위한 것일 뿐 과거의 유해폐기물 투기에 의한 토양오염에는 적용이 불가능하고 또 오염규제에 크게 효과적이지 못했다. 즉, CAA에는 주요 조항들에 따라 규제되는 6개의 기준(criteria) 오염물질들이 있고, 이와 비슷하게 CWA에 따라 규제되는 전통적인 몇 가지 오염물질 목록이 있는데 대부분의 전통적인 환경규제는 쉽게 모니터링 되는 거대한 고정오염원이지만, "점(point)오염원"들에서 나오는 소수의 오염물질의 배출을 감소시키는 데에는 별로 효과가 없을 뿐만 아니라, 비용 대비 효과 또한 크게 뛰어났던 것도 아니었다.[66]

이러한 문제를 해결하기 위한 목적과 러브커널(Love canal)사건과 같은 과거 토양오염사례에 대한 대응할 수 있는 법률이 없었다는 것이 결정적 계기가 되어,[67] 1980년 말 Ronald Reagan 정부의

65) 1948년에 제정된 "연방수질오염방지법(Federal Water Pollution Control Act : FWPCA)"은 각 주가 독자적으로 설정한 수질기준을 채용한 것으로, 오염물질의 배출을 규제하는 권한을 州에게 부과하고 있으며, 1960년대에 문제가 된 석유유출 등의 수질오염을 규제하는 법률로써는 충분한 기능을 하지 못하였다. 1972년 이후 이 법은 통합적인 수질오염규제를 위해 큰 폭으로 改定하면서 모든 오염물질의 배출원에 적용되는 수질기준, 업종별의 배출허가에 관한 규정 등을 담았다. 1977년에 "수질정화법(Clean Water Act)"으로 개정되면서 배출규제에 대한 '이용가능한 최선의 기술'의 적용, 사전처리에 관한 규칙을 강화하였다. 加藤一郎·森島昭夫·大塚 直·柳憲一郎 監修, 安田火災海上保險(株)外 1 編集, "土壤汚染と企業の責任", 有斐閣, 1996, 43-44頁.
66) Bradley C. Karkkainen, 'Information as Environmental Regulation: TRI and Performance Benchmarking, Precursor to a New Paradigm?', Georgetown Law Journal, Vol. 89: 257(2001), p. 264.
67) 러브커널(Love canal)사건(제1장 주7 참조) 그 자체만으로 CERCLA의 제정이 가능하였다고 하기보다는 유해폐기물로 인한 토양오염피해를 비롯한 각종 환경오염과 관련하여 공중의 보건과 환경을 보다 적절히 보호하고 오염문제에 효과적으로 대응하기 위한 EPA의 노력과 당시의 정치적인 배경이 결합된 결과 동 사건이 CERCLA의 제정을 가능하도록 만들어 준 기폭제 역할을 하였다

출범을 앞두고 이른바 Superfund법으로 일컫는 "종합환경대응보상책임법(Comprehensive Environmental Response, Compensation, and Liability Act of 1980 : CERCLA)"이 제정되었다. CERCLA는 국민의 보건과 환경보호를 위하여 유해물질에 의해 오염된 부지를 복원하는 목적달성을 위해 4가지 기본원칙을 수립하였다. 즉, 첫째로 정보수집과 보고체계를 마련하고, 둘째 긴급한 유해폐기물에 대처하고 폐기된 오염지역의 복원에 관한 연방정부의 권한을 명시하였으며, 셋째 오염 부지의 정화비용 지출을 위한 기금의 창설과, 마지막으로 오염부지에서의 유해물질 투기 및 배출을 한 오염원인자에 대한 엄격책임·연대책임·소급책임의 부과 등이 그것이다.

CERCLA에서 정한 대상물질은 유해물질(Hazardous substance)[68]과 오염물질(contaminant or pollutant)[69]로 구분되는데 매우 광범위 하다. 그리고 복원대상부지는 사용되고 있지 않은 상업용 불량

고 보는 것이 타당할 것이다. Marc K. Landy/Marc J. Roberts/Stephen R. Thomas, The Environmental Protection Agency : Asking the Wrong Questions, Oxford Univ. Press, 1990, p. 140.

[68] CERCLA의 대상이 되는 유해물질이라 함은 (A) 수질정화법 §311 (b)(2)(A)에서 지정된 물질, (B) CERCLA §102에서 지정된 요소, 화합물, 혼합물 용액 또는 그 외의 물질, (C) SWDA §3001의 목록에 지정된 유해폐기물, (D) 수질정화법 §307(a)에 열거된 유해오염물질, (E) 대기정화법 §112에 열거되어 있는 대기오염물질, (F) 유해화학물질관리법(Toxic Substances Control Act) §7에 의한 연방정부의 소송제기와 관련된 절박하고 유해한 화학물질 또는 혼합물 등을 말한다. 42 U.S.C. §9601(14).

[69] CERCLA에 규정된 오염물질이라 함은 환경으로 배출된 이후에 직접적으로 노출, 그리고 유기체로의 섭취, 흡입, 동화에 의해서 또는 간접적인 섭취에 의해 사망, 질병, 행동기형, 암, 유전적 변이, 생식장애를 포함한 생리적 기능장애 또는 인간과 그 자손에게 신체적 기형을 유발시킬 것으로 예견되는 모든 발병원을 포함하는 어떤 요소, 물질 또는 합성물 및 혼합물 또는 질병원인물질을 포함한다. 그러나 여기에서의 오염물질은 §101 (14)에서 특별히 유해물질로 지정되지 않은 원유나 그 부산물 등의 석유류와 천연가스, 액화천연가스, 또는 연료용 합성가스 및 그 합성가스의 혼합물은 포함되지 않는다.(CERCLA §101 (33))

매립지, 방치된 광산, 제조설비의 불량처리지 및 정부의 불량처리지 등이다. CERCLA에서 규정하고 있는 오염부지 대응조치는 단기간의 긴급한 제거조치(Removal Action)와 장기간의 복원조치(Remedial Action)의 두 종류가 있는데,[70] 전국정화우선순위목록(NPL : National Priority List)에 등록된 오염부지는 장기간의 정화조치를 실시하게 된다.

1) 책임체계

미국 환경보호청(U. S. Environmental Protection Agency : EPA)은 오염부지를 정화하는 방안으로써 직접 정화조치를 취할 수가 있는데, 이때 사용되는 재원이 바로 상당부분 석유·정유회사에 대한 세금부과를 통해 조성된 Superfund이다.[71] EPA는 Superfund에서 우선적으로 정화비용을 사용한 후 동법 제107조(Liability) (a) 의 규정에 명시된 잠재적 책임당사자들(Potential Responsible Parties : PRPs)[72]로부터 소요된 정화비용을 구상하게 된다. 동법 상의 대응비용을 구상하기 위하여 소송을 제기하는 정부와 개인 당사

---

70) 제거조치(Removal Action)는 일반적으로 긴급한 위험을 제거하기 위해 필요한 단기간의 조치로써, 그 조치가 12개월이나 200만 달러를 초과하지 않는 경우에 적용되고, 이에 반해 복원조치(Remedial Action)는 최종적인 정화기준을 충족하기 위하여 오염부지를 정화하기 위한 필요한 장기간의 조치로써 제거조치와 달리 비용이나 기간의 제한이 없다.

71) 유해폐기물로 인한 오염된 지역의 토양정화를 위한 재원으로서 '유해물질대응신탁기금(Hazardous Substances Response Trust Fund)'이라는 Superfund를 조성(26 U.S.C. §9507)하게 된데서 CERCLA를 "Superfund법"이라고 부르게 된 것이다.

72) PRPs의 범위는 제107조 (a)의 규정에 따라 ① 시설의 현재 소유자(owner) 및 관리자(operator) ② 유해물질이 처분된 당시의 소유자 및 관리자 ③ 유해물질의 발생자(generator) ④ 유해물질의 운송자(transporter) 등이고, 단, (b)에서 불가항력, 전쟁, 제3자의 작위 또는 부작위 등 3가지의 항변이 허용되는 것으로 규정하고 있다.

자인 원고는 유해물질 오염지역에 대한 PRPs의 주의의무위반과 같은 유책을 입증할 필요가 없으며, 그가 소유자, 관리자 또는 발생자 등으로써 오염과 관련되었다는 요건만으로 책임이 성립한다.73) 즉, 법원은 CERCLA에 의한 정화책임을 묻기 위해서는 오염부지의 소유자라는 증거만 있으면 충분하며, 굳이 발견된 유해물질이 구체적으로 소유자의 사업장에서 배출되고 있다는 것을 입증할 필요가 없을 뿐만 아니라 폐기물이 문제의 부지에서 생태적인 위해를 유발하였다는 사실을 입증할 필요도 없다고 판시74)하고 있다.

그리고 정부가 오염부지를 정화하기 위하여 비용을 지출한 개인은 책임당사자를 상대로 비용상환청구를 할 수 있으며,75) 한편 동법 제107조(a)가 명시적으로 인정하지는 않았지만 법원은 동법의 책임을 추궁 당한 책임당사자가 자신의 기여과실(contributory negligence)부분을 초과하여 대응비용을 지출한 경우 부진정연대채무를 부담하는 다른 책임당사자를 상대로 구상금청구를 할 수 있는 것으로 해석하여 왔다. 그러나 구상권의 인정 여부를 둘러싸고 논란이 계속되고, 법원마다 복수 당사자 간의 책임 및 구상기준이 달라 혼란이 계속되자 의회는 1986년 "슈퍼펀드개정 및 재수권법(SARA)"을 제정하여 명시적으로 구상권을 인정하기에 이르게 된 것이다. 구상권을 인정

---

73) Gerald W. Boston/M. Stuart Madden, Law of Environmental and Toxic Torts(1994. 4.), p. 484.
74) United States v. Stringfellow, 661 F. Supp. 1053(C.D. Cal. 1987) ; Ecodyne Corp. v. Shah, 718 F. Supp. 1454(N.D. Cal. 1989).
75) 정부는 PRPs에게 오염부지에 대한 自力淨化를 명령할 수 있고, PRPs가 이를 정당한 이유없이 이행하지 않으면 법원에 호소할 수 있고, 1일당 25,000달러 이하의 벌금이 부과된다. PRPs가 정화명령을 이행하지 않음으로 해서 EPA가 직접 정화조치를 취하는 경우 PRPs는 정화에 소요된 기금부담금과 별도로 그 금액의 3배 이내의 징벌적 손해배상이 청구된다. Roger W. Findly/Daniel A. Farber, Environment Law in a Nutshell, 5th Ed. West Group, 2000, p205.

98

하고 있는 제113조(f) 조항은 법원으로 하여금 공평부담의 원칙에 따라 대응비용을 책임당사자들에게 공평하게 분담시킬 수 있도록 하고 있다.

2) 잠재적 책임당사자(Potential Responsible Parties : PRPs)

CERCLA는 유해폐기물 오염지역에 관해 정화책임을 지는 PRPs로서 현재 시설(Facility) 또는 선박(Vessel)을 소유하고 있는 자와 운영하는 자, 유해물질의 배출 시점에 그러한 유해물질이 배출된 시설을 소유하였거나 또는 운영하였던 자, 자기 소유의 유해물질을 다른 당사자가 소유·운영·보관하고 있는 시설에서 처리 또는 취급하기 위하여 계약, 합의를 한 자 또는 유해물질을 그곳으로 운반하기 위하여 운반자와 계약을 맺은 자, 그리고 유해물질을 자기가 선택한 처리 또는 취급시설, 소각용 선박 또는 부지로 운반하기 위해 수령 또는 는 수령하였던 자로 규정하여 광범위하게 인정하고 있으며,76) 법원도 이러한 책임당사자의 범위를 넓게 해석77)하여 정화책임을 인정하였다.

이처럼 CERCLA와 법원이 책임당사자의 범위를 광범위하게 인정하는 이유는 기업체와 국민들로 하여금 유해물질을 신속하고 적절히 처리하도록 유인하기 위해서이며, 토지를 구입하고자 하는 자나 시설에 자금을 융자하고자 하는 대부자 등이 당해 토지의 오염

---

76) 42 U.S.C. §9607.
77) United States v. Northeastern Pharmaceutical & Chemical Co., 사건(810 F. 2d 726 (8th Cir. 1986))에서 회사주주가 개인적으로 유해물질의 처리에 관여한 경우에 그 책임을 인정하였으며, United States v. Mottolo 사건(695F. Supp. 615(D.N.H. 1988))에서는 유해물질을 처리하는 자가 책임이 있다고 하기 위해서는 그 자가 반드시 회사의 소유자일 필요는 없다고 판결하였다.

여부를 사전에 조사하는 등 그 거래에 더욱 세심한 주의를 기울이
도록 하게 하여 결국 유해폐기물의 발생을 최소화하고, 폐기물의 재
활용 또는 적절한 처리 등 자발적 정화동기를 부여하고자 함이며,
이러한 목적은 실제로 상당한 성과를 거둔 것으로 평가되고 있다.[78]

3) 책임의 성질

가) 엄격책임(strict liability)

CERCLA에는 직접적으로 책임기준을 정하고 있지는 않지만 이
법을 제정할 때 입법자의 의도를 엄격책임(strict liability)으로 이해
한다는 데에는 이론이 없다. 영미법상의 불법행위는 첫째 고의적 불
법행위(intentional torts), 두 번째 과실에 의한 불법행위(torts of
negligence), 세 번째 엄격책임(strict liability) 등이 있었고, 최근에
들어서 negligence는 넓게 모든 주의의무위반을 지칭하게 되었다.[79]
그 가운데 PRPs의 고의나 과실을 요하지 아니하고 그 행위의 성질
에 따라서 발생한 손해의 전보를 해야 하는 불법행위, 즉 엄격책임
이 등장하게 된 배경은 과실책임이 확립된 후 현저하게 복잡하고
위험으로 가득 찬 현재의 상황에 적응하기 위한 Common Law상의
변혁이 엄격책임의 성립으로 나타났다고 할 수 있다.[80]

이러한 엄격책임원칙 하에서 책임당사자는 자신에게 고의 또는
과실이 없었다든가 배출 당시 업계에서 이루어지고 있던 관행기준

---

78) 李昌桓, 有害廢棄物 汚染地域의 淨化에 관한 公法上 責任, 中央大學校 大學院
    博士學位論文(1998). 69쪽.
79) William L. Prosser, Law of Torts, 4th ed., West Publishing Co., 1971, p.
    139.
80) Roscoe Pound, "An Introduction to the Philosophy of Law", Yale Univ.
    Press, 7th reprinting 1971, p. 85.

100

을 준수하였다는 등의 이유로는 면책되지 아니하고, 또 PRPs가 과
거에 유해물질을 적법하게 처리하였다 할지라도 책임을 부담하게
된다는 것을 의미한다. 다만 CERCLA 제107조 (b)는 PRPs가 면책되
는 조건으로 다음의 것들을 들고 있다. 즉, 불가항력, 전쟁행위, 제3
자에 따른 작위 또는 부작위 등이다. 이들의 어느 것인가가 유해물
질의 방출 또는 그 우려의 유일한 원인인 경우에 면책을 인정하는
것이다.[81]

나) 연대책임(joint and several liability)

복수의 책임당사가가 개입되어 있는 경우에 그들은 모든 대응비
용에 대하여 부진정연대책임을 부담한다. 이는 CERCLA에 명문으로
규정되어 있지는 않지만 법원은 판례를 통하여 이를 인정하고 있
다[82]. 이는 책임당사자가 책임의 정도가 분할할 수 있다는 것을 입
증[83]하지 못하는 한 정화비용 일체를 부담할 수 있음을 의미하며,

---

81) 東京海上火災保險株式會社 編, 環境リスクと環境法(美國編), 159頁.
82) United States v. Chem-Dyne Corp.사건에서 최초로 CERCLA에 의한 책임을
   연대책임으로 인정하였다. 연방정부는 정화조치에 사용된 비용을 다수의 책임
   당사자에게 구상하는 소를 제기하였고, 법원은 책임당사자들의 손해책임분할
   가능성 주장을 인정하지 아니하고 연대책임으로 판결함에 따라 이후 CERCLA
   의 책임규정을 법원이 연대책임으로 인정하는 계기가 되었다. (572 F. Supp.
   802 (S.D. Ohio 1983)). 그 後 FMC Corp. v. United States Dep't of
   Commerce, 10 F.3d 987 (3d Cir. 1993) ; United States v. Monsanto Co., 858
   F.2d 160 (4th Cir. 1988) ; United States v. Northernaire Plating Co., 670 F.
   Supp. 742 (W.D. Mich. 1987), aff'd, 889 F.2d 1497 (6th Cir. 1989), cert.
   denied, 494 U.S. 1057 (1990).등 판결에서 연대책임을 인정하였다.
83) United States v. Alcan Aluminium 사건에서 피고는 당해 오염부지에서의 대
   응비용이 PCB's, 니트로벤젠, 페놀 등과 같은 물질에기인한 것이라는 주장과,
   또한 그곳에서 중금속에 기인한 토양오염은 발견되지 않았으며 석유유제의 금
   속성 성분은 불용해성의 성분이기 때문에 분할 가능함을 주장하고 이를 뒷받
   침하는 전문가의 진술서를 제출 입증함으로써 제2순회항소법원은 분할 가능성
   에 기초한 연대 및 분할책임을 피할 수 있다는 것을 인정하였다. 990 F. 2d
   711(2d Cir. 1993).

일체의 정화비용을 부담한 자는 다른 책임당사자에 대하여 구상권
을 행사할 수 있게 된다. 다시 말하면, 어떠한 책임당사자가 아주
적은 양의 유해물질만을 배출하였어도, EPA는 그 책임당사자에게
정화비용의 전부를 부담시킬 수 있게 된다. 흔히 EPA는 정화책임을
묻는 책임추궁이 쉬운 부유한 책임당사자(Deep Pocket)[84]를 상대로
정화비용을 청구하고 위 당사자가 다시 다른 당사자를 상대로 구상
권을 행사하게 된다는 것이다. 이러한 부유한 책임당사자에 대한 연
대책임의 인정은 그로 하여금 책임 있는 행동을 유도하고 오염지의
정화비용을 분담케 하는데 있어 효과적인 수단으로 폭넓게 인용되
었다. 따라서 연대책임에 따른 소송상 정화비용의 부담을 갖는 유해
폐기물 발생자는 사전에 폐기물의 운송과 처리에 관한 사내 감시
등에 있어 보다 엄격한 기준을 준수하도록 하는 기대[85]와 또 피해
를 입은 원고에게 연대책임에 의한 손해배상을 하는 것이 비용을
분산함에 있어서도 효과적인 수단으로 간주되고 있다.[86]

---

84) "Deep Pocket Theory"는 미국에서 특히 제조물책임소송에 있어 연대책임과
   관련하여 논의되는 사고방식으로, 이에 의하면 제조물소송의 원고는 피해구제
   를 보다 확실히 하기 위하여 피고로 대기업이나 지방자치단체를 포함하려는
   경향이 있는데, 이는 미국 각주의 불법행위법에 따르면 공동불법행위의 경우
   행위자의 모두에 대해서 손해액 전부를 청구할 수 있는 연대책임이 인정되기
   때문에 자력과 배상능력이 있는 자를 가능한 한 피고로 추가함으로써 그로부
   터 피해를 배상받고자 한다는 것이다. CERCLA에 있어서도 시설의 소유자 또
   는 운영자나 폐기물의 운송자 보다는 유해물질을 발생시킨 자가 보다 부유하
   기 때문에 책임당사자에 포함시키려는 것이다. Guido Calabresi, The Costs of
   Accidents: A Legal and Economic Analysis, Yale Univ. Press(1970), pp.
   135-140; Note, Generator Liability under superfund for clean-up of
   abandoned hazardous Waste Dumpsites, 130 U. PA. L. Rev, 1982, p. 1232;
   李昌桓, 美國에 있어서 土壤汚染에 관한 法的 責任, 中央法學 제3호, 中央法學
   會, 2001, 303쪽에서 재인용.
85) Douglas F. Brennan, Joint and Several Liability Generators under
   Superfund: A Federal Formula for Cost Recovery, 5 UCLA J. of Env. L. &
   Policy, 1986, p. 117.
86) 비용분산의 이유에 대해서는 피해를 야기한 제품의 생산으로부터 수익을 얻

다) 소급책임(retroactive liability)

CERCLA상 책임의 또 다른 특징으로서, 가장 논란이 많은 것은 책임의 소급가능성(retroactive liability)이다. 이는 PRPs의 책임이 오염부지의 소유자 또는 운영자가 CERCLA가 제정되기 전에 유해물질을 적법하게 배출하였다 할지라도 현재의 오염에 대해서 책임을 부담한다는 점에서 소급적이며, 또한 처리 또는 누출이 계속되는 경우에는 장래의 소유자와 관리자에게까지 미친다는 점에서 장래의 책임이라고 할 수 있다.87)

이와 같이 CERCLA의 효력이 과거의 행위에까지 미치는 소급적 효과를 갖는다는 점과 관련하여 위헌이 아닌가 하는 논란이 있으나 법원은 동법은 응징적 성격보다는 구제적인 성격을 가지며, 국민의 건강과 환경에 중대한 위협을 주는 오염지역의 정화는 법의 정당한 목적이고, 처리시설을 설치하여 그로부터 이익을 얻는 자에게 합리적인 방법으로 정화책임을 부과하고 있다면서 위헌이 아니라고 판시한 바 있다.88) 이 소급책임은 엄격책임과 결부되어 매우 엄한 책임을 당사자에게 부과하는 것으로서, 이로 인하여 미국에서는 토지의 오염도를 사전에 조사하는 등 토지의 매매관행이 크게 변경되고 있으며, 면책특약에 의하여 CERCLA에 근거한 소송제기로부터 보호될 수 있다는 기대 하에 매도인과 매수인은 당사자 간에 포괄적인 면책특약을 체결하는 경향이 증가하는 등 부동산매매에도

은 회사가 피해자인 무고한 원고에 대하여 그 손해를 배상하는 것은 당연하다는 것이다. 李昌桓, "美國에 있어서 土壤汚染에 관한 法的 責任", 306쪽.
87) 朴鈗炘, "美國 環境法上의 土壤汚染의 淨化責任", 26쪽.
88) United States v. Monsanto Co., 858 F.2d 160 (4th Cir. 1988), cert. denied 490 U. S. 1106, 109 S. Ct. 3156, 104 L. Ed. 2d 1019 (1989).

큰 영향을 주고 있는 것으로 나타나고 있다.[89]

4) CERCLA의 제도적 한계

오염토양의 신속한 정화를 목적으로 만들어진 CERCLA의 Superfund 프로그램은 환경위험의 복원에 대한 전통적인 불법행위 원칙이 갖고 있는 장애들을 많이 제거하였다고는 하나 법적 제도상 의 한계들은 사회적 비용이 크게 증가하는 가운데 오염지를 신속하 게 정화하는 노력에 장애로 작용하는 문제를 안고 있다.[90]

가) 정화지연과 고비용

오염토양의 정화를 위해 상당한 기간과 비용을 소요하고도 공중 의 건강에 중대한 위협을 주는 2,000여 곳의 오염부지 중에서 단지 200곳에도 못 미치는 지역만이 정화되었다고 하는 것[91]은 정화작업 의 지연과 정화비용의 과다한 지출을 단적으로 보여주고 있다고 할 것이다.[92] 한 연구에 의하면 오염부지의 발견부터 정화작업의 완료 까지 평균 약 15년이 걸린다고 보고되고 있다.[93] 그리고 한 건의 정

---

89) 朴鈗炘, "美國 環境法上의 土壤汚染의 淨化責任", 27쪽.
90) Peter S. Menell, op. cit. p. 106.
91) James M. Strock, Superfund: This Process is a Hazardous Mess, PHOENIX GAZETTE, Jan. 5, 1994, at B7.
92) 정화비용이 고액화하는 원인으로는 오염지 전체의 격리나 오염된 지하수의 급수를 올리는 등 정화공사가 대규모라는 것, 그리고 혁신적으로 고가인 기술 의 채용이 요구된다는 점 때문이다. 그러나 Superfund사업에 소요되는 거액의 지출 중 모든 부분이 실제로 정화에 사용되고 있는 것이 아니라, 정화책임을 둘러 싼 재판비용 등을 위한 거래비용이나 조사, 유지관리 등을 위한 관리비 용 등 정화에는 직접 사용되지 않은 간접적인 비용의 비율이 높다는 것도 지 적되고 있다.
93) Katherine N. Probst/Paul R. Portney, Resources for the Future, Assingning Liability for Superfund Cleanups: An Analysis of Policy Actions 17, 1992, pp. 20-22.

104

화작업을 위하여 약 25억 내지 50억 달러가 소요되고 있으며,[94] 종
국적으로 소요되는 비용은 CERCLA의 Superfund 85억 달러를 훨씬
초과하는 1,000억 내지 7,000억 달러로 추정된 바 있다.[95] 이러한 막
대한 비용이 소요되는 이유는 정화대상지역의 선정기준인 오염정도
및 위해가 실제보다 과장되고 자의적이며, 정화기준이 필요 이상으
로 엄격하고 불명확함으로써 낭비적인 요소가 크다는 점에 있다. 그
리고 EPA가 책임당사자로부터 구상 받을 수 있다는 이유로 예산부
담에 대하여 크게 신경을 쓰지 않는 것도 비용증가를 초래하였고,
특히 동법이 자연자원의 피해와 관련하여 상실비용 뿐만 아니라 회
복비용을 인정하고 있는 것도 정화비용의 상당한 증가의 원인이 되
었다.[96]

나) 거래비용의 과다

수많은 PRPs가 소송에 연루됨으로써 막대한 비용이 오염지역의
직접적인 정화와 관계없이 소송 등 부대비용에 사용된다는 비판이
제기되고 있다.[97] EPA로부터 책임을 추궁받은 PRPs는 다른 PRPs를
찾아 나서거나 보험회사에 연락하여 보험혜택을 받으려 할 것이며,

---

94) Michael L. Italiano, et al., Environmental Due Diligence During Mergers
and Acquisitions, 10 Nat. Resources & Environment 17 (1996).
95) Susan R. Poulter, Cleanup and Restoration: Who Should Pay?, 18 J. Land
Resources & Envtl. L. 77, P. 86 (1998); Joseph J. Armao/Brian J. Griffith,
The SEC's Increasing Emphasis of Disclosing Environmental Liabilities, 11
Nat. Resources & Envt 31 (Spring 1997).
96) Susan R. Poulter, op. cit. p. 78.
97) Andrew R. Klein, Hazardous Waste Cleanup and Intermediate Landowners:
Reexamining the Liability-Based Approach, 21 Harv. Envtl. L. Rev. 337, 345
(1997); William Hedeman, et al., Superfund Transaction Costs: A Critical
Perspective on the Superfund Liability Scheme, 21 Envtl. L. Rep. (Envtl. L.
Inst.), 10413, 10415(1991).

다른 PRPs나 보험회사는 책임을 회피하기 위한 또 다른 수단을 강구할 것이다. 이러한 과정에서 수많은 소송이 제기되는데, 이러한 소송은 정화작업과는 전혀 무관한 것이다. 따라서 CERCLA의 배상책임체계의 집행비와 기타 사회적 비용은 초기 정화작업비용을 초과하게 된다. 대부분의 PRPs는 폐기물처리장의 존속기간 동안 여러 보험회사에 가입하게 된다. 그러므로 비용회수소송은 PRPs와 그들의 보험사 사이, 그리고 보험사들 상호간에 지루한 2차적 소송공방이 벌어지게 되고, 나아가 Superfund의 대규모 배상책임은 일부 회사들을 파산에 이르게 하는가 하면 또 다른 추가소송을 발생케 하는 원인으로 작용하고 있다. 이러한 소송사태는 상상외로 많은 사회적 비용의 지출요인이 된다. 즉, 법집행에 소요되는 비용에 소송비용, 데이터수집 및 검토비용, 보고서 작성비용 등 다양한 비용이 포함되는데 이는 EPA가 Superfund로부터 받은 비용 중 12퍼센트 해당되고 있다.[98]

그리고 CERCLA의 시행에 따라 변호사 수가 급격하게 증가하였다는 보고[99]는 기본적으로 동법의 책임체계가 많은 분쟁을 유발한다는 것을 반증하는 것이다. 1988년 이래 오염지역을 정화하기 위하여 지출된 2억 달러 중 약 3분의 1에 해당하는 비용이 행정비용으로 지출되었다는 보고[100]도 막대한 비용이 오염지역의 정화에 사

98) EPA(Environmental Protection Agency), Insurance Issues and Superfund: Hearing Before the Committee on Environment and Public Works, U.S. Senate, 99th Cong., 1st Sess., 1985. pp. 54-55.
99) 1980년 이전 환경관련 전문변호사 수가 미국 전역에 걸쳐 2,000명 정도에 불과하였으나 1995년경에는 2만명 이상으로 증가하였는데, 그중 75%가 CERCLA에 의해 창출된 것으로 알려지고 있다. Jerry Taylor, Salting the Earth-The Case for Repealing Superfund, Regulation (Cato Institute), Nov. 1996, at 5.
100) Michael Weisskopf, Administrative Costs Drain "Superfund"; Few Toxic Waste Sites Actually Cleaned, WASH. POST, June 19, 1991, at A1.

용되기보다는 부대비용에 사용되었다는 것을 의미한다. 어쩌면 불법
행위시스템에서 보상의 가변성과 불평등이 생기는 가장 큰 원인은
평결의 비일관성, 법원절차의 장기적 지연, 배상금지급액 중 많은
부분이 변호사보수와 전문가들에게 돌아가 버리는 데서 찾을 수 있
다고 할 것이다.[101]

다) 브라운필드(Brownfield)
'Brownfield'는 토양이 버려져 방치되거나(accumulation of aban
-doned), 복원되지 않았거나(unremediated), 사용하지 않는(unused)
는 오염된 토지를 의미한다.[102] 연방 및 각 주의 브라운필드 프로그
램들은 서식지 보전계획 등과 마찬가지로 확립된 환경규제에 대해
서 브라운필드를 장려하고 있다는 지속되어온 비판에 대한 대응조
치인 것이다. 그러나 연방 및 주 법에 따라, 그리고 CERCLA에 따
라 브라운필드라고 불리는 오염된 부지의 소유자는 정부에 의해서
그 토지를 취득하기 전의 오염상태를 복원하는 비용의 배상책임을
부담하는 경우가 있게 된다.[103] 그리고 그 정화기준이 매우 높기 때
문에 사업체들은 오염된 토지가 극도로 높은 경제적 수익을 가져다
줄 것이 아니라면 소유주로서 장차 엄청난 배상책임을 부담할지도

101) 예컨대, 석면소송에서 원고들은 피고와 보험사들이 지불한 전체배상금 중에
　　서 평균 39퍼센트에 해당하는 금액만 차지했으며 나머지는 소송비용과 경비로
　　들어가 버렸다. Kakalik, J./P. Ebener, et al., costs of Asbestos Litigation,
　　Santa Monica: RAND Corp., 1984.
102) Frona M. Powell, Amending CERCLA to Encourage the Redevelopment of
　　Brownfields: Issues, Concerns, and Recommendations, 53 Wash. U. J. Urb.
　　& Contemp. L. 113, 114(1998)
103) Kelly J. Shira, Returning Common Sense to Cleanup? The Small Business
　　Liability Relief and Brownfields Revitalization Act, 34 Ariz. St. L. J. 991
　　(2002), p. 993.

모르는 그런 땅을 구입하거나 재개발하려 하지 않게 된다. 그 결과 보다 가난한 도시지역의 많은 버려진 오염부지들은 그것을 구매하려는 사람들을 유인하지 못함으로써 주변에 사는 사람들에게 일자리나 어떤 오락의 편의를 제공해주지 못한다. 게다가 그들 많은 브라운필드들은 규제우선순위대상으로 구분될 만큼이나 오염이 심각한 것은 아니기 때문에, 그리고 연방이나 주 규제당국자들은 종종 그 책임있는 당사자들에게서 사적으로 정화할 자금이 먼저 확보되는 것을 확인할 때까지는 그 장소들에 대한 정화를 미루는 경향이 있기 때문에, 많은 브라운필드들은 여러 해가 지나도록 복원되지 못한 채 방치되어 있는 것이다.104) 이러한 현상은 엄격한 정화책임에 대한 우려에서 비롯되었고, 한번 오염된 지역은 재개발이 이루어지지 않기 때문에, 그 결과 수많은 산업지역들이 재투자되지 아니하고 버려진 상태로 방치됨으로써 도시는 황폐화되고 만성불황의 결과를 가져오게 되었다.105) 이와 같은 브라운필드 문제에 대처하기 위하여 EPA는 1995년 "Brownfields Action Agenda"를 제시하고 연방 및 각 주정부와 함께 관계당사자에 대하여 자발적인 정화를 촉구하는 등 많은 노력을 기울여 어느 정도의 성과를 거두었으나, 많은 한계와 근본적인 대책이 필요하게 되었다. 따라서 2002. 1월 CERCLA상의 엄격한 정화책임의 완화 및 브라운필드의 활성화를 목적으로 한 이른바 '브라운필드법'인 "중소기업책임 경감 및 브라운필드 활성화에

104) 미국 전역에 500,000개가 훨씬 넘는 브라운필드가 방치된 채 존재하고 있는 것으로 알려지고 있다. David A. Dana, The New "Contractarian" Paradigm in Environmental Regulation, Univ. of Illinois Law Review, Vol. 2000 No. 1, p. 42.
105) CERCLA에서 엄격한 정화기준과 정화책임을 지우고 있기 때문에 오염부지의 이 같은 엄격한 정화책임의 부담 우려 때문에, 과거 공장이나 산업부지로 사용되었던 토지의 취득을 회피하게 됨으로써 브라운필드가 도시인근을 중심으로 급증하게 된 것이다. Susan R. Poulter, op. cit. pp. 77-78.

관한 법률(Small Business Liability Relief and Brownfields Revitalization Act"을 제정106)하게 되었다. 브라운필드법의 의의는 크게 3가지 정도로 요약할 수 있는데, 이는 첫째, 관계당사자에 대한 책임의 완화 및 토지거래의 활성화 촉진, 둘째, 주정부의 브라운필드 정화프로그램에 대한 지원확대, 셋째, 주 정부의 정화프로그램 실시와 관련한 연방정부의 권한행사 제한 등이 그것이다.107) 우리나라의 토양환경보전법이 여러 측면에서 미국의 CERCLA와 유사한 내용을 담고 있는 것으로 평가되고 있음을 고려한다면, 미국의 '브라운필드법'은 우리에게 시사하는 바가 많을 것으로 판단된다.108)

라) 오염원인자부담원칙과 불합치

CERCLA는 환경법의 기본원칙인 오염원인자부담원칙을 왜곡하고 있다. 엄격책임은 상당한 주의를 하였음에도 책임을 질 수 있음을 의미하므로 사업자로서는 차라리 주의를 기울이지 않게 된다. 특히 동법의 제정 이전의 오염물질 배출에 대하여 소급책임을 물음으로써, 행위 당시 유해물질의 배출, 처리를 적절하게 하여야 한다는 동기는 상당부분 반감될 수밖에 없다. 오염행위와 정화 사이에 상당한 기간이 흐른 관계로 실제 오염을 야기한 자는 부도 등 이유로 이제는 찾을 수 없는 경우가 있게 된다. 이사, 관리자 등 오염을 야기한 자와 이득을 향수하는 자로서 예컨대, 주주는 종종 일치하지

---

106) SBLR-BRA(Small Business Liability Relief and Brownfield Revitalization Act), Pub. L. No. 107-118 Stat. 2356 (2002).

107) Kelly J. Shira, op. cit. pp. 991-992.; Andrew S. Levine, The Brownfields Revitalization and Environmental Restoration Act of 2001: The Benefits and the Limitations, 13 Vill. Envtl. L. J. 217 (2002), pp. 217-220.

108) '브라운필드법'의 내용 및 자세한 것은, 박종원, "미국의 브라운필드 문제와 그에 대한 법적 대응 - 브라운필드법을 중심으로- 環境法硏究 第29卷 3號, 2007, 228쪽 이하 참조.

않는 수가 있다.

동법은 오염행위와 거의 관련이 없는 자들을 책임당사자로 하고
있다. 광범위하게 규정된 책임당사자와 주주, 이사, 모회사 등을 책
임당사자로 인정하는 법원의 관대한 해석은 실제의 오염원인자가
아닌 "누구나"에게 책임을 부담시키는 결과를 초래함으로써, 투자기
피와 산업의 위축을 야기하였다.109) 오염기여도가 적은 자에게도 정
화비용 전부를 부담시키는 것은 그들에게 지나친 경제적 부담을 지
운다는 점에서 형평의 관념에 맞지 아니하고, 오염자부담원칙에도
맞지 않는 것이다.110) 특히 오염물질의 배출당시 적법하였던 행위에
대하여 동법의 책임을 지우는 것에 대하여는 정의관념에 반한다는
강한 비판이 제기되고 있다.111) 즉, '가난한 자(empty pockets)'의 경
우는 오염기여도가 상당함에도 불구하고 책임추궁을 면하고, '부유
한 자(deep pocket)'의 경우는 오염기여도가 미미함에도 불구하고
과중한 정화비용을 전적으로 추궁당하는 불합리한 경우가 생긴다는
것이다. 이러한 오염원인자부담원칙의 왜곡은 자칫 잠재적 책임가능
성을 두려워하는 부유한 자에게 자발적인 정화조치나 오염사실의
보고 등 오염제거를 위한 유인을 제공하지 아니한다.112)

109) Lynda J. Oswald/Cindy A. Schipani, CERCLA and the "Erosion" of
Traditional Corporate Law Doctrine, 86 Nw. U. L. Rev. pp. 259-261 (1992);
Wallace, Liability of Corporations and Corporate Officers, Directors, and
Shareholders under Superfund: Should Corporate and Agency Law
Concepts Apply?, 14 J. CORP. L. p. 839, 842 (1989).
110) Susan R. Poulter, op. cit. p. 93.
111) Jeff Johnson, Democrats Blast Revised Superfund, Chemical & Engineering
News, Sep. 15, 1997, p. 22.
112) Michael J. Gergen, The Failed Promise of the "Polluter Pays" Principle: An
Economic Analysis of Landowner Liability for Hazardous Waste, 69 New
York Univ. Law Rev. pp. 624-676 (1994).

110

나. 수퍼펀드개정 및 재수권법(SARA)

SARA(Superfund Amendments and Reauthorization Act)는 CERCLA를 개정하여 1986년에 제정되었다. 개정된 중요한 내용은 i) 정화기준을 엄격하게 적용하여 Superfund부지의 정화비용과 대상범위 증대, ii) 다른 환경법률 및 주 정부의 기준이나 규정을 고려, iii) Superfund 프로그램에 연방시설의 포함(CERCLA §120), iv) 새로운 집행권한과 합의방법 부여, v) 주 정부의 참여 확대, vi) 오염으로 인한 인간건강 문제에 관심증대, vii) 정화방법 결정시 주민 참여증대, viii) 신탁기금(Trust Fund)을 8억5천만 달러로 증가 하는 것 등 이다.113)

다. 유류 및 유해물질에 관한 국가비상계획(NCP)

Superfund 부지에서의 복원활동은 NCP(유류 및 유해물질에 관한 국가비상계획: National Oil and Hazardous Substances Pollution Contingency Plan)114)에 따라야 한다. NCP는 CERCLA가 제정되기 이전에 기름유출과 유해물질 누출에 대응하기 위해 수립되었다. NCP는 영국의 Torrey Canyon호 유조선의 해안 원유유출사고115)가

---

113) 황상일 외, "土壤保全基本計劃 樹立硏究", 環境部 用役報告書, 한국환경정책 · 평가연구원, 2005. 12, 140쪽
114) Major Revisions to 40 CFR Part 300 ; CFR(The Code of Federal Regulation)은 미국연방에서 효력을 가지는 모든 규정을 편집해 놓은 것으로서 최종 text는 정부기관(Agency)에 의해 공포되고 CFR에 편입된다.
115) 1967. 3. 18. 유조선 Torrey Canyon호가 쿠웨이트에서 영국 웨일즈를 향해 약 12만t의 기름을 운반하던 중 대서양 Scilly제도 인근 Seven stons 암초에 걸려 좌초되면서 배에 큰 구멍이 생기면서 순식간에 대량의 原油가 바다로 流出된 사고이다. 이 사고는 당시까지 발생하였던 해난사고 중 가장 큰 규모의 해양유류오염사고이다. 이 사고로 영국 연안 약 100해리와 프랑스 연안 120해리의 생태계가 거의 파괴되었다. 2차 오염에 대한 지식이 부족했던 당시 수천

발생한 이듬해인 1968년에 이와 같은 대량의 기름유출에 대응하기 위해 수립된 것으로, 기름유출과 유해물질 누출문제에 대한 국가적인 대응능력을 발전시켰다. 당시 국가비상계획은 기름유출사건 보고, 유출지역 봉쇄, 복원에 대한 포괄적인 체계를 수립하였으며, 대응본부, 국가대응팀(NRT, National Response Team) 및 지역대응팀(RRT, Regional Response Team)을 창설하였다. 이후 의회는 점차 국가비상계획(NCP)의 업무범위를 확대하였다.

1972년 수질정화법(CWA)에 따라 기름유출사건 뿐만 아니라 유해물질의 누출사고에 대해서도 대응하는 체계를 수립하였다. 1980년 CERCLA가 제정됨에 따라 긴급제거조치가 필요한 유해폐기물부지도 NCP에 포함[116]시킴으로써 NCP는 CERCLA의 핵심사항으로 기능하게 되었다.[117] 그리고 1990년 "기름오염법(OPA, Oil Pollution Act)"의 기름유출 조항을 1994년 NCP에 반영 개정하였다.[118] 국가비상계획(NCP)에는 환경보호처(EPA : Environmental Protection

---

파운드의 세척제가 바다로 뿌려졌고 이 화학약품으로 인한 피해는 유출된 기름이 생물에 입힌 피해 보다 훨씬 더 큰 피해로 나타났다. 오랜 기간에 걸쳐 셀 수 없을 정도의 해조류와 어패류, 그리고 해초 등 수중 생명체가 죽었다. 정영석, "油類汚染 損害賠償保障節次 및 補償매뉴얼 開發(국토해양부 편)", 한국해양대학교, 2009. 2, 3-8쪽.

116) 주요내용은 CERCLA 제105조에 의해 유해폐기물 등 환경오염물질의 배출에 대처하기 위한 '국가유해물질대처계획(National Hazardous Substance Response Plan)을 수립하는 것인데, 크게 8가지 사항을 定하고 있다. 즉, 오염부지발견과 조사, 평가방법, 정화방법과 기준, 관련기관의 역할과 책임, 장비의 제공, 연방소유시설의 상태에 대한 보고의무, 노출기간에 비례한 비용 효과적(cost-effective) 정화방법의 채택, 우선순위 결정과 작업기준의 설정 등이다. 그리고 마지막 사항의 규정에 따라 EPA는 NPL를 작성해야 한다는 것이다. 42 U.S.C.A. § 9605(a)(8)(B).

117) 즉, NCP는 오염된 부지를 확정하고, 정화의 우선순위 지정 및 긴급제거, 복구조치(remedial action)의 실행방법을 결정하기 위한 법적 골격을 정하는 규제로서, 이에 기초하여 연방정부는 정화계획을 실행하게 된다. 정재춘 외4, 美國의 主要 環境法, 서울市政開發研究院, 1995, 114쪽.

118) http://www.epa.gov/oilspill/ncpover.htm

Agence), 주 정부, 잠재적인 책임당사자(PRPs)가 긴급제거조치와 장
기적인 복원조치를 실시할 때 따라야 할 세부절차를 규정하고 있다.

라. 긴급대처계획 및 지역사회의 알 권리에 관한 법률 (EPCRA)

"긴급대처계획 및 지역사회의 알 권리에 관한 법률(Emergency
Planning and Community Right to Know Act : EPCRA)"은 1986
년 SARA의 Title III으로 제정되었다. 그리고 EPCRA의 제정은 주민
의 참여를 유도하고 유해물질 긴급대처계획에 대한 책임을 정립시
킨 점에서, 유해물질의 안전관리 정책에서 중요한 역할을 하고 있다.
특히 지역사회가 유해물질에 대한 정보를 얻을 수 있도록 연방정부
에게 의무를 부여하고 있다.[119] 또한 이 법은 지역 화학물질 긴급대
처프로그램의 개발에 대해서는 EPA의 책임을, 그 프로그램을 실행
시킬 책임에 대해서는 주 정부 및 지방정부에 있음을 규정하고 있
다.[120]

2. RCRA 관련법

"자원보전회복법(RCRA : The Resource Conservation and

---

119) EPCRA에 의해 1986년에 유해화학물질배출목록(Toxic Chemical Release
   Inventory)이라는 프로그램이 도입되었다. 이 프로그램은 유해한 특정화학물질
   이나 화학성분물질의 배출 또는 유통 등을 기업이 매년 보고하도록 하고 있다.
   그 결과 다수매체에 대한 데이터를 수집 정리하는데 크게 기여할 뿐만 아니라
   특정화학물질의 적하량, 누적량 및 배출 또는 유통량의 감소를 가져왔다. 이
   프로그램은 통합오염관리제도의 일종이다.
120) EPCRA Overview. http://www.rivermedia.com/consulting/er/regs/epcraovr.
   htm.

Recovery Act of 1976)"은 최초의 연방폐기물법인 "고형폐기물관리법(SWDA : Solid Waste Disposal Act)"과 그 개정법을 모두 일컫는다.

가. 고형폐기물관리법(SWDA)

SWDA는 1965년 '대기정화법(CAA)'의 Title II로서 제정된 법으로, 폐기물 문제를 다룬 최초의 연방법률이다. SWDA에는 폐기물 처리지역에서 발생하는 오염원별 오염물질의 배출기준농도 제한, 고형폐기물의 처리방법 향상, 주 정부의 폐기물 처리를 위한 조사비용 및 폐기물관리계획의 수립 등을 규정하고 있다. 새로운 폐기물의 관리프로그램 연구·개발을 위한 경제적인 유인정책으로 주 정부에게 4년 동안 9억2천5백만 달러를 지급하는 내용을 포함하고 있다.

나. 자원보전회복법(RCRA)

RCRA는 SWDA를 대폭 개정하여 1976년에 제정된 법률이다. 이 법은 공중보건과 환경보호를 촉진하여 자연과 에너지를 보존키 위한 목적으로 국가적인 고형폐기물 관리시스템을 전면적으로 보완하고, 유해폐기물 관리프로그램의 기초적인 체계를 설계한 것으로써 폐기물 발생량을 감소시키고 폐기물이 환경에서 건전한 방법으로 처리되도록 하는 것이다.121)

1976년 이전에는 폐기물 처리관행에 대해 이렇다 할 규제적 조치

---

121) RCRA에서 설정한 목표는 ① 인간의 건강과 환경의 보호 ② 폐기물을 감축하고 에너지자원과 자연자원의 보존 ③ 가능한 한 유해폐기물의 발생을 감축 또는 제거한다는 것이다. 정재춘 외 4, 美國의 主要 環境法, 67쪽.

114

를 시행한 주들은 몇 개 되지 않다보니 통제불능이 되어 유해한 폐기물의 낙원이 되어버렸다. 그에 대한 대응으로, 의회는 유해폐기물의 취급 처리에 대한 획일적이며 최소한도의 기준을 제공하기 위해 RCRA를 제정하게 된 것이다.

RCRA는 유해 폐기물을 "요람에서 무덤까지(cradle to grave)" 추적하는 기록유지 시스템을 만들고, 유해폐기물시설의 소유주들에게 재정적 책임요건을 받아들이게 하고, 매립의 설계, 개시, 운영, 폐쇄에 대한 최소한의 기술적 기준을 부과하고, EPA가 보건과 환경에 "급박하고 실질적인 위험(imminent and substantial endangerment)"을 가져오는 장소들의 정화를 시시할 수 있는 권한을 부여하였다. 그러나 러브 캐널(Love canal)사건과 기타 지역에서 심각한 유해폐기물 오염이 발견된 이후, RCRA는 이미 오염된 폐기물처리장들의 엄청난 규모로 인해 제기되는 문제들을 대처하는 일이 불가능할 것이라는 점이 분명해 졌다. 그 이유는 오염지 중 여러 곳은 오랫동안 방치되어 왔거나 영세하게 운영되던 회사들에 의해 관리되어 왔고, 더구나 전통적인 불법행위 및 인과요건과 그 제한규정, 배상책임기준, 기업들의 배상책임 제한 등을 포함한 회사법 원칙들은 EPA가 이들 장소들을 정화할 책임을 물을 만한 지불능력을 갖춘 당사자들을 파악하는 것이 매우 어렵게 되었기 때문이다. 게다가 지불능력이 있는 잠재적 책임당사자들을 제소할 수 있을 때에도, 책임과 정화의 범위에 대해 소송이 제기되면 당해 오염지의 복구는 또 지연되고, 그러는 동안에도 인근 주민들은 계속 보건상의 위험에 노출되게 마련이었다.122)

---

122) Peter S. Menell, op. cit. pp. 179-180.

다. 유해 및 고형폐기물법수정(HSWA)

기존의 유해폐기물 처리방법, 특히 비위생 매립에 대한 국민들의 우려에 대책을 세우기 위해, 1984년에 RCRA를 개정하여 "유해 및 고형폐기물법 수정(Hazardous and Solid Waste Amendments : HSWA)"을 채택하였다.

HSWA에서 최우선적인 정책목표는 발생원에서 유해폐기물의 발생을 감소시키고 제거하는 것이다. 따라서 HSWA는 유해폐기물 최소화를 달성하기 위한 여러 내용들을 규정하고 있다. 폐기물을 부지 외부로 수송하는 유해폐기물 발생업자 및 허가된 TSD시설의 소유자나 운영자는 유해폐기물 TS을 작성하여야 하며, 유해폐기물의 독성과 부피(量)를 경제적으로 가능한 정도까지 감소시키는 프로그램을 TS에 기록하여야 한다. 부지내부에서 유해폐기물을 관리하는 발생업자 및 허가된 TSD시설의 소유자나 운영자는 2년마다 유해폐기물의 독성과 부피의 감소에 대한 보고서를 제출하여야 한다.[123]

3. 기름오염법(OPA)

"기름오염법(Oil Pollution Act : OPA)"은 Exxon Valdez 사건 이후 국민의 관심에 부응하기 위해 1990년 8월에 법으로 승인되었다. 이 법은 기름유출사건을 방지하고 이에 대응하기 위해 연방정부의 권한을 확대하여 자금과 자원을 제공하도록 하였다. 이를 위해 유출 사건마다 10억 달러를 제공할 수 있는 국가적 Oil Spill Liability Trust Fund를 창설하였다.

---

123) 박용하 외4, "土壤汚染地域의 管理 및 復元方案 硏究 I", 48쪽.

OPA는 정부와 산업체가 비상대책에 대한 계획을 수립하도록 규정하여 국가비상계획(NCP)의 범위를 확대하였다. 연방정부는 일정한 종류의 기름유출 사고에 대해서는 모든 공공 및 사적인 대응 노력을 실시하도록 규정하고 있다. 연방정부와 주정부 및 지방정부로 구성된 지역위원회는 지역의 특성을 고려한 세부적인 지역비상계획을 수립한다. 또한 환경에 심각한 위협을 가하는 선박과 시설의 소유자 및 운영자는 그 시설에 의해 발생 가능한 문제점을 조치할 수 있는 대응계획을 수립한다.

OPA는 범법자들에 대한 벌칙을 강화시키고, 연방정부의 대응 및 집행 권한을 확대하였으며, 주정부가 기름유출을 방지하고 대응 계획을 집행하기 위한 법률을 제정하도록 규정하고 있다.[124]

II. 유럽연합(EU)

1. 유럽환경손해책임지침의 성립

EU(European Union)는 유럽공동체(EC : European Communities)를 기초로 1992년 2월 7일 가맹국에 의해 조인된 마스트리히트조약(Treaty of Maastricht)이 전 가맹국 국내에서의 비준수속을 끝내고 1993년 11월 1일에 발효함에 따라 새롭게 발족되었다.[125]

EU가 환경문제의 대처를 시작한 이유로는 3가지를 들 수 있다. 첫째, 환경문제는 국경을 넘어서 여러 국가로 확산되는 경우가 있으

---

124) http://www.epa.gov/oilspill/opaover.htm
125) 마스트리히트조약에 의해서 종래의 EEC(European Economic Community)는 EC로 개칭되었다. 따라서 현재 EC라고 하는 경우에는 엄격하게 말해서 EEC만을 가리킨다. 小林秀之, 新製造物責任法大系 Ⅰ, 弘文堂, 1998, 291頁.

며, 한 국가만으로는 충분한 대응을 할 수 없는 경우가 많다는 이유에서이고, 둘째로는 EU 발족에서 정한 EEC조약 전문이 가맹국 국민의 생활노동조건의 개선을 목적으로 함에 따라, 환경정책의 정비가 필요하게 되었다는 것이다. 그리고 셋째로는 가맹국간의 환경규제의 차이는 경쟁조건이 다르다는 것에 직결되어, EU 역내에서의 자유무역을 저해하는 것으로 지적되어 왔다는 점이다. 당초의 EEC조약에는 환경보호를 직접적으로 다루는 부분은 없었지만, 동 조약 제235조는 공동체의 목적을 달성하기 위한 행동이 필요하다고 생각될 경우에는 적절한 조치를 취할 수 있는 것으로 정하고 있었다. 따라서 1972년 프랑스 파리에서 개최된 유럽이사회(European Council)에서는 위 조약을 근거로 한 환경보호문제가 의제로서 받아들여졌으며, 1973년에 제1차 행동계획이 채택되었다. 그리고 1987년 '단일유럽의정서(the Single European Act)'가 발효되면서, 종래의 EEC조약의 내용이 큰 폭으로 개정되었다. 이 의정서 제25조는 환경에 관한 제7편을 새롭게 EEC조약에 추가하고, 환경보호가 EC의 목적의 하나라는 점을 명시함으로써, 이후 EC의 환경정책에 관한 조약상의 법적 근거를 가지게 되었다.126)

　　EU체제에서 환경법은 대기, 물, 폐기물, 환경평가 등 각각의 분야마다, 개별적으로 입법되어 있고, 제1차 행동계획의 채택 이래 다수의 환경관련법이 채택되었다. EC입법에는 지침(directive), 규칙(regulation), 결정(decision)의 세 가지 형태가 있는데, 대부분의 환경법은 지침의 형태를 취하고 있기 때문에 달성해야만 하는 목표에 대해서는 가맹국을 기속하지만, 그 방법·수단에 대해서는 각 가맹국

---

126) 加藤一郎・森島昭夫・大塚 直・柳憲一郎 監修, 安田火災海上保險(株)外 1 編集, "土壤汚染と企業の責任", 有斐閣, 1995, 269頁.

의 재량에 맡기고 있다.127) 따라서 지침으로써 채택된다고 해도 그 것만으로는 각국을 구속할 수 없고, 각 가맹국에 의한 국내입법의 절차가 필요하다.

유럽환경국(European Environmental Agency: EEA)의 토양에 관한 주제센터(European Topic Centre on Soil: ETC/S)128)가 18개 회원국을 대상으로 토양정책에 대해 분석한 결과에 의하면 대부분 의 회원국가들은 토양오염지역의 복원에 관해 체계적으로 접근하고 있으며 역내의 토양오염방지와 복원에 관해 유기적인 노력을 경주 하고 있는 것으로 보고 있다. 그동안 규제차원에서 회원국 중 몇 나 라만이 토양오염에 대한 입법체계가 있었으며, 대부분의 국가에서는 폐기물과 지하수에 관한 일반적인 환경입법으로 토양오염문제를 섭 근하고 있었다. 그리고 12개 국가는 부지의 확인 및 조사에 관해 국 가 또는 지역적 차원에서 지침이 있었으며, 모든 가맹국들이 토지이 용, 지하수와 지표수를 토양오염 정책의 잠재적인 목표로 간주하였 다.

EU는 최근 공동체내의 수많은 오염된 입지(Standorte)들이 현재 중대한 건강상 위험(Gesundheitsrisiko)을 초래하고 있을 뿐만 아니 라, 과거 수십 년간에 걸쳐서 생물다양성이 심각하게 상실 되어 왔 음에도 이에 대한 대응을 지체함으로써 장래에 있어서는 더 큰 토

---

127) 다른 입법형태 중 규칙(regulation)은 일반적 효력을 가지고, 전 가맹국에 국 내법의 제정을 거쳐 가맹국 시민에게 그대로 적용된다. 또 결정(decision)은 특 정의 가맹국, 법인 또는 개인을 수신인으로 그대로 적용된다. 또한 기본조약에 기초한 법령으로는 다른 권고(recommendation)및 의견(opinion)이 있지만, 이 들은 법적 구속력이 없고, 다만 설득적 효과를 가지는 것에 한정된다. 加藤一 郎 外3, 前揭書, 284頁.

128) 1996년 9월 EEA에 의해 설립된 기관으로 EEA 회원국에 토양에 관한 정보 와 자료를 제공하고, 자연자원으로서의 토양에 대한 이해와 토양의 기능저하 방지, 오염지역의 개선 등에 관한 비교정보 파악을 목적으로 하고 있다.

양오염의 증가와 생물다양성의 상실 우려가 예상된다고 판단하고 있다. 따라서 이와 같은 오염지에 의한 환경손해를 회피하고 또 이 것을 정화하는 것은 조약에 규정된 유럽공동체의 환경정책의 목표 및 원칙실현에 기여하는 것이라는 현실인식을 토대로 "유럽환경손 해책임지침(Richtlinie 2004/35/EG des Europäischen Parlaments und des Rates vom 21. 4. 2004 über Umwelthaftung zur Vermeidung und Sanierung von Umweltschäden: Umwelthaftungsrichtlinie - UmwH-RL)"을 성립시켜 2004년 4월 30일 발효하게 되었는데, 가맹 국들은 동 지침 제19조에 의하여 늦어도 2007년 4월 30일까지 이를 국내법으로 전환하도록 규정하였다.[129] 1980년대 말부터 시작된 유럽 환경책임에 대한 논의의 결과물인 이 지침의 목적은 원인자부담원칙 (Verursacherprinzip)에 기초하여 환경손해의 회피 및 정화를 위한 환경 책임의 틀을 형성하는데 있다(제1조). 이 지침은 환경책임을 위한 공통 적인 법질서의 틀이라는 의미에서의 대강적 조건(Rahmenbedingungen) 의 형성에 기여하는 것이기는 하지만, 가맹국에게는 원칙적으로 더욱 엄격한 규정을 제정하는 것이 허용되어 있고 또한 그러한 현행의 규정들은 계속해서 효력을 가지기 때문에, 환경손해책임지침에 의해 서 가맹국에 있어서의 현행의 환경손해책임규정의 충돌은 발생하지 않는다(제16조). 이 지침은 환경손해 일반에 관한 책임제도를 대상으 로 하는 것은 물론 아니다. 또한 '환경손해'(Umweltschaden)는 보호 되고 있는 종(種) 및 자연적 생활공간(natürliche Lebensräume)[130]에

---

129) 韓貴鉉, "環境損害에 대한 責任法制 - 유럽環境損害責任指針과 獨逸 環境損 害法案을 中心으로-", 公法研究 第35輯 第1號, 韓國公法學會, 2006. 10, 705-706 쪽; 각국의 국내법으로 수용해야 하는 이 지침에 대해 이탈리아, 라트비아 및 리투아니아만이 정해진 기한 안에 그 의무를 이행한 것으로 알려지고 있다. IP/07/581 Bruxelles, le 27 avril 2007.

130) FFH-지침(Richtlinie 92/43/EWG v. 21. 5. 1992, ABl. L 103 v. 25. 4. 1979,

120

대한 손해 즉, 자연적 생활공간과 종의 적절한 보전상태의 도달 또는 유지와 관련하여 중대한 악영향을 미치는 각각의 손해와, 수역에 대한 수대강지침(Wasserrahmen-Richtlinie)[131]에서 말하는 수역의 생태적, 화학적 그리고 양적 상태, 또는 생태적 능력(Potenzial)에 대하여 중대한 악영향을 미치는 각각의 손해, 그리고 토양에 대한 손해는 직접적 또는 간접적으로 토양의 내부, 표면 또는 하부에 물질, 조합물, 생물 또는 미생물을 반입함으로써 사람의 건강을 침해하는 중대한 리스크를 초래하는 각각의 토양오염만을 대상으로 하고(지침 제2조 제1호)있다. 여기에서 '손해'(Schaden oder Schädigung)란 직접적 또는 간접적으로 발생하는 확정가능한 자연자원의 불이익한 변경 또는 그 기능의 침해를 말한다(동조 제2호).

이 지침은 Green Paper(Grünbuch)와 White Paper(Weißbuch)에 따른[132] 환경침해로 인한 손해배상책임에 대해서 제시하고 있는데, 이하에서는 민사책임의 실질적인 대체로서, 1993년 3월에 발표된 "환경손해의 회복에 관한 Green Paper(Green Paper on Remedying Environmenter Damage)"와 유럽의회에서 체결한 "환경에 위험을 미치는 활동에 기인한 손해에 대한 민사책임에 대한 조약(Convention on Civil Liability for Damage Resulting from Activities Dangerous to the Environment)"[133]에서의 토양오염에 관련한 책임내용을 참고하여 살펴보기로 한다.

S. 1)과 조류보호지침(Richtlinie 79/409/EWG v. 2. 4. 1979, ABl. L 103 v. 25. 4. 1979, S. 1)에 의해서 보호되고 있는 것을 말한다.

131) Richtlinie 2000/60/EG v. 23. 10. 2000, ABl. L 327 v. 22. 10. 2000, S. 1.

132) Grünbuch, KOM(93)47 endg.= BR-Drs. 436/93; Weißbuch, KOM(2000)66 endg.

133) Council of Europe, Convention on Civil Liability for Damage Resulting from Activities Dangerous to the Environment(Texts of Council of Europe Treaties), Jan. 1993.

2. 민사책임

가. 책임의 원리

과실책임주의 아래서 피해자는 가해자의 중대한 주의의무위반이나 손해에 이른 행위의 위법성을 증명해야만 한다. 그렇지만 환경손해에서는 그와 같은 입증이 어려운 경우가 많다. 따라서 환경법을 준수하고 있지 않은 것이 과실의 증거가 되는 것이므로, 과실책임은 적어도 환경법규의 준수에 대한 incentive로서는 유효하지만, 과실이 존재하지 않는 경우, 혹은 과실을 입증할 수 없는 경우에는 손해의 비용을 회수할 수 없기 때문에 환경손해의 회복의 관점으로는 한계가 있다고 할 수 있다.[134] 여기서는 손해의 근원, 시설의 운영, 환경위험활동, 환경위험재의 방출 혹은 보호목적물 혹은 환경매개재의 침해에 귀책시킬 수 있다.[135] 위 지침에서의 책임은 특정 환경위험활동에 연결된다. 이러한 환경위험활동에 대한 결정은 침해자에 대해서 책임법의 인과법칙과 책임법의 조절기능을 현실화하므로 위험책임의 근본문제가 제기된다.[136] 환경위험활동은 엄격책임을 묻고 있는데, 무과실의 엄격책임 하에서는 과실의 존재를 증명할 필요가 없기 때문에 과실책임과 비교

---

134) Green paper 2.1.1, 4.1.1.
135) Rehbinder, 3 Env. Liability 85, 87(2000).
136) 환경책임은 위험의 허용가치(der Preis der Zulassung der Gefahr)이며, 정의가 기초로서 작용하는데, 환경위험의 근원은 위험을 유발하는 재료와의 관계에 있다. 그리고 이러한 위험의 유발재료는 주의의무를 다함으로서 완전히 지배될 수 있는 것은 아니고, 이러한 재료들이 환경책임을 유발하면 마땅히 무과실책임으로 귀책된다는 것이다. 이승우, "유럽공동체지침안의 환경책임" 環境法硏究 第26卷 3號, 韓國環境法學會, 2004. 1, 204쪽.

하면 입증책임은 경감된다. 단, 책임주체의 행위와 발생한 손해의 인과관계의 증명은 과실책임의 경우와 마찬가지로 필요하다. 무과실의 엄격책임의 이점으로써 다음의 특징을 들고 있는데, 첫째, 손해발생방지에 대한 incentive가 보다 강하게 작용한다는 것이고, 둘째로 기업이 환경손해에 대한 민사책임의 유무를 예측할 때에, 법적인 안정성을 부여한다는 것이다.137) 그리고 셋째로, '오염자부담의 원칙'이 과실책임보다도 확실하게 실천이 가능하다는 점이다. 엄격책임의 도입에 있어서는 아래에서 거론하는 책임의 주체 그리고 손해의 내용,138) 적용대상의 범위139)에 관한 문제를 해결할 필요가 있는데 이것이 해결된다면, 엄격책임은 최선의 수단이 된다고 하고 있다.

나. 책임주체

엄격책임제도 하에서의 책임주체에 대해서는 매우 어려운 문제로서 구체적인 예시는 보이지 않으나, 다만 하나의 방향성으로써 기술적인 Knowhow, 경영자원을 가지고 동시에 조업관리를 행하고 있는 자를 책임주체로 하는 것을 제안하고 있으며, 이에 따라 적어도

---

137) 어떠한 행위가 어떠한 법률효과와 연결되는가를 안정적으로 아는 것이 가능한 상태를 말한다. 加藤一郎 外3, 土壤汚染と企業の責任, 284頁.

138) 손해에 대해서는, 물리적인 파괴 또는 오염전체를 손해로 하는 것이 통상의 정의이다. 그런데 인간의 모든 활동에 의한 것의 배출을 모두 오염이라고 볼 것인가, 또는 모든 오염을 바로 손해로 볼 것인가에 대해서는 손해가 어떠한 것이냐에 따라서 복구의 방법, 수준 및 복구비용이 좌우되기 때문에 중요한 의미를 가진다.

139) 적용의 대상범위를 너무 확대하면 투자마인드를 억제하여 경제에 악영향을 초래하는 등 제도의 실시자체가 어렵게 될 우려가 있고, 반대로 범위를 너무 축소하면 손해에 기여한 자가 책임을 면하는 경우가 발생하므로, 결과적으로 불합리한 책임분담을 강요하게 된다. 이 때문에 적절한 범위 설정을 필요로 하고 있다. Green paper 2.1.7.

'예방의 원칙'은 촉진된다고 하고 있다. 또, EU역내 각 국의 선례나 국제적인 선례를 충분히 교훈으로 새겨야 한다고 하여 미국 Superfund법에서의 금융기관의 취급 등에 관해서도 언급하고 있다. 게다가 환경손해 중에서도 특히 환경에 위험한 활동에 기인하는 손해에 대해서는, 국제적으로도 엄격책임을 도입하는 경향이 있다는 것을 설명하는 한편 극단적인 엄격책임제도는, 부담자에 가혹한 의무를 부과하는 것이 되어 경제적인 파탄을 부를 우려가 있다고 하는 미국의 경험을 인용하여 염려를 표명하고 있다.140) 그리고, 유럽위원회 조약에서의 책임주체는 위험한 활동을 하는 작업의 조업자에 한정하고 있다. 즉, 위험한 활동을 행하는 작업자는 그 활동기간 중에 발생된 사건(incident)에 의해 손해가 발생한 경우 그 손해에 대한 책임을 부담하는 것이다.141) 그러나 조업자가 그 이전에 발생된 사건에 대하여는 조업자의 기여부분이 증명된 경우에 한해서 그 부분에 대해서만 책임을 지게 된다.142)

그러나 다수의 책임주체가 존재할 경우는 책임분담방법으로써 '공동책임(joint liability)'과 '연대책임(joint and several liability)'의 두 가지의 방법을 검토하고 있다. 즉 손해액 중 자신의 기여분만 부담하는 공동책임과143) 각각의 주체가 손해의

---

140) 미국에 있어서 1960년대 중반, 제조물책임에 대한 엄격책임법리의 확립을 거쳐 1970년대 중반 책임보험의 보험료 폭등으로 나타나자 중소기업 일부에서는 보험료의 부담이 과중하고, 배상금이 두려워 사업을 중단하거나 파산하는 현상이 나타났으며, 다시 1980년대 후반에 사회문제로 등장한 이른바 Insurance Crisis(보험위기) 또는 PL위기로 일컫는 제조물책임위기(Product Liability Crisis)가 그 예이다. Henderson/Twerski, "Product Liability", Little Brown & Co., 1987, p. 746.
141) Texts of Council of Europe Treaties, §6(1).
142) Texts of Council of Europe Treaties, §6(4).
143) Green paper에서의 '공동책임'(joint liability)의 용법은 일반적으로 영미법에서의 그것과는 다르다. 통상의 용법에서는, 공동책임이란 복수의 공동불법행위

124

전액에 대해서 책임을 지는 연대책임의 방법이다. 이에 대해서 유럽환경손해책임지침은 제11조 제1항과 제2항에서 연대책임과 공동책임을 규정하고 각 가해자에게 지분에 따른 책임을 입증하도록 하고 있다.144)

공동책임의 경우, 특히 복합오염의 사례에 있어서 개개의 기여분의 정확한 산정이 문제가 된다. 연대책임의 경우는 피해자가 손해의 주요한 원인자가 아닌 지불능력이 높은 자에 대해서 소송을 일으키는 'Deep porket' 효과나, 또는 피해자가 유리한 재판소를 선택하는 이른바 'forum shopping'의 횡행, 더욱이 손해회복비용의 분담을 재판에서 다툼으로 인해 발생하는 거래비용(transaction cost)의 상승 등의 문제가 지적되고 있다.145) 그리고 조약에 있어서는 귀책사유가 계속성이 있는 사고로 나타나는(occurrence) 경우는 사고의 계속기간 중에 조업을 지배해 온 자들 모두가 연대하여 책임을 부담하며, 귀책사유가 동일한 원인에 기인하여 일련의 복수사고로 발생되는 경우에는 당해 복수사고가 발생된 시점의 모든 조업자가 연대하여 그 책임을 부담한다. 다만 자신의 기여부분을 증명할 수 있으면 해

자가 손해에 대해서 공동하여 책임을 지는 것을 뜻하지만, 여기서의 공동책임은 오히려 개별책임 또는 可分責任(several liability)으로 표현된다. 田中英夫 編集代表, 英美法辭典, 東京大學出版會, 1991, 477頁 參照.
144) 일반적으로 화해에 의해서 해결될 수도 있지만 화해가 안되면 평균적 정의의 원칙(das Gebot der ausgleichenden Gerechtigkeit)에 항변뿐만 아니라 책임의 보장성(die Versicherbarkeit der Haftung)을 어렵게 하는 과잉책임(Haftungsübermaß) 문제가 발생할 수 있으므로, 지침안 제11조 제2항은 이러한 문제를 해결하기 위해서 각 가해자에게 지분에 따른 책임을 입증하게 하였으며, 개별적으로 가해자가 해당 손해지분을 제시하지 않으면 지침 제11조 제1항에 따라 관할청이 가해자를 연대채무에 따라 손해배상을 청구할 수 있다고 규정하였다. 이승우, "유럽공동체지침안의 환경책임", 210쪽.
145) Green paper 2.1.4.

당부분에 대해서만 책임을 지도록 한다는 것이다.146)

다. 허가를 받은 배출

오염물질의 배출에 관한 허가제도의 목적은 당국이 오염에 관한 총량규제를 시행하여 수인불가능한 영향이나 손해를 발생시키지 않는 수준 이하로 오염을 억제하는 것이다. 그렇지만, 적절한 배출규제수준을 설정하는 것이 어렵기 때문에 허가를 받은 배출이라 하더라도 환경에 손해를 주는 경우가 있을 수 있다. 그와 같은 경우 조업자가 허가의 취득에 해당하는 충분한 정보를 개시하여, 허가받은 배출기준을 준수하고 있었다면 손해에 대한 책임은 허가를 한 당국에게 귀속되며, 이를 납세자의 부담에 의해 처리하는 방식도 검토가 가능하다. 이와 같은 방식이라면 조업자에게는 정보개시와 허가기준준수의 incentive가, 당국에게도 신중한 허가행정을 시행할 incentive가 발생한다고 하고 있다.147)

라. 축적성의 오염 및 과거의 오염

단독으로는 즉시 손해를 발생시키지 않는 오염행위라 하더라도, 다수의 오염행위가 누적에 의해 환경에 대한 손해를 발생시킬 수 있다. 산성비의 원인이 되는 대기 중으로의 배기행위 등이 이에 해당할 것이다. 이러한 손해의 경우 다수의 오염행위 중에서 손해를 발생시킨 행위를 특정하거나 그 책임을 특정의 책임주체에게 돌리는 것은 거의 불가능 하다고 할 수 있다.

---

146) Texts of Council of Europe Treaties, § 6(5), § 7(4).
147) Green paper 2.1.5. ii

또, 역내에서는 수년 전부터 유해폐기물이 매립되어 있어 중대한 환경손해를 일으키고 있다. 그러나 이런 과거의 손해회복에 대해서는 민사책임에 의한 복구가 어렵다. 왜냐하면 손해가 발생한 시점이 너무 오래전이기 때문에 책임주체의 특정이 기술적으로 불가능한 경우와 책임주체는 특정된다 하더라도 오염을 발생시킨 시점에서는 합법적인 행위이기 때문에 소급적인 책임을 묻는 것은 불가능한 경우 그리고 책임주체가 특정되어 유책으로 인정되어도 지불의 능력이 없는 경우 등이 있기 때문이다.148)

마. 책임액의 제한

엄격책임 하에서 책임액의 제한에는 공과가 있다고 하고 있다. 예컨대 책임주체가 합리적인 예방조치를 모두 취하고 예견가능한 손해사고에 대해서 보험을 준비하고 있었음에도 불구하고, 예견불가능하고 예방불가능한 손해가 발생한 경우에, 그와 같은 손해에 대해서도 모든 책임액을 부담시키는 것은 불합리하기 때문에 이러한 경우에는 책임액의 제한이 필요하다. 그러나 그 반면에 책임액의 제한에 의해 억지의 인센티브가 미약하여 책임액의 상한을 넘는 회복비용은 납세자가 부담하는 것이 되어 오염자부담의 원칙이 무너진다. 이 때문에 엄격책임에서의 책임액 제한의 방향성으로는 엄격책임제도가 가진 오염억지기능을 잃지 않도록 책임액의 상한을 가능한 한 높은 수준으로 설정할 필요가 있다고 하고 있다.149)

---

148) Green paper는 이와 같은 문제의 해결을 위해 공동보상제도의 도입을 제언하고 있다. 또한 Green paper에서는 민사책임의 소급적용에 대해서는 언급하고 있지 않다. 과거 오염에 특유의 문제점에 관해서 전술한바와 같이 인식하고 있으며 공동보상제도에 따른 해결의 계획안을 上程하고 있는 것이 그 배경에 있다고 생각된다. 加藤一郎 外3, 土壤汚染と企業の責任, 275-276頁.

바. 인과관계의 증명

지침에서는 인과관계의 입증을 규정하고 있지 않은데, 이는 다수인의 활동에 의해 오염이 발생하였거나, 시간이 경과하였거나, 또는 현재의 과학수준으로는 인과관계의 충분한 입증이 불가능한 경우도 있기 때문에 환경손해에서의 인과관계의 증명은 어려움이 따르는 것이 일반적이라고 지적하고 있다.150) 그러나 환경책임지침은 인과관계 입증규정을 포기한 것이 아니고, 손해와 환경침해활동 사이에 인과관계가 존재하면 충분하다고 한다.151) 환경침해로 인한 손해에 대한 인과관계 입증의 감경은 손해의 원상회복만을 보장하는 것이 아니라 손해의 방지를 보장하게 한다. 왜냐하면 이는 환경위험활동을 조절할 동기를 부여하기 때문이다.152)

사. 적절한 복구

민사책임은 전통적으로 손해를 보상의 대상으로 하여 손해는 경제적인 가치의 감소나 수리비용에 따라 산정된다. 즉 민사책임은 경제적 가치의 감소를 보상하는 제도이다. 예컨대 경관특성의 손실 등은 그 자체에 경제가치가 없기 때문에 민사책임에 의한 보상의 대상이 되지 못한다.

---

149) Green paper 2.1.6.
150) Green paper 2.1.2.
151) Guido Calabresi, Concerning Cause and the Law of Torts, 43 U. Chi. L. Rev. 69(1975).
152) 이승우, 앞의 논문, 210쪽

그렇지만 경관특성과 같은 환경요소를 이미 양호한 상태로 유지하는 것이 의무화된다면 손해를 발생시킨 자한테 있어서도 원상회복의 의무가 발생하므로 민사책임에 기초한 환경손해의 회복이 가능하게 된다. 즉, 민사책임이 법적인 구제로써 효과적으로 기능하기 위해서는 법적 의무와 경제적 평가의 기준이 정비될 필요가 있다고 하고 있다.[153]

아. 보험

민사책임제도에서 환경오염에 대응하는 경우 보험은 경제적 손실에 관한 위험을 제어하는 보상수단으로써 중요한 기능을 한다. 그러나 환경오염의 경우에는 손해의 형태나 발생가능성이 불확실하며 또 거액의 지불이 발생할 가능성이 있기 때문에 보험회사는 충분한 보장을 제공할 수 없는 실정에 있다. 또, 보험가입을 강제한 경우 기업이 영업을 할 수 있는지의 여부는 그 위험의 경중에 따라 보험인수의 가부를 판정하는 보험회사에게 장악되는 것이 된다. 보험회사에 의한 위험평가는 환경보호의 관점에서 보면 유익하다고 할 수 있으나 보험가입이 불가하다고 평가된 위험에 대해서는 민간보험에서는 대처할 수 없다. 따라서 환경을 오염시킬 위험이 있는 기업에게 배상책임보험가입을 강제하는 경우 보험의 인수가능성의 문제를 해결할 필요가 있으며 이 문제가 해결된 후에 전보조건이 결정된다고 하고 있다. 게다가 민간보험회사가 제공하는 보험담보가 불충분하거나 중소기업에게서 취한 보험료가 너무 비쌀 경우에는 국가의 개입이 필요할 가능성을 지적하고 있다.[154]

---

153) Green paper 2.1.10.

3. 공동보상제도(Joint Compensation System)

가. 개요

공동보상제도는 일종의 보험과 같은 것으로 정화나 환경의 회복 등 특정의 목적에 한정하여 징수되는 과징금이나 분담금을 기금으로 한 재무메카니즘이다. Green paper에서는 환경손해의 원인자가 될 수 있는 특정업종으로부터의 분담금으로 지원되는 공동보상제도는 오염자부담의 원칙의 응용예가 될 수 있다고 하고 있다. 특히 본 제도는 축적성의 오염, 과거의 오염 및 허가를 받은 배출에 의한 환경손해의 해결에도 유효하다고 하고 있다.

환경손해의 측면에서 본 이 제도의 장점은 다음과 같다.[155] 첫째, 어떤 산업활동에 의한 만성적인 오염 등의 환경손해에 대한 비용을 각각의 기업에 내부화 할 수 있고, 둘째, 민사책임에서는 구제를 받기 때문에 법적수속에 시간이 걸리는 것에 비해 공동보상제도에서는 사전에 자금을 징수하고 있기 때문에 긴급한 구제조치를 곧바로 실시할 수 있으며, 또 복구작업비용의 신속한 변제도 가능하다. 그리고 정화비용의 모든 것을 책임주체 만으로 마련할 수 없는 경우에 기금에서의 보전이 가능하다는 점이다.

나. 검토과제

공동보상제도를 도입한 경우에도 검토해야 하는 과제 또한 다음

---

154) Green paper 2.1.1.
155) Green paper 3.0.

과 같이 적지 않다고 할 수 있다.156) 즉, 원상태로 환경을 복구하는 것이 불가능한 경우 어떤 수준까지 복구를 시행할 것인지와 또 타당한 비용수준은 어느 정도인가의 문제와, 복구작업의 감시를 누가 어떻게 실시해야만 하는지 또는 복구작업의 질에 대해서 누가 책임을 져야 하는가이다. 그리고 책임주체는 특정할 수 없지만, 손해가 어느 업종의 활동에 기인한 것인가를 추적하는 것은 가능한 경우가 있다. 이러한 경우 실제로 오염에 기여하지 않은 자도 포함해서 해당업종에 일률적으로 복구비용을 부과해야 하는가의 문제이다. 그리고 공동보상제도의 재정부담이 특정 업종에 있어서 너무 클 경우에는, 다른 업종이나 일반재원에도 부담을 요구해야 하는지와 이 제도가 실시된 경우 예방의 원칙이나 효과적인 위험·경영 실시를 위한 인센티브를 가질 수는 있는지 등이다. 덧붙여 역내의 각국 또는 공동체를 바탕으로 제안된 보상기금제도의 내용에 대해서 검토가 추가되고 있다.157)

4. 민사책임과 공동보상제도의 관계

특정의 주체에게 책임을 지게 하는 것이 가능한 경우에는, 민사책임은 환경오염에 기인하는 손해의 회복비용을 확보하는 유효한 수단이 된다. 그렇지만, 축적성 오염이나 과거부터 오염 또는 당국의 허가를 받은 배출에 의한 오염 등 손해와 특정주체의 행위와의 사이의 인과관계가 충분히 인정되지 않거나 인정되어도 배상책임을 과하는 것이 어려운 또는 부적절한 경우에는 책임제도가 제대로 기

---

156) Green paper 3.1.
157) Green paper 3.2.

능을 하지 않고, 누군가 환경손해의 책임을 지고 비용을 부담해야만 하는가라는 문제를 해결할 수 없다.

Green paper는 이와 같은 문제를 해결할 수단으로써, 공동보상 제도의 도입을 제언하고 있다. 그리고 민사책임제도 및 공동보상제 도의 쌍방의 장점을 융합시킬 방법으로서 다음과 같은 방식을 제안 하고 있다. 첫째, 특정의 주체에게 책임을 지게 하는 것이 가능한 경우에는 그 주체가 민사책임에 기초하여 보상한다는 것이고, 둘째, 특정의 주체에게 책임을 지게 하는 것이 불가능한 경우는 공동보상 제도를 이용한다는 것이다.158)

Ⅲ. 독일

1. 토양환경보호 및 책임법제의 배경

1971년 독일 연방정부의 환경계획에 따라 환경정책과제로 제기된 내용 중 토양은 물, 대기와 더불어 3대 환경목표의 하나로서 채택되었다. 그러나 물 보호에 관한 기본법인 "수질관리법(Wasserhaushaltsgesetz)"은 이미 1957년에 제정되어 시행되었고, 또한 대기의 보호에 관해서도 그 기본법이라고 할 수 있는 "연방임미시온방지법(Bundes-Immissionss chutzgesetz)"을 1974년에 제정한데 반하여, 토양보호에 관한 기본법으로 서 "연방토양보호법(Bundes-Bodenschutzgesetz)"은 환경정책과제로 제 기된 지 27년이 지난 1998년에야 제정되었다. 이처럼 토양보호에 관 한 입법적 정비가 늦은 이유는 토양이 물이나 대기와는 달리 국민 의 사적 재산권의 대상이었으므로 토양에 관한 법은 주로 토양의

---

158) Green paper 4.2.

132

보호보다는 오히려 토양분배의 문제에 비중을 두고 발전하였기 때문이다.[159)

독일에서 토양오염이 사회문제화 된 것은 1980년대 초기에 폐기물매립지에 건설된 주택개발지에서 여러 가지 심각한 사건이 발생하면서부터이다.[160) 특히 Hamburg, Rhineland-Palatinate, Lower Saxony 지역의 대형 매립지는 다이옥신 방출과 같은 문제 때문에 상당한 비용을 들여 안정화 조치를 실시해야 했다.

그 후 연방정부는 주와 공동으로 정부부처 내에서의 검토를 거쳐 '종합적 토양보호구상'(Bundestags-Drucksache, 10/2977)이라는 제목의 보고서[161)를 1985년 3월 연방의회에 제출하였고, 이를 실현하기 위한 구체적인 연구와 정책활동을 활발히 전개하였다. 그리고 이를 토대로 한 연방정부의 '토양보호계획'(Bundestags-Drucksache, 11/1625)'이 마련되었다.[162) 한편 독일은 공업화의 오랜 역사와 더불

---

159) Vgl. Strom, Bodenschutzrecht, DVBl. 1985, S. 317.
160) 독일에서의 대표적인 토양오염사건은 빌레펠트-브라케(Bielefeld-Brake)에서 특정폐기물지역(당시에는 충분한 처리를 한 것으로 인정됨)으로 사용된 부지에 주택을 건설하면서 발생한 사건이다. 이 지역에 입주한 거주민은 악취 등에 대해 고발하였으며, 이에 따라 조사가 진행되었다. 이 사건에 대해 재판부는 담당행정관청이 토양의 질에 대해 사전에 충분한 검토 없이 건축을 허가하였다는 이유로 행정청에 책임이 있다는 판결을 내렸다. 이 사건 이후에도 이와 유사한 판결이 진행됨에 따라 토양오염과 오염토양의 이용, 계획, 허가를 할 때 행정적으로 신중을 기하게 되었으며, 오염토양에 대한 조사가 실시되었다. 李英姫. "統一獨逸의 環境政策 - 汚染土壤政策을 中心으로". 技術士 125호, 1996. 2, 8쪽.
161) 이 보고서에서 토양보호정책의 기본이 되는 토양기능에 대한 정의가 제시되었다. 즉, 토양을 ① 인간, 동식물의 생존의 기반 및 생존권, ② 수분·영양분의 대사에 관한 물질의 순환을 수반하는 생태계의 일부, ③ 자연 및 경관을 형성하는 요소, ④ 사료, 비료 및 야채의 생산을 위한 경지, ⑤ 주택, 제조, 교통, 통신을 위한 토지, ⑥ 폐기물의 매립지 및 대기 중에 떠다니는 물질의 정화장소, ⑦ 저수탱크, ⑧ 휴양지, ⑨ 자연·문화사의 문서고"로서 인류에 공헌하는 것으로 정의하였다. 金明龍, "土壤環境保全法의 比較法的 分析 - 獨逸의 聯邦土壤保護法을 中心으로 -", 2쪽.
162) 이 '토양보호계획'에서는 토양을 꼭 필요하고 재생할 수 없는 자원으로 고려

어 그동안 합법적, 비합법적인 폐기물의 투기와 유해물질의 배출에
따른 토양오염부지인 "Altlasten[163]"을 둘러싼 문제가 1980년대 중반
에 이르러 심각하게 대두하기 시작 하였다.

1985년 1월 10일 뮌스터 고등행정법원(Oberverwaltungs gericht
Műnster)은 'Altrasten'의 책임에 대해 제시하고 있는데,[164] 이 법원

하고 있으며, 특히 농업이나 기타 다른 용도로 인하여 상당한 오염이 발생되
었을 때 재생할 수 없는 자원으로 규정하고 있으나, 이 계획이 추진된 것으로
보이지 않는다. German Federal Ministry for the Environment, German
Federal Government Soil Protection Report. 2002, p. 9.

163) 'Altlasten'이란 일반적으로 장기간의 산업생산과 제1·2차 세계대전을 치르
면서 오염된 토양과 지하수내의 유해물질을 말한다. 1980. 3. 26. 독일의
nordhein-Westfalen 식량·경제장관회람에서 내린 정의. vgl. NRW MinBl.
1980. 769; 연방토양보호법 제2조 5항에 따르면, Altlasten이라 함은 '정지상태
에 있는 폐기물제거시설 및 기타 대지로서 그 위에서 폐기물이 취급되었거나
놓여 졌거나, 쌓여졌던 곳(폐기물집적부지: Altablagerungen)과 정지상태에 있
는 시설의 대지 및 기타 환경위해적 물질이 다루어졌던 대지(구 산업부지:
Altstandorte)로서 이러한 지역을 통해 개인이나 공중에게 유해한 토양변질이
나 기타 위험이 초래되는 곳'을 말한다. 이와 같이 연방토양보호법의 입법을
통해 '폐기물집적부지(Altablagerungen)'와 구 산업부지(Altstandorte)가 위험오
염지(Altlasten)개념의 핵심으로 규정되었다. Altlasten의 문제는 과거에 폐기물
법의 영역으로 분류되기도 했지만, 이는 토양보호법의 발전이 없었던 당시 대
안부재에서 기인하는 것이며, 오늘날 이 문제를 토양보호법의 일환으로 파악
함에는 이설이 없다. Franz J. Peine, a.a.O., S.54.

164) 도르트문트(Dortmund)市는 1965년 12월 코우크스제조업을 하는 Essen석탄주
식회사로부터 토지를 구입하였다. 그 토지에서는 1952년부터 1964년까지 석탄
추출물인 암모니아, 타르, 벤졸을 얻기 위하여 코우크스업이 행해 졌었다. 그
지역이 광업법상의 감독에서 벗어나자 1979년 도르트문트시는 그 부지의 일부
를 주거전용지역으로 지정한 후 주택건축주에게 매각하였다. 1984년 부지감정
결과 토양이 오염되어 인근 주민의 건강에 유해한 영향을 미칠 수 있다고 밝
혀졌다. 이에 도르트문트시는 Essen석탄주식회사에게 토양오염을 제거할 것을
명령하고 이를 이행하지 않을 경우 대집행할 것을 계고하였다. 도르트문트시
의 명령에 대해 Essen이 청구한 소송에서 고등행정법원은 "제조과정에서 나오
는 유독물질로 인하여 토양을 오염시키는 코우크스 영업은 광업법상의 감독이
해제되고 토지가 매매된 후에도 여전히 위험의 방지를 위해서는 경찰권의 발
동대상이 될 수 있다. 한편 그 기업이 광업법상의 허가를 받아 영업행위를 하
였다고 하더라도 처음부터 그와 같은 책임이 면제되는 것은 아니다. 또한 그
지역이 매매의 시점에 의도되었던 공업지역으로 지정되지 않고 건설계획에 따
라 주거전용지역으로 지정되었다 할지라도 원칙적으로 회복책임을 배제하는

134

의 결정에 의하면 Altlasten에 대한 특별한 법규가 없거나 관련 법
률이 있다 하더라도 적용할 수 없는 경우에는 본질적으로 위험방지
법인 '경찰법'을 적용할 수 있다는 것이다. 그러나 Altlasten 문제는
오염지역의 범위, 위해도, 정화목표 수립, 사용될 복원기술 결정 등
기술적인 문제에서부터 책임과 복원 비용 등과 관련된 사회·경제
적 및 정치적 문제들을 모두 포함하기 때문에 기존의 법만으로는
해결하기 어려웠다.

그리고 "순환관리 및 폐기물에 관한 법(Kreislaufwritschafts-
und Abfallgesetz)"의 경우 제36조는 폐쇄된 폐기물처리시설의 폐기
물에 의한 토양오염에 대해 그 시설의 소유자에게 복원 및 예방조
치명령에 대해 규정하고 있다. 그러나 폐기물법이 규제하고 있는 폐
기물의 개념은 동산으로부터 출발하기 때문에 어떤 물질이 토양에
고착되면 토양의 일부로 간주되므로, 오염물질이 토양으로부터 분리
되어야 폐기물체계에 포함되는 한계가 있다.

또 수질관리법(Wasserhaushaltgesetz)은 오염물질이 침투하여 생
긴 지하수 오염에 대해서만 적용이 가능하다. 그리고 폐기물법 및
수질관리법은 각각 1972년, 1960년부터 시행하였기 때문에 '부담적
법률의 소급적용금지'의 법리에 의해서 법률제정 이전의 토양오염에
대해서는 소급적용을 할 수 없었다. 이러한 사회적인 배경과 분산된
법체계로는 Altlasten에 대해 충분히 대응할 수 없었기[165] 때문에 연
방차원에서 토양오염을 방지하기 위한 통일된 새로운 법이 필요하
게 되었다.[166]

것은 아니다"라고 결정하였다. OVG Münster, NWvZ 1985, 355f.
165) 加藤一郎 外3, 土壤汚染と企業の責任, 317頁.
166) 한편 주차원에서는 연방에 우선하여 Baden-Wurttemberg州가 1991. 6. 24.에
    「토양보호법」을, Saarland州가 1991. 8. 12.에 "자를란트자유주에 있어서 폐기

그리고 사법영역에 있어서 1990년에 환경책임법이 제정되어 시
행되고 있는데 이 법에 의하면 토양오염에 기인하여 손해를 발생시
킨 원인자에 대하여는 원상회복 의무를 부과시킴으로서 오염토양을
정화할 수 있지만, 일정한 한계가 지적되고 있다. 독일에서의 토양
오염과 관련된 법제는 다음과 같다.

2. 토양보호특별법과 각 주별 입법례

가. 폐기물법(Abfallgesetz : AbfG)

폐기물분야에 대해서는 연방과 주에 경합적 입법권이 있다. 연
방에 입법상의 우선권이 있고, 주법은 연방법이 미치지 않는 사항에
대해서만 정하는 것이 가능하다. 1972년 6월 7일 폐기물처리에 관한
연방차원의 통일적이고 포괄적인 법률로서 폐기물처리법(Abfallbesei
tigungsgesetz)이 제정되었는데, 이 법은 매립과 소각 등의 협의의
폐기물처리를 대상[167]으로 했지만, 1986년의 개정에 의해 재이용도
포함한 폐기물처리를 대상으로 하였다.[168] 그 후 몇 차례의 개정을

물경제 및 토양보호에 관한 세1차 법률", berlin州가 1995년 10월 10일에 "토
양오염의 방지 및 정화에 관한 법률"을 각각 제정하였다. 金明龍, "土壤環境保
全法의 比較法的 分析 - 獨逸의 聯邦土壤保護法을 中心으로 -", 3쪽.
167) 이 법 제1조 2항에서 폐기물처리는 수집·운반·처리(Behandlung)·저장 및
매립을 포함하는 개념으로 정의 내리고 있음으로써 동 폐기물처리법의 목적이
협의의 처리에 한정되었음을 알 수 있다. 金連泰, "廢棄物의 槪念 및 分類·처
리체계 -독일의 순환관리 및 폐기물법을 중심으로-", 環境法硏究 第25卷 1號,
韓國環境法學會, 2003. 9, 170쪽.
168) 1986년의 폐기물법은 '광의의 처리'(Entsorgung) 개념을 폐기물로부터 자원과
에너지를 획득하고(재활용), 폐기물을 수집·운반·처리·저장하며 매립하는
것이라고 정의 내렸다(제1조 2항). 재활용에 있어서 폐기물법은 다른 자원으로
이용하는 물질적 이용과 폐기물의 소각에 의하여 에너지를 얻는 에너지 이용
을 동등하게 취급하였다. 이 경우 재활용의 가능성은 경제성의 관점, 다시 말
하면 폐기물로부터 얻어진 물질 또는 에너지에 대한 시장이 존재하는지가 판

거쳐 1994년에 이르러 신법인 "순환관리 및 폐기물에 관한 법 (Kreislaufwirtschafts‐und Abfallgesetz)"이 공포되었다.[169)]

현행의 연방폐기물법은 폐기물을 '소유자가 처리할 의사가 있는 것 또는 공공복지, 특히 환경보호를 위해 적절한 처리가 필요한 동산'이라고 정하고(제1조 제1항), 폐기물관리시설 및 폐기물의 회수·수송업의 조입에 대해서 허가제를 도입하고, 특정의 사업소에는 폐기물관리책임자를 둘 것을 의무화 하고 있다. 또한 폐기물의 감량, 재이용을 촉진하기 위한 규정이 포함되어 있다. 그리고 이 법에는 고형 폐기물처리시설이 폐쇄될 경우에 관한 규정이 있고(제10조), 관할당국은 폐쇄시설의 소유자에 대해서 토지를 복원할 것과 공공복지의 침해를 방지하기 위해 필요한 예방조치를 취할 것을 명령할 수 있는 취지를 규정하고 있기 때문에(제10조 제2항), 본 규정이 오염토양의 정화명령의 근거가 되고 있다.[170)] 그러나 1972년의 시행이전에 폐지되어, Altalasten이 되어버린 폐기물처리시설에 적용할 수는 없다.

나. 수질관리법(Wasserhaushaltsgesetz : WHG)

수질분야는 연방의 권고적 입법사항이기 때문에 1960년 시행의 연방 수질관리법이 주요내용을 규정하고 있지만, 상세한 것은 各 州의 수질관리법의 규정에 위임되어 있다. 연방수질관리법은 연안해역,

---

단기준이 되었다(제3조 2항 3문 참조). 金連泰, 앞의 논문, 171쪽.
169) 신법인 '순환관리 및 폐기물에 관한 법'은 폐기물의 감량 및 재이용의 고도화에 의한 순환경제의 촉진을 목적으로 하고 있다. 加藤一郎 外3, 前揭書, 326頁.
170) 松村弓彦, "ドイツ 1994년 循環型經濟·廢棄物法", 世界の環境法, 國際比較環境法センタ, 1996. 265-266頁

지표수 및 지하수를 대상으로 하고, 수자원이용에 관한 인·허가제, 폐수방출규제의 도입 및 수질 관리책임자의 설치를 규정하고 있다. 또 이 법은 수질오염에 의한 인체 및 재산에 손해를 발생시킨 자에 대해서 무과실책임을 지우고 있다(제22조).

수질관리법이 토양오염에 적용되는 것은 투기된 폐기물 중의 유해물질이 지하수에 침투해서 수역을 오염시키는 경우이다. 각 주의 수질관리법 자체의 규정은 질서위반의 근거가 되는 것만으로는 책임자에 대한 정화명령의 근거가 되지는 않지만 일반적으로 후술하는 경찰법을 준용하고, 또는 이 법에 준거하는 규정이 설치되어 있기 때문에 경찰명령에 의해 정화가 가능하게 된다. 그러나 경찰법에 의해 토양오염에의 대응에는 일정한 한계가 있으며, 더구나 오염의 발생이 수질관리법 시행이전으로 소급하는 Alrlasten에는 대응할 수 없다는 것 등이 오염토양에의 적용에는 제약이 많다고 하겠다.

다. 각 주의 토양환경규제

1) 법제현황

각 주 정부에서는 연방법이 제정되기 이전에 토양보호 또는 오염부지 정화를 목적으로 한 법률들을 제정하였다. 그러나 토양보호 자체를 목적으로 하는 법규는 baden-wuerttemberg州의 1991년 6월 '토양보호법'과 Sachsen주의 1991년 8월 '작센자유주에 있어서 폐기물관리 및 토양보존의 제1법률' 등 두 주만 주법으로써 제정171)하고

---

171) Bodenschutzgesetz vom 24. Juni 1991 im Badem-Würtemberg; Erstes Gesetz zur Abfallwirtschaft und zum Bodenschutz im Freistaat Sachsen vom 12, August 1991.

있었을 뿐 대다수의 주에서는 各 주마다 폐기물법 안에 Altlasten의 취급에 관한 규정을 포함시켜 놓았는데 그 내용은 주에 따라 상당히 다르고, 정화명령은 경찰법에 의거하여 발령하도록 규정하고 있는 곳도 있었다. 또 Altlasten을 포함해 토양오염에 언급한 법규를 전혀 취급하고 있지 않은 주도 존재하였다. 이로부터 독일에서는 전체의 3분의 2의 주가 경찰법에 기초하여 토양오염에 대처하고 있는 실정이었다.

2) 경찰법(Polizeirecht)

가) 개요

주의 전속적 입법사항으로서 경찰법이 제정되어 있지만, 그 내용은 다른 각 주와 기본적으로 유사하다. 일반적으로 경찰당국은 '공공의 안전과 질서에 대한 위험을 회피하기 위해 필요한 조치를 강구하는'172) 권한을 부여 받고 있고, 토양오염이 여기서 말하는 '공공의 안전 또는 질서에 대한 위험'에 해당한다고 해석된다. 또 각 주 경찰법에는 개괄조항(Generalklausel)이 설치되어 있고, 폐기물처리법과 수자원관리법 등의 개별법이 적용되지 않는 경우에 적용할 수 있다.

따라서 어떤 환경오염이 위험하다고 인정되지만 해당오염을 대상으로 하는 개별법이 없는 경우에 경찰법을 보충적으로 적용하는 것이 가능하다. 이 경우에 경찰당국은 책임주체인 대책의무자에 대해 정화를 실시케 하고, 위험을 제거시키기 위해 경찰명령을 발하거나 또는 경찰당국 스스로 정화를 실시하여 비용을 책임주체로부터

---

172) 이 문언은 서독 통일경찰법 모범초안 8조 1항에 의함. 본 초안은 각 주 경찰법의 내용의 통일을 기도하여 1977년에 작성되었다.

회수하는 등의 조치를 취할 수 있다. 경찰당국은 개입의 근거로써 구체적인 위험의 존재를 증명해야하기 때문에 사전의 지역조사가 필요한 경우가 있다.

그러나 행정재판소는 조사실시의 요건에 대해서 위험의 의심이 있다면 충분한 것으로 하고 있기 때문에 경찰당국에 의한 조사는 비교적 간단하게 실시된다. 각 주 경찰법의 역사는 오래 전 18세기 말부터 제정되어진 것이기 때문에 소급적용금지의 원칙으로부터 폐기물법과 수질관리법으로는 대응할 수 없는 Atlasten에 대해서 넓게 적용되어 왔다.

나) 책임주체

경찰법에서 말하는 위험에 대한 책임주체는 행위방해자(Handlungsstörer) 및 상태방해자(Zustandsstörer) 두 가지 범주로 나누고 있다. 공공의 안전과 질서에 대한 위해와 침해를 발생시키는 행위를 한 자, 즉 토양 및 수질오염을 발생시킨 자는 행위방해자에 해당한다. 그리고 공공의 안전과 질서에 대한 위해와 침해가 발생하지 않도록 하는 책임을 부담하여야 함에도 그것을 이행하지 않은 자는 상태방해자에 해당하는데, 시설의 소유자나 시설을 실제로 관리·운영하는 자 즉, 점유자, 임차인, 사용자가 이에 해당하고, 이러한 자는 오염이 발생된 경우에 실제의 오염원인자가 아닌 경우에도 책임주체가 될 수 있다. 예컨대, 시설을 구입 또는 임차하기 이전에 지금까지의 사용자에 의해 그 시설이 이미 오염되었음에도 불구하고 현재의 소유자와 임차인이 정화책임을 지게 될 가능성이 있다는 것이다.

그리고 책임주체가 다수 존재할 경우 책임주체로서 누구를 선택

할 것인가에 대해서는 경찰당국에 재량권이 있다.173) 또 책임을 지
는 자는 다른 오염자나 소유자·임차인에 대하여 비용청구권을 가지
지 않는다고 되어있다.

다) 경찰법에 의한 정화의 문제점

경찰법에 의한 오염토지정화의 문제점으로는, 첫째로 그것이
'공공의 안전과 질서에 대한 위험'의 배제의 관점이고, 자연환경의
보전자체를 목적으로 하는 것이 아니기 때문에 위험의 제거를 넘은
원상회복과 예방조치 등을 실시케 할 수 없다는 점이다. 둘째, 책임
원칙에 관해서 오염의 발생에 관계가 없는 소유자가 책임을 지지
않는다는 것이다. 그리고 책임자 간에 비용청구를 할 수 없는 것 등
의 문제가 있다. 셋째 정화명령이 이처럼 일반적인 규정에 근거해서
발동되는 것은 지역과 州에 의한 운용이 통일되지 않은 점도 문제
점으로서 지적되고 있다.174)

3. 환경책임법(Umwelthaftungsgesetz : UmweltHG)

가. 입법배경

독일에서는 1986년 체르노빌원자로사고(Tschernobyl-Reaktorunfall)
175)와 스위스 산도스화학공장 창고화재사고에 의한 라인강 유독소방

---

173) 재량권의 남용이 없도록 비례원칙의 준수가 요구되고 있다. 比例原則이란 경
    찰권의 행사는 그 대상이 되는 사회공공의 장해의 크기에 비례하여야만 하며,
    그 장해를 제거하기 위해 필요 최소한도로 한정되어야만 한다는 행정법상의
    원칙이다.
174) 加藤一郎 外3, 前揭書, 326頁.
175) 1986년 4월 26일 새벽 1시 24분에 구 소련 첨단과학의 상징이던 체르노빌핵
    발전소가 폭발했다. 핵분열 연쇄반응이 제어되지 못해 수증기가 폭발적으로

액 유입으로 인한 대규모 환경사건176), 그리고 1980년대 들어 심화
된 대기오염과 산성비에 의한 삼림피해 등의 환경오염문제가 심각

증가한 1차 폭발로 1000톤에 달하는 원자로 지붕이 날아갔다. 연이은 폭발로
쏟아져 나온 50여 톤 가량의 핵물질이 1㎞ 상공까지 치솟고 핵연료봉은 200
0℃가 넘는 온도로 녹아내렸다. 히로시마에 투하된 핵무기의 핵물질이 45㎏에
불과한 것에 비교하면 어마어마한 양이었다. 이 핵물질들은 반경 30㎞ 지역을
집중 오염시켜 지금도 이 지역은 출입금지 구역으로 지정돼 있다. 또 이것은
대기를 타고 북반구 전체로 퍼져나가 일본에서도 검출됐다. 정전 시에도 안전
시설이 가동 될 수 있는지 알아보기 위해서 비상디젤발전기와 비상냉각장치,
비상신호체계도 끄고 제어봉 개수도 줄이면서 무리하게 실험을 강행하다가 순
식간에 벌어진 일이다. 판단착오에서 폭발로 이어지는 데 걸린 시간은 56초에
불과했다. 각종 보고서에 의하면 이 사고로 인한 사망자만 10만 명에 이르는
것으로 추정되고 유럽의 40%가 당시 방사능 낙진에 의해 오염되었고 일부 지
역에서는 아직도 높은 수준의 방사성물질에 의해 오염되어 있는 야생동식물이
발견되고 있다. 당시에 피폭되었거나 오염된 음식물을 섭취한 이들은 물론 그
아이들에게서 갑상선암, 백혈병 증가가 보고되고 있으며 20년 이상의 긴 잠복
기를 가지고 있는 유방암과 같은 고형암의 피해보고도 이제 시작되고 있다.
사고가 발생한 지 20년이 지났지만 수 십 만 명이 여전히 고통 받고 있으며
그 숫자는 세월이 지날수록 늘어나고 있다.(프레시안, 2008. 04. 26.자 기사 "체
르노빌 참사의 시작은 '비밀주의'였다", 내용 참조.)
176) 1986년 11월 1일 한밤중에 스위스 Basel의 라인강가에 위치한 스위스의 화학
및 의약품 회사인 Sandoz사의 화학공장에서 화재가 발생했다. 이 공장에는 화
학약품이 보관되어 있었는데, 약 1,250톤의 살충제, 제초제, 수은을 함유한 살
균제와 유기화합물 등이 적치되어 있었다. 이 화재로 Basel시 부근의 스위스는
물론 프랑스, 독일의 여러 도시에 수 시간 동안 계속되는 대기오염을 유발하
였다. 그러나 더 심각한 피해는 라인강의 오염이었다. 이 화재를 진화시키기
위해 약 10,000 내지 15,000㎥의 많은 물을 뿌린 결과 막대한 양의 유독한 살
충제와 살균제가 소방액에 섞여 라인강에 흘러들었다. 며칠 후 살충제로 오염
된 소방액이 라인강을 오염시키고 일주일 후에는 북해에 이르게 되었는데 그
결과 라인강에 서식하던 많은 물고기가 떼죽음을 당하고 뱀장어, 물새 등의
동물 특히 무척추동물들이 치명적인 피해를 입게 되었고, 라인강에서의 고기
잡이가 수개월 동안 중단되었으며 라인강 주변의 독일과 네덜란드의 상수도
시설의 가동이 전면 중단되는 사태가 발생하여 사람들이 물을 마시지 못하는
큰 불편을 겪었다. 그러나 이 사건으로 어떠한 개별적인 소송도 제기되지 않
았는데, 이는 보험회사가 피해를 입은 라인강 인근 주민들과 소송외적으로 손
해배상청구에 대한 합의를 하였기 때문이고 라인강의 수로에 대한 소유권을
갖고 있는 연방정부도 라인강의 생물학적 훼손에 대한 손해배상을 주장하지
않았는데 이러한 손해는 거의 확정할 수 없기 때문이라고 한다. Bomheim
Gaby, Haftung für grenzüberschreitende Umweltbeeinträchtigungen im
Völkerrecht und im Internationalen Privatrecht, 1995, S. 34.

142

하게 되었으며 이에 대응한 환경보호의식이 향상되고 따라서 환경
보호운동이 활발하게 전개되었다.

이러한 사회적 배경 하에 환경오염손해에 대한 민사특별법으로
서 1990년 12월 10일 연방의회에서 "환경책임에 관한 법률(Gesetz
über die Umwelthaftung)[177]"이 제정되고 1991년 1월에 발효되었다.
이 법률은 입법이유서에서 다음과 같은 세 가지의 목적을 밝히고
있다. 첫째, 환경책임법은 보호법익의 개별적인 침해에 대한 정당한
배상의 목적(Ausgleichszweck)으로 한다. 이는 책임법의 입법이 공
통적으로 의도하고 있는 점으로써 배상에 의한 피해자의 구제는 환
경책임법에 있어서도 가장 우선적인 목적이라 할 수 있다. 둘째 예
방의 목적(Präventivzweck)이다. 환경책임법이 결국 환경손해의 예
방에도 기여할 수 있을 것이라는 견해에서다. 여기서는 환경손해에
대한 배상의 의무가 예정되어 있음으로 해서 잠재적인 가해자들로
하여금 더 많은 주의를 기울이거나 발생가능한 손해를 미연에 방지
하는 등의 조치를 취하도록 유도할 수 있다는 점이다. 셋째, 효율촉
진의 원칙으로서 환경에 대한 작용의 결과로 야기된 사망·신체상
해 혹은 물건의 훼손에 의하여 손해가 발생한 경우에 그 손해의 배
상청구권을 인정하는 것을 주목적으로 하며, 잠재적인 피해자를 위
한 높은 책임위험(erhöhten Haftungsrisiko)을 근거 지움으로써 환경
배려(Umweltvorsorge)에도 기여한다. 이러한 목적은 과실에 의존하
지 않는 위험책임과 시설의 정상조업에 있어서 책임의 고려 및 원
인추정과 정보청구권에 의한 입증책임의 완화제도를 채용함으로서
달성하고자 하는 것이다.[178]

---

177) 일반적으로 환경책임법(Umwelthaftungsgesetz : UmweltHG)으로 불리어지고
    있다.
178) Himmelmann, S./Pohl, A./Tünnesen-Harmes, C, Handbuch des Umweltrecht,

나. 책임요건

환경책임법의 대상이 되는 책임주체는 동법 부록 1에서 말하는 96종류의 시설[179]의 소유자에 한정되고(제1조, 부록1), 시설물이 폐쇄되어 있는 경우에는 조업정지 당시의 시설의 소유자가 무과실의 위험책임에 기초하여 그 책임을 부담[180]한다. 이들은 시설로부터 발생한 환경오염에 의한 건강이나 재산상 손해에 대해서 과실의 유무에 관계없이 배상을 하여야 하며(제1조) 가해행위와 손해사이의 인과관계를 추정하는 규정을 도입(제6조)하여 피해자의 입증곤란을 구

1995. A.7 Rn..29; 崔相鎬, 環境汚染에 대한 民事責任, 계명대학교출판부, 1998. 10, 439쪽.

179) UmweltHG 제1조 부록 1(Anhang 1)에 총 96개 항목의 시설에 대해 언급하고 있는데, 세부적으로는 열기작용(Wärmeerzeugung), 채굴(Bergbau), 에너지(Energie)라는 주제하에 18개 항목, 암석 및 토양(Steine und Erden), 유리(Glas) 도기(Keramik), 건축자재(Baustoffe)라는 주제 하에 9개 항목, 강철, 철, 기타 금속가공업(stahl, Eisen, und sonstige Metalle einschließlich Verarbeitung)이라는 주제하에 17개 항목, 화학작용(Chemische Erzeugnisse), 醫藥品(Arzneimittel), 석유류정제 및 가공업(Mineralölraffination und Weiterverarbeitung)이라는 주제 하에 11개 항목, 유기물질의 표면처리(Oberflächenbehandlung mit organischen Stoffen), 합성수지로 된 편평한 물질의 생산(Herstellung von bahnenförmigen Materialien aus Kunststoffen), 그 외의 송진과 합성수지의 가공업(sonstige Verarbeitung von Harzen und Kunststoffen)이라는 주제하에 6개 항목, 목재(Holz), 펄프(Zellstoff)라는 주제 하에 2개 항목, 식품, 기호품, 사료(Nahrungs-, Gunuß- und Futtermittel), 농산물(landwirtschaftliche Erzeugnisse)이라는 주제하에 4개 항목, 쓰레기 및 찌꺼기(Abfälle und Reststoffe)라는 주제 하에 10개 항목, 저장(Lagerrung), 재료적재 및 하역(Be- und Entladen von Stoffen)이라는 주제 하에 12개 항목을, 그 외 것들(Sonstiges)에 대해서 7개 항목을 각 區分하고 있다. vgl. Salje, Peter, Umwelthaftungsgesetz Kommentar, München, 1993.

180) 환경책임은 입법자에 의하여 전형적인 위험책임으로 구성되었다. 달리 표현하자면 단지 환경위험의 현실화라고 할 수 있는 손해만이 배상된다. 따라서 환경책임법 제1조에 열거된 법익의 침해 및 손해는 환경위험성과 귀책관계에 있어야 한다. Erwin Deutsch, 金玟中 譯, "獨逸環境責任의 理論과 根本原則", 司法行政 通卷 제375호, 韓國司法行政學會, 1992. 3., 63쪽.

제하는 것을 주요내용으로 하였다. 그러나 가해자에게 무거운 책임
을 부담케 하는 만큼 불가항력에 기인한 손해(제4조), 비본질적 침해
또는 장소적 관련상 수인가능할 정도의 침해가 된 경우 등(제5조)에
는 면책사유로 인정함으로써 형평의 원칙을 고려하고 있다.

종래 독일에서는 수질오염에만 연방수질관리법(WHG) 제22조에
의해 무과실책임을 인정하고 있었지만, 이 법은 특정시설의 소유자
에 대해서는 대기나 토양의 오염의 경우에도 무과실책임을 부과하
는 것이고, 책임주체에게 있어 엄격한 내용으로 되어 있다.[181] 단,
동일한 환경오염으로부터 발생한 손해에 대해서는 인적손해, 물적손
해 쌍방에 1억 6000만 마르크의 배상한도액이 설정되어있다(제15조).
또 물적손해에 대해서는 시설이 행정법상의 규칙이나 규제대로 조
업한 경우 손해가 경미하거나 지리적 환경으로부터 수인가능한 수
준의 손해라면 배상의무를 면제받을 수 있다.

다. 오염토양의 정화

독일민법에 있어서 손해배상은 원상회복를 원칙으로 하고 있다
(§ 249 BGB). 따라서 가해자는 원칙으로써 정화의 실시에 따른 원상
회복 또는 원상회복에 필요한 비용의 금전배상을 책임지지만 원상

---

181) 독일민법(BGB)은 불법행위를 인정함에 있어 과실책임주의를 채용하고 있지
만, 가해자가 위험한 활동 또는 위험한 물질의 제조·관리로 발생시킨 손해에
대해서는 과실책임을 변경하여, 고의·과실이 없더라도 책임이 인정된다고 하
는 위험책임(Gefährdungshaftung)의 개념이 적용된다. 위험책임은 민법상 애완
동물의 소유자·관리자의 책임 및 숙박시설책임자의 숙박객의 하물(荷物)의 멸
실·훼손에 대한 책임이 인정되는 외(BGB 833조, 834조, 701조), 환경책임법
및 연방수자원관리법 등의 특별법에 의한 규정이 있다. 또 독일에서는 환경손
해 등에 관한 일부의 불법행위책임의 인정에 대해서 피해자구제의 관점에서
입증책임의 전환이 이루어져 가해자 측에게 자기의 과실이 없다는 입증책임을
부과하는 판례가 증가하고 있다.

회복에 과도한 비용이 드는 경우에는 손해를 입은 재물의 멸실가치에 상당한 부분만을 금전으로 배상하는 것을 예외적으로 인정하고 있다. 그러나 물적 손해가 자연과 경관의 파괴인 경우에는 손해를 입은 재물의 가치를 넘은 경우에도 원상회복의 비용을 청구하는 것을 인정하고 있는데(제16조), 이는 생태계의 손해가 경제적 가치로 환산되기 어렵다고 하는 점이 배려된 것이다.

라. 문제점

이 법의 대상은 환경오염에 기인한 손해배상에 한정되고, 자연환경의 보전자체를 목적으로 하는 것이 아니기 때문에 민법상의 권리침해를 수반하지 않는 환경손해에는 적용할 수 없다. 또 금전에 의해 가치배상이 이루어진 경우에는 원상회복은 보증되지 않는다. 게다가 자연과 경관파괴에 관한 원상회복의무에 대해서도 소요비용의 무제한적인 청구를 인정한다고는 해석되고 있지 않은 것,[182] 책임주체의 배상자력이 꼭 충분하지만은 않다는 것 등의 문제가 있다. 독일에서는 이러한 문제는 사법을 기초로 하여 환경복구를 기도하는 것에 고유의 한계가 있다고 생각하여, 공법적인 대응확충의 필요성이 인식되고 있다고 말할 수 있다.[183] 게다가 이 법은 폐기물법 등과 같이 소급적용을 부정하고 있기 때문에(제23조), 과거의 오염에 따른 Altrasten문제의 해결에는 적용되지 않는다.

---

182) 春日伊知郎・松村弓彦・福田淸明, "ドイツ環境責任法", 判例タイムズ No.792 (1992), 39頁.
183) Hager, Günter, "Das neue Umwelthaftungsgesetz", NJW(1991). S. 135.

4. 연방토양보호법(Bundes-Bodenschutzgesetz : BBodSchG)

가. 개요

전술한 바와 같이 연방차원의 토양오염에 대처하는 법 제정의 필요에 따라 독일 연방정부는 1990년 1월 '환경전문가위원회의 오염된 부지 특별의견서'[184]를 제출하였다. 이 의견서에 기초하여 1991년부터 연방토양보호법의 제정작업이 착수되었는데, 1992년 이래 여러 차례에 걸쳐 참사관 초안이 작성되었고[185] 1996년에 연방정부초안이 연방의회에 제안됨으로써 최종적으로 1998년 3월 17일 효과적인 토양보호 및 Altlasten의 정화를 목적으로 제정한 "연방토양보호법(**Bundes-Bodenschutzgesetz** : BBodSchG)"이 승인 공포되고, 이 법은 다음 해인 1999년 3월 1일부터 시행되었다.[186]

독일 연방토양보호법은 5개의 章으로 구성되어 있는데, 제1장은 목적과 정의, 법적용의 범위, 제2장은 토양과 Altlasten의 복원과 더 이상의 오염을 예방하기 위해서 이행되어야 하는 요구사항, 그리고 위해성에 대한 조사와 평가절차, 토양보전의무의 구체화 내용 및 그 이행확보수단 등이 규정되어 있고, 제3장은 토양오염관리를 위한 절차, 관계자에 대한 정보제공, 정화계획작성, 정화의무자에 대한 적절

---

184) 이 의견서에는 현재의 조업활동에 의한 토양오염과 과거의 활동에 의한 토양오염을 구별하고, 과거에 오염된 토지는 '오염된 부지(Altlasten)'이라는 개념으로 이해하였다. 특히 그 중에서 '유해한 토양의 변질 또는 개인 혹은 일반공공에 대한 그 밖의 위험을 초래하는' 것은 폐기물처리장 등인 '매립지'와 공장부지인 '부지적지'로 나누었다. 황상일 외 1, "오염토양부지의 정보관리체계 효율화 방안", 한국환경정책·평가연구원(2004. 12.), 51쪽

185) 1992년 연방토양보호법 제1차 초안이 제안되었는데 연방참의원에서 우세를 점하고 있는 야당인 사회민주당이 보다 엄격한 내용으로 작성하도록 요구한 것 등을 이유로 폐안되었다. 그러나 여러 방면의 논의를 반영시킨 수정작업을 계속하여 1994년 2월 7일에 다시 초안이 발표되었다.

186) Gesetz zum Schutz des Boden vom 17. 3. 1998. BGBI. I S. 502.

한 제어 및 모니터링 조치의 수립을 위한 방법, 제4장은 유해한 토
양변경을 방지하기 위한 농업경작 시 전문적 조치사항을 규정하였
고, 마지막으로 제5장은 전문가 및 조사기관의 역할, 각 주 정부에
서 연방정부로의 자료의 전달, 주 정부의 규칙, 비용과 벌금 및 기
타 범칙금 등에 관해서 규정하고 있다.187)

나. 주요내용

연방토양보호법은 토양을 정화하고 또한 장래의 토양부하에 대
하여 배려할 의무를 명시하고 있는바, 이것에 의해서 대기, 수질, 토
양이라는 가장 중요한 환경매체의 모두에 관해서 그 보호 또는 보
전이 법 제도상 보장되었다. 또 대기, 수질, 토양을 포함한 환경규제
의 통합적 관리시스템의 도입은 EU 내에서 가장 중요한 과제의 하
나지만, 이 법은 독일에서 종래에 결여하고 있었던 토양보전분야의
사전배려의 원칙(Vorsorgeprinzip)을 전제로 한 법 제도를 도입함으
로써 이점에서도 중요한 일보를 내디뎠다고 평가할 수 있다.188)

그리고 연방토양보호법에는 하위법령에 위임된 사항 중 "토양
보호부담금 등록법령(Verordnung über die Eintragung des
Bodenschutzlastvermerks)"189)과 "연방 토양보호 및 Altlasten법령

---

187) Ferguson, C., Kasamas, H. 1999. Risk Assessment for Contaminated Sites in Europe, Volume 2 Policy Frameworks. LQM Press. UK. p. 62.
188) 韓貴鉉, "土壤汚染과 汚染土壤淨化責任의 法理 - 獨逸聯邦土壤保護法 (BBodSchG)을 중심으로 -", 公法學硏究(제3권 제1호), 韓國公法學會, 2001. 4, 267쪽.
189) "토양보호부담금등록법령"은 연방토양보호법 제25조에 근거하여 제정된 것이다. 이 법령에는 토지 소유자는 공적 부담으로 실시된 토양보호조치로 인해 토양의 가치가 상승하여 얻은 가액조정금을 지불하여야 하는 내용을 포함하고 있다.

(Bundes-Bodenschutz- und Altlastenverordnung : BBodSchV)"이 있다. BBodSchV는 토양보호법을 시행하기 위한 주된 법령이다. 이 법령은 오염의심부지 및 Altlasten과 토양 degradation에 대한 조사 및 평가 규정, 토양시료채취, 분석 및 토양질 보증 등에 관한 규정, 오염제거, 봉쇄, 보호, 제한조치에 관한 규정과 특정부지에 대한 복원조사와 복원계획에 관한 보충규정, 토양 degradation예방규정, 조사기준, 대책기준, 우려기준 및 허용 가능한 추가오염 부하에 대해 제시하고 있다.190)

연방토양보호법의 목적은 오염예방과 복원을 통해 고유한 토양기능을 보전하고 회복시키는 것이다. 토양의 개념에 관하여 규정하고 있는 연방토양보호법 제2조제1항에서 토양이란 "동법에서 규정하는 토양기능을 수행하는 지각의 상층부로서 토양수, 토양공기를 포함하는 개념이며, 지하수와 하상(河床)을 제외한 부분"으로 정의하고 있다.191) 동조 제2항에서 규정하고 있는 토양의 기능은 자연적 기능과 자연사 및 문화사의 보고로서의 기능 및 이용적 측면에서의 기능으로 구분하고 있다.192) 동조 제6항에는 '정화'에 대하여 유해물질의 제거 및 감소화, 유해물질들의 장기적인 확산을 막아주고 감소시키는 안전조치들, 토양의 물리적, 화학적 또는 생물학적 상태가 해롭게 변경되는 것을 막아주거나 감소시키는 것이라고 정의하고 있다. 연방토양보호법의 목적 및 내용을 종합적으로 볼 때, 연방토

---

190) German Federal Ministry for the Environment, op. cit., p. 12.

191) 金鉉峻. "獨逸法上 土壤環境保護와 그 示唆點", 467- 485쪽.

192) 자연적 기능으로는 i) 인간, 동식물 및 토양유기체들의 거주지와 생활공간 ii) 자연계의 구성요소, iii) 여과작용, 완충작용, 물질운반작용 지하수보호에 영향을 주는 생성, 평형 및 분해적 매체로서의 기능이며, 이용적 측면에서의 기능으로 i) 원료저장소, ii) 거주와 휴양을 위한 장소, iii) 농사와 임업적 이용을 위한 장소, iv) 특별 경제적 공공적 용도, 교통, 생계유지 및 오물처리를 위한 장소 등을 규정하고 있다.

양보호법은 토양의 양적 보호 보다는 질적 보호에 초점을 두고 있
다.193) 그리고 동법 제3조에서는 적용범위와 특히 다른 법률과의 관
계를 제시하고 있는데, 동조 제1항의 자원재생 및 폐기물에 관한 법
률, 비료법, 연방 임미시온방지법(Bundes-Immissionsschutzgesetz :
BImSchG), 건축계획법 및 건축규정 등 다른 분야의 법률이 토양환
경보전에 영향을 나타내지 않을 때 유해토양변경과 Altlasten에 적용
된다. 토지의 이용이나 경제적인 활동은 소위 연방토양보호법 제3조
1항에서 말하는 특별 법률에서 이미 제시되고 있으므로 연방토양보
호법은 그 다음으로 적용된다. 이처럼 환경법이나 그 밖의 허가법의
관련규정에 대해서 연방토양보호법은 후순위로 적용된다. 이와 달리
'수질관리와 자연보호에 관한 법률'과의 관계에서는 보충적이지 않
고 상호보완적으로 적용될 수 있다.194) 연방토양보호법은 오염토양

---

193) 연방토양보호법 제4조 제1항과 제2항은 "유해한 토양변질"의 방지의무에 대
해 규정하고 있으며, 제6조 및 제12조에도 토양의 질적 보호에 대해 제시하고
있다. 여기서 "유해한 토양변질"이란 토양의 기능에 영향을 미치는 것들로서
개인 또는 공중에 대하여 위험이나 현저한 불이익 또는 침해를 야기시키는 적
절한 토양기능에 대한 피해를 의미한다(동법 제2조 제3항).

194) 2001년 10월 독일연방 및 주정부의 건설부장관회의(ARGEBAU)에서 토지용
도계획과 계획신청승인 시에 적용되는 토양오염이 있는 부지에 관한 정책의
임시명령(Model Decree on Policy Regarding Sites with Soil Pollution,
including Contaminated Sites, in Land Use Planning and in the Granting of
Planning Applications)을 채택하였다. 따라서 유해한 화학물질로 심각하게 오
염된 부지의 건설 계획을 수립 및 신청할 때와 같이 지방정부와 연방 감시기
관이 부딪히는 심각한 문제를 이 임시명령에 따라 대응할 수 있게 되었다. 임
시명령에 규정된 보완 규정에 따라, 연방토양보호법은 단지 토양질 저감과 계
획법이나 건설규칙에 포함되지 않는 오염부지에만 적용된다. 임시명령은 연방
토양보호법에 규정된 우려기준, 대책기준, 조사기준 등의 개념을 취하여, 이를
토지용도 계획 및 계획신청 승인의 개념과 연관시켰다. 이는 독일 전체의 계
획 및 건설기관에게 계획된 부지가 토양오염을 포함하는 경우의 처리방법에
관한 통일된 지침서를 제공한 것이다. 예를 들어, 주거지역에서 비소가 기준을
초과한 경우, 지방정부는 그 부지를 기준을 초과하지 않는 공원이나 상업용도
로 지정할 수 있다. 이는 지방정부가 오염부지를 비싼 비용으로 정화시키지
않고 재이용할 수 있기 쉽게 만들며, 주거 및 상업용도의 부지를 만들기 위해

150

에 의해 오염된 수질의 정화까지 포함하고 있는데, 수질정화의 경우 이행되어야할 요구 사항은 다른 법의 규정에 따라 결정된다.

Ⅳ. 영국

1. 토양보호책임법제의 배경

영국은 18세기 중엽부터 시작된 산업혁명(Industrial Revolution) 의 영향으로 공업화가 가속되었고 이로 인해 석탄정제, 석유산업, 석면제조, 중금속제조 등 중화학공업이 일찍 발달한 국가이다. 따라서 대규모의 산업활동에 수반한 심각한 토양오염문제가 발생하였다.[195] 1988년 Wales에서 실시된 공식적인 토양오염조사에서는 746 개소의 오염잠재지역의 존재가 확인되었고, 그 총면적은 약 4080ha 로 추정되었다. England에서는 이와 같은 공식조사가 실시되지 않았기 때문에 그 실태는 잘 알 수가 없지만 환경보호단체인 'Friends of the Earth(FoE)'는 오염지역의 수가 10만 개소가 된다는 주장을 한바 있으며,[196] 영국산업연맹(Confederation of British Industry: CBI)은 오염면적이 전국적으로 약 20만ha에 이르고 그 정화비용은 200억 파운드에 달할 것이라고 추정하였다.[197] 이와 같은 토양이 오염된

농경지나 전원부지를 해제시키는 필요성을 줄여준다. German Federal Ministry for the Environment, op. cit., pp. 10-22
195) 영국은 음용수의 1/3 정도를 지하수로 사용하고 있는데, 수리지질학적으로 대부분의 심토(心土·subsoil)가 진흙으로 되어 있어 표토오염은 지하수오염에 거의 영향을 주지 않는다. 따라서 지하수오염은 음용수의 대부분을 지하수에 의존하고 있는 독일, 네덜란드 등 유럽의 다른 국가만큼 중요한 문제는 아니다.
196) Friends of the Earth, Buyer Beware: A guide to finding out about contaminated land, 1993.

부지에 대한 문제는 이미 1960년대부터 보고되었는데, Lower Swansea valley, Shipham village 사건 등은 그 대표적인 사례라 할 수 있다. 이러한 문제에 국가적으로 대응하기 위해 "환경법 1990"에 서는 오염부지 발생과 방지수단 등에 대한 지역 당국의 책임과 역 할을 명시하였으며, 1995년에는 '환경법 1995'에 토양보호에 관한 새 로운 부분이 Part IIA로 삽입되었다. 위와 같이 영국은 토양오염방 지를 다루는 독립된 단일법을 지니고 있지 않다. 토양오염지역의 복 원정책은 토양의 이용목적에 직접적으로 연관되어 있다. 토양의 질 이 모든 용도의 부지이용에 적합할 필요는 없다는 것이다. 이를 영 국에서는 "이용목적 부합의 원칙(suitable-for-use principle)"이라 한 다. 오염된 토양의 복원의 경우에도 이러한 원칙이 적용된다. 현재 및 미래에 이용하고자 하는 토양의 이용용도에 적합한 기능을 회복 시키는 것이 토양오염지역 복원정책의 목표이다.

이러한 내용을 포함하여 영국에서 추구하는 토양 정책목표는 미 래 토양오염의 예방, 예방의 원칙과 관련된 지속가능한 부지의 개발, 오염부지의 정화 시 현재 및 미래의 토지 이용 목적에 적합한 토양 의 기능복원 등이다.[198] 그리고 목표 달성을 위해 중앙환경행정을 담 당하고 있는 환경부(DEFRA/EA, Department of Food, Environment and Rural Affair/Environmental Agency)는 다른 환경매체와 연관 되어 있는 토양오염에 대해 통합환경관리체계를 발전시키고 있는

197) 200억 파운드라는 금액은 '용도별적성방식'에 의한 것이며, '다기능성의 접근 방식'을 채용한 경우에는 그 3배 이상이 된다고 예상된다. 2002년 조사한 바로 는 잉글랜드와 웨일즈에서는 100,000개소의 부지(50,000~300,000ha)에서 토양 오염이 우려되며, 또 이중에서 5,000~20,000개의 부지가 오염된 것으로 분석되 었다. 2005년 현재 오염부지확인을 위한 조사는 계속 진행되고 있으며, 더 많 은 부지들이 오염지역으로 확인될 것으로 예상되고 있다. 황상일 외, "土壤保 全基本計劃 樹立硏究", 141쪽.
198) Ferguson, C., Kasamas, H. op. cit., p. 165.

과정에 있다. 또한 토양오염에 대한 통합된 접근법과 위해성평가에 대한 일반적 접근법을 개발하는 노력을 계속하고 있다.[199] 토양오염에 관련한 제정법에는 "1990년 환경보호법(Environmentental Protection Act 1990)"이나 "1991년 수자원법(Water Resources Act 1991)" 등이 있고, 이러한 법률에는 오염토지에 관한 행정당국의 권한과 의무를 정하고 있다. 영국의 제정법에서는 책임당사자에 대해 오염정화의무를 부과하거나, 당국이 스스로 정화를 실시한 후 그에 필요한 비용의 지불의무를 책임당사자에게 부과하는 것이 일반적이다.

이하에서 영국의 토양오염규제와 관련된 법체계 및 법적 책임과 토양오염대책 등에 관하여 살펴보기로 한다.

2. 1990년 환경보호법(The Environmental Protection Act 1990)

종래에는 대기, 수질, 토양의 오염마다 각각의 다양한 법적 규제가 있었지만, 오염물질은 생활환경의 하나에만 영향을 주는 것이 아니라 토양에 영향을 주면 수질에도 영향을 주는 등의 상호 관련성이 있기 때문에 1990년 환경보호법은 대기, 수질, 토양에 상관없이 여러 환경매체에 대한 오염규제의 감독책임을 영국 왕립오염조사단(Her Majesty's Inspectorate of Pollution : HMIP)으로 일원화했다.[200]

이 법은 전 9부로 구성되어 있지만, 토양오염에 관련된 중요한

---

199) Ibid., p. 166.
200) 1995년 환경법(Environment Act 1995)이 제정 시행되면서 이에 근거하여 1996년에 환경청(Environment Agency)이 설립되었고, 이때부터 통합적 환경관리 및 규제에 대한 책임은 각 지역의 환경청으로 이전되었다. 한상운, "영국의 통합환경관리제도에 관한 연구", 환경정책연구 제6권 3호, 한국환경정책·평가연구원, 2007, 9-11쪽.

부분은 제1부에서 제3부까지이다. 제1부는 오염규제제도, 제2부는 폐기물의 취급, 제3부는 제정법상의 생활방해에 대해서 규정하고 있다.

가. 통합적 오염규제(Integrated Pollution Control: IPC)

환경보호법 제1부(제1조~제28조)는 통합적 환경오염규제(IPC)와 대기오염규제(Air Pollution Control: APC)의 두 가지의 오염규제제도가 규정되어 있다(제4조). APC가 대기라는 환경매체에 물질을 放出함에 따라 발생하는 환경오염을 방지·경감하는 것을 목적으로 하고 있는 것에 반해, IPC는 여러 환경매체를 대상으로 하고 있기 때문에 토양에 대해서는 IPC에 따르게 된다. 두 제도 모두 광범위한 제조공정에 대해서는 사전허가제도를 취하고 있으며, 규제대상이 되는 工程은 1991년 환경보호규칙에 규정하고 있다. IPC의 대상공정은 연료 및 전력산업, 폐기물소각처분산업, 광업, 화학산업, 금속산업, 제지업, 도장업, 제재업까지 넓은 범위에 미치고 있다.

이 법 제7조에 사전허가를 받으려면 각각의 환경매체에 대해서 정해진 물질의 방출을 방지·최소화하기 위해 '과대한 비용부담을 수반하지 않는 이용 가능한 최선의 기술'(Best Available Techniques Not Entailing Excessive Cost: BATNEEC)을 이용하는 것이 의무화되어있다. 그리고 허가가 필요한 공정을 무허가로 조업하거나, 허가조건에 위반하여 조업을 행하면 형사처벌의 대상이 된다. 또 제23조에 약식기소에 따라 간이재판소에서 심리되는 경우에는 6개월 이하의 징역 또는 2만 파운드 이하의 벌금, 또는 이들 징역형과 벌금형이 병과될 수 있다. 정식기소에 의해 형사재판소에 이송되면 징역형은 2년 이하, 그 외 벌금에 대해서는 상한선이 없는 것으로 규정하

154

고 있다.

나. 폐기물의 처분

환경보호법 제2부(제29조~제78조)는 폐기물의 수집·저장·recycle 및 처분에 대해서 규정하고 있으며, 이는 구 오염규제법(Control of Pollution Act 1974: COPA) 제1부의 폐기물 처분규제제도를 대체한 것이다. 여기에는 COPA의 조항이 거의 그대로 재시행된 부분도 있지만, 행정기관에 대해서는 상당한 재편성이 이루어져 있다. 이에 따라 종래에는 각 지방당국에 따라 시행되어져 오던 폐기물처분의 관리·운영업무가 분리되어, 폐기물처분은 신설된 폐기물규제기관의 감독 하에서 민간의 폐기물처리회사에 의해 행해지게 되었다. 그리고 규제폐기물[201]이 환경보호법 제33조 규정[202]에 위반하여 처리된 경우에는 이 법 제59조에 기초하여 지방당국에 대응권한을 부여하고 있다. 지방당국은 해당토지의 점유자에 대해서 정화조치 등을 시행하도록 요구하는 것이 가능하고, 점유자가 정당한 이유 없이 이 정화요구에 따르지 않은 경우에는, 간이 재판소로부터 20만 파운드 이하의 벌금이 부과된다.

다. 제정법상의 생활방해

환경보호법의 제3부(제79조~제85조)에서는 공적·사적생활방해에 관하여 일반법을 보완하는 제정법상의 생활방해[203]를 규정함과

---

201) 규제폐기물이란, 가정, 산업 및 상업폐기물을 의미하여, 농업폐기물, 광산 및 채석장에서의 폐기물은 제외된다(환경보호법 75조).
202) 동 규정은 '불법으로 투기된 폐기물'에 의해 환경오염이 발생한 경우 책임당사자가 정화의무를 진다라고 하고 있다.

동시에 지방당국 외에 제정법상의 생활방해에 의해 손해를 받은 자
도 이 법에 기초하여 소송을 제기하는 것이 가능하다고 되어있다.
제정법상의 생활방해의 유무를 조사하는 것은 지방당국의 의무이며,
그 존재를 발견한 경우에는 지방당국은 해당생활방해의 발생 또는
재발을 금지·억제할 것을 요구하는 배제통고(abatement notice)를 할
수 있다(제80조①). 이 통고는 생활방해를 발생시킨 자에 대해서 내
려지지만, 이것에는 생활방해의 발생을 허가한 토지소유자도 포함된
다. 또한 생활방해가 시설구조상의 결함으로부터 발생한 경우와 생
활방해의 책임을 부담할 자를 확정할 수 없는 경우에는 소유자, 점
유자에 대해서 배제통고를 하게 된다(제80조②). 이 통고를 받은 자
는 생활방해의 발생방지를 위하여 '실행가능한 최선의 조치'를 강구
하고 있었다는 항변을 주장할 수 있다(제80조⑦).

　　또, 지방당국 이 외의 피해자가 제정법 상의 생활방해로 소송
을 제기하고, 재판소가 이를 인정한 경우에는 배제명령이 내려지게
된다. 정당한 이유 없이 배제통고 또는 배제명령에 따르지 않는 경
우에는 2천 파운드 이하의 벌금204)이 과해지게 된다.

3. 1995년 환경법(Environment Act of 1995)

　1995년 환경법은 1990년 환경보호법을 개정하여, 토양오염부지
의 관리에 대해 명확히 규정한 Part IIA(제57조)를 새로 삽입하였
다.205) 그리고 기존의 부지오염으로부터 인체와 환경에 미치는 특별

---

203) 제정법상의 생활방해란 건강을 해하던가, 생활방해를 하게 되는 상태의 시설
　　(premise), 그리고 시설에서 나오는 건강을 해하거나 생활방해를 하게 되는 연
　　기·악취·분진·증기·소음 등을 의미한다(제79조).
204) 생활방해가 산업·상업·사업용 시설로 발생한 경우의 벌금액은, 2만 파운드
　　이하가 된다(제80조⑥).

한 위험을 관리하기 위하여 완전히 새로운 체계를 제공하며, 오염부
지의 조사·정화 등에 대한 중앙 및 지역당국의 책임 등에 대해 명
시하고 있다.[206]

　이 법을 집행하기 위해 필요한 법규 및 명령은 각 자치 정부 수
준에서 제정되었는데, 이는 Contaminated Land(England) Regulations
2000(SI 2000/227), Statutory Guidance,[207] 두 개의 의회명령
(Parliamentary order),[208] Pollution Prevention and Control(England
and Wales) Regulation 2000 (SI 2000/1973), Contaminated
Land(England) (Amendment) Regulations 2000(SI 2001/663) 등이
다.[209] 1995년 환경법 Part II A에서 규제되는 대상토지는 "오염부
지"와 "특별부지"이다. 동법 78A조 제2항에서 규정하고 있는 "오염
부지"란 지역당국이 판단할 때, 토지의 내부, 표면 및 아래에 있는
물질로 인해 유의성 있는 위험을 야기 시키거나, 위험을 야기할 상
당한 가능성이 있는 상태 또는 관리되는 물의 오염이 있거나, 수질
오염을 야기시킬 가능성이 있는 상태에 있는 부지이다. "오염"의 정
의에는 "오염원-경로-수용체"가 연계된 개념이 내포되어 있다. 즉,
토양이 오염되기 전에 오염의 징후가 있을 것이고, 오염의 징후가

---

205) 이 법 Part IIA는 England에서 2000년 4월, Scotland는 2000년 7월, Wales는
　　2001년 7월부터 적용 시행되고 있으나 Northern Ireland에는 적용되고 있지
　　않다.
206) Ferguson, C., Kasamas, H, op. cit., p. 109
207) DETR Circular 2/2000 Annex 3 Chapter A~E에 규정되어 있다. DETR
　　Circular 2/2000 은 Online Available: http://www.defra.gov.uk/environment
　　/landliability/circ 2-2000/index.htm.
208) Circular 2/2000 Annex 5에 규정되어 있다.
209) Lowe, M./Lowe, J., The New UK Contaminated Land Regime, 2001. pp.
　　21-44; Hester, R. E., and Harrison, R. M. eds. Issues in Environmental
　　Science and Technology : No. 16 Assessment and Reclamation of
　　Contaminated LanD. RSC(The Royal Society of Chemistry). UK. August 18,
　　2000. p. 24

나타나기 전에 오염원으로서 오염물질, 목표물인 수용체, 그리고 경로 등 세 가지 요소210)의 연계가 필요하다는 것이다. 따라서 이 정의에 의하면 유해한 물질이 존재하더라도, 수용체에 도달하는 경로가 없다면 그 부지는 오염된 부지가 아니라는 것이다. 동조 제3항의 "특별부지"란 환경관리당국이 규제하는 오염부지로서, 관리되는 수체(Water Body)에 영향을 미치는 오염부지와 통합오염관리 및 오염예방관리(PPC, Pollution Prevention Control) 체계에서 국방부의 부지 등이다.211) 동조 제7항에서 "복원"의 정의는 오염된 토양, 그 부지로 인해 영향 받는 관리되는 물, 인접 및 부근 부지를 평가할 목적으로 실시하는 모든 행위, 토양오염으로 인한 악영향의 방지 및 최소화 또는 제거 및 경감하기 위해 토양이나 물을 이전의 상태로 회복하기 위해 실시하는 모든 조치를 말하며, 여기에 토양과 물의 상태를 조사하기 위해 수시로 실시되는 조사 등이 포함된다고 하고 있다.

　　1995년 환경법 Part IIA 이외의 토양오염과 관련된 기타 법으로, i) 산업공정에서 발생되는 미래의 오염을 막기 위한 통합오염관리(IPC, Integrated Pollution Control)조치에 관해 규정한 1990년 환경법 Part I, ii) 토양 및 수질오염에 대한 적절한 오염방지조치 및 관리 제어조치에 관해 규정한 폐기물관리법, iii) 수질과 오염예방에 대

210) a) 오염원(오염물질) - 토지의 내부, 표면 및 아래에 존재하면서 위험을 유발시키거나 관리되는 물의 오염을 일으킬 가능성이 있는 물질. b) 수용체(목표물) - DETR Circular 2/2000 Annex 3 Paragraph A의 table A에 명시된, 살아 있는 유기체와 그 군락, 생태계, 인류의 재산 및관리되는 물을 의미함. c) 경로 - 오염물질을 수용체에 노출시키거나 영향을 미치게 하는(할 수 있는) 한 개 이상의 경로 또는 방법을 의미 한다. DETR Circular 2/2000 Annex 3 Paragraph A.12~14.
211) UK Environment Agency, Dealing with contaminated land in England. 2002, p. 6

158

한 EC지침서 이행에 관해 규정한 수질법, iv) 관리되는 물의 정화에 대한 환경부의 권한에 관해 규정한 1991년의 수자원법(Water Resources Act 1991) 161A조, v) 오염된 부지의 안전과 환경적으로 수용 가능한 개발을 보장하기 위해 통합된 적절한 복원 및 보호조치에 관해 규정한 1990년 도시계획법(Town and County Planning Act of 1990) 등이 있다. 마지막으로 관습법은 토양오염으로 인하여 제3자의 부지가 피해를 입은 경우, 그들에게 여러 가지 법적 배상을 제공한다.212) 환경법 1995 Part II A를 제외하고 이 중에서 가장 밀접하게 토양오염을 다루는 법은 도시계획법(County Planning Act 1990)213)이다.

가. 오염토양의 발견

제정법 상의 생활방해의 조사와 같이 지방당국은 오염토양을 발견하고, 또 특별지역으로 지정될 토양인가를 결정하기 위하여 관할지역의 조사를 실시해야한다. 여기서 중요한 것은 오염토양의 정의로서 '중대한 손해(significant harm)를 발생시킬 가능성이 높은 토양, 또는 규제수역의 오염을 발생시킬 수 있는 토양을 말한다.(제78조②) 또, 손해란 생물의 건강에 끼친 손해(harm to the health of living organisms), 그 밖에 생태계에의 간섭(other interference with

---

212) Ferguson, C./Kasamas, H., op. cit., p. 167
213) 도시계획법에서는 오염된 토양의 복원에 대한 가장 큰 유인대책인 부지의 재사용과 그로 인한 부지의 가치 상승에 관한 내용을 포함하고 있다. 도시계획법 체계에서 토양오염의 가능성을 평가하고 복원 목표를 설정할 때, 부지의 현재 용도와 제안된 새로운 이용 용도를 고려한다. 또한 계획 허가 시 오염토양이 제안된 용도에 적합한 수준으로 복원되었는가를 확인하는 조건을 개발자에게 부과하고 있다. UK Environment Agency, Dealing with contaminated land in England. 2002, p. 10.

the ecological systems) 또는 타인의 재산에 끼친 손해를 의미한다 (제78A조④). 또 지방행정당국은 폐쇄된 매립지에 대해서도 조사의 무를 지기 때문에(제78조 ①), 발효하고 있지 않았던 폐쇄된 매립처 분장에 관한 환경보호법 제61조는 삭제되었다. 제정법 상의 생활방해에 관해서, 재판소는 '생활방해의 발생원이 되는 시설의 점유자에게만 영향을 끼치고 있지 않은 경우에는, 생활방해는 발생하지 않는다.'고 판단하고 있었지만,[214] 1995년 환경법에서는 시설의 소유자와 점유자에의 영향도 대상으로 된다. 더욱이 제정법상의 생활방해로는, 과거와 현재의 손해를 다루는 경향이 있지만 이 법에서는 장래의 문제에 대해서도 언급하고 있다.

나. 정화책임

조사에 따라 오염토지가 발견되면 지방당국은 그것을 관계자에게 고지하고(제78B조), 적절한 자[215]에게 정화작업(remediation)을 시행케 하며, 정화방법 및 실시기한을 표시한 '정화통고(remediation notice)'를 발행한다. 이때에 요구되는 정화수준에 대해서 법은 명확하게는 규정하고 있지는 않으나 향후의 방향성을 표시한 '오염토지에 대한 틀'을 만들고 정부는 종래대로 해당 토지의 이용용도에 적합한 기준으로 하는 '용도별 적성방식'의 채택을 고려하고 있다. 단, 산업부흥국(National Recovery Administration : NRA)에서는 이 용도별 적성방식에 대해서, 영국 내의 음료수의 약 30%를 마련하고

---

214) The National Coal Board v. Neath Borough Council(1976) 2 All ER478.
215) 여기서 '적절한 자'란 오염발생자 및 오염이 발생될 것을 알면서 오염원인이 되는 사실을 허용한 자이다. 이러한 자가 없는 경우에는 현재의 토지소유자 또는 점유자가 된다(제78F조(4)).

있는 지하수를 오염시킬 우려가 있다고 경고하고 있다.

다. 소유자의 정의

소유자란 지대(地代)를 받을 권리가 있는 자로써, 수탁자도 소유자에 포함된다, 저당이 된 토지를 소유하고 있지 않는 저당권자는, 소유자에서 제외되어 있다(제78A조⑨). 단, 채무자가 지불불능에 처한 경우의 토지 저당권자나 관재인은, 스스로의 작위 또는 부작위의 결과, 오염이 발생한 것이 아니라면 책임을 묻지 않는다(78X조③).

라. 오염토지의 상태에 관한 보고

오염될 가능성이 있는 토양을 지방당국이 등록하는 것으로 해오던 143조는 삭제되고, 새롭게 각 행정당국이 신법 아래서 정화통고 등의 직무수행 상의 성과에 관한 기록 등을 가질 의무를 정하고 있다(제78R조).

환경청은 오염토양의 상황 등을 기록한 보고서를 작성하여, 공표할 의무가 있으며 지방당국은 환경청으로부터 요청에 따라 관련 정보를 제공해야 한다(제78U조). 이에 의해서 국민은 오염토양에 관한 상당한 정보를 입수할 수 있게 된다.

4. Common Law 상의 민사책임

제정법상의 제도는 Common Law와 함께 기능을 하며 일반적으로 민사책임은 제정법에서는 규정하고 있지 않기 때문에 Common Law를 따르는 것이다. 오염에 의해 자신의 법익을 침해당한 자는 4가지의 법리, 즉 불법침해(trespass), 생활방해(nuisance), 엄격책임(strict liability), 과실(negligence)을 근거로 하여 Common Law에 기초한 손해배상청구 및 유지청구를 할 수 있다. 또, 복수의 법리에 기초하여 청구하는 것도 가능하다. 예컨대 유해물질을 수중에 유출시켜 수질을 악화시킨 경우는 생활방해, 불법침해, 또는 과실에 해당한다고 판단되고216), 또 오염물질이 배출되었기 때문에 재산상 물리적 손해가 발생했다고 하여 제소하는 경우에는 불법침해, 생활방해, 엄격책임217), 그리고 과실을 청구근거로 할 수 있다.

가. 불법침해(trespass)

불법침해는 전형적인 불법행위이며 신체적 권리 또는 재산적 권리를 직접적으로 침해하는 것이다. 구체적으로는 신체에 대한 불법침해, 부동산에 대한 불법침해 및 동산에 대한 불법침해의 3가지 형태가 있다.

직접적인 권리침해는 원고가 증명해야만 한다. 따라서 피고가 행한 행위에 의해 오염된 토지가 개재되어 신체장해를 입었다고 하더라도 신체에 대한 불법침해로 소를 제기할 수 없고, 이러한 경우에는 부동산인 토지에 대한 불법침해를 이유로 다툴 수 있다. 다만 '직접적'의 해석으로써 하천에 오니(汚泥)를 흘려보낸 결과 그것이 피고 소유의 토지에 퇴적된 경우도 이에 해당된다고 한다.218)

토지의 불법침해란 타인이 점유하는 토지에 대해서 불법으로 침입하는 것, 또는 불법으로 침입되는 것이다. 물체나 유해물질이 타

---

216) Young & Co. v. Bankier Distillery Co. (1983) AC 691.
217) Rylands v. Fletcher, (1868) LR 3 (HL).
218) Fones v. Llanrwst UDC (1908) All ER 922.

인의 토지의 경계를 넘은 경우도 이에 해당한다. 또, 불법침해는 토지의 어떤 장소에서도 발생할 수 있기 때문에 유출된 액체가 인근지의 지하의 지층에 침투되는 경우도 불법침해에 해당한다.

불법침해가 성립하려면 피고의 행위에 의한 권리침해가 직접적인 경우뿐만 아니라 그 행위가 고의 또는 과실에 의할 필요가 있다. 단, 그 입증책임이 원고와 피고의 어느 쪽에 있는가에 대해서는 판례상 정해진 것은 없다.

다른 불법행위와의 큰 차이는 원고는 손해를 증명하지 않더라도 제소할 수 있다는 것이다219). 원고는 불법침해가 있었다는 것만 증명하면 되기 때문에 다른 Common Law상의 법리보다 쉽게 유지명령을 얻을 수 있다.

나. 생활방해(nuisance)

생활방해(nuisance)220)는 환경오염에 관한 소송에서는 가장 자주 이용되는 법리이다. 사적이익의 침해에 대한 보호를 목적으로 하는 생활방해에 대한 근원은 13세기 영국의 불법방해배제영장(assize of Nuisance) 제도에서 이를 찾을 수 있으며, 처음에는 가해자의 토지상의 행위에 의하여 피해자의 토지의 점유를 침해하는 불법행위에 대해서만 허가되었던 것으로서 신 침탈부동산 점유회복소송(assize of novel disseisin)을 보충하는 제도로서 나타난 것이었으나, 시대의 경과에 따라 불법방해배제영장은 이후 유사한 구제제도인 Nuisance

---

219) Yelloly v. Morley (1910) 27 TLR 20.
220) "nuisance"의 어원은 라틴어의 "nocumentum"(harm: 악의)에서, 그리고 프랑스어 "nuisance"에서 유래되었다고 한다. Philp S. James, Introduction to English Law, 1979 ; 洪天龍, 消費者被害救濟論, 三英社, 1980, 46쪽.

제거영장과 함께 Common Law상의 Nuisance 소송으로 갈음되어 소송형식의 폐지 이후에도 그대로 Nuisance로 불리어지게 되었다고 한다.221)

다. 엄격책임(strict liability)

영미의 불법행위법에서 엄격책임(strict liability)의 효시는 1868년 Rylands v. Fletcher사건 판례222)에 의해 확립되었다. 이 법리에 의하면 이탈하면 피해가 발생하는 것과 같은 위험한 것을 자기의 토지 밖으로 누출시켰을 경우에 그로 인한 위험을 스스로 부담하여야 하며 그 누출로 인한 자연적인 결과인 모든 손해에 대해서는 엄격책임을 묻게 된다는 것이다. 이 원칙에서의 '누출'은 그 후 최종심인 귀족원(House of Lords)의 판결223)에서 토지의 '비자연적(non-natural)인 이용'에 기인하는 것이라고 요건을 달리 하였다. 즉 그 자체는 무해한 물이라 하더라도 누출되면 피해가 발생할 것 같은 대량의 물을 토지에 집적(集積)하는 것은 비자연적인 이용이라고 판단하였다. 그러나 그 후의 Lead v. Lyons 사건224)에서는 전시 중에 공장지대에서 탄환을 제조 하는 것은 자연적인 이용이라고 인정

---

221) William L. Prosser, Law of Torts. 4ed, West Publishing Co., St. Paul, Minn., 1971, p. 571.

222) Rylands v. Fletcher사건의 항소심 판결에서 "…만약 이탈한다면 손해를 끼칠 우려가 있는 물건을 자기를 위한 목적으로 자신의 토지에 가져다가 거기에 집적하고 관리하는 자는 자신의 위험 하(at his peril)에 관리하여야 되고, 그렇지 않은 경우 그 이탈로부터 야기되는 모든 자연적 결과에 대해서 특별한 사정이 없는 한 책임을 져야 한다."는 법리가 펼쳐졌다. 이 판결에서 인정된 엄격책임(Strict Liability)은 그 후 영국과 미국의 판례에서 받아 들여 졌다. 李銀榮, 債權各論, 238쪽.

223) L. R. 3 H. L. 330.

224) Lead v. Lyons (1947) AC 156.

하였다. 이처럼 비자연적 이용의 해석은 불명확하지만, 공업화가 진행함에 따라 공장지대에 소재하는 공장으로 유해한 원재료를 가지고 들어가는 것은 일반적으로 자연적인 이용이라고 해석되고 있으며, 비자연적인 이용은 좁은 의미로 해석되어져 왔다. 결국 다수의 법원이 이 사건의 판결 결과를 받아들이고, 극히 위험한 행동(activities which are extremely dangerous)에 엄격책임을 적용하게 되었다.

라. 과실(negligence)

가해자의 주의의무위반의 결과 타인의 신체나 재산에 손해를 발생시킨 경우에 가해자에게 책임을 묻게 된다.[225] 그러나 원고가 피고의 과실을 입증해야 하기 때문에 다른 Common Law에 기초한 법리가 이용 불가능한 경우에만 한정적으로 인정된다. 환경오염에 의한 손해를 과실에 의해 제소하는 사례는 상당히 적지만, 인근의 재산에 손해가 발생하여 공장의 조업자가 제소된 경우에는 과실에 기초한 배상청구가 비교적 많다. 특히 본래적으로 위험한 물질이나 재료를 저장·사용하여 손해가 발생한 경우에는 안전확보에 대한 고도의 주의의무가 요청되므로 과실을 근거로 하는 청구가 많이 발생한다.

V. 일본

1. 토양보호법제의 성립과 변천

---

225) Donaghu v. Stevenson (1932) AC 562 (HL)

가. 환경오염문제의 대두

일본에서 환경문제가 발생한 것은 메이지(明治)시대에 있어서 근대적 광공업의 발흥기에 나타났다. 그러나 법으로서 환경법이 정비되어 온 것은 전후 그것도 고도경제성장정책의 진전 중에 환경문제의 심각화현상이 나타나던 1960년대 중반 이후이다. 이때부터 다양한 법이 제정되었고 판례나 학설의 축적과 더불어 환경법이 오늘날 독자적인 법 분야로서 형성되기에 이르게 된 것이다. 환경문제는 우선 무엇보다도 사람의 생활이나 생명·건강에 대한 침해로서 나타난다는 점에서 그 대책과 피해구제 및 방지에 역점을 둔 것에서 출발하였고, 이는 민사법 상 보호될 권리 내지 법익이기도 하기 때문에 그 구제에 대해 특히 손해배상법이 큰 역할을 하였다. 특히 공해문제에 대한 입법이나 행정이 충분한 대응을 취하지 못한 가운데서 주로 손해배상이나 차지(差止)를 요구하는 민사소송에 의해 피고 기업이나 행정의 민사책임을 추궁해 이를 통한 피해구제와 규제의 강화를 꾀하였다. 이러한 경향은 특히 1960년대 후반부터 70년대 전반에 현저했지만 그 후로 니시요도가와(西淀川)사건226)과 같은 대기오

---

226) 1960년대부터 적지 않은 환경오염사건을 다루어온 일본 법원은 1998년 최초로 대기오염과 호흡기질환 사이의 인과관계를 긍정하는 판결을 했다. 바로 오사카 니시요도가와(大阪 西淀川) 유해물질배출규제 등 청구사건이다. 이 사건은 오사카(大阪)시 니시요도가와구에 거주하고 있으면서 공해건강피해의 보상등에관한법률 소정의 지정질병 인정환자 또는 사망한 환자의 상속인 들인 원고(변론종결시 117명, 환자로는 87명)가 동 구역 및 그 인접지역에 사업장을 소유한 기업 10개사에 조업 또는 동 구역내를 주행하다 국도2호선, 동 43호선 및 한신(阪神)고속 오사카이케다(大阪池田)선·동 오사카니시노미야(大阪西宮) 선의 공용에 의해 배출된 대기오염물질 때문에 건강피해 등의 손해를 입음으로써 위 10개 기업과 도로설치관리자로서 국가 및 한신(阪神)고속도로공단에 대한 총 38억円의 손해배상 및 환경기준치를 초과한 대기오염물질의 배출차지를 요구하며 소송을 제기한 사건이다. 판결은 손해배상청구에 대해서는 국가 및 한신(阪神)고속도로공단에 대한 청구를 기각하는 한편 10개 기업에 대하여는 일부 원고를 제외하고 총 약 3억 5700만円에 달하는 배상액을 인용하였다.

염 공해에 대해 민사 소송이 제기되었고 이러한 공해반대운동이나 이에 대한 재판의 전개 속에서, 공해에 의해 피해를 받은 주민의 인격권이나 환경권이 오염원인자의 법적 민사책임으로 밝혀지게 되었고, 동시에 재판은 환경정책이나 입법에도 큰 영향을 주었다.227)

나. 토양오염의 대처와 관련법의 제정

토양오염은 대기오염이나 수질오염 등에 의해 배출된 중금속 등의 유해물질에 축적됨에 따라 발생하는 것으로 축적형 오염의 전형이다. 일본에서 토양오염은 1890년대 아시오(足尾) 광독(鑛毒)사건228)에 의한 농작물 피해사건에서 비롯되었다. 당시 식산흥업정책 하에 있었으며, 도시를 벗어난 지역에 대한 농업이나 어업과 신흥의 근대공업과의 충돌이라는 형태로 현재화하였고, 산업 간의 조정의 문제로써, 주로 광산법의 체계 안에서 대응이 되었다.

1950년대에는 중금속류에 의한 농용지의 토양오염이 전국 각지

그리고 차지청구에 대해서는 오염물질 배출기업 등이 이행해야 할 의무의 내용이 특정되어 있다고 볼 수 없어 청구가 부적법하다는 이유로 각하하였다. 이 사건은 대기오염에 따라 호흡기질환 등을 앓던 공해병 환자들이 1978년 소송을 제기해 꼬박 13년이 걸려 平成 3년(1991년)에 1심 판결이 나왔다. 大阪地裁 平成 3年 3. 29.判決 昭和 53年(ワ) 第2317号(判時 1383号 22頁, 判タ 761号 46頁); 淡路剛久・大塚 直・北村喜宣 編, 環境法判例百選, 34-37頁.

227) 日本弁護士連合會 編, ケースメソッド環境法, 日本評論社, 2005. 3, 12-15頁.
228) 이 사건은 메이지(明治)시대 후루카와(古河) 재벌이 개발한 아시오(足尾) 동광산에서 유출된 광독이 1890년 인근 와타라세가와(渡良瀬川)의 대홍수에 의해 하류일대 야나카(谷中)村을 오염시키고 농작물에 영향 등으로 전대미문의 피해를 발생시킨 공해사건이며, 피해를 입은 농민들이 광업정지 및 피해보상을 요구하는 등 커다란 사회문제로까지 발전하게 된 사건. 그후 반복된 와타라세가와의 대범람이 있었으나 정부는 광독을 흘려보낸 아시오 동광산에 광업정지를 명하지 않고 도리어 이를 요구하는 피해농민의 집단청원을 경찰의 힘으로 탄압, 저지했다. 게다가 정부는 야나카촌을 아예 없애고 토지수용법을 적용 이곳을 유수지로 만들어 광독을 포함하고 있는 강물의 범람을 막고자 했다. 河村寬治・三浦哲男, EUの環境法と企業責任, 信山社, 2004. 4, 14頁.

에서 문제로 나타나기 시작했다. 특히, 도야마(富山)현의 진즈강(神通川) 유역의 이따이이따이병의 원인이 된 카미오카(神岡)광산의 카드뮴 오염229)이나 미야자키(宮崎)현 토로쿠(土呂久)의 비소오염230)사례와 같이 그 피해는 농작물에 머물지 않고 인간의 건강피해로 까지 확산됨으로써 사회불안이 고조되었다. 이와 같이 토양오염의 대부분이 수질오탁 혹은 대기오염을 통해서 토양이 오염되는 과정을 거치는 것이어서 최초로 1958년에 정부수준에서 본격적인 공해규제법으로 '수질 2법'231)을 제정하였고, 1968년에 "대기오염방지법"을 제정

---

229) 淡路剛久 外, 環境判例百選(제1장 주 8 內容) 參照.

230) 宮崎縣 土呂久 광산에서 비쾡(砒鑛)의 채굴과 아비산(亞砒酸)의 정련과정에서 발생하는 아비산·아비산가스에 노출된 주민들이 만성비소중독에 罹患되었다고 해서 최종 광업권자를 상대로 광업법 109조에 의한 손해배상을 청구한 사건이다. 조사결과 이 광산은 폐광되었지만 비소가 함유된 광미 등이 적치돼 있어 지하수와 우물, 하천, 토양이 오염되어 있음이 확인되었다. 원고들은 최종 광업권자 Y에 대하여 일률적으로 각 3300만 円씩의 손해배상을 청구하였다. 피고 Y는 昭和 42년 4월 19일 전 광업권자인 A광산(주)로부터 A에 대한 채권의 대물변제로 본건 광업권을 양수받았지만, 자신은 아무런 조업을 하지 않고 동 48년 6월 22일 동 광업권을 포기하고, 동월 30일 광업권소멸의 등록을 하였다고 주장했다. 법원은 광해손해배상책임은 원인이 된 조업책임(원인주의)이 아니라 광업권을 소유함에 따르는 책임(소유자주의)으로 법제화 된 것이라고 觀念하는 것이 상당하다고 하여 원고들 중 1명을 제외한 나머지 사람에 대하여 최종 광업권자 Y로 하여금 각 최고 3300만 円의 배상을 명했다. 福岡高裁 宮崎支部 昭和 63년 9월 30일 判決 土呂久事件第1次訴訟 - 無操業の讓受鑛業權者の鑛害賠償責任(判時 1292号 29頁), 淡路剛久 外 2 編, 別冊 ジュリスト No. 171(2004. 4), 環境法判例百選 有斐閣, 30-31頁.; 일본의 아시아비소네트워크는 이 사건을 계기로 설립돼 비소오염이 보고된 여러 나라에서 조사 및 치료활동을 전개하고 있는데, 비소오염의 원인은 인위적 기원과 자연적 기원으로 구분할 수 있으며 반도체, 염료 생산 과정의 폐수, 광산 및 제련 활동, 제초제 살포의 농경활동 등이 주원인이다. 그러나 화산활동, 지열, 충적대수층과 관련한 자연적 비소오염이 전 세계적으로 광범위하게 나타나고 있다. 전자신문, 2003. 12. 3.자 기사.

231) 水質 2法은 "公共用水域の水質の保全に關する法律"과 "工場排水等の規制に關する法律"을 말하는데 이 법에서는 지정수역제를 취하고 있었기 때문에 각종의 이해대립 가운데 지정이 진행되지 않아 유효한 대책은 되지 않았다. 日本弁護士連合會 編, ケースメソッド環境法, 13頁.

하여 공장 배수규제나 매연의 배출규제를 강화하였다.

그러나 중금속류에 의한 토양오염은 그대로 방치할 경우 토양에 잔류하게 되는 성질이 농후하다는 특성을 가지고 있기 때문에 종래의 배출, 배수규제 만으로는 불충분하고 객토 등의 새로운 토양정화의 시책이 필요했다.

이에 국가는 1970년에 "공해대책기본법"을 개정하여, 종래의 전형적 공해속에 새롭게 토양오염을 추가하여(2조1항), 토양오염방지를 위한 시책을 강구 하였다.232) 따라서 그 해에 농지의 토양오염방지를 목적으로 하는 "농용지의 토양오염방지 등에 관한 법률"(이하 농용지토양오염방지법)을 제정했다. 이 법률이 법의 대상을 농용지에 한정한 것은 농용지 이외의 임지(林地) 등은 인간의 건강을 잃게 할 우려가 있는 농축산물이 생산되거나 농작물의 생육이 저해되는 것과 같은 토양오염의 실태 등이 없었기 때문이다.

그러나 1975년 도쿄(東京) 에도가와(江戶川)구의 공장지대가 6가크롬화합물을 포함한 광재(鑛滓)에 의한 오염사건233)을 계기로 시가

232) 이 법에서 말하는 토양이란, 명확한 정의라고는 말할 수 없으나 '육상지각의 최표층부에 해당하고 식물을 지탱하고, 암석이나 지층의 풍화산물이 지표에서 누적되어, 거기에 동식물의 유적 등의 유기물이 혼재하여 형성된 것'을 말한다.
233) 도쿄도(都) 에도가와구(區)의 6가크롬사건은, 일본화학공업 코마츠가와(小松川) 공장이 쇼와(昭和) 8년부터 40년간에 걸쳐 크롬 염산을 제조하면서, 그 공정에서 배출된 크롬광재를 대량으로 공장부지 및 공장 밖에 투기한 사건이다. 도쿄도의 조사에 의하면 에도가와구, 에토(江東)구, 쿠로타(墨田)구 등의 에토(江東)지구 172개소의 33만㎡의 부지에 33만 톤에 이르는 광재의 투기가 밝혀졌다. 오염된 토양에서는 1만 4000ppm, 지하수에서는 1965ppm이라는 매우 고농도의 오염이 검출되었다. 에도가와구의 오염지구에서는 강우 시에 6가크롬화합물이 빗물에 녹아 토양으로부터 침출되어, 맑은 날에는 그것이 건조되면서 비산하는 사태가 발생하였다. 따라서 도쿄都는 6가크롬에 의한 토양오염대책전문위원회를 조직하여, 지역주민의 건강조사 등을 실시하고 대책으로써 환원제에 의한 3가 크롬으로의 환원과 점토나 몰탈 등에 의한 차단을 제언함과 동시에 1979년 3월 8일 원인자인 일본화학공업(주)와의 사이에 공해방지협정(鑛さい土壤の處理等に關する協定書)를 체결하였다. 그 내용은 ① 都의 지도하

지토양오염과 관련한 잠정대책 지침이 제정되었고, 또, 1981년과 1984년에 국가의 시험연구기관의 이전 부지에서 수은 등의 유해물 질이 검출되는 등 주택이 밀집한 시가지에서 토양오염이 문제가 되었다. 시가지의 토양오염은 토양 그 자체가 유해물질에 의해 오염된 것뿐만 아니라, 오염토양으로부터 오염물질이 주변수역(지하수)에 침출하거나, 분진으로써 비산하는 것에 따라 오염의 발생원이 된다고 하는 점이 종래의 농용지오염과는 다른 측면을 가지는 것으로 밝혀졌다.

특히, 1988년 치바(千葉)현 키미츠(君津)시에서 트리클로로에틸렌(C_2HCl_3) 등의 유해물질에 의한 지하수오염문제 등을 계기로 환경청은 중앙환경심의회에 '지하수 보전의 방법에 대해서' 자문을 하고 그 회신에 기초하여, 1989년 '수질오탁방지법(水質汚濁防止法)'이 개정되었다. 그것은 특히 긴급히 조치해야만 하는 오염의 미연방지라는 관점부터 유해물질을 함유한 물의 지하침투의 규제를 주 내용으로 하는 지하수오염방지의 대책이 강화된 것이다.

한편, 공장이나 연구소 부지의 재개발 등에 따라서, 유해물질에 오염된 토양의 존재가 명백해짐에 따라 국가는 토양오염대책지침을

에서, 매립된 광재토양을 굴삭제거하여, 원인자의 공장부지 내(코마츠가와 남북공장)에 반입하여, 일괄 집중처리 후, 봉쇄 처리를 실시할 것, ② 기타 잔여 오염토양에 대해서 필요한 현지처리를 행할 것, ③ 그 밖의 공공사업용지에 대해서도 앞 항목에 準하여 처리를 시행할 것, ④ 원인자가 이러한 처리를 실시한 경우 都는 그 용지를 취득하는 등의 조치를 강구하여, 방재거점건설사업을 실시할 것, ⑤ 都와 원인자는 광재토양의 처리에 대해서 지권자(地權者)의 협력을 얻을 수 있도록 노력할 것 등 이었다. 또한 이 공장의 종업원 등이, 크롬분진에 의해 노동재해를 입었다고 하는 제소를 하여 그 피해가 재판소에 의해 인정되었다(東京地判 昭和 56년 9월 28일 下民 33卷 5-8호 1128頁). 그 후 새롭게 미처리의 광재가 발견됨에 따라 1993년 11월, 도쿄都는, 에토區의 카메이도(龜戶)·오오시마(大島) 재개발지구에 묻혀있던 6가 크롬광재(처리용량 약 4만㎥)를 처리하는 새로운 처리지를 설치했다. 加藤一郎 外3, 土壤汚染と企業の責任, 381-382頁.

170

마련하고, 행정지도를 행함과 동시에, 환경사업단법에 의해 사업자에 대한 융자제도를 만들어(법 18조 1항 6호) 대책의 촉진에 착수하였다.234)

이와 같이 일본에서는 토양오염으로 인한 사회문제가 오래전부터 발생하여 심각한 피해를 야기하였는데 이른바 '하이테크'오염이라 불리는 휘발성유기화합물에 의한 토양오염을 통한 지하수오염문제의 심각성을 계기로 1996년에 '수질오탁방지법'을 다시 개정하고, 또 다이옥신 독성에 주목하여 다이옥신에 대한 특별법인 '다이옥신류 대책특별조치법'이 2000년에 제정되어 토양오염전반에 걸친 법규제가 되고 있다. 그리고 2002년 의회에 토양오염대책법안이 제출되어 가결되면서 마침내 2003년 2월부터 토양오염일반을 대상으로 하는 "토양오염대책법"이 제정·시행되고 있다.235)

2. 토양오염규제 및 책임법제

가. 환경기본법과 토양환경기준

일본의 "환경기본법"236)은 제2조 제3항에서 '토양오염'을 전형적

---

234) 加藤一郎 外3, 前揭書, 350-351頁.
235) 小澤英明, 土壤汚染對策法, 東京:白揚社, 2003. 15-16頁.
236) 일본에서 본격적인 환경대책입법의 정비는, 쇼와(昭和) 42년(1967년)의 「공해대책기본법」의 제정을 통해 시작되었다고 할 수 있다. 이 공해대책기본법은 "공해대책의 총합적 추진을 도모함으로써 국민의 건강을 보호함과 아울러 생활환경을 보전하는 것을 목적"으로 하였다. 이후 이를 토대로 국가의 환경대책의 기본적 지침이 정해졌으며, 공해대책기본법에 따라 환경대책입법의 정비가 행해졌다. 특히 쇼와 45년(1970년) 말에 소집된 제64회 임시국회 즉, 「공해국회」에서 공해대책기본법이 큰 폭으로 개정된 것을 시작으로 14건의 환경대책입법이 제정 내지 개정되어 오늘의 환경법의 시스템이 거의 완성되었다. 그동안 4반세기에 걸쳐 공해대책기본법을 중심으로 하는 환경법의 시스템이 유지되어 왔으나 지구규모의 환경문제에 대처하고 또 환경영향평가(environmental assessment)에 관한 법 정비를 촉진할 필요

인 공해의 한 형태로 규정하고, 제16조에서 환경기준을 설정하는 것
을 규정하고 있다. 환경기준은 인간의 건강을 보호하고 생활환경을
보전하며 유지하는 것이 바람직한 기준이 되며 이는 법적효과를 발
생시키는 것이 아니라 행정상의 목표이다. 토양의 환경기준은 공해
대책기본법의 개정 이래 오랫동안 설정되지 않았었지만, 1991년 8월
에 카드뮴 등 10항목에 대해서 설정하였다. 게다가, 1994년 2월에 유
기염소계화합물과 Simazine(제초제)과 같은 농약 등 15개 항목을 추
가하고, 농용지를 포함한 모든 토양을 대상으로 카드뮴(Cd), 시안
(CN), 유기인 등 25항목이 설정되었다.237) 단, 이 환경기준은 오염이
전적으로 자연적 원인에 의한 것이 명백하다고 인정되는 장소나 원
재료의 퇴적장, 폐기물의 매립지 등 해당물질의 이용 또는 처분을
목적으로 현재 집적되어있는 시설에 관련된 토양에는 적용되지 않
는다. 그런데 토양오염에 관한 기준에는 용출기준과 농용지기준의
두 종류가 있다. 전자는 용출량에 의해 설정된 구리(銅)를 제외한 24
개 항목, 후자는 농용지토양오염방지법상의 특정유해물질인 카드뮴,
구리, 비소의 3개 항목에 대해서 농용지토양오염대책지역의 지정요
건에 준거하여 설정되었다. 용출기준은 건강항목의 수질환경기준에
준거하여 설정되어 있으며, 토양의 수질정화기능이나 지하수함양기
능 등을 특별히 고려한 것이라고 할 수 있다. 그러나 용출기준에는
농용지기준에서 보는 바와 같이 개별규제법이 없기 때문에 요강 등
의 행정지도에 의거하고 있는 실정이다. 또한 구리의 용출기준이 설

정되어 있지 않은 이유는 농작물 등이 생육장해를 일으키는 단계에서 고사되기 때문에, 그것에 의한 인체영향이 적다고 생각되기 때문이다. 그리고 기준의 달성기간은 오염의 정도와 확산의 범위, 영향의 태양(態樣)에 따라 가급적 빠르게 그 달성유지에 노력하고, 구체적인 기간이 명시되어 있지 않지만 조기의 달성이 어려운 경우에는 환경영향을 방지하기 위한 필요한 조치를 강구할 수 있게 되어 있다.[238]

나. 농용지토양오염방지법

"농용지토양오염의 방지 등에 관한 법률"은 농용지의 오염을 대상으로 하는 법률이다. 즉, 이 법의 목적은 '농용지토양의 특정유해물질에 의한 오염의 방지 및 제거 또는 그 오염에 따른 농용지이용의 합리화를 도모하기 위해 필요한 조치를 강구함으로써 인간의 건강을 해칠 우려가 있는 농축산물이 생산되거나 또는 농작물 등의 생육이 저해되는 것을 방지하고, 또한 국민 건강의 보호 및 생활환경의 보전에 기여하고자 하는 것'이다. 여기서 말하는 농용지란 '경작의 목적 또는 주로 가축의 방목의 목적 혹은 양축(養畜)의 업무를 위한 채초(採草)의 목적으로 쓰이는 토지'(제2조 제1항)를 가리키며, 농용지 이외의 임지(林地), 공원녹지, 택지 등은 대상이 되지 않는다. 또 이 법률이 규제하는 '특정유해물질'이란 '농용지의 토양에 함유되어 있는 것에 기인하여 인간의 건강을 해칠 우려가 있는 농축산물이 생산되거나, 또는 농작물 등의 생육이 저해될 우려가 있는 물질'(제2조 제3항)을 가리키고 있다.[239] 특히, 카드뮴에 관해서는, 1970년

---

238) 加藤一郎 外 3, 土壤汚染と企業の責任, 352-353頁

에 '식품위생법' 제7조에 기초하여, 식품에 의한 인간의 건강피해를 방지하기 위해 쌀에 함유되는 그 농도를 1.0ppm미만으로 하는 식물 첨가물 등의 규격규준이 설정되었다. 이에 영향을 받아, 1971년에 카드뮴 및 화학물이 '농용지토양오염방지법'의 특정유해물질로 지정되었으며, 1972년에 구리 및 그 화합물, 1975년에 비소 및 그 화합물 3종류의 물질이 정령(政令)으로 지정되었다.240)

다. 수질오탁방지법

토양오염은 수질오염이나 대기오염에 의한 2차적 오염이라는 인식 때문에 발생원의 대책으로서, 수질오염방지법에서는 배수규제를, 대기오염방지법에서는 매연규제를 시행해왔다. 전자에 관해서는 1989년의 수질오염방지법 개정에서 법의 목적에 새롭게 지하수질보전을 추가하여, 공장·사업장 에서 공공용 수역에 배출되는 물의 배출 및 지하에 침투하는 물의 침투를 규제하고 있다.241) 구체적인 규

---

239) 동법 제3조 제1항은 都道府縣(東京都, 北海道, 京都府, 大阪府와 43개의 縣) 지사가 일정지역 내에 있는 농용지의 토양이나 농작물 등에 함유된 특정유해 물질의 종류 및 량 등을 보고, 인간의 건강을 해칠 우려가 있는 농축산물이 생산되는 등의 일정의 요건에 해당하는 지역을 대책지역으로 지정하며, 제3조 제4항에서 대책지역의 지정취지를 공고함과 동시에 환경청장관에게 보고하고 또 관계 마을 장에게 통지하도록 규정하고 있다.

240) 정령으로 정하는 구체적인 대책지역 지정요건은 ① 카드뮴 1ppm이상을 포함하는 쌀이 생산된 지역(1호 지역) 및 인근지역에 대해서 카드뮴 1ppm이상을 포함하는 쌀이 생산될 우려가 현저한 지역(2호 지역), ② 농용지(田에 한정)의 토양에 함유된 구리의 농도가 125ppm이상인 지역, ③ 농용지(田에 한정)의 토양에 함유된 비소의 농도가 15ppm이상(도도부현 지사가 10ppm~20ppm의 범위 내에서 별도로 정하는)인 지역으로 되어있다(시행령 제2조 제1항). 그리고 도도부현 지사는 이 지정지역의 요건을 만족시키는 지역에 관해서 도도부현 환경심의회 및 관계 마을 장의 의견을 청취하여 대책지역으로써 지정을 행한다(제3조 제3항).

241) 개정법에 의한 규제의 골격은, 유해물질을 포함하는 특정지하침투수의 침투 금지(제12조 3항), 지하수의 감시(제15조), 사고시의 조치(제14조)가 있다. 본 법

제는 유해물질사용 특정사업장으로부터 물을 배출하는 자에 대한 특정지하침투수(특정사업장으로부터 지하에 침투하는 오수 등을 포함한 물)의 배출을 금지한다. 그러한 규제준수의 담보조치로서 특정시설을 설치한 자에 대해서 신고의무(제5조의2)를 부과하여, 도도부현(都道府縣) 지사는 그 노출에 관해서 해당시설이 정령에서 정한 요건에 해당한다고 인정한 경우에 그 계획변경명령 등(제8조)을 발령하는 것이 가능하고, 또 특정지하침투수를 침투시킬 우려가 있는 경우에는 사용방법 등의 개선명령(제13조의2)을 발령할 수 있는가를 결정한다.

또 사고의 발생에 의해 인간의 건강 또는 생활환경에 따른 피해를 발생시킬 우려가 있는 경우에는, 설치자에 응급조치와 그 노출의무(제14조 2)를 과하고, 응급조치가 취해지지 않을 경우에 도도부현 지사는 응급조치명령(제14조2)을 할 수 있다. 이러한 의무위반이나 명령위반에는 벌칙이 적용된다(제30~31조). 또 도도부현 지사는 특정시설의 설치자에 대해서 해당시설의 상황 등의 보고하도록 하고 출입검사를 할 수 있다(제22조). 특히 도도부현 지사에 의한 지하수의 수질오탁 상황의 상시감시(제15조), 지하수질 측정계획의 작성(제16조)과 그밖에 사업활동에 수반하여 유해물질이 포함된 오수 및 폐액을 지하에 침투함으로 인해 인간의 생명 또는 신체에 손해를 끼친 경우에 있어서 사업자의 무과실책임(제19조)을 규정하였다.

그 후 반도체공장에 의한 지하수 오염이 효고(兵庫)현 타이시(太子)정(町)에서 밝혀지고 이후 잇달아 이른바 "하이테크오염(high-tech pollution)"으로 불리는 휘발성 유기염소화합물에 의한 지하수 오염

에서 말하는 지하수란, 사회통념상 '지하에 존재하는 물'을 말하며, 통상 자연의 부존상태로써 지하에 있는 물을 의미한다.

이 밝혀졌다. 이에 따라 하타노(秦野)시가 1993년에 가장 먼저 "지하수오염방지 및 정화에 관한 조례"242)를 공포하였다. 이 하타노시로 대표되는 지방의 위기의식을 배경으로 지하수오염에 대한 법률적 대응이 시급하여 다시 1996년에 "수질오탁방지법"을 개정하고 그 다음해부터 시행하게 되었다. 이 개정법에서 처음으로 지하수 오염의 정화와 관련되는 조치명령을 도도부현 지사가 낼 수 있도록 규정하였다(제14조의3). 또한 원인자책임주의를 관철하고 있어 시설의 현재 설치자가 유해물질의 지하침투가 있을 때의 설치자가 아니면, 현재의 설치자는 조치명령을 받지 아니하며, 다만 당해 정화에 협력할 의무만이 부과된다. 환경청은 지하수 오염의 원인이 되는 침투의 시점에서 유해물질로 지정되어 있지 않은 물질에 대해서도 조치명령 시점에서 유해물질로 지정되어 있으면 조치명령의 대상이 되는 것으로 하였다.243) 흥미로운 것은 위 수질오탁방지법이 개정이 이루어진 이후 2002년 4월까지 판명된 오염사례는 1397건에 달하지만 당시까지 정화조치명령이 나온 사례는 단 한건도 없고 모두 자주적인

---

242) 이 조례는 과거의 행위에 기인하는 토양오염자에 대해서도 소급적으로 상세조사와 정화를 의무 지우는 것과 동시에 市의 자금과 기부금이 포함된 기금을 설치하고, 오염자가 불명확한 경우는 시장이 상세조사 및 정화사업을 실시한 후 오염자가 판명되었을 때 비용상환을 청구할 수 있는 시스템으로 되어 있다. 吉田文和, 廢棄物と汚染の政治經濟學, 岩波書店(1998), 96頁 이하 참조.

243) 環境廳水質保全局 監修・水質法令硏究會 編, "逐條解說 水質汚染防止法", 中央法規出版(1996), 292頁. 大塚直, "市街地土壤汚染淨化をめぐる新たな動向と法的論点(一)", 自治硏究 75卷10号(1999) 16頁에서는 水質汚濁防止法이 제정된 1970년 시점의 동법에는 유해물질 등을 함유한 오수 등이 지하에 스며들 수 없게 적절한 조치를 강구하도록 규정하고 있었기 때문에 반드시 소급책임이 인정돼서는 안 된다고 하는 견해가 있다. 그러나 본래적으로 아무도 타인의 건강에 해를 끼치는 형태로 오염물질의 방출을 실행하는 것은 허용되지 않는다고 생각하면 그 방출시점에서 위험성이 없다는 합리적 확신이 존재하지 않는 한은 그 결과에 대해 책임을 묻는 것은 책임의 소급, 즉 사후의 rule로 책임을 개시하게 하는 것이 되지 않는다고 생각된다.

176

정화 등이 이루어지고 있다는 것이다.[244)]

라. 농약단속법

농약단속법은 농약의 등록제도를 채용하여 규제하고 있다(제2조 제1항). 농림수산장관은 토양오염의 원인이 된 농작물을 오염시켜 사람과 가축에 피해를 입힐 우려가 있는 농약의 등록을 직권으로 취소할 수 있다(제3조 및 제6조의3). 또, 등록한 사용방법 등을 준수하지 않고 사용한 경우, 토양오염의 원인이 된 농작물을 오염시켜 사람과 동물 에게 피해를 입힐 우려가 있는 종류의 농약을 '토양잔류성농약'으로 정령(政令)으로 지정하여 그 사용에 관한 기준의 설정을 의무화하고 있다(제12조의3). 내각총리가 정한 이 사용기준에 위반하면 벌칙이 적용된다(제18조의2).

마. 화학물질 등의 규제에 관한 법률

1973년에 제정된 "화학물질의 심사 및 제조 등의 규제에 관한 법률"은 트리클로로에틸렌, 테트라클로로에틸렌이나 4염화탄소 등의 24개 물질을 제2종 특정화학물질로 지정하여, 이러한 물질의 제조자 및 취급사업자에 대해서 환경오염을 방지하기 위해 취해야 하는 조치에 관한 기술적 지침을 공표해야할 것을 결정하고(제27조), '클리닝영업자에 관련된 기술지침'(1988년)을 명확히 하고 있다.

바. 비용부담에 관한 법률

---

244) 小澤英明, 土壤汚染對策法, 24頁.

오염원인자가 존재하는 경우 대책계획에 기초하여 실시되는 토양오염대책사업에 필요한 사업비에 대해서는 "공해방지사업비 사업자부담법"의 규정에 의해 사업자에게 오염의 기여도에 따라 부담시킬 수 있다. 즉, '공해방지사업에 있어 사업자에게 부담시키는 비용의 총액은 공해방지사업의 금액 중에서 비용을 부담시키는 모든 사업자의 사업활동이 해당 공해방지사업에 따른 공해의 원인이라고 인정되는 한도에 따른 액수로 한다.'고 되어있다. 또, 복수의 사업자가 관여한 경우에는, 그 부담액은 사업활동의 규모, 공해의 원인이 된 시설의 종류 및 규모, 사업활동에 따라 배출되는 공해의 원인이 되는 물질의 양 및 그 밖의 사항을 기준으로 한다(법 제5조). 때문에 대책사업의 실시자인 도도부현 지사 또는 마을의 장은, 비용을 부담시킬 사업자의 범위, 부담액 등을 내용으로 하는, 비용부담계획을 정해야만 하지만, 오염사례의 실제를 보면, 부담비율의 결정에 필요한 오염원인자의 확정, 오염부하량이나 그 기여율의 산정 등은 쉽지 않고 그 판단도 어렵다. 또, 토양오염대책사업비 중, 지방공공단체의 지출액에 대해서는, 공해의 방지에 관한 사업에 따른 국가의 재정상의 특별조치에 관한 법률에 따라, 국가는 일반보조율 2분의 1보다 높은 3분의 2를 적용하는 등의 우선조치를 취하는 것으로 되어있다.

사. 다이옥신(dioxin)류 대책법

1999년 토코로자와(所澤)시의 다이옥신에 의한 야채오염소동[245]

---

245) 산업폐기물 처리시설 집중지역 주변의 야채류에 다이옥신류가 고농도로 존재하여 건강에 영향을 미치는 수준이라는 보도가 세상을 놀라게 하였다. 日本厚生省生活衛生局企劃課 編, 化學物質とダイオキシン. 生活と環境, 44(6), 1999,

등을 계기로 "다이옥신류대책 특별조치법"이 제정되었다. 이 법률에
서 도도부현 지사는 대기나 수질뿐만 아니라 토양의 다이옥신류[246]
에 의한 오염상황도 상시 감시하고 조사측정을 하도록 규정하였다.
그리고 오염된 토양에 관한 조치로서는 농용지의 토양오염방지 등
에 관한 법률과 거의 동일한 내용의 규정을 두고 있다.[247] 즉, 도도
부현 지사는 다이옥신류에 의해 오염된 토양에 관련된 조치로서 당
해 도도부현 구역내의 다이옥신류에 의한 토양의 오염상황이 토양
의 오염에 관련된 조치로서 당해 도도부현 구역 내에 다이옥신류에
의한 토양의 오염의 상황이 토양의 오염에 관련된 환경기준을 충족
하지 않는 지역이 있고, 당해 지역내 토양의 다이옥신류에 의한 오
염의 제거 등을 할 필요가 있다고 하여 정령에서 정하는 요건에 해
당하는 경우 다이옥신류 토양오염대책지역으로서 지정할 수 있다.
또한 도도부현 지사는 대책지역을 지정하는 경우 다이옥신류에 의
한 토양의 오염제거 등에 관한 다이옥신류 토양오염대책계획을 정
한다. 이 계획은 그 책정에 즈음하여 관계 각 분야의 의견을 청취하

15-20頁.

246) 다이옥신(dioin)은 폴리클로리네이티드 다이벤조파라다이옥신(polychlorinated
dibenzo-p-dioxin)을 말하며, 두개의 벤젠핵에 두개의 산소가 병렬로 연결되고
벤젠핵에 결합되어 있는 수소의 일부 또는 전부가 염소로 치환된 것(1염소화-8
염소화)으로, 염소의 치환수와 치환 위치에 따라서 75개의 동족체(homologue)
가 존재하며, 이들 동족체를 총칭하여 PCDDs로 표시한다. 2, 3, 7, 8위치에 염
소원자가 치환된 2, 3, 7, 8-T4CDD(2, 3, 7, 8-Tetrachloro-dibenzodioxin)가 가
장 독성이 크다. 다이옥신과 유사한 성질을 가지는 것으로 폴리클로리네이티
드 다이벤조퓨란(polychlorinated dibenzofuran)이 있는데, 총칭하여 PCDFs로
표시하며 다이옥신과 같이 염소의 치환수와 치환 위치에 따라서 furan에는
135개의 동족체가 존재한다. 일반적으로 다이옥신과 퓨란을 합하여 다이옥신
류라 하며, 다이옥신류에는 이론적으로 210개의 이성체(isomer)가 존재한다. 齊
藤滿里子, 環境ホルモン硏究現狀-ダイオキシン類による環境汚染問題の現狀. 文
化女子大學紀要. 服裝學·造形學硏究, 32集, 2001, 123頁 以下 參照.

247) 大塚直, 環境法, 有斐閣, 2002, 322頁 以下 ダイオキシン類對策特別措置法の
制定の經緯及び內容 參照.

고 내각총리의 동의를 얻어 정해진다. 또 오염토양의 제거대책에는 "공해방지사업비사업자부담법" 및 "공해방지에 관한 사업에 관련된 국가재정상의 특별조치에 관한 법률"이 적용된다.[248]

3. 토양오염에 대한 대처와 토양오염대책법

가. 토양오염대책과 법 제정경위

일본에서 토양오염 대책은 오염에 대한 미연의 방지와 이미 발생한 오염의 정화 등에 관한 대책으로 대별된다. 이중 오염의 미연 방지에 관해서는 '수질오탁방지법'에 의한 유해물질의 지하침투의 규제, '폐기물의 처리 및 청소에 관한 법률'에 의한 폐기물의 매립방법의 규제 등에 의해 법적 구속력을 수반하는 구조에 의한 일정한 대책이 진행되어 왔다. 그리고 이미 발생한 오염의 대책에 관해서는 환경성은 1991년에 인간의 건강을 보호함에 있어서 유지되는 것이 바람직한 기준으로서 환경기준을 정하고 수차 대상항목을 추가함과 동시에 토양오염의 조사, 제거 등 조치의 실시에 관한 지침을 정하고, 그 지침을 근거로 한 지방공공단체의 사업자 등에 대한 행정지도라는 형식에서의 대응을 진행해 왔다.[249]

이와 같은 대응은 일정한 효과가 있었다고 할 수 있겠으나, 일

---

248) 이 법에 기초하여 다이옥신류에 의한 토양의 오염에 관련된 환경기준의 설정 등 토양오염대책지역의 지정요건에 관해서는 환경성장관 및 내각총리로부터 중앙환경심의회에 대해 자문이 행해지고, 그 답신에 기초하여 기준 등이 설정된다. 柳憲一郎, 環境法政策 : 日本·EU·英國にみる環境配慮の法と政策, 淸文社, 2001, 105頁.

249) 韓貴鉉, "日本의 새로운 土壤汚染對策法", 土地公法硏究 제17집, 韓國土地公法學會, 2003. 2., 375-376쪽.

본에서 이른바 전형공해[250] 중 하나인 토양오염에 관한 대책과 법제
의 확립은 환경행정상의 오랜 과제로 남아 있었다. 그 이유는 크게
두 가지 원인에서 살펴볼 수 있는데 첫째 오염원인자를 특정할 수
없거나 또는 부존재인 경우 대책의 시행주체를 누구로 할 것인가와
둘째, 다액의 비용을 필요로 하는 토양오염의 조사, 제거 등의 조치
에 대한 비용부담의 실태에 있어 해결이 곤란하다는 점 때문이었다.
그러나 그 과제는 바뀐 것이 없지만, 토양오염이 판명되는 사례가
증가하여 사회문제로서 부각되고 있다는 점, 토양오염대책의 실시사
례의 증가에 의해 그 규칙화의 필요성이 인식되어 왔다는 점, 그리
고 토양오염대책을 토지소유자가 일정한 정도 부담하지 않을 수 없
는 사태가 발생하여 온 것과 같은 토양오염을 둘러싼 사회적 상황
변화에서 토양오염대책의 법제화의 필요성이 크게 대두되었다.[251]

이러한 상황 하에서 환경성은 토양오염대책의 입법의 필요성을
인식[252]하고 1995년 6월에 수질보전국 주관의 '토양환경보전대책간
담회'를 열어 여기에서 '시가지 토양오염대책의 과제와 당면의 대응'

---

250) 일본의 환경기본법 제2조 제3항에 정한 대기오염, 수질오탁, 토양오염, 소음,
진동, 지반침하, 악취 등 7종을 "公害"로 규정하고 이를 '전형 7공해'라고 일컫
는다. 토양오염은 다른 공해와 달리 토지와 관련된 오염이라는 것에서 토지소
유권과의 관계에서의 논의를 피할 수 없다는 점과 토양 중에 축적하는 오염이
어서 정화하지 않는 한 오염이 지속된다는 등의 특색이 있다. 大塚 直, "原因
者主義か所有者主義か-土壤環境保全對策に關する立法を素材にして-", 法學敎室
第257号, 2002. 2, 89頁.
251) 黑川陽一郎, 土壤汚染對策法の槪要, ジュリスト No. 1233, 2002. 11, 2-3頁 參
照.
252) 일본에서는 행정지도의 기준이 되는 각종 지침이나 기준은 정해져 있었지만,
그 내용대로 토양오염의 전반에 대한 법규제가 되지 않았던 것은 토양오염대
책의 지연으로서 평소부터 비판되어 온 것이다. 단지 기준이나 대책지침이기
는 하지만 위와 같이 1990년대에는 정부도 다양한 토양오염대책을 검토하게
되었는데, 이것은 사회환경에 대한 의식의 향상을 배경으로 환경의 모든 분야
에 걸쳐서 1990년대부터는 환경법이 현저하게 발전을 이루게 된 것과 보조를
같이하고 있다. 小澤英明, 土壤汚染對策法, 17頁.

을 논의 정리한 후 2000년 12월에 "토양환경보전대책제도의 본연의 자세에 관한 검토회"가 설치되었으며, 그 '중간정리'가 2001년 9월 28일 발표되었다. 이 중간정리를 기초로 토양오염대책법의 법안이 작성되고 국회에서 원안대로 가결, "토양오염대책법(土壤汚染對策法)"이 제정되었으며, 2002년 5월 29일 법률 제53호로 공포되었다.

나. 토양오염대책법의 주요내용

토양오염대책법은 제1조에서 특정유해물질에 의한 토양의 오염상황파악과 관련된 조치 및 해당오염이 인간의 건강에 미치는 피해를 방지하기 위한 조치를 규정하는 깃 등에 의해 토양오염대책을 실시하고 따라서 국민의 건강을 보호하는 것을 목적으로 하고 있다. 이와 같이 토양오염의 상황을 파악하는 것이 우선이고, 두 번째 토양오염이 인간의 건강에 미치는 피해를 방지하기 위한 조치 등 토양오염대책을 실시하기 위한 것이다.

그 대강을 살펴보면 유해물질 취급공장 및 그 사업장을 폐지할 때, 용도를 변경할 때 또는 토양오염 가능성이 높다고 판단되는 토지의 경우 필요하다고 판단될 때 토지소유자(소유자, 점유자 또는 관리자)가 조사를 실시한다. 조사결과 토양환경기준을 적용했을 때 리스크관리가 필요하다고 생각되는 농도레벨을 초과하는 토양오염이 존재하는 경우에는 "리스크 관리지"로서 도도부현 지사가 지정·공고함과 동시에 등록장부에 기재하여 대중이 열람할 수 있도록 한다. 리스크관리지에서 관리의 주안점은 첫째, 해당지의 리스크 저감, 둘째, 토지개변(土地改變) 등에 따른 새로운 환경리스크 발생방지 등이다. 전자의 경우 토양오염이 건강에 피해를 미칠 수 있을 것으로 인정되는 경우에는 도도부현 지사가 토지소유자 혹은 오염원인자에게 리스크 저감조치명령을 내릴 수 있으며 토지소유자는 리스크 저감조치에 관한 기술기준에 맞는 조치를 실시해야 하고, 後者의 경우 리스크 관리지의 토양개변자는 도도부현 지사에게 신고해야 하는 의무를 가지고 있으며 이것이 오염을 확산시키지 않도록 하는 기술적 기준에 적합하지 않은 경우에는 계획변경명령을 내릴 수 있다. 또 기술적 기준에 따라 정화된 경우에는 리스크 관리지로서의 등록에서 제외될 수 있다.

그리고 이전까지 토양오염에 대한 법적 책임에 대한 견해는 원인자책임주의가 관철되어왔으나, 토양오염대책법에 의해 오염의 제거 등 조치명령의 대상이 원칙적으로 토지의 소유자 등으로 규정함으로써(법 7조1항 본문), 토지소유자 책임주의가 전면에 나타나게 되었다. 예외로서 오염원인자가 토지의 소유자 등은 아닌 것이 분명하고, 오염원인자에게 오염의 제거 등의 조치를 실시하게 하는 것이 상당한 경우에는, 토지의 소유자 등에게 그 조치명령을 하지 않고 (제7조 1항 단서) 원인자에게 명할 수 있도록 하고 있다(법7조 2항). 또 토지의 소유자 등에게 오염의 원인이 없는 경우는 오염제거 등의 명령을 받아 손해를 입은 토지의 소유자 등은 원인자에 대해서 책임추궁을 할 수 있다(제8조). 이와 같이 원인자책임주의가 무시되는 것은 아니지만 토지소유자라고 하는 것만으로도 오염의 정화 등의 책임을 부담할 가능성이 생겼기 때문에 이 점에서 법률제도의 대전환은 주목할 가치가 있다.[253]

---

253) 小澤英明, 前揭書, 32頁.

제4절 외국 토양보호법제의 비교법적 검토

Ⅰ. 서언

이상에서 우리나라의 토양오염관련 법제를 검토하고, 미국, EU, 독일, 영국, 일본 등 외국의 법제 및 토양오염관리체계를 고찰하였다. 각 나라마다 토양환경에 대한 立法은 타 환경매체에 비해 상대적으로 늦었다고 볼 수 있는데, 이는 토양환경 자체가 물이나 대기와는 달리 개인의 재산권의 대상으로 하는 사익보호라는 차원에서 파악하는 경우가 현저하기 때문일 것이다. 그러나 토양환경침해는 소유권 등 사적 권리의 침해가 될 수 있는 점 이상으로 공공의 안녕과 질서에 대한 위험을 막기 위한 차원에서 다루어져야 하는 점을 간과해서는 아니 된다는 점이다. 오늘날 환경오염의 심각화 내지 다양화 경향은 그 법적 접근에 있어서 공법적 규제가 훨씬 더 중요하게 되었고, 그 규제의 폭도 넓어지게 되었다. 토양환경과 같이 한번 파괴되면 그 원상복구가 어렵고 막대한 비용이 소요되기 때문에 환경침해로 인한 손해의 전보보다는 환경침해를 사전에 예방 및 차단을 하는 것이 훨씬 중요하기 때문이다.254) 따라서 토양오염의 방지와 오염토양의 정화를 주된 목적으로 하는 우리나라의 토양환경보전법은 선진 미국이나 독일의 토양환경보호법제에 대한 비교법적 검토와 이해가 매우 중요하다고 할 것이다. 특수한 정화문제 등 공법적한 결과 우리나라 토양오염법제의 개선을 위한 몇 가지 시사점을 파악할 수 있었다. 이에 대하여 비교법적으로 검토하고, 토양오염책임과 피해구제에 관해서는 다음 장에서 논의하고자 한다.

---

254) 全京暈, 獨逸環境私法論, 法元社, 1998, 3쪽.

II. 오염지역의 관리 및 복원체계

1. 오염대상지의 조사와 오염지역 지정

미국 EPA의 Superfund 프로그램에 포함되는 오염지역은 '유해물질이 유출된 시설 및 지역'이다. CERCLA에 규정된 '유해물질'이라 함은 RCRA 유해폐기물, 수질정화법(CWA)상의 유해물질과 독성오염물질, 대기정화법(CAW)의 유해대기오염물질, 독성물질관리법(TSCA)의 긴급유해화학물질 등으로 상당히 광범위하게 규정하고 있다. 즉 CERCLA는 유해한 것으로 알려진 모든 물질과 다양한 환경법에서 높은 위해성을 가진 것으로 지정된 모든 오염물질을 포함한다.

EPA는 민원에 의해 제기되는 지역을 대상으로 조사과정을 통하여 오염지역을 선별한다. 오염지역을 선별하는 기준은 EPA의 토양선별복원기준(SSLs; Soil Screening level)을 정하는 지침에 의거한다. 그리고 오염물질의 농도가 대책기준(Response Level) 이상일 때는 법에 따라 대책 기준을 수립하고 있다. 이 지침은 개념상의 대표적인 장소에 대해서 총 117개 오염물질에 관한 토양선별 및 복원기준을 환산하는데 필요한 정보를 제공하고 있으며, CERCLA는 오랫동안 규제유해물질의 목록화 작업을 계속하면서 그 범위를 계속 넓혀가고 있는 것이다. CERCLA에서 시행되고 있는 오염지역의 대상과 범위 선정과정은 우리나라의 토양오염지역의 선정과정에 고려할 부분이 있는데, 우리나라의 경우는 토양환경보전법에 명시하고 있는 지금까지 16개 물질에 대해서 동법에서 제시하고 있는 농도에 따라 토양오염지역의 가부를 결정하도록 하고 있다. 주요 국가별 규제오염물질은 2003년 현재 미국이 가장 많은 117개(유기물 101개, 무기물 16개 물질)이고, 독일이 30여개. 네델란드 96개, 영국이 55개 등이다.[255] 그리고 서구에서는 토양오염물질 이외 물질로 오염되는 토양의 경우에는 위해성평가를 통해 토양오염을 확인하기 때문에 토양오염물질에 포함되어 있지 않은 물질에 대해서도 토양오염으로 인식된다. 우리나라의 경우 토양환경보전법상 토양오염물질의 종류와 농도를 기준으로 토양오염지역을 판단하고 있는데[256] 이에 대하여 示唆하는 바가 크다고 할 것이다. 또 이러한 오염지역의 관리 및 복원에 관한 미국 EPA의 정책과정을 볼 때, 토양오염지역의 지정과 정화에 대한 해답을 제시하기 위한 우리 법 정책수립에 再考할 필요가 있다고 할 것이다.[257]

한편 독일은 토양정화관계법의 핵심개념 중 하나로서 Altlasten의 처리에 관하여 규정하고 이를 해결하고 있다. 1998년 연방토양보호법이 제정되기 전에는 폐기물법(AbfG)과 수질관리법(WHG)으로는 대응할 수 없는 Altlasten에 대하여 주로 '위험방지법(Gefahrenabwehrrecht)'

---

255) 박용하·윤서성·송재우·장지수·이양희, 토양오염지역의 관리 및 복원방안 II, 한국환경정책·평가연구원, 2003. 12, 120쪽.

256) 우리나라 토양환경보전법에서 제시되는 토양오염물질 이외의 물질로 오염된 토양에 대해서는 동법에서 정하는 토양오염지역으로 포함되기 어렵다는 점이다.

257) 반면에 RCRA에 의해 결정되는 오염부지는 CERCLA에 비해 단순하다. 이는 RCRA가 특정 시설 또는 부지를 대상으로 하고 있으며, 이 시설 또는 부지에서 유출되는 오염물질의 종류에 대해서는 예측이 가능하기 때문일 것이다. 우리나라에서 미국의 RCRA대상 시설에 해당하는 것이 토양오염이 의심되는 특정토양오염관리대상시설이 될 것인데, 단지 우리나라와 차이점은 오염물질의 종류와 농도, 오염물질 유출에 따른 위해성 평가, 오염지역의 범위를 선정함에 따른 지역 주민들의 참여 부문이다. 미국의 경우 RCRA 시설 및 부지의 복원 범위를 결정할 경우, 시설 및 부지의 복원 시에도 지역주민이 참여하고 이들의 의견이 반영되고 있다.

내지는 경찰법(Polizeirecht)을 통하여 규율하였다. Altlasten이라는 용어에 대하여 학자에 따라서 이를 폐기물방치시설 내지 처리장,[258] 오염지, 오염부지 등으로 번역하여 사용하거나 그대로 알트라스텐 (Altlasten)으로 쓰기도 하는데 가장 그 의미를 적절하게 포함하는 용어로는 위험을 내포한 오염토양의 개념으로 '위험오염지'[259]를 말한다. 우리나라도 이와 같은 '위험오염지'가 주한미군기지 등에서 현재 발생하고 향후에도 그 가능성이 높은 현실에서 이와 같은 독일의 경찰법의 작용과 해결가능성을 모색할 필요가 있다.

2. 오염부지의 관리와 정화조치

미국에서는 오염지역이 발견되면 유해물질이 유출된 해당지역의 책임자는 즉각 '국가대응센터'에 보고하고, EPA는 발견된 오염지역에 대한 정화조치가 필요한 경우 해당지역에 관한 정보를 D/B화하여 CERCLIS(CERCLA Information System) 또는 RCRIS(RCRA Information System)에 등록한다. CERCLIS와 RCRIS에 등록된 오염부지는 일반에게 모두 공개되며, EPA홈페이지에서 자유롭게 이를

---

258) 洪準亨, 環境法, 博英社, 2005, 898쪽.

259) Altlasten의 개념은 1998년 제정된 독일 연방토양보호법(BBSG) 제2조 제5항에서 "정지상태에 있는 폐기물제거시설 및 기타 부지로서 그 위에서 폐기물이 취급되었거나, 놓여졌거나 집적되었던 곳(폐기물집적부지: Altablagerungen) 및 정지상태에 있는 시설의 부지 및 기타 환경위험물질이 다루어졌던 부지(구 산업부지: Altstandorte)로서(단, 원자력법에 의한 허가를 요하는 시설은 제외), 이를 통하여 개인이나 공중에게 유해한 토양변경 등의 위험이 초래되는 곳"이라고 규정하고 있는 바, Altlasten을 직역하면 '오래된(alt) 부하 혹은 부담 (lasten)' 정도의 의미가 될 것이다. 그 의미로서 "오염지"정도의 표현도 가능하겠지만 독일 연방토양보호법(BBSG)의 개념정의 규정에서 위험이 그 의미의 중심적 요소이므로 '위험오염지'라고 할 때 보다 정확하게 그 의미가 전달될 수 있다고 하겠다. 金鉉峻, "土壤淨化責任", 公法研究 제34집 2호, 韓國公法學會, 2005. 12, 188-189쪽.

검색할 수 있다.260) Superfund 프로그램은 인간의 건강과 환경을 보호하기 위한 조치로 긴급제거사업과 장기적인 복원사업으로 구분하고 있다. 긴급제거사업은 중대하고 긴급한 위협이 예상되는 경우261)에 실시되며, 장기적인 복원사업은 복합적인 정화조치가 필요한 오염부지에 위해성 평가를 실시하고, 그 결과를 이용하여 적절한 정화방법을 선택하고 있다.262) 이에 대하여 독일에서는 유해물질의 장기적인 확산을 방지하고 감소시키는 안전조치를 복원에 포함하고, 오염부지에 대한 조치는 특정 토지이용의 제한, 오염물질의 봉쇄 및 확산경로 저지, 오염물질 제거와 매립지에서의 처리 등의 방법을 동원하며, 오염물질의 제거 및 봉쇄가 불가능하거나 비효율적인 경우에는 위해성이 없는 토지용도로 전환하는 정책적 조치가 수반되도

---

260) 우리나라에서는 현재까지 토양환경보전법에 의해 토양보전대책지역으로 지정된 사례가 없다. 그러나 주유소 등 특정토양오염방지시설에서 유류유출사건이 발생하여 시장, 군수, 구청장에 의한 시정명령에 따라 복원한 지역, 그 외 시·도지사가 토양오염방지조치를 실시하거나 토양오염방지조치명령을 하여 오염원인자가 오염부지를 복원한 사례로 환경부 국고보조로 1995년부터 실시하고 있는 폐금속광산 주변지역의 토양오염방지사업과 울산시 온산공단 내 산암지구의 토양복원사업, 국방부가 실시하는 부산 문현지구복원사업 등 다수 지역이 있다. 이들 오염지역의 조사 및 복원에 관련된 자료는 국가차원에서 D/B로 구축되어 있지 않은 상태로 일반인이 접근하기 어려운 실정이다.
261) 즉, ① 유해물질의 인체와 동물 및 먹이사슬에의 실질적인 또는 잠재적인 노출이 있는 경우, ② 음용수원 또는 민감한 생태계의 실질적인 또는 잠재적인 오염이 있는 경우, ③ 드럼, 탱크 및 저장 콘테이너의 유해물질이 유출된, 또는 유출 징후가 있는 경우, ④ 유해물질을 이동시키거나 유출시키는 상황에서 화재 또는 폭발의 위험이 있는 경우이다.
262) 이들 지역의 복원사업은 단기간에 걸쳐 수행되는 것이 아니고 장기적으로 100년 또는 이보다 훨씬 장기적인 계획에 의해서 오염지역이 관리되고 있는 것이다. 때로는 현재 미국에서 수행할 수 있는 정화기술로서 현실적인 복원이 어렵거나 또는 복원기술을 갖추고 있더라도 이를 수행하기 위한 경제적인 부담이 클 경우, 이러한 지역에 대해서는 외부사람들의 출입을 통제하는 등의 오염물질의 인체 및 생태 위해성 노출을 최소화하는 조치를 취하고 있다. 물론 이 지역의 복원에 적용할 수 있는 현실적인 기술이 개발될 수 있도록 정부에서 적극적으로 기술개발을 유도함으로써 기술 개발을 단축하는 조치를 취하고 있다.

188

록 하고 있다. 영국에서는 수용할 수 없는 위해성을 끼치는 오염원으로부터 수용체의 경로를 변경하거나 관리하는 모든 방법을 복원의 개념으로 정의하고 있다.263)

　우리나라에서도 토양오염지역이 확인될 경우 복원이 기술적인 방법, 경제성을 고려할 때 현실적으로 어려울 수 있는데 이에 대해 오염물질에 의한 인체 및 생태위해성을 최소화하는 조치를 취하거나, 적합한 경제성이 있는 기술이 개발될 때까지 관리하는 방법 등이 대안이 될 수 있다. 그러나 아직까지는 장기적 오염지역의 복원 및 관리, 또는 특정지역의 정화사업이 기술적 또는 경제적으로 적합하지 않을 시 이 지역을 관리대상지역으로 설정하여 외부로부터 격리하고, 이 지역으로 유출될 가능성이 있는 오염물질에 의한 인체 및 환경의 위해성을 최소화하는 정책을 수행한 적은 없다.

3. 행정기관 상호간의 업무분장

　미국의 경우 NPL에 등록된 오염부지는 연방정부에서 관리하고, 미등록부지는 주정부에서 관리하기 때문에, 오염부지의 NPL에 등록 여부를 결정함에 있어 연방정부와 주정부간의 이견이 발생할 수 있을 것임에도 이러한 오염부지의 결정과정에서 이견에 따른 마찰이 발생하지 않는다. 이는 연방정부와 주정부 간의 상호 업무분장이 명확히 구분되어 있기 때문으로 생각된다.

　그러나 우리나라의 현행 토양환경보전법에는 규율권한과 집행주체가 환경부와 지방자치단체에 분산되어 있다. 즉, 토양오염물질의 종류, 오염의 기준의 마련, 토양보전대책지역의 지정, 대책계획 및

263) 박용하 외 4, 토양오염지역의 관리 및 복원방안 연구Ⅱ, 123쪽.

개선방안의 승인권한은 환경부가 행사하고, 반면 토양오염관리대상 시설의 감독, 개선사업의 시행 및 감독책임은 시·도지사가 담당하도록 하고 있다. 따라서 환경부가 토양환경보전법에 의해 오염지역에 대한 지정 및 개선방안을 제시하더라도, 해당 지방자치단체에서는 예산과 복원에 대한 기술적인 수행가능성 문제 등으로 적극적인 오염부지의 복원을 수행하기 어렵다는 것이다.[264]

III. 법적 규율과 제도

1. 체계적이고 포괄적인 입법

미국의 CERCLA는 토양오염뿐만 아니라 대기 및 수질오염 등 인체와 환경을 위협하는 유해물질에 의해 오염된 부지를 복원하기 위한 종합적이고 포괄적인 법률이다. 따라서 이 법의 적용 시 RCRA, NCP, SWDA, HSWA, CAA, CWA, TSCA 등과 연계되어 있다. 우리나라의 경우 고형폐기물법, 수질정화법, 대기정화법, 독성물질관리법 등에서 각기 규정하고 있는 환경오염의 복원문제를 미국에서는 위와 같이 CERCLA에서 체계적으로 통합하고 있다. 그리고 CERCLA는 기타 환경법에서 규율하는 위해 오염물질을 규제하며, 복원방법을 선택할 때도 다른 환경법에서 수립된 복원기준을 기

---

264) 이러한 문제는 폐광된 금속광산 지역의 경우에서 여실히 드러나고 있다. 폐광된 금속광산의 오염방지사업의 경우, 폐광된 금속광산의 오염원인자를 찾을 수 없기 때문에 해당 지자체가 복원사업을 실시할 수밖에 없다. 그러나 폐광된 금속광산들이 일정한 지역에 편중되어 있으며 해당 지자체의 열악한 재정을 고려할 때, 중앙정부에서 일부 복원 비용을 부담하더라도 지자체에서는 폐광된 금속광산의 오염지역을 적극적으로 복원하기 어려운 것이다. 박용하 외 5, 토양오염지역의 관리 및 복원방안 연구 I, 137쪽.

초로 하고 있고, 특히 폐기물법인 RCRA와는 상호보완적 적용을 통해 서로 중복되는 부분이 있으나, 주어진 법의 영역에서 오염지역의 문제를 처리한다. 독일의 경우도 환경책임법(UmweltHG) 이전에는 환경침해로 인한 책임법제가 체계적이지 못하고 오늘날의 기술적인 시설의 위험에 대해서 충분히 규율하지 못하고 있었으나,265) 환경책임법제정으로 환경매체의 구분 없이 일정한 시실로부터 발생하는 환경침해로 인해서 손해가 발생하면은 이 법을 적용할 수 있다.

우리나라의 경우 토양오염지역의 관리 및 복원 시에 토양환경보전법, 지하수법, 폐기물관리법 등 관련법들이 각각 독립되어 있어서 토양 및 지하수 오염지역의 처리 범위에 공백이 생기거나 또는 서로 충돌하는 문제가 발생한다. 예를 들면, 토양오염물질이 토양과 지하수를 오염시켰으나 토양에 존재하는 오염물질의 농도가 우려기준 이하일 경우가 있다. 또는 토양환경보전법과 지하수법, 먹는물관리법에서 정하지 아니한 새로운 물질에 의해 토양 및 지하수가 오염되고 이로 인하여 인체와 환경위해성이 유발되었을 경우, 이러한 오염을 특정한 환경법 테두리에서 다루기가 어려운 상태이다.

---

265) 물론, 물의 물리·화학적, 생물학적 성질의 변경(§22 WHG)과 핵 에너지(§§25ff. AtomG)를 통하여 발생할 수 있는 손해를 위한 충분한 위험책임법적인 규정이 있었고, 연방광산법(BBergG) 제114조도 이에 상응하는 위험책임규정이 있었으며, 그 밖에 유전공학법(GenTG) 제32조, 항공교통법(LuftVG) 제33조 등이 위험책임을 규정하고 있었다. 그리고 독일민법(BGB) 제906조 제2항 제2문과 연방임미시온방지법 제14조 제2문의 책임규정은 토지소유자나 토지점유자로부터 초래되는 손해를 위한 책임만을 희생책임으로 규정하고 있었다. 그러나 환경침해는 대부분 과실 있는 행위로 일어나는 것이 아니라, 환경을 해치는 기술적인 시설이 잘못되어 일어나는 것이기 때문에 특히 기술적인 시설과 관련해서 부당할 때가 많았다. 全京暈, 환경사법론, 집문당, 2009, 203쪽.

2. 책임규정의 정립

CERCLA §101(20)(A)에는 PRPs에 속하는 '소유자 및 운영자'의 정의와 범위에 대해 자세히 규정하고 있다. 또한 논쟁이 되는 문제로서 '소유자 및 운영자'의 정의가 판례에 따라 확대되고 명확하게 제시되어 있다. 책임의 항변 및 면제에 관한 규정도 명시적으로 되어 있으며, 이 또한 법원의 판례를 통해 발전되어 왔다. Stringfellow 부지[266]에서의 소송사건 중에서 1987년 판례는 "폭우는 예외적인 자연현상이 아니라 예측가능하고 방지할 수 있기 때문에 CERCLA §107의 책임의 항변 규정에 적용되지 않는다.'고 내린 판결은 PRPs를 설정하는 데 발전되는 과정으로 이해된다고 하겠다. CERCLA에서는 책임체계에 대한 명확한 규정은 명시되어 있지 않지만, 판례를 통해 무과실책임, 연대책임, 소급책임이 정립되고 있다.[267]

---

266) Stringfellow Site는 전체 약 2만평(68,796㎡)으로 캘리포니아 Riverside County로부터 북서방향으로 8㎞, Glen Avon지역으로부터는 북쪽으로 1.6㎞에 위치하고 있는데, 이 부지는 1956년부터 Stringfellow Quarry Co. Inc.가 유해폐기물 처리공장을 운영하여 산업폐기물 13만㎡ 이상이 토양에 매장되어 있었다. 그러다가 1969년의 집중호우로 인해 처리지가 범람하여 Pyrite Creek와 수로가 오염된 이후 지역사회의 요구에 의해 이곳은 1972년에 자진 폐쇄되었다. 그러나 부지 내 지하수는 여러 가지 VOCs, 과염소산염, 니트로소디메틸아민 및 중금속 등으로 오염되어 있었고, 토양 또한 살충제, PCBs, 황산 및 중금속 등으로 오염되어 있었다. 독성물질관리부(DTSC)에서 2001년 5월 조사한 결과에 의하면, 인체 위해성의 경로가 오염된 지하수나 토양을 통해 우연한 섭취함으로써 발생한 것으로 밝혀졌다. 이 부지는 캘리포니아주 최초로 연방 Superfund부지(NPL)로 등록되었으며, 그동안 4개 구역으로 나누어 복원조치가 실시되었는데, 1996년 이후 EPA는 15년 동안 계속된 소송을 통해 주정부와 11만개 이상의 유해폐기물을 처리한 PRPs는 미래의 정화비용과 운영·유지비용으로 200만 달러를 부담하는데 합의하였다. 김홍석 외 연세대학교 산학협력단, 토양·지하수 경제적 가치평가 및 사례조사 연구, 환경부, 2008. 12, 45-46쪽.

267) 일반적인 Superfund 소송사건과 같이 Stringfellow 부지의 소송사건도 i) 책임문제, 특히 연대책임의 적용문제, ii) 배상 및 피해액, iii) 비용 할당 등 세단계로 15년 동안 소송이 진행된 바 있다.

독일의 경우도 연방토양보호법(BBodSchG)에 토지소유자, 토지
에 대한 사실상 지배를 가진 자는 사실상 상태책임을 지는 것으로
규정(제4조 제3항)하고 있으며, 구체적으로 상태책임을 확장하여 소
유권을 포기하였다 하여 그 책임이 면제되지 않고, 오염토지의 소유
자에 대한 지배권한을 가진 자(Durchgriffshaftung), 그리고 소유권
을 양도한 전 소유자에 대해서도 상태책임을 확대하였다.268)

현재까지는 우리나라에서 이와 같은 오염원인자의 확인에 따른
행정 조치가 수행된 바 없다. 그러나 우리나라에서도 토양환경평가
제도가 2002년 신설되고 운영되고 있으므로 환경부가 이러한 조정
역할을 해야 할 시기가 되었다고 하겠다.

가. 무과실책임과 소급책임의 적용

유럽국가에서는 원칙적으로 오염자부담원칙을 적용하여 토양오
염 유발자와 오염지역의 소유자 및 점유자에게 토양오염에 대한 무
과실책임을 부담시키고 있다. 토양오염 유발자와 부지의 소유자 및
점유자가 없는 오염부지는 지방당국의 책임 하에 있게 된다. 토양오
염책임자에게 무과실책임, 복수의 오염책임자에 대한 연대책임, 제
한적인 소급책임을 적용하고 있는 점이 공통된 특징이다.

그러나 무과실 책임을 적용하는 기준시점으로 독일은 1990년 7
월 1일을 기준으로 이전의 오염부지에 대해 책임면제를 신청할 수
있으며, 신청자의 자격요건이 충족되면 공적부담으로 필요한 복원기
금을 지원한다. 특히 독일은 우리나라에서와 같이 소급입법을 허용
하고 있지 않기 때문에 원칙적으로 소급효를 부정하고 있으며 1990

---

268) 韓貴鉉, "土壤汚染과 汚染土壤淨化責任의 法理", 285-286쪽.

년 환경법(UmweltHG) 시행이전의 부동산 소유자에 대하여 책임면 제규정에 따라 환경피해 책임을 면제하고 있다.[269] 미국의 경우는 CERCLA에서 책임체계에 대한 명확한 규정은 명시되어 있지 않지만, 판례를 통해 PRPs(잠재적 책임당사자들)에 대하여 무과실책임, 연대책임, 소급책임을 적용함으로써 토양오염지역에 대한 소급책임의 인정이 유럽 국가들과는 다르다.

토양오염방지에 관련된 법의 시행일을 기준으로 이전의 오염책임에 대해서는 공적부담으로 복원하는 독일의 정책적 제도는 우리에게 시사하는바가 크다.

나. 토양오염부지의 매매계약상 책임

영국의 경우는 부지의 매매 시에 "구매자주의원칙 (Caveat Emptor 또는 let the buyer beware)"을 적용하여, 부지를 매매할 때 매도인은 매수인에게 용도의 제한에 대해 알려주어야 할 법적 의무가 없다. 따라서 선의의 토지 소유자도 부지의 정화에 책임을 부담하여야 한다. 독일은 특정한 조건 하에서는 과거의 소유자에게도 책임을 부담시키며, 오염원인을 제공하지 않은 선의의 현재 소유자의 책임은 그 토양의 가치범위 내에서 결정된다. 우리나라도 무과실책임을 적용하여 토양오염유발시설을 인수한 자가 선의이며 과실이 없는 때에는 원인자책임에서 면제될 수 있도록 규정하고 있는 것은 독일과 비슷하다. 그러나 이 나라들은 선의·무과실의 조건을 명확하게 규정하고 있는 반면, 우리나라는 이러한 선의·무과실의 판단기준에 대해 명확하게 규정하고 있지 않기 때문에 부담해야 하는

---

269) 박용하 외 4, 토양오염지역의 관리 및 복원방안 연구Ⅱ, 122-124쪽.

복원책임을 회피하기 위한 소송이 남발될 수 있다는 것이다.270)

다. 다수원인자간의 책임분담 방법과 절차

우리와는 달리 외국은 토양오염의 다수원인자간의 연대책임에 관하여 구체적인 책임분담 방법과 절차를 규정하고 있거나 또는 행정재량에 의하도록 하고 있다. 영국의 경우 복수의 오염원인자 간 책임부담 순서 및 절차를 법에서 자세하게 규정하고 있고, 또 미국, 독일 등은 법에 규정하고 있지는 않으나 책임분담기준과 절차를 마련하여 이를 행정재량에 맡기고 있다. 영국의 경우 면책평가 절차를 수립하여 복수의 오염유발자와 토지의 소유자 및 점유자간의 책임분담 절차를 법령에 세부적으로 규정하고 있는데, 오염유발자 중에서 오염에 대해 가장 큰 책임자를 결정할 때 여섯 종류의 '면책평가(exclusion tests)'를 적용한다. 특이한 점은 오염물질의 유무보다는 위해성에 책임이 있는 사람을 찾는 것에 초점을 두고 있다. 토지의 소유자 및 점유자에 대해서도 면책평가를 실시하여 토지의 자산가치와 이해관계가 없는 사람들은 책임부담에서 제외된다. 오염책임자에게 책임을 분담시킬 때도 토양오염 유발자와 부지의 소유자 및 점유자를 구분하여 분담시킨다. 이때 토양오염 유발자는 각각의 상대적인 책임과 특별한 접근법을 고려하여 할당되며, 토지의 소유자 및 점유자는 토지에서 갖는 권리의 자산가치에 비례하여 할당된다.271)

이와 달리 독일은 정화조치에 대한 비용을 상환해야 하는 오염

---

270) 박용하 외 4, 앞의 논문, 124-125쪽.
271) 박용하 외 4, 앞의 논문, 126-127쪽.

책임자의 결정을 행정재량에 의하도록 하고 있으며, 복수의 오염책
임자들은 그 상환비용에 대해 서열을 규정하지 않고 연대채무로 부
담토록 하고 있다. 그러나 구상권 규정에 따라 각 오염정도에 따른
기여분에 상응한 구상권을 행사하여 원인기여비율에 의한 상호 책
임을 배분하고 있다. 즉 어느 한 오염책임자가 부지를 복원한 경우
다른 오염책임자에게 구상권을 행사하여 기여비율에 의한 비용을
상환 받을 수 있게 된다.

우리나라 토양환경보전법은 복수의 오염책임자에 대해 연대책임
을 채택하고 있지만 이에 대한 자세한 세부규정 없이 행정재량에
맡기고 있는 점은 미국, 독일 등과 유사하다. 그러나 행정체계가 이
들 나라와 다르고, 연대책임의 분배에 따른 구체적인 지침이 없다는
점에서 차이가 있다. 따라서 영국 등의 법에서 규정하고 있는 오염
원인자 간의 책임부담 순서와 결정절차를 우리 법제에 반영할 필요
가 있다고 하겠다.272)

라. 토양오염지역의 복원이익 환수

독일에서는 토지 지가 상승분을 정부가 회수할 수 있는 가액조
정금제도를 적용하여 오염토양의 복원으로 인하여 당해 토지의 가
치가 상승하게 되면 그 상승분을 복원에 참여하지 않은 부지 소유
주로부터 복원비용으로 상환 받는다. 또 이와 같은 가액조정금 제도
는 공적 부담으로 실시한 정화조치비용의 전부를 의무자로부터 상
환할 수 없는 경우에 비용부담규정을 보완하는 기능과 토지에 대한

---

272) 박용하·박상열·양재의, "토양오염지역의 책임에 관한 우리나라, 미국, 영
국, 독일, 네덜란드, 덴마크 법과 제도의 비교분석 및 우리나라 정책개선방향",
환경정책연구 제3권 2호(통권 5호), 한국환경정책·평가연구원, 2004, 53쪽.

공용부담의 성격을 갖는다. 독일의 가액조정금제도와 같이 오염원인자부담원칙을 적용할 수 없는 경우 수익자부담원칙을 적용하여 토양복원사업으로 편익을 수혜 받는 사람에게 비용을 상환 받는 것도 우리나라에서 고려해 볼만한 제도이다.

3. 오염부지에 대한 복원기금

미국에서 Superfund 오염부지의 복원비용을 조달하는 체계는 크게 두 가지로 구분할 수 있다. 오염부지의 원인자로부터 복원비용을 부담케 하거나 또는 Superfund에서 부담하는 것이다. 오염부지의 원인자가 분명할 경우, 이는 오염원인자가 복원비용을 부담하는 것으로 이에 대해서는 정부에서 이에 대한 비용을 지불할 필요가 없다. 그러나 오염원인자(책임당사자)가 복원비용을 지불할 수 없는 경우, 오염원인자를 결정하는 과정에서 복원이 이루어질 경우 이에 관해서 사전에 지불되어야 하는 재원, 또는 오염원인자가 명확하지 않을 경우 등에 대해서는 26 U.S.C. 9507에 의거하여 Superfund 기금을 이용하고 있다.[273]

RCRA 시설 및 부지의 복원기금은 TSD 시설의 소유자와 운영

---

273) Superfund 기금은 국고보조금과 Superfund Trust Fund (Superfund 신탁기금)로 구분된다. 국고보조금은 정부 차원의 매년 연간 예산으로 책정하는 것이다. Superfund 신탁기금의 근원은 정제원유와 수입 석유생산물에 붙는 소비세, 수입 화학물질에 붙는 소비세, 특별 환경세, 기타 재정원(PRPs로부터 받은 손해배상액, 수질관리법의 제311조제(b)항 제(6)호의(B)에 따라 징수된 모든 범칙금, 그리고 CERCLA에서 규정하고 있는 법규를 어긴 경우에 부과되는 범칙금(42U.S.C.9609), Superfund에 의한 징벌적 손해배상금 (42U.S.C.9607(c)(3))과 이자수익 등)이다. 이 Superfund 기금은 1995년까지 연간 17억 5천만 달러(Superfund Trust fund 15억 달러, 국고지원금 2억5천만달러)이었으며, 이후 약간씩 감소하여 2002년 예산에서는 12억 7천만 달러를 책정하고 있다. 박용하 외 5, 토양오염지역의 관리 및 복원방안 연구 I, 138쪽.

자가 마련한 복원준비금을 이용한다. 그러나 시설의 소유자나 운영자가 파산상태에 있는 시설의 경우에는 Superfund 프로그램에 의거하여 Superfund가 오염 시설 및 부지의 복원에 사용된다.

우리나라에서는 오염토양 복원을 위한 재원의 확보에 대하여 명확히 규정하고 있지 않다. 때문에 오염지역의 책임자가 명확하지 않고 책임당사자가 이에 대한 비용을 지불할 수 있는 능력이 없는 오염부지의 복원은 현실적으로 실행하기 어렵다. 또한 긴급한 위해성으로 인해 오염부지의 책임자에 의한 후속 조치를 실시할 때까지 기다릴 수 없는 경우에도 이를 국가의 기금으로 조치하기 어렵다. 우리나라의 토양환경보전법 제19조 제3항은 복원사업의 시행 및 감독책임을 시·도지사로 규정하고 있으며, 법제19조 제5항은 개선사업을 실시하는 지방자치단체에 대해 정부의 기술적·재정적 지원을, 제26조는 '예산의 범위 안에서' 토양보전사업에의 국고보조를 규정하고 있지만 이에 대한 자세한 규정은 없다. 따라서 시·도지사가 복원사업을 실시할 경우, 토양복원을 위한 특별예산이 마련되어 있지 않기 때문에 일반예산으로 비용을 책정하여야 한다. 그러나 토양복원사업은 과시성 사업이 아니므로 예산배정의 우선순위에서 밀려날 수밖에 없다. 이를 볼 때, 토양환경보전법에서 제시하고 있는 오염지역의 복원재원의 조성방법은 현실성이 없다.274)

현재까지 우리나라에서 토양오염보전대책지역으로 지정한 사례가 없는 것의 가장 큰 이유 중의 하나는 위와 같은 예산의 문제라고 생각된다. 물론 법으로 정부가 예산을 지원하도록 하고 있지만, 이는 일부 보조금에 지나지 않으므로 해당 지방자치단체가 자체적으로 오염지역을 복원하는데 있어서는 턱없이 부족한 실정에 있다.

---

274) 박용하 외 5, 앞의 논문, 139쪽.

따라서 유럽의 제도와 미국의 CERCLA상의 Superfund 프로그램과
같이 기금의 조성 및 기금의 이용은 우리나라의 법제도와 정책방향
을 설정하고 추진함에 있어 선도적 모델 사례가 될 수 있을 것이다.

제 **4** 장 　토양오염사고의 사법적 구제

제1절 환경오염피해의 구제법리

Ⅰ. 서언

　　오늘날 고도의 산업화와 과학기술의 발달은 인류에게 편의성을
증대시켜 주는 한편 필연적으로 새로운 형태의 사고가 야기되고 있
다. 즉, 산업재해, 교통사고, 의료사고, 제조물결함사고, 그리고 환경
오염사고 등이 그것이며, 이에 대한 배상책임 등을 놓고 법적분쟁이
크게 증가하고 있는 추세에 있다. 그 가운데 환경오염사고는 계속적
인 침해로서 사람의 건강, 재산 및 환경에 광범위하게 유해한 영향
을 줄 뿐만 아니라, 이는 또 간접적으로 시간적 간격을 두고 일어나
는 침해라는 특질 때문에 다른 유형의 사고에 비해 가해자의 특정
이 어렵고 인과관계의 입증이 매우 곤란하여 피해구제실현에 적지
않은 어려움이 있게 된다.1)

　　일반적으로 환경오염피해에 관한 구제방법으로는 먼저 신속·간
편한 절차로 분쟁을 효율적으로 해결하고자 하는 목적으로 설치된
환경분쟁조정법상의 환경분쟁조정위원회에 알선, 조정, 재정 등을
신청하는 경우2)와 또는, 법원에 소송을 제기하는 방법으로 나눌 수

---

1) 具然昌, "環境汚染의 私法的 救濟 再照明", 環境法硏究 제11권, 韓國環境法學會,
　 1989, 152쪽.

있다. 토양환경오염의 피해에 대해 소송을 제기하는 경우에는 환경
보호를 위해서 공법적인 규제권을 가지고 있는 행정기관에 그 규제
조치의 발동을 청구하는 행정소송과 사법적 구제로서 민사상 손해
배상청구 또는 오염물질의 배출의 중지를 구하는 유지청구 및 계약
상의 책임을 지우는 방법 등이 있다.

　　손해배상청구는 환경오염으로 인하여 손해를 입은 경우에 이를
금전으로 배상받는 것이고 그 손해는 피해자의 건강, 신체, 재산에
대한 유형적 손해뿐만 아니라 정신적 고통과 같은 무형적 손해도
포함되는데 이는 피해구제수단으로서 가장 보편적인 방법이라고 할
수 있다. 또 손해배상청구소송에 의한 구제의 강화 내지 엄격한 실
현은 다른 한편으로 오염발생을 자발적으로 억제하게 하는 일반예
방적 효과를 가져다준다.3) 일반적으로 환경오염의 특수성을 고려해
볼 때, 피해자인 개인이 전통적인 민법이론과 절차에 따라서 오염발
생자의 불법행위책임을 추급하는 것은 반드시 용이한 것은 아니다.
가해자의 고의 또는 과실이 있어야 하고, 또 가해행위와 피해의 발
생과의 사이에 인과관계가 있음을 입증하여야 하며, 더구나 불특정
내지 다수의 가해자가 있을 경우에는 책임분담관계를 엄밀하게 결

---

2) 환경분쟁조정제도는 소송외의 대안적 분쟁해결(Alternative Dispute Resolution)
　　의 한 방안으로서 환경분쟁조정법 제2조에 정한 "환경피해"(사업활동 기타 사
　　람의 활동에 의하여 발생하였거나 발생이 예상되는 대기오염, 수질오염, 토양
　　오염, 해양오염, 소음·진동, 악취, 자연생태계파괴, 일조방해, 통풍방해, 조망저
　　해 그 밖의 대통령령이 정하는 원인으로 인한 건강·재산·정신에 관한 피해, 단,
　　방사능오염으로 인한 피해는 제외)로 인한 분쟁의 알선·조정 및 재정의 절차를
　　통하여 환경분쟁을 신속 공정하고 효율적으로 해결하고 환경보전과 국민의 건
　　강 및 재산상의 피해구제를 목적(동법 제1조)으로 환경부에 '중앙환경분쟁조정
　　위원회'를, 특별시·광역시·도에 '지방환경분쟁조정위원회'를 각각 설치(동법
　　제4조)하여 운영하고 있는 제도이다.
3) 李東旡, 環境訴訟에 있어서 立證責任緩和에 관한 硏究, 漢陽大學校 大學院 博士
　　學位論文(2006), 44쪽.

정짓는 것은 거의 불가능하기 때문이다.4) 그리고 환경침해로 인한 계약상 담보책임 등과 관련하여 계약법상의 책임이 논의되고 있다. 이러한 계약상의 환경책임에 관해서 독일의 판례에서는 다수 인정되었고, 우리나라에서도 최근에 와서 환경침해문제를 계약법상의 책임과 연관시켜 보자는 논의가 점차로 학설과 판례에서 다루어지고 있다.5)

따라서 이하에서는 환경오염의 사법적 구제에 관하여 그 법률적 구성을 검토하고, 특히 토양오염에 대한 실체법적인 측면과 절차법적 측면에서 해결을 아울러 논의하고자 한다.

II. 피해구제의 법적 구성

환경오염피해사건에서 어떠한 법적 이론구성에 기하여 손해배상청구와 유지청구를 하는가 하는 문제는 단순히 청구권의 존부의 판단과 관련된 문제에 그치지 아니하고, 당사자의 적격, 입증책임 배분 등과도 밀접한 관계가 있기 때문에 매우 중요하다고 할 수 있다.6) 우리 민법은 제217조(매연 등에 의한 인지에 대한 방해금지)에서 토지이용으로 인하여 생긴 매연, 열기체, 액체, 음향, 진동 등의 영향으로 이웃토지의 사용이 방해되거나 이웃 거주자의 생활에 고통을 주는 경우를 규제하고 있다. 이를 영미에서는 nuisance(생활방해), 독일에서는 Immission7), 일본에서는 공해 등의 용어로 각 부르

---

4) 洪天龍, "環境汚染 被害의 救濟: 損害賠償請求와 留止請求", 7-8쪽.
5) 全京暈, "環境侵害被害의 私法上 救濟法理", 環境法研究 제25권 2호, 韓國環境法學會, 2003. 12, 359-362쪽.
6) 吳錫洛, 環境訴訟의 諸問題, 24쪽.
7) "Immission"이라는 단어는 'immittere'라는 동사의 명사형으로, '안쪽으로 보내

202

고 있다. 이와 같은 임미시온 규정8)은 물권적 방해배제청구권과 임미시온으로 인한 손해배상청구권의 범위를 구체화하여 임미시온으로 인한 피해의 사법적 구제를 뒷받침하는 기능을 하고 있다.9)

1. 각국의 임미시온 규제의 입법례

가. 영미법상의 불법행위법적 구성

영미법은 우리나라 민법 제217조에 해당하는 임미시온에 대해서 nuisance(생활방해)라 하고 손해배상이나 유지청구를 모두 불법행위 문제로 일원적으로 구성하고 있다. 이 영미법상의 nuisance는 13세기 당시 불법방해 배제영장(assize of nuisance)에서 그 기원을 찾아볼 수 있다.10) 특히 미국에서 nuisance에 관한 법리가 확립하게 된

는 것' 내지는 '안쪽으로 이끄는 것'으로 해석되며, 따라서 임시시온이라 함은 어떤 물체가 어떤 한 토지로부터 그의 경계를 넘어서 다른 토지로 넘어가는 과정을 의미한다. 이러한 토지의 경계를 뛰어 넘는 속성으로 말미암아 불가량물(不可量物)이 인접토지에 영향을 미치게 되는 것이고, 그밖에 이러한 물질들이 '적극적'으로, 예컨대 유입 내지 진입해 들어가는 식으로 이웃토지에 영향을 미쳐야 한다. 안경희, "環境侵害에 대한 民事法的 救濟", 環境法硏究 제28권 3호, 韓國環境法學會, 2006, 7쪽.

8) 우리나라 민법 제217조 조문에 "매연 등에 의한 인지(隣地)에 대한 방해금지"로 되어 있어 그 용어가 다소 긴 느낌이 있으므로 이 논문에서는 편의상 규정의 위치 및 내용이 가장 우리와 유사한 독일민법 §906와 같이 Immission(임미시온)이라는 용어를 그대로 사용하기로 한다.

9) 郭潤直 편집대표, 民法注解[V] 物權(2) 제217조(柳元奎 집필부분), 博英社, 1992, 288-289쪽.

10) 처음에는 가해자의 토지 상의 행위에 의하여 피해자의 토지의 점유를 침해하는 불법행위에 대해서만 허가되었던 것으로서 침탈 부동산 점유회수소송(assize of novel dission)을 보충하는 구제제도로서 나타난 것이었으나, 시대의 경과에 따라 불법방해배제영장은 그 이후의 유사한 제도인 nuisance 제거영장(wirt of quod permitt aprosternern)과 함께 보통법상의 nuisance소송(action upon the case for nuisance)으로 갈음되어, 이후에도 그대로 nuisance로 불려지게 되었다. 즉, 15세기에는 nuisance소송에서 방해배제적인 구제방법이 사라

Restatement[11] 제822조는 우선 nuisance의 성립요건을 규정하면서 다음과 같은 요건이 충족된 경우에는 가해자는 토지의 사적 이용과 향유에 관한 다른 사람의 이익의 비불법적 침해(nontrepassory invasion)에 대하여 손해배상책임 소송에서의 책임을 진다고 하였다. 첫째, 피해자가 방해된 사용 또는 향유에 관하여 재산권 또는 특권을 가지고 있을 것, 두 번째, 피해가 실질적일 것,[12] 세 번째 가해자의 행위가 침해의 법적 원인일 것, 네 번째, 침해가 고의 또는 불합리(unreasonable)하거나, 또는 고의는 없으나 과실, 부주의(reckless) 혹은 극도로 위험한 행위(ultra hazardous activities)에 관하여 자기 책임을 지는 경우에 가해자는 침해(nontrespassory invasion)에 대하여 손해배상의 책임이 있다고 규정하고 있다.[13] 이 규정은 주관적 요건으로서 고의·과실 또는 극도로 위험한 행위에 대한 엄격책임

지고 손해배상만에 의한 구제로 전환되었고, 16세기 후반부터 계속소송(successive suit), 반복소송(repeat suit)으로 인한 제도적 수정이 불가피하여 생활방해(private nuisance)의 구제방법으로서의 손해배상은 보통재판소에서, 유지청구는 형평재판소에서 각각 다루다가, 영국에서는 1873년의 최고재판소 설치 이후 한 개의 소로서 보통법상의 손해배상과 형평법상의 유지명령이 함께 처리되고 있다. 자세한 것은 全昌祚, "公害의 私法的 救濟의 法理에 관한 研究", 39쪽 이하.

11) 1939년 America Law Institute에 의하여 체계화된 Restatement of the law of Tort가 발표되면서 nuisance의 법리가 확립되었으며, 그 이전에는 두 개의 다른 법익보호를 목적으로 하는 법영역이 존재하는 것으로 인식되었는데 그 하나는 사적이익의 침해에 대한 보호를 목적으로 하는 오늘날 민사상의 불법행위의 일분야를 이루는 법영역이고, 다른 하나는 일반 공중의 이익의 침해에 대한 보호를 목적으로 하는 오늘날 형사상의 경범죄법의 한 분야를 이루는 것으로서 현재는 public nuisance라고 불리우는 것이다. 吳錫洛, 環境訴訟의 諸問題, 31쪽.

12) 침해에 따른 실손해의 존재를 뜻하는 것으로서 일반적, 우연적인 손해의 발생을 배제하는 개념이며, 실질성의 존부는 침해가 토지의 물리적인 상태에 관한 것일 때에는 그 침해상태 자체에 대하여 결정되나, 침해가 거주권에 관한 것일 때에는 단순히 피해자의 개인적 기호나 감정, 인격 등에 의하여 결정되지 않고 평균인을 기준으로 하여 그 존부를 결정하게 된다.

13) 吳錫洛, 앞의 책, 30-31쪽; 全昌祚, 앞의 논문, 40쪽.

(strict liability for ultra-hazarous activity) 등을 요구하고 있으나, 오늘날 이러한 주관적 요건들은 거의 고려의 대상이 되지 않으며 오직 객관적 요건의 중요성만이 인정되고 있다.14) 이러한 객관적 요건으로서는 손해의 실질성, 손해의 불합리성, 법적 인과관계 등 세가지를 들고 있다.15)

요컨대, 영미법에서는 침해행위가 위와 같은 요건을 구비하는 경우에는 nuisance를 불법행위 문제로 다루어 손해배상을 인정하고, 형평법상의 유지명령을 예외적인 것으로 구성하고 있다. 즉, 계속성·반복성을 가지는 private nuisance에 있어서는 과거의 손해의 전보만을 목적으로 하는 손해배상만으로는 불완전하며, 계속소송(successive suit)이나 반복소송(repeat suit)의 폐단을 제거하기 위하여 장래의 방해의 제거 또는 예방으로서 유지명령(injunction)을 인정하고 있다. 유지명령의 경우에는 이른바 균형적 형평(balancing the equities) 또는 균형적 편의(balancing the convenience) 등이 그 판단기준이 되어 유지명령의 발령여부가 결정되게 된다.16) 또한 '계속적인 환경오염피해(permanent nuisance)'가 존재함에도 불구하고 유지청구가 부정되는 경우에는 '유지청구에 갈음하는 배상(damage in lieu of injunction)'을 인정하고 있다.17) 다만 손해배상보다 원상

---

14) 이것은 nuisance법리 자체의 변화라기보다는 오히려 영미법의 불법행위를 둘러싼 책임이론 일반의 변화 내지 발전에 영향을 받은 결과라 할 수 있다. 즉, 행위자의 주관적 양태는 거의 고려됨이 없이 행위의 결과의 양태만에 의하여 책임이 유무가 결정된 일종의 엄격책임의 시대에서 행위자의 주관적 양태, 즉 고의 과실을 문제삼게 된 과실책임의 시대로, 그리고 위험책임(liability ultra hazardous activities)의 시대로의 발전의 영향을 받은 결과라고 볼 수 있다.

15) 吳錫洛, 앞의 책, 31-32쪽; 仝昌祚, 앞의 논문, 42쪽.

16) 박영우, "근린방해에 관한 입법례와 민법 제217조", 法曹 제28권 제4호, 法曹協會, 1979. 4, 58쪽.

17) 프랑스법에서도 근린방해(troubles de voisinage)의 구제수단은 마찬가지로 유지청구와 손해배상 모두를 불법행위책임의 효과로서 취급된다. 仝昌祚, 앞의

회복을 원칙으로 하는 점에 특색이 있고, 그 원상회복의 방법으로서
는 개선명령과 유지명령이 있다.18)

나. 독일의 물권법적 구성

독일에서는 민법 제1004조19)에 의하여 환경오염피해에 대해서 피
해자가 소유권에 기한 방해제거청구권(Beseitigungsanspruch)과 방해
예방청구권(Unterlassungsanspruch)을 행사할 수 있고, 이러한 청구권
은 제906조에 의해서 비본질적인 침해나 장소통상적 이용(ortübliche
Benutzung)으로 인한 침해인 경우에는 인용할 의무가 부과된다. 이때
피해자가 장소통상적 이용이나 자기의 토지의 수익을 기대할 수 있는
정도를 넘어서 침해하는 경우에는 피해자의 희생에 대하여 조정적 보
상청구권(Ausgliechsanspruch)이 주어지게 된다.20) 즉, 제906조에
Immission에 관한 규정을 두어 제1항에서 '임미시온이 중대한 것이
아니거나 그 지역에 통상적인 것이어서 적당한 조치로 방지할 수 없
는 경우에는 이를 인용하여야 한다.'라고 규정하고, 동조 제2항에서는
이 인용에 대하여 기대되는 한도를 넘어서 경제적 이익을 침해당한
경우 보상청구권을 인정하고 있다. 이와 같이 Immission을 상린관계
에 있어서의 소유권의 효력범위로 구성하여 유지청구를 중심으로

논문, 55쪽; Walsh W. F., A Treatise on Equity, p. 288.
18) 木宮高彦, 公害槪論, 有斐閣, 1974, 27頁 參照.
19) BGB 제1004조 제1항은 '소유권이 점유의 침탈이 있는 경우에는 소유자는 방
해자에 대하여 그 침해의 배제를 청구할 수 있고, 만일 계속하여 침해될 우려
가 있을 때에는 그 침해의 정지를 청구할 수 있다.'라고 규정하고 있으며, 제2
항에서는 '소유자가 수인할 의무를 진 경우에는 청구할 수 없다.'라고 규정하
고 있다.
20) 그리고 불법행위에 기한 손해배상청구는 독일민법 제823조 제1항과 제2항에
의해서 행하도록 하고 있다. 全京暈, 환경사법론, 31쪽.

하도록 하고 조정적 보상을 예외적인 것으로 구성하고 있는 점에서 영미법상의 태도와 대비된다고 하겠다.[21] 또한 기업에 관해서 "연방 임미시온방지법(BlmSchG)"[22]이 특별법으로 존재하여 제14조에서 동 법에 의해 인가를 받아 설립된 설비에 의하여 침해가 초래된 때에 는 영업정지를 구할 수 없으며, 다만 Immission을 방지하는 시설의 설치가 기술적 혹은 경제적으로 불가능한 경우 손해보상만을 청구 할 수 있다고 규정하여 독일민법 제906조의 내용을 제한하고 있 다.[23] 이렇게 인가된 시설이 상린관계법적인 제거청구권이나 유지청 구권으로부터 영향을 받지 않는 이유에 대해서는 다음과 같은 설명 이 된다.[24] 표면적으로는 국가의 권력적 행위가 민사법정의 판결에 의해서 다시 판단되어져서는 안 된다는 것이고, 보다 깊은 이유는 Immission의 문제는 미리 검토되어져서 인가의 수여나 거절을 이끌 어야 한다는 것이다. 이러한 Immission 문제의 사전판단은 공공 (Allgemeinheit)과 상린자의 보호뿐만 아니라 한번 창출된 경제적인 가치가 사후에 민사법정의 판결을 통하여 파기되어 지는 것을 방지

---

21) 鄭玩, "環境汚染被害에 대한 民事責任", 環境法硏究 제25권 제2호, 韓國環境法 學會, 2003, 413쪽.

22) 독일의 환경보호에 관한 연방(聯邦) 통일법인 "연방 Immission방지법(Bundes Immissionsschutzgesetz: BlmSchG)"은 본디 법률명칭이 "대기오염, 소음, 진동, 기타 유사한 사상(事象)에 의한 환경에 대한 유해한 영향으로부터 보호를 위한 법률(Gesetz zum Schutz vor schädlichen Umwelteinwirkungen durch Luftverunreinigungen, Geräusche, Erschütterungen und ähnliche Vorgänge Vom 15, März 1974, (BGBI. IS. 721))"로 1973. 2. 14. 연방의회에 제출되어 1974. 3. 15.자 통과되었고, 동년 3. 21.에 공포된 후 약간의 수정을 거쳤다. 鄭 在吉, "西獨의 Immission保護法", 法學 제22권 제1호, 서울大學校 法學硏究所, 1981. 3, 181쪽.

23) 따라서 Immission에 있어서는 이른바 공공성이나 선주성(先住性)의 문제는 일 어나지 않는다고 할 수 있다. 吳錫洛, 環境訴訟의 諸問題, 27쪽.

24) Baur, Jürgen F./Stürner, Rolf, Lehrbuch des Sachenrechts, 16. Aufl., München 1992, S. 256.; 全京暈, 환경사법론, 1998. 3, 66쪽.

207

하는 효과를 가진다는 것이다. 이와 같이 독일민법 제906조 제2항 후문과 연방임미시온방지법 제14조의 관계를 살펴보면,25) ① 침해의 정도가 중요하지 않은 비본질적인 침해의 경우에는 가해 토지이용의 금지도, 손해배상도 모두 다 청구할 수 없고, ② 장소적 관행이 아닌 토지이용으로부터 중대한 손해가 초래된 경우 또는 장소적 관행상 영향이 적당한 방지조치에 의하여 방지할 수 있음에도 불구하고 방지를 하지 않아서 중대한 침해가 초래된 경우에 피해자는 독일민법 제906조에 의하여 가해토지의 이용을 금지할 수 있다. 그러나 피해가 행정청의 인가를 받은 시설에 의하여 초래되는 때에는 이를 청구할 수 없고 그 대신 방지시설의 설비나 보상만을 청구할 수 있으며,26) ③ 침해가 토지의 장소적 관행상의 이용에 의하여 초래되고 또 상당한 방지조치를 하여도 이를 방지할 수 없는 경우에는 피해자는 중대한 침해를 받더라도 가해 토지이용의 금지를 청구할 수 없고 경우에 따라 조정적 보상만을 청구할 수 있을 뿐이다. 이 경우에는 민법상 이미 손해배상청구권이 존재하지 않으므로 연방임미시온방지법 제14조는 적용될 여지가 없다 하겠다. ④ 또한 불법행위법상의 손해배상청구권 및 환경책임법에 의한 손해배상청구권은 책임을 그 요건으로 하며 배상액도 전부이므로 상술한 내용과는 다르다. 따라서 환경오염피해의 구제는 물권법적인 측면에서 유지청구를 중심으로 하고, 조정적 보상청구를 예외적으로 인정하고 있다는 점에서 영미법상 nuisance가 불법행위의 문제로 다루어지는

25) 鄭在吉, "西獨의 Immission保護法", 195-196쪽.
26) 이때 원고는 침해의 존재만 입증하면 되고, 침해가 중대하지 않다거나 장소적 관행상의 이용에 의하여 초래되고, 또 경제적으로 기대 가능한 조치에 의해서도 이 같은 침해를 방지할 수 없는 성질이라는 점은 피고의 입증책임에 속한다. Soergel/Siebert, Kommentar zum, BGB, Bd, 4, Sachenrecht, 15. Aufl., 1976, S. 107.

것과 차이를 보인다.[27)]

독일연방법원(BGH)은 독일의 환경오염에 관한 선도적 판례의 하나인 용선로(鎔銑爐) 사건(Kupolofen-Fall)[28)]에서 독일민법 제906조 제2항 제2문과 연방임미시온방지법 제14조의 적용을 배척하는 판결을 하였다. 주장사실과 판결요지는 다음과 같다. 먼저 피해자인 원고들은 1980년 11월 말에서 12월 초 무렵 그리고 그다음 특정일에 피고의 사업장에서 산화철 분진(Eisenoxydstaub)이 유달리 많이 배출되었고, 이 용선로 가스의 초과방출은 사업장 설비의 가동과 감독의 결함으로 인해 허용된 배출가스 한계치를 넘은 것으로서 이는 피고의 경영상 묵인으로 발생되었고, 배출된 분진은 원고들 자동차의 라크칠, 유리와 크롬 부위를 부식시켰으며, 이 손해는 위 배기가스 과다 배출된 첫날부터 이미 발생하였다는 것이라는 주장을 제기하였다. 이에 피고는 용선로를 매일 통제, 감독하고 있으며, 최대 방출치를 넘지 않았다고 반박하면서, 원고들이 주장하는 손해는 그들의 공동과실에 기인하고 있다고 주장하였다. 원고들은 1심과 항소심

---

27) 郭潤直, 物權法, 博英社, 1995, 286쪽.
28) 이 사건 피고는 1979년 이래 독일의 한 공업지역에서 선철(銑鐵)과 생강(生鋼)을 용해하여 주조(鑄造)하는 사업장을 운영하는 자이고, 원고는 인근에 위치한 회사에 속한 직원들로서 근무 중 그들의 개인승용차를 피고 사업장의 경계에 위치한 회사 전용주차장에 주차시키고 있었다. 사고는 피고의 용선로에서 배출된 분진으로 인하여 원고들의 자동차에 피해가 발생함으로써 야기되었다. 피고의 사업장은 연방Immission방지법 제4조(§4 BImSchG)에 의하여 인가되었으며, 1980년 1월에 실시한 시설검사에 따르면 용선로의 배기가스에 포함되어 배출되는 분진은 1974년 8월 28일자의 대기 청정유지를 위한 기술적 지침(TA-Luft)에 규정된 한계를 넘지 않았다. 원고들은 피고를 상대로 승용차에 발생한 손해의 배상을 청구하였고, 법원은 독일민법 제906조 제2항 제2문과 연방Immission방지법 제14조의 적용 하여 청구를 받아들이지 않았다. BGH, Urt. v. 18. 9. 1984 - Ⅵ ZR 223/82.; 이 판결에 관하여 자세하게는 安法榮, "民法上 環境汚染事故의 不法行爲責任 再照明", 한림법학 FORUM 제2권, 한림대학교 법학연구소, 1992, 75쪽 이하.

에서 패소하였는데, 항소심은 원고들의 위 손해배상청구가 독일민법 제823조 이하의 불법행위, 제906조 제2항 제2문의 생활방해와 연방 임미시온방지법 제14조의 규정에 의해 성립되지 않는다고 하였다. 즉, 불법행위에 근거한 손해배상청구는 원고가 피고의 직원이 허용 되지 않는 많은 분진을 배출한 과책이 있다는 주장을 하지 않았으 며, 나아가 원고는 피고의 경영에 있어서 손해를 야기 시키는 과정 을 구체적으로 주장하여야 하고, 독일민법 906조 제2항 제2문의 생 활방해와 연방임미시온방지법 제14조는 원고가 피고의 용선로에서 방출된 분진의 영향으로 감소된 부동산의 가치에 대한 보상이 아닌 그들 자동차의 침해로 인한 손해배상을 요구하였기 때문에 적용할 수 없다고 판시하였다. 이 사건은 상고심에서 파기 환송되었고, 그 후 재심리에서 피고는 문제된 일자의 오염물질 방출이 대기청정유 지를 위한 기술적 지침(TA-Luft)의 기준치를 초과하지 않았다는 것 을 입증하게 되어 원고들은 끝내 패소하였다.[29] 이 사건 판결이 우 리에게 보다 본질적으로 시사하여 주는 바는 상린관계에 관한 민법 규정이 갖는 내재적 제한과 해석론에 의한 확장적 적용의 한계라고 할 수 있다. 독일민법 제906조에 상응하는 우리 민법 제217조는 그 규정형식에 있어서 용인의무에 관해 "통상의 용도에 적합한 것"이 라는 것 외에는 그 밖의 상세한 기준을 제시하고 있지 않으며, 특히 독일민법과 달리 무과실의 보상청구권을 인정하고 있지 않기 때문 에 위 독일연방법원이 판결이유에서 전개하고 있는 해석론을 전면 적으로 수용할 수 있는가는 신중한 검토가 요구된다. 다만 긍정적으 로 고려할 수 있는 것은 민법 제217조 제2항의 수인의무가 상린적 토지이용관계에서 환경오염사고 발생의 방지를 위한 주의의무 설정

---

29) OLG Saarbrücken BB 1986, S. 2297.

과 그 위반으로 인한 위법성을 이유 있게 하는 사실의 입증책임 분배의 기준을 제시할 수 있다는 것이다.[30]

다. 일본법의 절충주의적 구성

일본민법은 독일민법 제906조나 우리나라 민법 제217조와 같은 규정은 없으나 독일법의 Immission이나 영미법상의 nuisance에 대응하는 침해현상에 해당하는 것을 '공해(公害)'라고 하였는데, 일본에서 공해란 통속적 개념에서 환경파괴와 같은 의미로 사용되었고, 공해라는 말이 인구에 회자된 것은 1970년대 전반부터이다. 이 공해라는 말은 영미법에서 말하는 public nuisance의 번역된 말이라고 할 수 있는데, 공해라는 용어를 처음 법적으로 개념 규정을 한 것은, 공해대책기본법 2조 1항이다. 본 조에서「'공해'란 사업활동 그 외의 사람의 활동에 수반해 발생하는 상당범위에 걸치는 대기의 오염, 수질의 오탁, 토양의 오염, 소음, 진동, 지반의 침하 및 악취에 의해서 사람의 건강 또는 생활환경과 관련된 피해가 발생하는 것을 말한다.」라고 규정하고 있다. 여러 가지 환경파괴의 태양 가운데 대기오염, 수질오탁, 토양오염, 소음, 진동, 지반침하 및 악취의 7 종류를 한정적으로 공해라고 부르는 것이다.[31] 이러한 공해사건에 대하여

---

30) 安法榮, "民法上 環境汚染事故의 不法行爲責任 再照明", 94쪽.
31) 그리고 이 법적인 의미로서 공해개념은 환경기본법 2조 3항에 그대로 인계되었다.「공해」라고 불리기 위해서는, 통상의 사업활동 그 외의 사람의 활동, 즉 ノーマル・オペレーション(normal operation)과정에서 상기 7종류의 환경피해가 생겼을 경우가 아니면 안 된다. 이 점에 관련하여 탱크로리의 운전기사가 탱크에 파이프를 잘못 접속하는 바람에 적하 유입과정에서 염소가스를 발생케해 주변주민이 염소가스의 흡입에 의한 상해를 입게 한 사건에 대해서, 검찰관이 운전기사를 이른바「공해죄」(공해범죄 3조)를 적용해 기소한 예가 있다. 그러나 최고재판소는 공해죄가 성립하려면 통상의 사업활동에 의해서 발생한 것이 아니면 안 되며 단순한 사고에 기인한 사례는 공해죄를 적용하는 것은

유지청구는 물권법의 영역32)에서, 손해배상은 불법행위법적으로 이론을 구성하는 것이 판례와 다수설이 취하고 있는 입장이다.33)

그리고 가토이치로(加藤一郎) 교수는 환경오염피해를 공작물책임으로 이해하는 경우에 모든 환경오염피해에 적용할 수는 없다는 결점이 있으나 사회적 문제로 되어있는 환경오염은 일정한 시설에서 발생하고 있는 것이 보통이며, 따라서 공작물책임에 의하여 거의 처리될 수 있을 것으로 주장하여 환경오염문제를 무과실책임인 공작물책임의 영역에서 처리하려 하고 있다.

라. 검토

환경오염의 사법적 구제에 관한 법률적 이론구성은 입법례에 따라 상이하나 그 구제수단인 유지청구와 손해배상청구에 관련하여 내용을 중심으로 구분할 수 있는데, 영미법에서는 이른바 nuisance, 특히 private nuisance에 대하여 그 손해배상이나 유지청구 모두를 불법행위의 문제로서 다루고,34) 독일법에서는 생활방해를 Immission으로 파악하면서 일정한 경우에 피해자는 가해자의 고의, 과실, 유책 따위를 따질 필요 없이 독일 민법(BGB) 제1004조에 의하여 방해의 제거와 예방을 청구할 수 있고, 경우에 따라서는 제906조 제2항

적당하지 않다는 판단을 하였다.(大東鐵線塩素ガス噴出事件, 最三判 昭和 62年 9月 22日(刑集 41卷 6号 255頁), 日本エアロジル塩素ガス噴出事件, 最一判 昭和 63年 10月 27日(刑集 42卷 8号 1109頁)) 판결에서 공해는 어디까지나 ノーマル・オペレーション에 의해서 발생한 환경파괴로 한정되어야 한다는 점을 분명히 한 것이다. 松浦 寬, 環境法槪說, 29-30頁.

32) 일본민법은 점유의 보호(제198조)와 점유의 보전(제199조)에 관한 규정을 두고 있을 뿐, 우리 민법 제213조, 제214조에 상응하는 규정은 없다.

33) 澤井 裕, 公害の私法的硏究, 一粒社, 1978, 137頁.

34) Restatement of the Law of Torts, 822. comment b. 1939.

후단과 연방Immission방지법 제14조에 의하여 조정적 보상청구[35])를 할 수 있다. 또, 절충적인 입장에서 유지소송은 상린관계법 내지 물권법의 영역에서, 손해배상은 불법행위법적으로 이론을 구성하는데 이는 일본의 판례 및 다수설이 취하고 있는 견해이다.[36]) 그리고 최근에 일본에서는 환경오염분쟁의 배상소송에 대하여 일반 불법행위법 영역에서 뿐만 아니라 공작물책임(우리 민법 제758조)의 영역에서도 처리하려는 경향이 나타나기 시작하였으며, 공작물책임 규정은 환경오염 분쟁해결의 유망한 법 영역의 하나로 지목되고 있다.

2. 우리 민법에서의 이론구성

토양오염에 대한 사전적 조치로서 유지청구권은 환경오염이 현실로 발생하고 있다든가 또는 발생이 예상되는 경우에 그 배제 또는 예방을 구하는 것으로서 보통 조업의 정지·중단·제한, 일정한 예방, 개선조치의 청구 또는 더 나아가 오염시설 등의 폐쇄나 이전청구의 형태를 취하는데, 이는 민법 제214조의 소유물의 방해제거청구권과 방해예방청구권의 규정이 기본조항으로서 관련이 된다.[37]) 그

---

35) 安二濬, "獨逸民法의 Immission의 法理", 경희법학 13권, 경희법학연구소, 1975, 11-12쪽; 이에 관하여 조정적 보상과 희생적 보상으로 나누게 되는데 그 차이에 대하여 통설, 판례는 전자는 조정적 기능을 가지고 있음에 반하여 (보상인정에 있어서 법원의 재량 인정), 후자는 손해의 전보의 의미를 띤 것으로서 전액배상을 원칙으로 하는 점에 차이가 있다고 한다. 鄭在吉, "西獨의 Immission保護法", 180-197쪽.

36) 澤井 裕, 公害の私法的研究, 72頁.

37) 방해배제청구권(Beseitigungsanspruch aus dem Eigentum)은 소유 이외의 방법으로 소유권에 대한 방해가 현재 계속적으로 행하여지고 있는 경우에 그 방해의 제거를 청구하는 것을 내용으로 하는 권리이고, 방해예방청구권 (Unterlassungsanspruch aus dem Eigentum)은 그러한 구분이 없이 포괄적으로 소유권이 장래에 방해를 받을 염려가 있는 경우에 그 예방 등을 청구하는

리고 민법 제217조의 규정에서 일정한 임미시온(생활방해)에 대해서
는 인용하도록 규정하면서 인용한도를 넘을 경우에는 적당한 조치
를 청구할 수 있다고 함으로써 방해제거청구권이나 방해예방청구권
을 행사할 수 있도록 하고 있다. 위와 같은 우리 민법 제217조는 독
일민법 제906조를 계수한 것인데, 이 제906조 규정[38]은 독일 민법이
제정된 후 1959년 12월 22일 개정되어 1960년 6월 1일 시행까지 변
경 없이 유지되어 왔으며, 시행당시의 기본골격은 최소한 모든
Immission을 허용하지 않는다는 관점에 기초하고 있다.[39] 이러한 사
법적인 대응방안의 법리구성을 두고서 손해배상청구와 유지청구를
일원적으로 구성하여 이를 물권법적으로[40]나 불법행위법적으로 이
론을 구성하려는 견해가 있는가 하면, 통설[41]과 판례[42]에서는 양자

것을 내용으로 하는 권리이다. 民法注解(V)/梁彰洙, 物權(2), 第214條(所有物妨
害除去, 妨害豫防請求權), 博英社, 1992. 12., 234-235쪽.

38) '토지소유자는 가스, 증기, 악취, 연기, 매연(검댕), 열기, 음향(소음), 진동 및
다른 토지로부터 생겨나는 영향이 그의 토지 용익을 침해하지 않거나, 단지
비본질적으로만 침해하거나, 또는 그 영향이 지역적 사정에 따라 그러한 상황
의 토지들에서 관용적인 다른 토지의 용익에 의해 야기되는 한, 그 유입을 금
지시킬 수 없다.(§906 Abs. 2 S. 1 BGB) 그러나 특별한 유도에 의한 유입은 어
떠한 경우에도 허용되지 않는다.(§906 Abs. 3 BGB)'고 규정하고 있다.

39) 독일민법 제정 시 제1차 위원회에서는 현행 독일민법 제906조의 제1초안(§850
BGB E I)을 작성함에 있어 임미시온의 금지(Immissionverbot) 또는 임미시온
의 자유를 원칙으로 할 것인지를 심의하였다. 보통법 시대의 문헌과 실무는
모든 임미시온은 금지되어야 한다는 견해가 주류를 이루었다. 그러나 1988년
제국법원의 판결(RGZ 21, 298)을 비롯한 일련의 판례가 상린자의 수인의무를
절대적 소유권자유의 제한으로 판시하였는바, 제1차 위원회는 임미시온 자유
의 입장을 채택하였다. 그러나 제2차 위원회에서는 공업에만 유리한 제1초안
의 입장이 포기되고 보통법의 지배적인 견해가 채택됨으로써, 제2초안(§ 820
BGB E II)은 모든 형태의 임미시온은 허용되지 않는 관점에서 확정하였다. 安
法榮, 交通騷音 Immission과 民事責任, 法文社, 2001. 12, 25-26쪽.

40) 金基洙, "公害의 私法的 救濟의 方向과 相隣關係의 構成", 環境法硏究 創刊號,
韓國環境法學會, 1979, 132-137쪽.

41) 具然昌, "環境汚染의 私法的 救濟", 法學, 서울大學校 法學硏究所, 1981. 6, 57
쪽; 李太載, "公害의 私法的 救濟에 있어서 因果關係論", 司法行政 通卷 第160
號, 1974. 5, 31쪽.; 李光信, "公害事件과 因果關係의 立證責任", 法曹春秋 제114

를 구분하여 유지청구는 물권법적으로 손해배상청구는 불법행위법
적으로 이론을 구성해야 한다는 논의가 있는데 우리나라의 민사상
환경오염피해에 대한 구제방법으로서 주로 유지청구권과 관련하여
이론구성상 다양한 견해가 논의되고 있으므로 이에 관하여 검토하
기로 한다.

가. 일원론적 구성

1) 불법행위설

환경오염 피해에 대하여 가해자의 침해행위의 태양이 유지청구
의 요건까지는 이르지 않거나 혹은 유지청구와 손해배상청구의 두
가지 요건을 동시에 구비[43]하고 있다 하더라도 피해자의 재산적, 인
격적 손실이 현저하고 그 침해행위자가 불법행위의 요건을 갖추고
있는 경우에는 이에 대한 법적 구제방법은 민법 제750조 불법행위
에 기한 손해배상청구에 의하는 것이 보통이며 공동불법행위와 관
련하여서 민법 제760조가 적용이 될 수 있다.

호, 서울地方辯護士會, 1974. 4, 29쪽; 張庚鶴, "公害事件判例", 法과 公害(韓國
法學敎授會 編), 1974, 203쪽; 林正平, "共同不法行爲論에 있어서 公害에 대한
小考", 松軒安二濬博士華甲紀念論文集, 民事法과 環境法의 諸問題, 1986, 539쪽.

42) 환경책임손해배상에 있어 불법행위를 근거로 든 판례로는 대법원 1973. 10.
10. 선고 73다1253 판결; 대법원 1974. 12. 10. 선고 72다1774 판결 등이고, 유
지청구의 근거를 물권적 청구권에서 찾은 판례는 대법원 1995. 9. 15. 선고 95
다23378 판결; 대법원 1997. 7. 22.선고 96다56153 판결; 대법원 1999. 7. 27. 선
고 98다47528 판결 등이 있다.

43) 두 가지 요건을 모두 구비하고 있는 경우에는 피해자는 자기의 피해를 구상
받기 위하여 자유로이 그 일방 또는 양방을 선택하여 행사할 수 있다. 또한
유지청구와는 달리 손해배상청구의 대상으로 될 수 있는 것은 현재 진행되고
있는 침해행위는 물론 과거에 있었던 침해행위에 대해서도 가능하다. 吉村良
一. 橋本佳幸, "環境危險責任の基本構造: 民法學のあゆみ", 法律時報 75卷12號
(937號), 日本評論社, 2003, 103頁.

순수불법행위설은 환경오염이 민법 제750조의 요건을 구비하는 경우에는 불법행위가 성립되어 가해자는 피해자에 대하여 손해배상 책임을 부담하게 되며44) 또 민법 제750조는 이미 발생한 손해에 대하여 배상책임이 있다는 것을 규정하여 불법행위에 대한 구제방법은 전보배상을 원칙으로 하고 있지만, 논리상 그 침해가 장래에도 계속될 것이 객관적으로 명백한 경우 불법행위의 효과로써 유지청구자체를 금지하는 것은 아니고, 손해배상청구 뿐만 아니라 유지청구도 인정한다는 견해이다.45) 그리고 환경오염사고의 책임법적 취급에 있어서 민법 제217조의 수인한도를 기준으로 한 위법성과 고의·과실을 획일적으로 통합하여 판단하려는 견해로서 이른바 신수인한도론적 불법행위설이 주장되고 있다. 이 설은 고의, 과실을 독립한 요건으로 요구하지 않고, 다만 수인한도46)를 판단하는데 있어 참작할 만한 요소에 불과하다고 하고, 수인한도를 넘는 침해가 있으면 곧 불법행위가 성립한다고 주장하는 견해이다.47) 그러나 이 설은

---

44) 최근에 이르러서는 환경오염분쟁을 일반불법행위의 영역에서 뿐만 아니라 공작물책임의 영역에서도 처리하려는 경향이 있으며, 공작물책임은 공해분쟁해결의 유망한 법영역의 하나로 지적되고 있다. 淡路剛久, 公害賠償の理論, 有裴閣, 1975, 42頁.

45) 權龍雨, 不法行爲論, 考試院, 1974, 245-246쪽; 竹內保雄, "差止命令", 公害法の生成と展開(加藤一郎 編), 岩波書店(1970), 439頁; 淸水兼男, "公害差止の不法行爲法的 構成, ジュリスト 第78号(1969. 11) 384頁; 東孝行, 公害訴訟の理論と實務, 有信堂(1972), 89頁.; 영미법상의 nuisance와 프랑스법의 troubles de voisinage(近隣弊害)에 대한 구제수단으로서의 손해배상과 유지청구도 불법행위책임의 효과로서 취급된다. Tarlock, A. Dan/Hanks, Eva H., Environmental Law and Policy, 50 Ind. L. J. 612(1975), p. 204; William H. Rodgers, Handbook on environmental law, St. Paul, Minn.: West Publishing Co.,(1977), p. 100.

46) 대법원 1974. 6. 11. 선고 73다1691 판결은 ".....계속적인 소유물 방해와 소음 및 불안상태를 조성한다면 이는 이웃토지의 통상의 용도에 적당한 것이라 할 수 없으므로 이웃거주자는 이를 인용할 의무가 없다."라고 판시하고 있다.

47) 野村好弘, "受忍限度について", 公害研究 1卷3号, 71頁; 竹內保雄, "差止命令", 前揭論文 440頁; 野村好弘·淡路剛久, 公害判例の研究, 30頁.

사실상의 무과실책임을 꾀하고 있는 점에서 고의·과실을 불가결의 요건으로 하는 순수불법행위설과 다르다.48) 이에 대하여는 민법 제750조를 확대해석한 것으로 실정법의 근거가 없다는 비판이 있으며, 또한 손해가 발생한 후에 손해배상이나 유지청구를 할 수 있을 뿐이고, 사전에는 손해담보나 유지청구를 할 수 없다는 단점이 있다고 한다.49)

이에 대하여 절충설은 손해배상청구에 관하여는 순수불법행위설과 같은 입장에서 민법 제750조의 고의·과실을 필요로 하나, 유지청구에 관하여는 이를 필요로 하지 않는다는 견해이다. 따라서 객관적으로 위법한 침해가 있으면 유지청구는 인성된다고 한다.50)

손해배상청구는 물론 유지청구에 관하여도 그 근거를 불법행위 이론으로 구성하는 위와 같은 견해에 대해서는 다음과 같은 비판이 제기된다. 첫째, 유지청구는 우리 민법과 같이 과거의 침해에 대한 금전배상을 원칙적 효과로 하는 불법행위와는 그 요건에 있어서나 효과에 있어서 서로 다르고 오히려 물권적 청구권에 가깝다 할 것이므로, 입법론적으로는 긍정된다 하더라도 해석론으로서는 실정법의 근거를 결할 뿐만 아니라 명문의 규정에도 반하고,51) 둘째, 환경오염피해가 불법행위의 요건을 충족하지 않으면 유지청구가 인정되지 않는다는 점에서 환경오염분쟁의 해결에 있어서 피해자의 사회적, 경제적 지위를 전혀 고려하지 못한다는 것이다.52) 셋째, 순수불법행위설은 불법행위의 요건을 충족하지 않으면 유지청구가 인정되

---

48) 澤井 裕, 公害差止の法理, 日本評論社, 1976, 43頁.
49) 李正雨, "公害에 대한 私法的 救濟", 저스티스 제11권 제1호, 韓國法學院, 1973. 12., 11쪽.
50) 澤井 裕, 前揭書, 43-46頁 參照.
51) 李正雨, 앞의 논문, 11쪽.
52) 鄭在憲, "公害의 私法的 救濟", 司法研究資料 第6輯, 法院行政處, 1979, 155쪽.

지 않는 점에서 환경오염책임의 해결과 괴리되어 있으며, 유지청구
에 대하여는 고의·과실이 필요 없고 수인한도가 책임의 기준이 된
다고 보는 신수인한도론적 불법행위설은 법률상 근거가 희박하다.[53]

2) 상린관계설

이 견해는 유지청구권 및 손해배상청구권의 근거를 상린관계법
적인 구성, 즉 물권적 청구권을 통하여 해결하려는 입장이다.[54] 민
법 제204조(점유회수의 손해배상), 제214조(소유물방해제거 및 방해
예방청구의 손해배상담보), 그리고 상린관계에 관하여는 제218조(수
도등 시설권), 제219조(주위토지통행권) 등에서 손해보상에 관한 의
무를 각 규정하고 있기 때문에 유지청구권이 결코 예방만을 감당하
는 것이 아니고 손해배상청구권, 보상청구권을 감당하는 배상이론으
로 이해하여야 하며,[55] 따라서 환경오염으로 인한 손해배상과 유지
청구를 상린관계법적으로 구성할 수 있다는 것이다. 그리고 민법 제
217조 제1항의 '적당한 조치'를 근거로 하여 직접 이 규정에 의하여
방해의 제거나 예방을 청구할 수 있고[56], 동조 제2항의 '인용의무(忍
容義務)' 규정에 비추어 수인한도법리와 충돌되지 않는 이론상의 장
점을 가질 수 있다는 것이다.[57] 이 설은 이원주의가 유지청구와 손
해배상청구를 구별하는 것은 유지청구가 장래의 방해배제에 대한

53) 伊藤高義, "差止請求權", 現代損害賠償法講座 第5卷, 日本評論社, 1973, 144頁.
54) 金基洙, "公害의 私法的 救濟의 方向과 相隣關係의 構成", 116쪽; 金載鎬, "環
境被害의 救濟(Ⅰ)", 法學硏究 제14권 제1호, 忠南大學校 法學硏究所, 2003. 12,
86쪽.
55) 金基洙, 앞의 논문, 136쪽.
56) 權龍雨, "公害의 豫防·排除請求", 法과 公害, 韓國法學敎授會 編, 1974., 159
쪽..
57) 金泓均, 環境法(問題·事例), 弘文社, 2007, 569쪽.

청구에 한정되고 과거의 손해에 대한 전보는 배상법리에 의하여야 한다는 생각을 고수하기 때문이라고 하고 이처럼 장래의 손해, 과거의 손해로 구별하는 것은 연속성을 가진 환경침해의 구제에 불합리하다고 보는 것이다. 우리 민법은 물권의 효과와 불법행위의 효과를 엄격하게 구별하면서도 물권적 효과의 내용으로써 배상청구를 함께 규정(제218조, 제219조 등)하고 있는데 이것이 상린관계법적 구성의 형식적 근거가 될 수 있다고 한다. 오늘날 환경오염분쟁에 있어서 유지청구권은 환경오염의 예방과 제거에 있어 중심적인 역할을 하지만, 유지청구권의 상대방은 피해자의 유지청구권의 행사로서 과도한 손해를 감수해야 할 우려가 있어 유지청구권의 행사를 제한하고 대신 무과실배상청구권을 인정하는 방향으로 나아가고 있다. 독일민법 제906조 제2항 후단에서 "토지의 수익을 과다하게 침해한 경우 토지이용자로부터 금전에 의한 보상을 청구할 수 있다." 라고 규정하고 있는데 이는 유지청구권이 결코 장래침해의 예방만을 담당하는 것이 아니고 손해배상청구권, 보상청구권을 포함하는 것으로 보기 때문이다. 이와 같이 해석하면 물권적 효과는 손해보상이론과 일원화되고 상린관계법리를 주장하는 근거가 될 수 있을 것이다.58)

　　그러나 이 같은 상린관계설은 다음과 같은 비판이 제기되고 있다.59) 먼저 상린관계설이 실정법상 근거가 부족하다는 것인데, 이는

---

58) 우리 민법 제217조의 상린법적 정신이 그 해석에 있어서도 마찬가지로 상린자 상호간에 "적당한 조처를 할 의무"로서, 예컨대 적극적 작위의무, 손해배상의무, 피해방지 및 회피의무 등을 부담하여 공동체관계를 유지시키는 것이라 할 것이므로, 환경오염피해에 대한 유지청구권이 사회·경제적 발전을 고려하여 부인되는 경우에 피해자에게 아무런 보상을 하지 않는 것은 부당하다고 할 것이다. 따라서 유지청구에 갈음하는 보상청구를 인정할 것이 요구되고, 보상청구권은 유지청구의 요건에 책임성을 요하지 않는 것처럼 무과실배상책임의 성격을 갖는다고 하여야 할 것이다.

59) 徐熺源, 環境訴訟, 북피디닷컴, 2004, 176쪽; 吳錫洛, 앞의 책, 38쪽.

우리민법 제217조가 근린방해에 대하여는 손해배상은 물론 손해전
보에 관한 아무런 규정을 두고 있지 않고 있다는 점이다. 두 번째는
상린관계설은 상린관계법과 불법행위법의 적용영역상의 차이를 무
시한다는 것이다. 즉, 토지소유자상호간의 관계규율을 위한 규정을
부당하게 확대 해석하는 결과가 된다고 한다. 세 번째는 민법 제217
조는 "토지의 사용을 방해하거나 이웃 거주자의 생활에 고통을 주
지 않도록"이라고 규정하여 토지이용권이나 토지이용의 향유권을
그 보호법익으로 표방함으로써 물권법 고유의 문제뿐만 아니라 널
리 공동생활의 문제까지도 포함하는 형식을 취하고 있기는 하나 환
경오염피해를 오로지 물권법 영역에서만 파악하는 태도가 과연 문
제의 실질에 적합한 접근방법인가 하는 점이다.

3) 인격권설

민법 제217조와 같은 물권적 청구권, 불법행위에 기한 손해배상
청구권 또는 신의칙 내지 권리남용금지의 원칙 등을 인정하는 것만
으로는 임미시온 피해자의 인격보호를 충분히 실현할 수 없다고 보
고 인격권(Persönlichkeitsrecht)의 개념을 임미시온 규제의 근거로
하여야 한다는 견해이다.[60] 이는 환경침해를 인간의 쾌적한 생활을
향수할 수 있는 이익을 내용으로 하는 인격권을 침해하는 것으로
보아 이러한 침해가 있을 때 인격권에 근거하여 청구할 수 있다는
것이다.[61] 대법원에서 파기는 되었지만 하급심 판결[62]은, "민법 제

---

60) 加藤一郎, "公害法の生成と展開", : 公害法の研究, 岩波書店, 1978, 152頁 以下;
  柳元奎, 民法注解(V) "제217조"(1992), 298쪽.
61) 생명침해 및 건강침해(질병의 발생)의 경우에는 인격권의 침해가 바로 인정될
  수 있을 것이고, 질병에 이르지 아니하는 경우에도 현저한 정신적 고통을 입
  게 하거나 현저하게 생활상의 방해를 가져오는 행위는 인격권의 침해로 볼 수

217조 소정의 생활방해나 주거환경의 침해는 토지소유권의 침해의 범주에 넣어 볼 수 있는 것이지만, 그 주된 법익은 인간의 건강하고 쾌적한 생활이익으로서 이러한 주거환경의 이익은 그 법익의 법적 성격으로 보아 종래의 생명, 신체, 자유, 명예, 정조, 초상권, 신용권 등과 마찬가지로 인격권의 일종에 속한다고 보아야 하고, 이러한 인격권의 지배권 내지 절대권적 성격으로부터 물권적 청구권에 준하는 방해배제청구권이 인정되고 있다."라고 판시함으로써 인격권을 유지청구의 한 근거로 원용한 바 있다.[63] 이 견해에 대하여는 인격권의 내용이 명확치 아니하여 법적 안정성을 해친다거나 물권적 청구권설에서와 같이 지배권 내지 절대권인 인격권의 성질이 수인한도론과 조화되지 않는다는 비판이 있을 수 있다.[64]

4) 환경권설

우리 헌법 제35조 제1항에서 '모든 국민은 건강하고 쾌적한 환경에서 생활 할 권리를 가지며, 국가와 국민은 환경보전을 위하여 노력하여야 한다."라고 규정하고, 환경정책기본법 제6조는 "모든 국민은 건강하고 쾌적한 환경에서 생활할 권리를 가지며 국가 및 지방자치단체의 환경보전시책에 협력하고 환경보전을 위하여 노력하

있을 것이나, 단순하고 경미한 정신적 침해는 인격권의 침해라고 볼 필요가 없다는 견해가 있다. 尹眞秀, "環境權 侵害를 理由로 하는 留止請求의 許容與否", 判例月報(1996. 12), 42쪽.

62) 부산고등법원 1995. 5. 18. 선고 95카합5 판결; 서울민사지방법원 1995. 9. 7. 선고 94카합6253 판결.

63) 독일민법(BGB)에서는 성명권에 관하여 제12조, 불법행위규정인 제823조, 소유권에 기한 방해배제청구권에 관한 제1004조 등을 근거로 일반적인 인격권을 인정하는 견해가 유력하고, 스위스에서는 아예 명문규정(瑞民 제28조, 瑞債 제49조)을 두고 있다. 柳元奎, 앞의 글, 298-299쪽.

64) 金泓均, 環境法(問題·事例), 570쪽.

여야 한다."라고 규정하여 국민의 환경권을 보장하고 있다. 따라서 이 견해는, 종래의 수인한도론이 지나치게 기업보호적이라고 비판하면서 임미시온 규제근거로서 새로운 하나의 절대권으로서 이른바 환경권에서 구하는 학설이다.[65] 이러한 견해에 대하여 환경권의 내용이 불명확하여 실체적 권리로 인정할 수 없고, 법적 안정성을 해칠 수 있다는 반론이 제기되고 있으며,[66] 판례도 "환경권은 명문의 법률규정이나 관계 법령의 규정 취지 및 조리에 비추어 권리의 주체, 대상, 내용, 행사 방법 등이 구체적으로 정립될 수 있어야만 인정되는 것이므로, 사법상의 권리로서의 환경권을 인정하는 명문의 규정이 없는데도 환경권에 기하여 직접 방해배제청구권을 인정할 수 없다"라고 판시함으로써 환경권을 실체적 권리로 볼 수 없다는 입장을 분명히 하고 있다.[67] 그러나 이에 대해서 환경권을 실체적 권리로 인정할 수 있는가의 여부가 논란이 되는 것은 일본과 같이 헌법이나 환경기본법 등에서 환경권을 명문으로 인정하고 있지 아

---

65) 이 학설은 일본에서 仁藤一, 池尾隆良 두 변호사가 1970년 9월 일본의 변호사 연합회 공해심포지움에서 처음 주장한 이론으로서 환경파괴로 인한 생존위기에 처한 금일, 환경을 파괴로부터 지키기 위하여서는 재래의 법이론으로서는 부족하고 새로운 시각에서 환경권이라는 독립한 권리를 주민에게 인정하는 것이 필요하다고 하여 제창한 것이라고 한다. 李勇雨, "公害防止訴訟", 公害問題와 裁判, 裁判資料 第2輯, 法院行政處, 1979. 8., 226-227쪽.
66) 千柄泰・金明吉, 環境法論, 삼영사, 1997, 275쪽; 尹喆洪, "環境利益侵害에 관한 私法的 救濟", 比較私法 제7권 제1호, 2000. 6, 538쪽; 문광섭, "環境侵害에 대한 留止請求", 環境法의 諸問題, 裁判資料 第94輯, 2002. 6, 300쪽; 金載鎬, "環境汚染被害에 대한 法的 救濟-私法的 側面을 中心으로-", 天鳳 石琮顯博士 華甲論文集, 現代 公法理論의 諸問題, 2003., 636쪽; 孫潤河, 환경침해와 민사소송, 청림출판, 2005. 10, 369쪽; 생명, 신체 등에 대한 직접적인 피해가 없는 경우에도 단순히 환경의 보전을 위하여 환경권에 기한 유지청구를 하는 것까지 허용된다고 할 수 없다는 견해는 尹眞秀, "環境權 侵害를 理由로 하는 留止請求의 許容與否", 41쪽.
67) 대법원 1995. 5. 23. 선고 94마2218 판결; 대법원 1995. 9. 15 선고 95다23378 판결; 대법원 1997. 7. 22. 선고 96다56153 판결; 대법원 1999. 7. 27 선고98다 47528 판결.

222

니하기 때문인 것이지 우리나라에서와 같이 명문으로 인정하고 있
는 상황에서는 환경권의 실체적 권리성을 단순하게 배척해서는 안
될 것이라고 한다. 또 환경권의 범위와 내용은 사회의 발전에 따라
필연적으로 변하는 상대적 개념을 내포하는 것으로서, 판례나 해석
론으로 앞으로 충분히 명료화할 수 있으므로 법률의 규정이 없고
그 내용이 불명확하다고 하여 실체적 권리로 인정할 수 없다고 단
정할 수는 없다는 것이다.68) 판례에서는 환경권을 구체적, 주관적
권리로서 인정한 하급심 판결69)도 있으나, 대법원은 "환경권은 명문
의 법률규정이나 관계 법령의 규정 취지 및 조리에 비추어 권리의
주체, 대상, 내용, 행사 방법 등이 구체적으로 정립될 수 있어야만

---

68) 조성민, "環境侵害와 妨害排除請求權의 認否", 考試界, 1996. 4, 188-191쪽.
69) 부산고등법원 1995. 5. 18. 선고 95카합5 판결은 '環境權'의 법적 성질에 관하
   여는 사법상의 구체적인 권리로까지 인정하여 환경권 자체의 침해 또는 침해
   의 우려에 대하여 그 배제청구권을 인정할 수 있을 것인지의 여부를 놓고 권
   리의 대상이 된 환경의 범위와 이에 대한 지배의 내용, 권리의 주체, 객체 및
   그 내용, 나아가 법적 안정성의 문제를 둘러싸고 다툼이 있는 것은 주지의 사
   실이나, 신청인이 내세우고 있는 교육환경은 넓은 의미의 주거환경의 범주에
   속하는 것으로서 이러한 주거환경에는 자연적 환경이익이 포함되고, 이러한
   주거환경은 사회의 진보에 응하여 필연적으로 변화하는 것이기 때문에 정지된
   일시점에 있어서의 환경, 그 상태를 영속시키는 것을 목적으로 하는 취지의
   권리를 인정하는 것은 곤란하지만, 그것은 주로 인위적 변화이기 때문에, 때에
   따라서는 부당한 환경변화나 유해무익한 환경파괴를 초래하는 경우가 있을 수
   있고, 이 경우 현재 환경이익을 누리고 있는 구성원들은 그 환경이익이 아무
   런 합리적 이유도 없이 박탈되거나 부당한 환경악화를 강요당하는 것은 도저
   히 묵과할 수 없는 중대한 사태이고 특히 그 손해는 물질적으로나 정신적으로
   현저함은 명백하다. 그래서 현재 환경이익을 누리는 구성원은 그 환경이 명백
   히 부당하게 파괴될 우려, 다시 말하면 환경이익이 명백히 부당하게 침해될
   위험이 발생한 경우에는 그와 같은 부당한 침해를 사전에 거절하거나 미리 방
   지할 수 있는 권리, 이른바 '환경이익의 부당침해 방지권'을 가진다고 봄이 상
   당하고, 따라서 현실적으로 부당한 침해의 위험이 있거나 이미 부당한 침해가
   발생하고 있는 경우에는 특단의 사정, 예를 들면 금전적 보상에 의한 해결을
   수인할 수 있는 사유 등이 없는 한 위 방지권에 기하여 위험방지를 위한 충분
   하고 필요한 한도 내에서 구체적인 금지청구권을 취득하고 이를 행사함으로써
   환경이익을 보전할 수 있는 것으로 해석함이 상당하다 할 것이라고 판단하고
   환경권에 의한 방해배제청구권을 인정하였다.

인정되는 것이므로 사법상의 권리로서의 환경권을 인정하는 명문의 규정이 없는데도 환경권에 기하여 직접 방해배제청구권을 인정할 수 없다"라고 하여 사법상 권리로서 인정하고 있지 않다.[70]

나. 이원론적 구성

이원설의 입장은 환경침해에 대한 유지청구는 민법 제217조에 따라 수인한도를 넘는 경우에 침해자의 고의·과실이 없더라도 위법성과 인과관계만 있으면 성립하고, 손해배상청구는 민법 제750조의 위법성과 인과관계 이외의 침해자의 고의, 과실 등 일반불법행위의 요건을 갖추어야 한다는 견해이다. 우리나라의 다수설[71]과 판례[72]의 입장이다. 손해배상청구와 유지청구를 불법행위법이나 물권법 중의 어느 하나의 법리에 의해서 해결하는 것은 복잡한 환경침해소송의 특성상 바람직하지 않고 다수설과 판례에서와 같이 각각 그에 맞는 법리구성을 하는 것이 타당하다는 것이다.[73]

---

70) 대법원 1997. 7. 22. 선고 96다56153 판결; 대법원 1995.9.15. 선고 95다23378 판결; 대법원 1995. 5. 23.자 94마2218 결정.

71) 權龍雨, 不法行爲論, 257쪽; 金顯泰, "公害責任의 私法的 硏究", 延世行政論叢 제6집, 延世大學校, 1979, 181쪽; 安二濬, "公害에 관한 私法的 考察", 慶熙大學校大學院 博士學位論文, 1974, 7쪽; 吳錫洛, "公害의 私法的 救濟", 법무부자문위원회 논설집 제4집, 법무부, 1980, 260-265쪽; 尹喆洪, 앞의 논문, 549쪽; 李在澈, "公害의 私法的 硏究", 嶺南大學校大學院 博士學位論文, 1972, 68쪽; 全京暈, "環境侵害로 인한 違法性判斷과 環境政策基本法 제31조의 效力", 民事法學 제22호, 韓國民事法學會, 2002. 9, 427쪽; 全昌祚, "公害의 私法的 救濟의 法理에 관한 硏究", 84쪽.

72) 대법원 1973. 5. 22. 선고 71다1774 판결; 대법원 1973. 10. 10. 선고 73다1253 판결; 대법원 1973. 11. 27. 선고 73다919 판결; 대법원 1974. 12. 10. 선고 72다1774 판결; 대법원 1977. 4. 12. 선고 76다2707,2708 판결; 대법원 1978. 4. 25. 선고 78다106 판결; 대법원 1978. 12. 26. 선고 77다2228 판결; 대법원 1979. 1. 23. 선고 78다1658 판결; 대법원 1984. 6. 12. 선고 81다558 판결; 대법원 1985. 11. 12. 선고 84다카1968 판결 등.

73) 全京暈, 환경사법론, 30쪽.

그러나 이원설은 다음과 같은 비판이 있다. 첫째, 이원설은 유지 청구권과 손해배상 청구권의 각 요건이 서로 다름을 전제로 하는 것인데 각 청구권의 구성요건의 차이는 신수인한도론[74])에 의하여 해소된다는 입장에서 보면 그 구별의 실익은 없어진다는 것이고,[75]) 둘째, 환경소송은 대부분 현재까지 침해행위가 계속하여 왔고 앞으로도 계속되는 경우가 많은데 이원설은 유지청구와 손해배상청구를 별개의 법이론으로 구성하고 있음으로 인하여 하나의 사실관계에 대하여 유지청구권은 민법 제217조, 손해배상청구권은 민법 제750조를 적용하게 되어 비합리적이고 또 판단의 균형을 유지하기가 어렵게 된다는 것이다.[76]) 셋째, 환경소송에 있어서 유지청구와 손해배상 청구는 이질적인 것이 아니고 사법적 구제의 방법론적 차이에 불과한 것으로서 어느 것이나 동일하게 수인한도를 벗어난 경우에 침해 행위의 종류와 정도, 사회적 손실의 종류와 정도 등의 형량 고려에 의하여 정하여 지기 때문에 그 적용결과가 같아지게 된다는 것이다.[77])

---

74) 곽윤직 교수는 "고의·과실 및 위법성을 종합해서 생각한다면, 도대체 두 요건을 구별할 필요가 있는지 의심스러워 진다고 하면서, 즉 유해한 간섭 내지 공해에 있어서의 과실을 수인한도를 넘는 침해가 생기지 않도록 상당한 방지조치를 마련하여야 할 의무의 위반을 뜻하는 것으로 보고, 한편 위법성을 수인한도를 넘어서 침해케 한 것이라고 한다면, 과실과 위법성을 구별할 것 없이 수인한도에 관한 판단만으로 일원적으로 판단하여 이론구성 하는 것도 한 방법일 것이다."라고 하여 '新受忍限度論'과 같은 입장을 취하고 있다. 郭潤直, 債權各論(再全訂版), 博英社, 1990, 712쪽.

75) 金基洙, 앞의 논문, 128쪽; 伊藤高義, 前揭論文, 396頁; 淸水兼男, "公害差止の不法行爲法的構成", 民商雜誌臨時增刊號 第78卷 第1號, 有斐閣, 1978. 4, 384頁.

76) 즉, 하나의 환경오염사건에 대하여 손해배상청구권이냐 유지청구권이냐에 따라 그 위법성이 달라진다는 것은 납득하기 어려울 뿐만 아니라, 특히 한 소송에서 손해배상청구와 유지청구를 함께 구하는 경우, 손해배상청구의 판단에 있어서는 환경오염이 위법하고 유지청구의 판단에 있어서는 위법하지 않다고 하면 기이한 현상이 발생할 수 있다는 이유에서라고 한다. 李勇雨, 앞의 논문, 17쪽.

3. 소결

환경오염 피해자가 어떠한 법리구성에 의하여 손해배상청구와 유지청구를 하느냐 하는 문제는 환경오염 피해구제에 있어서 중요한 의미를 지닌다고 할 것이다.[78] 이것은 청구권의 존부판단의 문제뿐만 아니라 소송상 당사자적격이나 입증책임의 분배와도 밀접한 관계를 맺고 있는 문제라 할 수 있기 때문이다.[79] 그러나 현행법상 사법적 구제는 민법의 이론에 의할 수밖에 없는데, 환경오염피해는 그 특징에 있어서 범위의 광역성, 불특정 다수의 피해대상, 그리고 피해의 정도 등의 불명확성, 피해의 간접적·계속적 침해, 가해자의

---

77) 金基洙, "公害의 私法的 救濟의 方向과 相隣關係的 構成", 129쪽.
78) 환경오염에 관해서는 그 성질상 환경오염피해 발생 전 그 피해를 미리 규제하고, 오염피해 발생 시에는 효과적으로 오염을 진압 내지 방지하며, 오염피해 발생 후에는 신속하게 피해를 구제한다는 세 가지 측면에서 법적 대처방법이 필요하다. David Michael Collins, 'The Thanker's Right of Harmless Discharge and Protection of the Marine Environment'「Journal of Marine Law and Commerce」vol. 18, No. 2, Apr. 1987, pp 275-276. 羅允洙, "環境汚染被害의 私法的 救濟", 商事法學 創刊號, 商事法研究會, 1994. 6, 234쪽. 토양오염에서의 책임을 논함에 있어서는 위 세가지 측면 중 첫 번째의 경우는 민법상 상린관계규정에 의한 방해배제책임에 의하고, 두 번째의 경우는 이미 발생한 오염을 제거하거나 복구한다는 의미로서 토양환경보전법 제10조3의 제1항 소정의 정화책임으로 해석되고 세 번째는 사후구제로서 손해배상책임으로 구분할 수 있다. 그런데 개정 토양환경보전법은 제10조의3에서 손해배상책임과 정화책임을 구분하지 아니하고 규정함으로써 토양정화책임의 법적 성격이 불확실하나 조문내용이 무과실 손해배상책임과 연대배상책임 등의 사법상 법리를 그대로 적용하는 것으로서 민사책임의 틀 내에서 정화책임을 논하고 있는 것으로 보인다. 같은 취지의 견해로는, 金泓均, '美國綜合環境對應責任法上의 責任當事者와 土壤環境保全法上의 汚染原因者', 環境法研究 제24권 제1호, 78쪽 이하; 洪準亨, 環境法, 博英社, 2005, 897-899쪽. 그러나 같은 조문에 함께 규정되어 있는 손해배상책임과 토양정화책임 중 전자의 책임은 민사책임으로 이해되지만, 후자의 책임은 민사책임이 아니라 공법상 책임으로 파악하는 견해도 있다. 金鉉峻, "土壤淨化責任", 192쪽.
79) 吳錫洛, 環境訴訟의 諸問題, 1-17쪽.

확정 및 복수가해자간의 책임분담의 곤란성, 가해자에 대해 피해자의 열등한 지위, 인과관계 입증의 곤란 등으로 소송에 의한 구제의 방법에는 한계가 있음을 부인할 수 없다.

제2절 사전적 구제로서 민사상 유지청구

I. 유지청구권의 의의

환경오염으로 인해 발생한 피해에 대해서는 손해배상도 중요하지만, 손해의 전보배상은 이미 발생한 손해에 대한 사후적, 소극적 구제수단이라는 점에서 그 한계가 있다. 더구나 토양환경의 침해와 같이 한 번 오염되면 원상회복이 매우 어려울 뿐만 아니라 대부분 장래에 걸쳐서 피해가 반복적, 누적적으로 나타나는 특징 때문에 단순히 재산적 손해에 국한되지 않고 생명·신체·건강을 해치고 나아가 모든 생활영역에 이르기까지 심각한 영향을 미치게 된다. 따라서 이미 발생한 손해의 전보만으로는 충분한 피해구제가 될 수는 없기 때문에 환경침해로 인한 피해자의 구제책으로서 현재의 당면한 침해행위에 대하여는 그 정지 또는 배제를, 장래 발생할 염려가 있는 침해행위에 대하여는 사전에 예방을 청구할 권리를 인정하는 것이 필요하게 된다.[80] 따라서 피해자가 가해자를 상대로 하여 침해행위를 중지할 것을 법원에 청구할 수 있는 것을 내용으로 하는 유

---

[80] 池田恒男, 長良川河口堰建設差止訴訟控訴審判決: 大規模公共事業による環境破壊を理由とする差止請求, ジュリスト 別冊 171號, 2004, 212頁; 예컨대, 주위에 유해물질을 계속 방산(放散)하고 있는 공장의 조업을 금지하는 것은 장래의 환경피해를 저지하는 것만이 아니고, 이미 발생한 피해현상의 회복에 있어서도 매우 중요한 첫걸음이기 때문이다. 松浦 寬, 環境法槪說, 98頁.

지청구권81)이 인정되고 있는데, 이는 방지설비의 설치 또는 오염시설의 제거 등과 같이 일정한 작위청구와 또는 대체로 오염시설 설치의 금지, 오·폐수배출의 금지 등과 같은 금지명령을 구하는 부작위청구를 그 내용으로 한다. 오늘날 유지청구가 사전적·예방적 구제방법으로서 사후적 구제수단인 손해배상보다 환경오염피해에 대해 유력한 구제수단이라고 보는 데에는 이론이 없으며, 더욱 유효적절한 방법이라고 할 수 있다. 다만, 대부분이 기업인 가해자 측의 입장에서 볼 때에는 나름대로 합법적인 권리행사라고 믿었던 행위에 대하여 법원이 관여하여 금지나 제거를 명하게 되면 그 타격이 치명적일 뿐만 아니라 사회·경제적인 측면에서도 손실이 지나치다는 반발이 제기되곤 한다. 따라서 양 당사자 간의 이익의 조화가 매우 어려운 문제로 대두된다.

II. 이론적 근거

위와 같은 필요성에 의하여 환경오염피해에 관하여 유지청구를 인정하는 것이 일반적이나 그 법적 근거가 문제되고 있다. 종래에는 다양한 견해 가운데 물권설에서 구하는 것이 일반적이었으나82) 물권설 중에서도 환경침해를 피해자가 지배하는 토지·건물의 소유

---

81) 유지청구 외에도 중지, 금지, 정지청구 등의 용어가 사용되고 있는데, 독일의 경우 Abwehrklage라는 말이 없는바 아니고, Abwehr는 Wahrig의 Wörterbuch에 의하면 Verteidigung, Schutz와 동의어로서 우리말로는 방어 또는 예방, 보호로 옮길 수 있는 것이나 역시 사법의 영역에 있어서의 법률용어의 통일이라는 견지에서 이미 상법상 사용되고 있는 "유지(留止)"라는 말을 쓰는 것이 합당하다고 생각되고, 일본의 차지(差止)라는 말도 일상법상의 용어와 일치(日 상법 제272조, 제280조의 10)되고 있기 때문에, 이 말에 대응하는 우리말로서도 유지라는 말이 보다 적합하다고 한다. 吳錫洛, 環境訴訟의 諸問題, 40쪽.

82) 李正雨, "公害에 대한 私法的 救濟", 83-85쪽; 加藤一郎, 公害法の生成と展開 : 公害法の研究, 436-442頁.

권·점유권 등의 물권 또는 물권화한 임차권 등에 대한 침해로 파악하여 피해자는 물권적 청구권에 기하여 침해행위의 예방·배제를 구할 구 있다는 물권적 청구권설[83]과 독일 민법 제906조나 우리 민법 제217조의 임미시온의 금지 및 인용의무에 관한 규정을 근거로 하여, 이 규정의 요건을 충족하는 침해인 이상 피해자는 다른 근거를 채용할 필요 없이 직접 이 규정에 의하여 방해의 배제를 청구할 수 있다고 보는 상린권설[84]로 나뉜다. 최근에는 물권과 마찬가지로 하나의 절대권인 인격권에 기초하여 인격권의 침해로 보자는 인격권설, 또 생활이익의 침해에 따른 불법행위의 효과로서 주장하는 불법행위설, 나아가 환경권이라고 하는 새로운 권리에 입각한 환경권설에까지 확장해가는 경향이 있다. 그러나 우리나라 판례의 태도는 소유권에 기하여 방해의 제거나 예방을 위하여 필요한 청구를 할 수 있다고 일관되게 판시함으로써 물권적 청구권설의 입장을 따르고 있다.

물권적 청구권설은 가해자에 의해 발생된 오염에 의한 임미시온은 이를 피해자가 지배하는 토지 또는 건물의 소유권 또는 물건의 이용권에 대한 침해로 보고 물권적 청구권에 기하여 침해행위의 배제 또는 예방을 구할 수 있다고 하는 견해이다.[85] 즉 자기의 소유권이나 지상권 등 용익물권의 내용을 실현하는 것이 어떠한 사정에 의해서 방해를 받고 있는 경우에 물권자가 그 방해를 일으킨 가해

---

83) 물권적 청구권설은 종래의 통설이고, 우리의 대법원 판결과 유지청구를 인용한 일본 판례 다수의 견해이다.

84) 학설에 따라서는 민법 제217조의 해석을 통하여 반드시 토지소유권과 같은 물권침해가 아니더라도 생활이익 전반에 대하여 보호를 주려고 시도하는데, 이를 독립하여 '생활이익보호청구권설'이라고도 한다. 全昌祚, "公害의 私法的 救濟의 法理에 관한 硏究", 34쪽.

85) 東 孝行, 公害訴訟의 理論과 實務, 81頁; 山口和男, 公害訴訟, 實務民事訴訟法講座, 日本評論社, 1970, 209頁

자에 대해서 그 침해된 물권의 양태에 따라 방해배제청구권과 방해 예방청구권을 청구할 수 있다는 것이다.[86]

대법원은 "소유자인 신청인으로서는 그 소유권에 기하여 그 방해의 제거나 예방을 청구할 수 있다"라고 전제하면서 "헌법 제35조의 규정이 구체적인 사법상의 권리를 부여한 것이 아니고 달리 사법상의 권리로서의 환경권을 인정하는 명문의 법률규정이 없는데도 원심이 마치 신청인이 환경권에 기하여 방해배제를 청구할 수 있는 것처럼 설시하고, 또한 원심이 불법행위나 인격권에 기한 방해배제청구권을 이 사건 피보전권리의 하나로 들고 있는 데에는 잘못"[87] 이라고 함으로써 유지청구의 피침해이익을 물권으로 보고 있으며, 이러한 태도는 다른 판결[88]에서도 명확히 하고 있다. 이 설은 피침해이익을 물권으로 보는 사실에서 전통적인 법체계와 조화 및 법적 안정성이 높다는데 장점이 있고, 독일에서는 환경침해로 인한 유지청구권을 당연히 독일 민법 제1004조에 의한 물권적 청구권으로 보고 있다.[89] 그러나 임미시온이 물권 자체의 침해도 침해지만 본질적으로 쾌적한 생활을 영위할 수 있는 신체적 자유나 정신적 자유에 대한 침해를 수반하므로 물권의 침해와는 분명히 다른 양상을 갖고

---

86) 松浦 寬, 前揭書, 105-106頁.
87) 대법원 1995. 9. 15. 선고 95다23378 판결.
88) "어느 토지나 건물의 소유자가 종전부터 향유하고 있던 경관이나 조망, 조용하고 쾌적한 종교적 환경 등이 그에게 하나의 생활이익으로서의 가치를 가지고 있다고 객관적으로 인정된다면 법적인 보호의 대상이 될 수 있는 것이라 할 것이므로, 인접 대지에 어떤 건물을 신축함으로써 그와 같은 생활이익이 침해되고 그 침해가 사회통념상 일반적으로 수인할 정도를 넘어선다고 인정되는 경우에는 위 토지 등의 소유자는 그 소유권에 기하여 그 방해의 제거나 예방을 위하여 필요한 청구를 할 수 있다." 대법원 1997. 7. 22. 선고 96다56153 판결.
89) Manfred Wolf, Sachenrecht, 13. Aufl., Rdnr. 232-276. 1996. 全京暈, 환경사법론 47쪽.

있다 할 것이므로 물권적 청구권설에는 일정한 한계를 갖는다. 물권적 청구권설은 물권의 존재를 전제하므로 법적안정성이 높다는 장점이 있을 수 있으나 소유권 또는 점유권 등의 물권을 가지고 있지 아니한 자, 예컨대 통행인, 방문객, 입원환자, 학생 등의 보호에는 둔한히 하고 있음을 부인할 수 없으며[90], 또한 소유권 또는 점유권[91]이 절대적, 배타적 권리라는 점에서 위 판례들이 한결같이 거론하고 있는 수인한도법리와는 이론상 모순이 발생된다.

III. 요건과 한계

1. 당사자의 범위

민법 제214조의 방해제거 내지 방해예방청구권은 원칙적으로 소유권을 가진 자가 청구권을 행사할 수 있다. 그것은 유지청구권의 적용영역이 민법 제214조의 임미시온에 의한 토지소유권의 침해에 기인하기 때문이다. 그리고 민법 제205조에 의해서 임차인 등 자격 있는 점유자와 일정한 제한물권자도 유지청구권을 가진다. 즉 지상권자(민법 제290조), 지역권자(민법 제301조), 전세권자(민법 제319조), 저당권자(민법 제370조), 질권자[92] 등도 포함되고, 또한 특별법상의 물권인 광업권, 어업권과 관습법상의 물권자 등도 유지청구권을 가질 수 있다.[93] 침해로 인한 유지청구권의 상대방은 현재의 방

---

90) 洪天龍, "環境汚染 被害의 救濟 -損害賠償請求와 留止請求-", 50쪽.
91) 대법원은 위 판결에서 의식적인지는 모르나 점유권에 대하여는 언급하지 않았다.
92) 질권자의 방해제거청구 또는 방해예방청구에 관해서는 민법 제214조를 준용한다는 명문규정이 없지만, 이를 인정함이 일반적인 학설의 태도이다. 郭潤直, 物權法(1999), 418-419쪽.

해자(Störer)에게만 요구할 수 있기 때문에 청구권자는 우선 방해를 당하여야 한다. 그런데 소유권에 대한 '방해'의 정의와 관련하여 어려운 문제가 많이 제기된다. 손해와 방해의 개념적 구별이 필요한데 통상 법익 침해가 과거에 일어나서 이미 종결된 경우에 해당하는 '손해'가 문제가 되는 것이고, '방해(妨害)'는 현재에도 지속되고 있는 침해라는 설명이 행해지고 있다.94) 과거에 방해를 발생케 한 자라 하더라도 현재 그 방해상태를 지배하고 있는 방해자의 지위에 있지 않다면 방해배제청구권의 상대방이 되지 않는다.95) 여기서 방해자란

---

93) 李銀榮, 物權法, 博英社, 1998, 452쪽

94) 郭潤直 編輯代表, 民法注解(Ⅴ), 제214조 梁彰洙 執筆部分, 243쪽.

95) 대법원 2003. 3. 28. 선고 2003다5917 판결에서 "피고는 1984. 1.경 공유자인 원고 등 6인에게 사건 토지에 연탄재 등의 쓰레기를 매립하여 양질의 농지로 만들어주겠다고 제의하여 원고들로부터 쓰레기 매립장 설치에 대한 동의서를 받은 다음, 1984. 7. 13. 이 사건 토지에 대한 쓰레기 매립공사를 착공하여 연탄재를 포함한 쓰레기 등으로 약 3m 가량을 매립한 후 농작물경작이 가능하도록 그 위에 약 2m 가량을 양질의 토양으로 복토하였고, 1985. 2. 28. 토지형질변경 준공검사를 마친 후 1985. 3. 5. 쓰레기장 매립공사를 완공하였으며 이후 그 지상에 비닐하우스가 설치되어 채소를 재배하는 농경지로 사용되어 온 사실, 현재 이 사건 토지 아래에는 생활폐기물, 건설폐기물, 사업장 일반폐기물 등이 별도 구분 없이 매립되어 있고 표층으로부터 1-2m 정도는 토사로 볼 수 있으나 그 아래 매립 부분은 층을 별도 구분하여 처리하기 곤란한 상태로 혼합하여 매립되어 있는 사실을 인정한 다음, '피고가 연탄재만으로 이 사건 토지를 매립하고 복토하여 양질의 토지를 만들어주겠다고 하였음에도 이 사건 토지에 생활쓰레기와 산업쓰레기 등을 위법하게 매립하였고, 그 쓰레기 등이 부패, 소멸되지 않고 현재도 이 사건 토지 지하에 그대로 남아 있어 원고의 소유권을 침해하고 있으므로 원고는 소유권에 기한 방해배제청구권으로서 위 쓰레기의 수거 및 원상복구를 구한다.'는 원고의 주장에 대하여, 소유권에 기한 방해배제청구권에 있어서 '방해'라 함은 현재에도 지속되고 있는 침해를 의미하고, 법익 침해가 과거에 일어나서 이미 종결된 경우에 해당하는 '손해'의 개념과는 다르다 할 것이어서, 소유권에 기한 방해배제청구권은 방해결과의 제거를 내용으로 하는 것이 되어서는 아니 되며(이는 손해배상의 영역에 해당한다 할 것이다.) 현재 계속되고 있는 방해의 원인을 제거하는 것을 내용으로 한다고 할 것인데, 이 사건 토지에 원고 등이 매립에 동의하지 않은 쓰레기가 매립되어 있다 하더라도 이는 과거의 위법한 매립공사로 인하여 생긴 결과로서 원고가 입은 손해에 해당한다 할 것일 뿐, 그 쓰레기가 현재 원고의 소유권에 대하여 별도의 침해를 지속하고 있다고 볼 수 없고 따라서 소유권에 기

침해가 귀속되는 자를 말하는데, 귀속근거를 기준으로 하여 원인을
제공한 자와 방해하는 물건에 대한 지배권을 가진 자를 포함한다.[96]
이러한 방해자는 행위방해자와 상태방해자로 구별할 수 있는데, 전
자는 그의 행위를 통하여 직·간접적으로 침해를 야기한 자인데 반
하여 후자는 물건이나 시설의 상태에 의하여 침해를 일으킨 경우이
다. 방해자가 복수인 경우에는 각 방해자가 독자적으로 피청구권의
대상이 된다. 따라서 청구권자는 각각의 방해자에게 청구권을 행사
할 수 있다.[97]

2. 청구권의 행사요건

먼저 독일 민법 제1004조 1항에서 표현하고 있는 바와 같이 '계
속하여 침해될 우려'가 있는 때에 유지청구권이 허용된다. 소위 이
러한 반복적인 위험은 원고의 주관적인 관념에 기하는 것이 아니라
객관적인 것이어야만 한다.[98] 따라서 이것은 침해의 반복이 확실하
거나 혹은 최소한 명백한 가능성이 있어야 한다는 점을 인정할 만

한 방해배제청구권을 행사할 수 있는 경우에 해당하지 아니한다."고 판시하였
다; 그러나 이 판결에 관한 평석에서 원고는 행위책임으로서 원칙적으로 방해
제거의무가 인정되는 것이 타당하다는 비판이 있다. 민법상 '방해'의 개념은
기존의 통설·판례가 인정하였던 바와 같이 소유자의 권한으로부터 파악하는
것이 타당하고, 이 사건에서 비록 '방해행위'는 종료하였으나 그 결과가 원고
의 토지에 남아서 계속 방해가 현존하고 있다고 할 수 있으므로, 원고는 행위
책임으로서 방해제거의무가 있다는 것이다. 金炯錫, 所有物 妨害排除請求權에
서 妨害의 槪念 - 大法院 2003.3.28. 선고, 2003다5917 判決의 評釋을 겸하여 -
法學 제45권 제4호(통권 제133호), 서울大學校 法學硏究所, 2004. 12, 425쪽 이
하.

96) Baur/Stürner, Lehrbuch des Sachenrechts, 16, Aufl., München 1992, S. 110.
97) 尹喆洪, "環境利益 侵害에 대한 私法的 救濟", 比較私法 제7권 1호, 韓國比較
私法學會, 2000. 6, 560쪽.
98) J. Staudinger, Karl-Heinz Gursky, §1004 BGB, 12, Aufl., 1989. Rn. 153.

한 정황이 있어야만 한다. 그러므로 침해가 반복적으로 발생할 수 있다는 추상적이고 이론적인 가능성만으로는 불충분하다.[99] 계속적인 침해에 대한 진정한 우려가 성립하느냐의 여부의 문제는 법원에서 자유로운 평가에 의해 판단하여야 할 것이다. 따라서 이것은 곧 개별사건의 상황에 따라 결정해야만 하는 사실확정의 문제와 관련된다.[100]

그리고 유지청구권이 인정되기 위해서는 수인의 한도를 넘어야 할 것이다. 이러한 사회통념상 수인한도의 초과여부는 피해의 성질 및 정도, 피해이익의 공공성과 사회적 가치, 방지조치 또는 손해회피의 가능성, 공법적 규제 및 인허가관계, 지역성, 토지이용의 선후관계 등 모든 사정을 종합적으로 고려하여 판단하여야 한다.[101] 그러나 임미시온에 의한 침해가 수인한도를 넘었다고 해서 바로 유지청구권이 인정될 수 있는 것은 아니다. 유지청구를 허용함으로서 생기는 가해자와 피해자 행위들을 종합적으로 비교형량 하여 그 허용여부가 판단되어야 할 것이다.[102] 따라서 유지청구는 손해배상청구와 달리 피해가 발생할 우려가 있을 경우에도 발하여 질 수 있는 것이므로 유지청구를 위한 요건이 손해배상청구의 요건보다 까다롭다는 것이다.[103]

---

99) Vgl. RGZ 63, 379: OLG Hamburg OLGE 31, 329.
100) 尹喆洪, "環境權의 本質과 留止請求權", 民事法學 제17호, 韓國司法行政學會, 1999. 4., 367쪽.
101) 대법원 1995. 9. 15. 선고 95다23378 판결; 또 피해의 성질과 정도에 비추어 금전적 평가가 곤란하고, 피해회복이 금전보상만으로는 어려운 성질의 것일 것, 피해가 일시적인 것이 아니라 계속적으로 중대하고 명백한 것일 것, 그리고 침해의 정도가 수인한도를 넘을 것 등을 그 요건으로 요구하고 있다. 민사지방법원 1995. 9. 7. 선고 94카합6253 판결.; 부산고등법원 1995. 5. 18. 선고 95카합5 판결 참조.
102) 尹喆洪, 앞의 논문, 367-368쪽.
103) 이를 위법성의 2단계설이라고 한다. 千柄泰·金明吉, 環境法論, 272쪽.

3. 청구권의 내용

가. 방해제거청구권

민법 제214조에 의하여 소유권이 점유의 침탈 또는 유치 이외의 방법에 의하여 침해된 경우에는 소유자는 방해자에게 그 방해의 제거를 청구할 수 있다. 이때 방해제거청구란 장래를 위하여 침해의 제거를 의미하는데, 이미 침해가 일어났고 방해하는 상태가 아직도 존재하는 경우에만 소유자가 청구할 수 있다. 방해의 제거란 아직도 계속되는 위험원으로서 타인의 소유권에 대하여 침해하는 방해요소의 제거를 말한다.[104]

나. 방해예방청구권

소유권의 위법한 침해는 침해가 실현되기 전에 소유자가 미리 방어할 수 있어야만 한다. 민법 제214조는 소유권을 방해할 염려가 있는 행위를 하는 자에 대하여 그 예방이나 손해배상의 담보를 청구할 수 있다고 규정한다. 방해의 예방이란 방해를 일으킬 우려를 발생시키고 있는 원인을 제거하여 방해의 발생을 사전에 막는데 적절한 조치를 하는 것을 말한다. 예방청구는 상대방의 부작위를 청구하는 경우가 많겠지만, 때로는 작위를 청구하는 경우도 있을 수 있다.[105] 손해배상의 담보란 장차 방해가 현실적으로 발생한 경우에 부담할 손해배상의무를 미리 담보하는 것이다. 방해의 염려를 발생

---

104) 全京量, "環境侵害被害의 私法上 救濟法理", 356쪽
105) 金相容, 物權法(全訂版), 法文社, 2000, 443쪽.

시킨데 대하여 귀책사유가 없더라도 방해예방청구권의 내용으로서의 담보제공청구는 할 수 있다. 손해배상의 담보는 통상 금전의 공탁으로 행하여지는데, 보증인을 세운다거나 담보권을 설정하는 것에 의하여서도 할 수 있다. 그러나 실제로 그 담보로부터 손해의 보상을 받는 것은, 후에 소유자에게 손해가 발생하고 나아가 그에 대하여 상대방에게 귀책사유가 존재함으로써 불법행위로 인한 손해배상의무가 현실적으로 발생하지 않으면 안 된다. 소유자는 위와 같은 방해예방과 손해배상의 담보의 양자를 모두 청구할 수는 없으며, 그 중 어느 하나만을 선택하여 행사하여야 한다.106)

4. 수인한도 판단에 대한 한계

유지청구는 가해자의 이익과 피해자가 입는 손해의 교량을 전제하기 때문에 수인한도론이 갖는 의미는 손해배상청구에서의 그것보다 큰 것이다. 법원은 유지청구의 법적 근거를 소유권에 기한 방해배제청구권에서 구하면서 "침해가 사회통념상 일반적으로 수인할 정도를 넘어서는지의 여부는 피해의 성질 및 정도, 피해이익의 공공성, 가해행위의 태양, 가해행위의 공공성, 가해자의 방지조치 또는 손해회피의 가능성, 인·허가 관계 등 공법적 기준에서의 적합여부, 지역성, 토지 이용의 선후 관계 등 모든 사정을 종합적으로 고려하여 판단하여야 할 것이다"라고 판시하고 있는데,107) 구체적으로 어느 정도의 피해가 수인한도를 넘는가를 판단하는 것은 결코 간단한

---

106) 郭潤直, 物權法(1990), 327쪽.
107) 대법원 1997. 7. 22. 선고 96다56153 판결.; 대법원 1995. 9. 15. 선고 95다 23378 판결.

문제가 아니라고 할 것이다. 한편 법원이 취하고 있는 물권적 청구권설은 절대적인 소유권의 성질이 수인한도론과 조화되지 않는다는 이론적 모순이 발견되는데, 이에 대해 환경권설은 다른 이익과의 형량과정을 통해 수인한도론과 그 조화를 꾀할 수 있다고 한다.[108]

제3절 토양오염사고의 민사상 손해배상

Ⅰ. 불법행위로 인한 손해배상

1. 고의·과실

가. 과실책임주의

토양환경침해로 인한 사법적 구제로서 민법 제217조에 유지청구권을 행사할 수 있도록 함으로써 중요한 의의를 가질 수 있으나 이는 환경책임법에서 부분적인 영역을 포함할 수 있을 뿐이다.[109] 그러므로 이 부분적인 영역에 속하지 않는 토양오염에 대한 분야는 피해를 입은 자[110]가 직접 토양을 오염시킨 가해자에 대하여 민법 제750조에 의한 불법행위를 원인으로 한 손해배상청구를 할 수 있

---

108) 金泓均, 環境法, 572쪽.
109) 동조는 상린관계로서 수인의무를 부과할 뿐이고, 따라서 수인의무를 넘는 때에는 금지청구를 할 수 있는 근거는 되나, 피해에 대한 배상 내지 보상의 근거는 되지 못한다. 결국 보호법익에 대한 침해로서 일반불법행위의 문제로서 처리될 뿐이다. 郭潤直, 債權各論(再全訂版), 710쪽.
110) 예컨대, 인근지역의 토양오염으로 인하여 토지가격이 하락함으로써 입게 되는 경제적 피해를 입거나, 오염된 토양에서 나오는 Soil gas를 흡입하거나, 또는 오염된 토양으로 인하여 오염된 지하수의 음용, 오염된 농작물의 섭취 등으로 신체건강이 나빠진 경우를 들 수 있다.

고, 또 환경정책기본법과 토양환경보전법상의 무과실책임에 의한 해결을 하고 있다. 그중에서도 민법 제750조에 의한 환경침해로 인한 손해배상청구권은 사법적인 책임법의 핵심규정으로서 환경정책기본법 등 무과실책임에 관한 모든 입법에도 불구하고 앞으로도 현저한 중요성을 가지게 될 것이다.111) 불법행위에 관하여 우리 민법은 제750조에서 "고의 또는 과실로 인한 위법한 행위로 타인에게 손해를 가한 자는 그 손해를 배상할 책임이 있다"고 규정함으로써 민사책임의 기본원칙으로 과실책임주의112)를 채택하고 있다. 그러나 과실책임주의는 현대 산업사회로 넘어오면서 과학문명의 비상한 발달로 인하여 종래에는 예상하지 못했던 위험이 따르게 되는 많은 기업의 출현하게 되면서 손해의 공평분담이라는 관점에서 볼 때 현대사회에 적합하지 않은 모습을 보이게 되었다. 실제 토양오염을 비롯한 환경오염으로 인한 피해는 기업의 사업과정에서 발생하는 경우가 대부분이고, 일반적으로 기업이 일정한 시설을 갖추고 있고 각종 의무를 준수하고 있다고 볼 수 있기 때문에 피해자가 가해자의 과실을 입증하는 것은 매우 어렵다는 점이다. 더구나 피해자가 오염피해 원인을 제공한 가해자의 과실을 입증하는데는 고도의 전문지식이 필요하고 설령 그것이 가능하더라도 막대한 비용이 드는 경우113)가 많다. 이러한 책임확정절차 및 비용을 일방적으로 피해자의 부담으로 하는 것은 사회적 공평의 견지에서 문제가 있다. 이러한 문제의

111) Johann Gerlach, Privatrecht und Umweltschutz im System des Umweltrechts, 1989, S. 268, 全京暈, 환경사법론, 123쪽.
112) 과실책임주의라 함은 고의·과실의 귀책사유(Verschulden)에 의하여 타인에게 손해를 준 경우에만 가해자가 손해배상의 책임을 지는 것으로 하는 입법주의를 말한다. 郭潤直, 앞의 책, 608쪽.
113) 용산 미군기지 유류유출에 의한 토양오염사건(대법원 2009. 10. 29. 선고 2009다42666 판결)에서 원고는 오염원인을 확인하는데에만 3차에 걸쳐 총 619,000,000원의 용역비를 지출하였다.

식에서 불법행위의 성립요건으로서 과책의 입증에 관하여 완화 내지 전환하는 법리를 발전시켜왔다. 과실책임주의가 오래도록 모든 사람의 사회활동의 자유를 보장하여 왔으며 이로 인한 경제발전을 이룩하여온 것은 사실이지만, 환경오염피해와 같이 광범위하고 대량적·집단적 피해라는 특수한 유형에 관하여는 근대법의 과실책임법리로는 효율적인 피해구제와 손해의 공평한 분담을 실현할 수 없다는 것이 명백해졌고 이에 따라 무과실책임주의의 정립이 요청되기에 이른 것이다. 이같은 관점에서 학설과 판례는 과실개념의 객관화 내지 엄격화 함으로써 과실책임의 원칙 내에서 무과실책임을 적용하기 위한 다양한 시도를 꾀하고 있다. 환경오염피해에 대한 무과실책임의 적용과 해결은 오염물질을 배출하는 기업 쪽에서도 과실책임주의 보다 더 주의의무를 기울이고, 설비를 개선하고 확충하는 등 오염발생 방지를 위한 노력을 기울이게 되는 것이다. 따라서 과실책임주의보다는 무과실책임주의가 오염물질을 배출하는 기업 등에게 경고적, 예방적 기능의 효과를 얻을 수 있게 된다는 점이다.114)

나. 과실책임범위의 확대이론

민법 제750조의 책임원리는 가해자가 그의 고의 또는 과실 있는 행위에 의하여 타인에게 손해를 가한 때에 책임을 진다는 과실책임주의이다. 따라서 피해자가 가해자의 고의 또는 과실을 입증하지 않으면 안된다. 그러나 가해자의 고의에 의하여 환경침해가 발생하는 경우는 거의 없을 것이기 때문에 여기서 문제가 되는 것은 과실에 의한 환경침해의 경우이다.115) 그런데 오늘날 환경오염사고에 있어

---

114) 조만형, "環境汚染被害救濟制度로서의 損害賠償責任과 保險", 環境法研究 제 27권 2호, 2005. 9, 321쪽; 李銀榮, 債權各論, 950-952쪽 參照.

서는 가해자가 주로 기업들로서 그 침해유형이 간접적, 누적적, 집
단적으로 나타나는 경우가 일반적이므로 손해배상청구사건에 있어
과실책임원칙을 그대로 적용하게 되면 불합리한 결과가 나타난다.
즉 일반적으로 과실은 가해기업이 상당한 방지설비를 하여야 할 의
무를 위반하여 오염물질을 배출한 경우에 인정하게 되므로 상당한
설비가 있거나, 기술적·경제적으로 방지가 불가능한 경우에는 일응
과실이 없다고 할 수 있기 때문이다.116) 더구나 민법 제750조의 과
실책임주의는 오로지 '자기의 행위"에 대하여만 책임을 지고 타인의
행위에 대하여는 책임을 지지 않는다는 자기책임주의를 의미하기
때문에,117) 토양오염에 전혀 관계하지 아니한 토지의 현 소유자나
점유자가 자신과 관계없이 행하여진 토양오염으로 말미암아 생긴
손해를 배상할 이유가 없다는 측면에서는 과실책임을 적용함에 있
어 난점이 있게 되는 것이다.118) 따라서 피해자보호를 충실하게 하
기 위해서 학설과 판례는 과실책임을 원칙으로 하는 근대 사법체계
하에서 환경침해의 특질에 적합하고 현행 법리와도 부합하는 무과
실책임의 구현을 위한 법기술상의 방법론을 통해 환경침해문제의

---

115) 불법행위 성립요건으로서 과실은 추상적 경과실이 원칙이고, 추상적 경과실
    은 주의의무를 게을리하는 것으로서 그 주의의무의 기준이 되는 것은 일반
    인·평균인의 주의정도이지만, 행위자의 직업이나 지위와 사건의 환경 등을
    고려하여 거기에서 기대되는 정도의 주의를 할 의무라고 해석한다. 郭潤直, 債
    權各論(2003), 391쪽.
116) 全京暈, "環境侵害被害의 私法上 救濟法理", 365쪽.
117) 郭潤直, 債權各論(신정판), 682-683쪽.
118) 趙弘植, "土壤環境侵害에 대한 法的 責任", 332쪽; 이에 대해서 자기책임주의
    하에서의 행위는 작위뿐만 아니라 부작위도 포함되기 때문에 현소유자 또는
    점유자가 토양오염이 되었다는 사실과 그로 인하여 타인에게 피해를 줄 수 있
    다는 사실을 알았거나 알 수 있었음에도 불구하고 이를 방지하기 위하여 적극
    적인 조치를 취하지 아니한 부작위가 바로 '자기의 행위'에 해당한다는 견해로
    는, Sang-Yeol Park, "Environmental Law in Korea", JOURNAL OF
    ENVIRONMENTAL LAW AND PRACTICE, Nov./Dec., 1993, pp. 32-38.

해결을 모색하여 왔다.[119] 환경오염침해에 대한 과실책임의 인정근거로서 주로 방지의무위반설과 예견가능성설, 그리고 신수인한도론 등 세 가지 학설이 주장되고 있다.

1) 방지의무위반설

방지의무위반설은 결과발생의 예방을 위하여 일정한 방지시설을 해야 할 의무에 위반한 경우에 과실이 있다는 견해이다. 즉, 피해발생을 예견할 수 있었다고 하는 것만으로는 과실을 인정하지 않고 아울러 결과를 회피하고 손해를 방지하기 위한 수단을 강구할 의무(결과회피의무)를 위반하였을 때 비로소 과실이 있는 것으로 본다. 따라서 손해를 예방하기 위하여 그 사업의 성질에 따라 '상당한 설비'를 한 이상 책임이 조각(阻却)되게 된다는 것이다.[120] 이 설은 기업활동을 계속하면서 '상당한' 또는 '최선의' 방지시설을 하면 중대한 결과가 발생한 경우라 하더라도 과실이 인정되지 않음으로 과실의 범위를 좁게 인정하여 기업활동의 자유를 보장하려는 기업보호적 색채가 농후한 견해라 할 수 있다.[121] 우리 대법원은 최초의 환경오염피해에 대한 손해배상청구사건인 '영남화학(주) 분출가스 과수원오염사건'과 '양계장 소음사건'에서 결과회피가능성을 전제로 하는 '상당한 설비'의 설치의무에 위반한 과실이 인정하여 방지의무위반설을 따르기도 하였다.[122] 그러나 이에 대하여는 침해가 아무리 중

---

119) 全昌祚, "公害와 過失·無過失", 法과 公害, 韓國法學教授會, 1974, 93-94쪽.

120) 具然昌, 環境法論, 573쪽.

121) 千柄泰·金明吉, 環境法論, 259쪽.

122) 대법원 1973.5.22. 선고 71다2016 판결에서 "피고회사의 이건 비료공장이 그 가동초기에 있어서 유해가스 제거시설이 미비한 시설상의 하자가 있었고, 특히 종업원의 작업기술 미숙의 과실로 인하여 많은 양의 유해가스를 분출시켜 원고 소유 과수원에 막대한 피해를 입힌 사실을 인정"하고 피고에게 불법행위

대하더라도 일정한 방지설비만 하면 면책되므로 공평한 손해의 분
담이라는 불법행위제도의 이념에 어긋나게 되며, 또한 가해자인 기
업이 비록 최선의 설비를 하였다 하더라도 가해기업은 통상 위험한
활동을 통하여 막대한 이익을 얻는 것이기 때문에 아무런 손해도
부담하지 않는다는 것은 공평하지 못하며 피해자가 자의로 위험에
접근한 것도 아니고 기업활동의 이익을 향수하는 것이 아닌데도 불
구하고 손해를 감수해야만 한다는 것은 불합리하다는 비판이 제기
되었다.123) 오늘날 이 견해에 따르는 학자나 판례는 없다.124)

2) 예견가능성설

예견가능성설은 손해의 발생에 관하여 예견이 가능하다면 조업
정지 등 부작위를 포함한 손해회피조치를 취하여 손해를 미리 방지
할 수 있으므로 결국 예견가능성이 과실의 대상 내지 중심내용이며
판단기준이라고 하는 견해이다.125) 즉, 결과의 발생이 예견가능하였
음에도 불구하고, 그것을 방지해야 할 조치를 다하지 못한 가해자는
손해배상의무를 부담한다는 것이다. 따라서 결과방止가 불가능한 경

로 인한 손해배상 책임을 인정하였다. 또 대법원 1974. 11. 12. 74다1321 판결
에서 "피고가 터널을 뚫기 위한 폭파작업을 함에 있어 원고들의 양계장에 대
한 피해를 방지하기 위한 폭음과 진동이 인축(人畜)에 미치는 영향 등을 사전
에 검토하여 그에 따른 상당한 조치를 취한 후에 폭파작업을 할 주의의무가
있었다 할 것인데 이에 이르지 않은 것을 과실로 인정하여 손해배상책임을 인
정하였다.

123) 崔相鎬, 환경오염에 대한 민사책임, 계명대학교 출판부, 1999, 82쪽.
124) 그 후 대법원도 "설사 피고공장이 공장설립 당시나 그 가동에 있어서 현대
과학이 가능한 모든 방법을 취하여 손해를 방지하는 시설을 갖추고 있다 하여
피고가 원고에게 가한 불법행위에 과실이 없다고 말할 수는 없다."고 판시하
여 방지의무위반설을 명백히 배제하고 있다. 대법원 1973. 10. 10. 선고 73다
1253 판결
125) 淡路剛久, 最新の公害訴訟と私法理論(4), 判例タイムズ 第208号, 6頁.

우라 하더라도 과실을 인정할 수 있으며, 손해발생행위가 계속되고 있는 때에는 당연히 예견할 수 있었던 것이므로 과실을 인정하게 된다는 것이다.[126] 그리고 예견가능성의 유무는 당해행위자를 표준으로 하여 현실로 예견할 수 있었는가의 여부를 따지는 것이 아니라, 동종의 사업을 하는 자가 통상 갖추고 있는 전문적 지식을 표준으로 하여 판단하여야 한다고 한다. 따라서 예견가능성의 유무를 전문적 지식인을 표준으로 하므로 과실의 인정이 상당히 넓어질 뿐만 아니라 환경오염과 같이 안전도가 불명인 매연이나 폐액을 방출하는 행위에 있어서는 기대되어지는 주의의무 또한 상대적으로 높으므로 예견가능성이 부인되는 일은 거의 없을 것이고 판례상으로도 이것이 부인된 사례는 없다. 이런 이유로 학자에 따라서는 예견가능성의 요건이 형식화 되었다고 지적한다.[127] 결국 환경오염사고의 책임법적 주의의무도 객관적으로 가해자가 속하는 직업적 지위에서의 손해발생의 예견가능성과 이를 방지하기 위한 조치를 요구할 수 있는 기대가능성 등을 고려하여 결정하여야 하며, 이렇게 설정된 주의의무를 구체적 상황에서 준수하지 못한 가해자의 주관적 비난가능성이 과책판단의 본질적 요소로 작용한다는 것이다.[128] 그리고 예측할 수 있는 손해발생 시에 기본적으로 과실을 인정하면 부정적인 작용을 언제 예측할 수 있는 것으로 판단할 수 있느냐의 문제가 제기될 수 있다. 독일의 판례[129]에 의하면 시설의 운영자는 방지시설 등에 관한 공법상의 모든 규정의 준수 시에 무해성을 신뢰할 수 있다고 한다. 그러나 이러한 신뢰는 개별적인 경우에서의 상황을 통하

---

126) 郭潤直, 債權各論, 782쪽.
127) 淡路剛久, 公害賠償の理論, 92頁.
128) 安法榮, "民法上 環境汚染事故의 不法行爲責任 再照明", 99쪽.
129) BGHZ 92, 143, 152.

여 달리 판단될 수 있다.130) 이 견해가 현재의 통설이며, 예견가능성
의 범위를 확대 해석하면 산업활동의 환경오염에 있어 과실이 거의
인정되므로 무과실책임을 인정하는 결과가 된다고 한다.131)

일본의 구마모토(熊本) 수오병(水俣病)사건에서 판결은 '화학공
장에서 폐수를 방류할 경우에 있어서는 언제나 최고의 지식과 기술
을 이용하여 폐수 중에 위험한 부반응생성물질의 혼입유무 및 동식
물이나 인체에 유해한 영향을 미치는지 여하를 조사 연구하여 그
안전을 확인함과 아울러 만일 유해한 것이 판명되거나 그 안전성에
의심이 생기는 경우에는 즉시 조업을 중단하고, 필요한 최대한의 방
지조치를 강구하여 위해를 미연에 방지하여야 할 고도의 주의의무
가 있다'132)고 하여 유기화합물이 인체에 유해한 영향을 미칠 수 있
다는 것을 가해기업이 예견할 수 있었다고 하여 조업상의 과실을
인정하였다. 이 판결 외에도 위해의 방지가 불가능하더라도 결과의
예견이 가능성이 있으면 과실이 있다고 하는 판결이 다수 있다. 우
리 대법원도 위에서 언급한 73다1253 판결에서 명확하게 판결이유로
적시하진 않았지만 최선의 방법과 시설을 설치하였다 하더라도 발
생한 손해에 관하여 과실을 인정할 수 있다고 한 것은 예견가능성
설의 취지를 따른 것으로 보인다.133)

---

130) 무해성에 대한 운영자의 신뢰는 불시에 발생한 손해에 대한 관련자의 언급
을 통하여 제거될 수 있다. 全京暈, 환경사법론, 128쪽.
131) 西原道雄, 公害に對する私法的救濟の特質と機能, 法律時報 第39卷 7号, 13頁;
澤井裕, 公害の私法的研究, 186頁; 具然昌, "環境汚染被害救濟制度의 問題點과
對策", 法曹 1989. 10, 34쪽.
132) 熊本水俣病事件 第1次訴訟(工場排水有機水銀中毒事件, 昭和44年(ワ)第522号
外), 熊本地裁 昭和 48年(1972年) 3月 20日 判決, 淡路剛久 外2, 別冊ジュリスト
環境法判例百選(2004. 4.), 53頁.
133) 具然昌, "環境汚染의 私法的 救濟 再照明", 159쪽.

3) 신수인한도론

신수인한도론은 1960년대 일본에서 빈발하던 공해분쟁에 있어서 예견가능성의 입증의 곤란을 극복하기 위하여 등장한 이론으로서, 불법행위의 주관적 요건인 과실개념을 객관화시켜, 이를 위법성개념에 접근시키고 더 나아가 과실과 위법성의 두 개념을 융합시킴으로써 불법행위이론을 일원화하려는 견해로서,[134] 피해자가 입은 손해의 종류 및 정도와 가해행위의 태양, 손해의 회피조치 등 가해자 측의 제요인과 지역성 등 여러 요인을 비교형량하여 손해가 피해자의 수인한도를 넘는 경우라고 인정되면, 예견가능성 유무를 불문하고 가해자에게 과실이 있다고 인정하는 견해이다. 대법원은 관상수농장 수목고사사건[135]에서 "공장에서 배출된 오염물질의 농도가 환경보전법에 의하여 허용된 기준치 이내라 하더라도 그 유해의 정도가 통상의 수인한도를 넘어 인근 농장의 관상수를 고사케 하는 한 원인이 되었다면 그 배출행위로 인한 손해배상책임을 면치 못한다."라고 판시하여 신수인한도론의 입장에서 과실을 인정한 사례가 있다. 신

---

134) 수인한도론을 기초로 하면서 과실과 위법성에 관한 "신과실론"을 도입한 이론인데, 공해에 관한 판례를 분석하여 종래 별개로 논의되고 있는 고의 · 과실과 위법성을 수인한도라고 하는 새로운 기준에 의하여 일원적으로 처리해야 한다고 한다. 野村好弘, 受忍限度論について, 71頁 ; 其然昌, 앞의 논문, 151쪽 이하.

135) 대법원 1991. 7. 23. 선고 89다카1275 판결; 하급심 판결에서 "피고공장의 가동으로 인한 공해로 말미암은 농작물의 피해에 대하여 피해보상을 해온 사실 등으로 미루어 보아 폐수의 배출로 인한 위해발생에 관하여 다른 군소화학기업의 경우보다 훨씬 예견가능성이 높고 결과회피의 의무가 무겁다고 할 것임에도 불구하고, 그 가동 후 5년만인 1972. 9.경 폐수배출구에 석고수 냉각지를 설치하는 외는 폐수의 배출에 따른 아무런 위해방지조치도 강구함이 없이 위에서 본 바와 같이 폐수를 그대로 위 행암만으로 배출하였으니 최소한 위해방지조치를 게을리 한 과실이 있다."고 하여 예견가능성설을 인정하였다. 서울고등법원 1986. 9. 24. 선고 79나215 판결(대법원 1978. 12. 26. 선고 77나2228 환송판결).

수인한도론에 대해서는 다음에서 논하는 위법성 판단에서 다시 고찰하기로 한다.

2. 위법성

가. 위법성의 판단요소

환경오염으로 인한 유지청구 또는 손해배상 청구를 함에 있어 그 청구가 받아들여지기 위해서는 환경침해가 위법하여야 한다. 위법성이란 그 침해행위가 법질서에 반하는 것을 말하는데, 불법행위의 성립요건으로서 '타인의 권리 내지 이익에 대한 위법한 침해'를 들고 있다. 해석상으로는 위법성이라는 의미는 실정법의 규정에 위반한 것뿐만 아니라 반사회적·비사회적 행위, 즉 선량한 풍속 기타 사회질서에 대한 위반 등을 가리키는데, 이러한 위법성의 유무는 가해의 사실로 침해된 이익의 성질과 침해행위의 태양의 두 측면에서 상관관계로 판단하는 것이 일반적이다.[136) 이 견해에 의하면 피해의 정도가 크면 가해의 태양이 심하지 않아도 가해는 위법하지만, 피해의 정도가 작으면 가해가 심한 경우에도 그 가해는 위법성이 없게 된다.[137) 그런데 구체적인 환경오염사건에 있어서의 위법성의 유무에 관하여 판단한다는 것은 결코 용이하지 않다. 예컨대 설치허가를 받은 배출시설에서 배출허용기준 이내의 오염물질이 배출된다고 하여 당연히 위법성이 없다고 단정할 수 없기 때문이다.[138) 이와 같이

---

136) 郭潤直, 債權各論(再全訂版), 653쪽; 이에 관하여 일반불법행위의 성립요건으로서 위법성은 피침해이익의 종류와 침해행위의 태양과의 상관관계에서 결정해야 한다는 이론으로서, 수인한도론은 바로 이러한 일반불법행위에 있어서 원래 위법성론의 테두리 속에서 나타난 상관관계설이 생활방해 내지 환경오염상에서의 위법성론으로 발전한 것이라고 한다. 崔相鎬, 앞의 책, 105쪽.

137) 具然昌, 環境法論, 575쪽.

현실적으로 위법성여부를 밝히기 어려운 환경오염에 대하여 오염행위의 정도 여하를 묻지 않고 당연히 위법한 것으로 볼 것인가 아니면 어느 정도의 환경오염에 대하여는 인간의 사회공동생활에 있어서 서로 간에 인용하여야 하고 그 범위를 넘는 오염피해에 대하여만 위법한 것으로 볼 것인가의 문제가 있다. 행위자의 행태로서 위법성 여부의 판단이 이루어지기 때문에 위법성 판단의 어려운 현실적인 한계를 극복하기 위한 수단의 하나로서 이를 권리남용의 문제로 삼지 않고 침해행위가 수인한도를 넘는가의 여부로써 위법성을 직접 판단하는 수인한도론은 후자의 생각에 기초하고 있으며, 환경오염에 따른 손해배상책임과 유지책임 모두에 채용되고 있다.139)

나. 민법 제217조와 수인한도론

환경오염침해에 관하여 위법성에 관한 통설적인 견해로서 수인한도론은 인간이 사회생활을 영위해 나가는데 있어서 흔히 타인에게 손해나 불편을 끼치는 경우가 있을 수 있기 때문에 이는 어느 정도까지는 인용하지 않으면 안되고, 인용해야할 일정한 범위와 한도를 넘어설 때에 비로소 위법성을 띠게 된다는 것이다.140) 이 견해는 민법 제217조에서의 인용의무와 관련하여서 발생된 이론으로서, 즉 동조 제2항에 의하면 가해행위가 사회적으로 인용할 수 있는 한도를 넘지 않는 토지의 통상적 이용에서 생기는 유해한 환경침해는

---

138) 법원은 오염물질의 방출이 법령상 허용기준치 이하이었다는 사실만으로는 그 책임을 면할 수 없고, 통상의 수인한도를 넘어 손해가 발생한 경우에는 손해배상책임이 있다고 판시하고 있다. 대구고등법원 1990. 1. 12. 선고 88나3049 제4민사부판결; 대전지방법원 1995. 2. 8. 선고 93가합3237 판결.
139) 崔相鎬, 環境汚染에 대한 民事責任, 104쪽.
140) 全京暈, 환경사법론, 132쪽.

이를 인용하여야 하고 이러한 인용의무의 범위내의 경우라면 위법
성이 없게 됨으로써 환경오염의 존재 내지 오염물질의 배출 그 자
체만으로는 위법한 것이 되지 않고 인용할 수 있는 한도를 넘는 경
우에만 위법한 것이 된다. 수인한도론은 현재 판례141)와 통설의 입
장으로서, 구체적으로 수인한도를 결정하는 사정은 피침해이익의 종
류 및 정도, 침해행위의 공공성, 피해의 지역성, 손해방지를 위한 가
해자의 조치, 손해의 회피가능성, 공법상의 규제기준의 준수여부, 토
지이용관계 등을 종합적으로 고려해야 한다고 하고 있다.142) 수인한
도론은 불법행위의 요건으로서 고의·과실과 위법성을 구분하는 이
원적 구조 하에서 그 중 위법성의 유무를 수인한도로서 판단하는
것이다. 그러나 법제상으로는 과실책임주의의 연장선상에 있는 것이
기 때문에 수인한도를 넘은 침해가 있는가의 여부는 피해자가 입증
해야 할 것이다. 또한 이 수인한도론에서는 손해배상청구를 하기 위
한 위법성과 유지청구를 하기 위한 위법성에는 차이가 있다고 하는
데 이를 위법성단계설이라고 한다.143) 수인한도론은 이 같은 환경침

---

141) 대법원 1974. 6. 11. 선고 73다1691 판결; 대법원 1982. 9. 14. 선고 80다2859
판결; 대법원 1989. 5. 9. 88다카4697; 대법원 1991. 7. 23. 선고 89다카1275 판
결; 1999. 1. 26. 선고 98다23850 판결; 2000. 5. 26. 선고 98다56997 판결; 2002.
12. 10. 선고 2000다72213 판결; 2004. 9. 13. 선고 2004다24212 판결.
142) 공법적 규제기준치를 불법행위의 위법성 판단에 고려하는 것은, 오늘날 환경
오염에 대한 효율적인 법적 대응을 하기 위해 공·사법의 유기적인 역할이 불
가피하며, 과실책임원칙하에서 피해자와 가해자의 이익교량을 고려하여 가해
자에게 무제한의 책임을 부과하지 않으면서도, 피해자의 구제를 모색할 수 있
는 합리적 기준을 제공할 수 있다. 또한 추상화된 과실개념에서 사회생활상
위험방지의무를 인정하는 것이 현행법에서 적합한 법적 근거가 된다. 李銀榮,
채권각론(1992), 719쪽 이하 참조; 同旨의 견해로서, 安法榮, "民法上 環境汚染
事故의 不法行爲責任 再照明", 99쪽.
143) 환경오염의 피침해권리나 이익의 종류·성질에 의하여 어떤 것은 단순히 손
해배상만 인정되고, 다른 것은 방해배제까지 인정된다고 하는 정도의 차이가
있으며, 유지청구의 경우 위법성요건을 손해배상을 인정하는 요건으로서의 위
법성 정도보다 가중한다는 것이다. 이는 유지청구에 의한 방해배제 또는 중지

해와 다른 유형의 침해에 대해서도 개념에 대하여는 다양한 이론이 전개되고 있으나 법률상 보호할 가치가 있는 이익을 침해하면 일응 위법성이 있는 것으로 판단하는 경우가 일반적이다.144)

　이상과 같은 수인한도론은 환경 소송에 있어서의 위법성의 판정을 용이하게 해주기 위해서 제창되어 실무상에서도 채용되기에 이른 것이며, 또 불법행위법상의 위법성을 둘러싼 종래부터의 논의의 발전경향에 한층 더 탄력을 준 것이라고 말할 수 있다. 즉, 종래의 불법행위법에 있어서의 통설은 민법제750조의 고의 또는 과실에 의한 위법행위, 즉 위법성을 불법행위 성립의 중심요소로 하고 있다. 문언상의 '권리침해'의 요건을 '위법성'에 대신하는 것으로 그 요건을 완화해 왔다. 이 이론적 발전경향은 더욱더 위법성 판단 자체의 요건을 완화할 방향으로 전개되고 있다. 게다가 이러한 위법성을 인정하기 위한 요건을 완화하는 경향은 위법성 판단을 위해서 행하는 평가작업과 과실판단 시의 그것과의 유사성 내지 중복을 이유로 '과실'이 '위법성'을 포섭한다고 하는 생각에 미치게 된다. 그러나 수인한도론은 제도상 과실책임주의의 연장선상에 있는 것이기 때문에 수인한도를 넘는 침해가 있는가의 여부는 피해자가 입증하여야 하

　가 손해배상보다 기업에 주는 타격이 크므로 신중을 기하기 위함에서이다. 澤井裕, 公害差止の法理, 114頁.

144) 이 수인한도론에 대하여는 약간의 문제가 지적되고 있다. 수인한도 내라고 판단되면 고의·과실의 판단이 필요 없어진다는 점, 무과실배상책임을 인정하는 것은 민법 제750조에 반한다는 점, 수인한도론은 원래 이익형량론의 일종이며 이것을 위법성판단에까지 확대하여 고의·과실에 미치게 하는 것은 타당하지 못하다는 점 등이 거론되고 있다. 한편 수인한도를 '통상의 합리인이라면 사회공동생활을 영위하는데 당연히 감수할 한도'라고 정의하는 것은 피해자에 대하여 하등 관계없는 가해행위의 가치를 가지고 그 판단요소로 함으로써 결국 피해자를 위한 가치판단과 가해자를 위한 가치판단을 의도적으로 혼동한 것으로서 수인한도비교형량론의 치명적 결점이라고 지적되고 있다. 後藤孝典, 現代損害賠償論, 日本評論社, 1984, 130頁 參照.

며, 수인한도의 판단에 있어서도 여러 요소와 관련하여 이익형량해야 한다는 점에서 피해구제에 철저할 수 없다는 난점이 있다. 그리고 오늘날 급격한 산업발달에 의하여 종래에 없었던 새로운 유해물질이 대량으로 배출되게 됨에 따라 이제 환경오염문제는 생존위기의 문제로 인식되어 각국은 환경오염으로 인한 환경파괴현상을 최우선적으로 고려하기에 이르렀다.

또 수인한도론은 이른바 지위의 호환성을 전제로 하는 바, 오늘날 전형적인 환경오염에 있어서 대부분 가해자는 기업이고 피해자는 경제적 약자인 일반인인 경우가 많으므로 양자 사이에는 지위의 호환성이 없고 거의 일방적으로 일반 서민이 피해를 입고 있으므로 종래의 수인한도론은 그 설득력을 점점 잃어가고 있다.145) 이러한 이해에 의하면 불법행위의 성립에 위법성의 요건은 불필요해져 결과적으로 '과실' 개념과 '위법성'의 개념이 일원적으로 결합되어지는 것을 의미한다.146) 여기에서 위법성과 고의·과실을 일원적으로 파악하려는 이른바 신수인한도론도 주장되게 되었다.

라. 신수인한도론

신수인한도론이라 함은 피해자측이 입은 손해의 종류·정도와 가해행위의 태양, 손해의 회피조치 등 가해자측의 제요인을 비교형량하여 손해가 수인한도를 초과하였다고 인정되는 경우에는 예견가능성의 유무에 관계없이 가해자의 책임을 인정하려는 입장이다. 여기에서 수인한도란 통상의 합리적인 사람이라면 사회공동생활을 하는

---

145) 權龍雨, "鑛害賠償責任의 法理", 誠軒黃迪仁博士華甲記念「損害賠償法의 諸問題」, 博英社, 1990, 394쪽.
146) 松浦 寬, 環境法槪說, 90頁.

250

데 있어서 감수할 수 있는 한도를 말하며 이러한 한도를 넘어서 침해가 있는 경우에 위법성 또는 과실이 인정된다고 한다.147) 신수인한도론에서 말하는 과실이란 '수인한도를 넘는 침해를 가져오지 않도록 조치할 의무에 위반하는 것'을 말하며,148) 이 조치의무에는 작위는 물론 부작위도 포함되기 때문에 피해가 발생하는 것을 막기위해서는 당해 행위를 하지 않는 것까지도 포함된다. 따라서 결과에대한 예견가능성이 있었는지 여부에 상관없이 손해가 수인한도를넘으면 곧 과실이 인정된다.149) 결국 수인한도를 넘는 침해가 있으면 과실이 인정되고 동시에 위법성도 인정되어 '수인한도'라는 하나의 기준에 의하여 파악하게 된다.150)

수인한도는 처음에는 권리남용을 판단하는 기준의 하나였으나독일 민법 제906조의 인용의무나 우리 민법 제217조의 수인의무의규정 등에서 위법성을 판단하는 작용을 하고 있다 그 후 수인한도가 환경오염문제를 해결하는데 가장 적합하다고 주장되어 환경오염문제로 인한 불법행위 자체를 판단하는 기준으로 발전하게 된 것이다. 또한 과실개념을 객관화하여 위법성과 융합하려는 최근의 경향

---

147) 野村好弘・淡路剛久, 公害判例の研究, 71頁.
148) 그러나 수인한도는 그 판단기준에 있어서 객관화된 주의의무 판단의 한 양태에 불과하고 본질적 차이가 있는 것은 아니며, 나아가 불법행위법의 체계적 인식에 있어서도 문제가 제기된다는 점에서 수인한도 보다는 구체적 주의의무위반을 위법성 판단의 기초로 하는 것이 법리의 합리적 구성과 운영으로서 바람직하다는 견해로는, 安法榮, "環境汚染事故와 危險責任 -一般條項의 危險責任構成을 위한 法政策的 小考-", 295쪽.
149) 신수인한도론의 견해에서는 환경피해가 수인한도를 넘는 경우 가해자의 과실이 인정될 뿐만 아니라 가해행위는 위법한 것이 된다는 것이므로 실질적으로 환경오염에 대하여 가해자에게 무과실책임을 묻는 효과를 가져 온다는 점에서 주목할 필요가 있다. 吳錫洛, '環境訴訟의 諸問題', 77쪽; 李尙圭, 環境法論, 法文社, 1998, 244쪽; 千柄泰・金明吉, 環境法論, 263쪽.
150) 박노일, "환경피해구제제도에 대한 법제적 검토", 법제현안 통권 제141호, 국회사무처 법제실, 2002, 31면; 野村好弘, "故意過失および違法性", 405頁.

에 따라 불법행위의 요건에 관한 이원론적 이론구성을 지양하고 불법행위책임을 수인한도에 의하여 일원적으로 판단하려는 것이다.151) 그러나 이러한 견해는 우리 민법의 해석상 수용에는 난점이 없지 않다.152)

바. 판례의 입장

위와 같은 수인한도론에 의한 판례153)는 소음, 일조권, 통풍, 조망권 등의 침해와 관련된 사건이 대부분이나 최근 지하수와 토양오염에 관한 사건의 판결154)에서도 "광산에서 금광의 탐광 및 채광을 위한 굴진공사를 계속 진행할 경우 광산 지하를 통과하는 지하수가 고갈되고, 이로 인하여 인근 토지가 침하되며, 지하수와 토양이 심하게 오염될 가능성에 대한 충분한 개연성이 인정되고, 이러한 환경 침해가 발생할 경우 광산 이웃 토지 소유자이거나 근접 토지 거주

---

151) 野村好弘, 前揭論文, 393頁.

152) 수인한도론의 근원은 일본에서 유래된 것으로 추정되나, 일본 민법은 우리 민법 제217조에 해당하는 규정을 두지 않고 있어 임미시온에 관한 문제를 불법행위법으로 해결하고 있는바, 환경오염사고에서 구체적 개별상황을 고려한 위법성 판단을 함에 있어서 상린관계의 특수성을 반영하려는 의도가 엿보이고, 임미시온에 관한 명문규정과 위법성을 중심으로 하는 불법행위 규정을 두고 있는 우리 민법체계에 우리 민법 제750조와 달리 권리침해를 기본요건으로 하는 불법행위를 통해 임미시온을 규율하기 위해 형성된 소위 수인한도론이라는 변형이론을 수용하는 것은 법정책적으로는 물론 그 법리구성의 방법에도 의문이 제기된다. 安法榮, "交通騷音 Immission과 民事責任" 90쪽.

153) 대법원 1997. 7. 22. 선고 96다56153 판결; 대법원, 1982. 9. 14. 선고, 80다2859 판결 ; 대법원 2002. 12. 10. 선고 2000다72213 판결 등. 제2장 온산공단 사건에서 피고들 공장에서 배출된 공해물질로 인하여 초래된 환경오염의 정도에 비추어 볼 때 원고들이 구체적인 발병에 이르지 아니하였다 하여도 적어도 장차 발병 가능한 만성적인 신체건강상의 장해를 입었고 이는 통상의 수인한도를 넘는다고 판단하여 손해배상책임을 인정하였다: 대법원 1991. 7. 26. 선고 90다카26607 판결.

154) 대법원 2008. 9. 25. 선고 2006다49284 판결.

자들은 종전부터 향유하고 있던 자연환경 및 생활환경에 대하여 수인한도를 넘는 침해가 발생하였다"고 하면서 수인한도론을 적용하여 판시하고 있다.

그리고 이러한 침해가 토양오염기준에 규제범위 이내인 경우에도[155] 수인한도법리를 폭 넓게 적용하여 판례는 "피고공장에서 배출된 아황산가스의 농도가 환경보전법에 의하여 허용된 기준치 이내라 하더라도 그 유해의 정도가 수인한도를 넘어 원고 농장의 관상수를 고사케 하는 한 원인이 된 이상 그 배출행위로 인한 손해배상책임을 면치 못한다."라고 하여 수인한도론을 거론한다.[156]

3. 인과관계

가. 인과관계입증의 문제

환경침해로 인한 법적 분쟁에 있어서 전통적인 견해에 의하면 그 성부를 결정짓는 가장 중요한 쟁점은 가해행위와 그로 인한 피해에 대한 인과관계의 입증문제 즉 '현실로 발생한 손해를 누가 배상할 것이냐'하는 책임귀속의 문제를 변론주의의 원칙에 따라서 원고는 그가 소송에서 주장하는 권리의 요증사실을 입증하지 않으면 안 된다는 것이다.[157] 그런데 환경소송의 대부분이 "과학재판'의 양

---

155) 토양환경보전법에 의한 규제는 동법 목적에 명시된 바와 같이 공공적인 목적을 위한 토양환경의 지표를 제시하고 이를 유지하는 일응의 기준이 된다 할 것이어서 민사상 청구소송에서 토양오염의 기준이 되는 것은 아니라고 생각된다. 孫潤河, 환경침해와 민사소송, 362쪽.
156) 대법원 1991. 7. 23. 선고 89다카1275 판결; 대법원 1991. 7. 26. 선고 90다카26607, 26614 판결; 서울민사지방법원 1989. 1. 12. 선고 88가합2897 판결.
157) 대법원 1973. 11. 29 선고 73다919 판결에서 "일반적으로 불법행위로 인한 손해배상청구사건에 있어서 그 불법행위와 손해발생 간에 인과관계가 있다는

상을 띠게 되어 환경오염을 발생시키는 원인물질의 특성, 그 배출행
위와 피해 사이의 인과관계의 설정, 즉 원인물질이 피해자 내지 피
해지역에 도달하는 경로의 규명 등이 현대과학의 기술로서도 충분
히 밝혀지지 않는 경우에는 입증이 곤란하게 된다. 뿐만 아니라 대
부분의 피해가 기업활동에 수반하여 부차적으로 발생하므로 입증에
필요한 자료는 환경침해자인 기업자측이 보존하고 있고, 또 그 대부
분이 기업비밀에 속하는 것이어서 만일 피해자에 대하여 엄격한 인
과관계의 증명을 요구한다면 환경오염에 대한 사법적 구제가 사실
상 거부되는 결과가 초래되기 쉽다.158) 그러므로 인과관계의 증명이
불충분하다 하여 피해자의 구제를 거부하는 것은 불공평하고 부당
한 점이 많아 법원은 환경오염피해자의 입증곤란을 완화 내지 경감
하려는 노력이 소송법의 해석론적 측면에서 활발히 전개159)되기에

주장 및 입증책임은 청구자인 피해자에게 있는 것이고 이른바 본건과 같은 공
해사건이라고 하여 위의 입증책임의 소재가 달라지는 것은 아니다."라고 판시
하여 입증책임분배에 관한 원칙이 달라지지 아니한다는 것을 분명히 하고 있
다. 그리고 불법행위 성립요건의 하나인 가해행위와 손해발생과의 사이에 인
과관계의 존재를 입증할 책임은 원고인 피해자가 부담해야 한다는 것이 학자
들의 일치된 견해이다.: 郭潤直, 債權各論, 502쪽; 權龍雨, 債權各論, 法文社,
1989, 512쪽; 金顯泰, 不法行爲論, 一潮閣, 1980, 317쪽.
158) 吉村良一, "大氣汚染公害訴訟における因果關係論 : 尼崎·名古屋南部訴訟判決
を中心に", 法律時報 73卷 3號 (902號), 日本評論社, 2001, 26頁.
159) 대법원 1984. 6. 12. 선고 81다558 판결에서 "일반적으로 불법행위로 인한 손
해배상청구사건에 있어서 가해행위와 손해발생간의 인과관계의 입증책임은 청
구자인 피해자가 부담하나, 수질오탁으로 인한 이 사건과 같은 공해로 인한
손해배상청구 소송에 있어서는 기업이 배출한 원인물질이 물을 매체로 간접적
으로 손해를 끼치는 수가 많고 공해문제에 관하여는 현재의 과학수준으로 해
명할 수 없는 분야가 있기 때문에 가해행위와 손해발생 간의 인과관계의 고리
를 모두 자연과학적으로 증명하는 것은 곤난 내지 불가능한 경우가 대부분이
므로 피해자에게 사실적 인과관계의 존재에 관한 엄밀한 과학적 증명을 요구
함은 공해의 사법적 구제의 사실상 거부가 될 우려가 있는 반면에 가해기업은
기술적 경제적으로 피해자 보다 원인조사가 훨씬 용이할 뿐 아니라 그 원인을
은폐할 염려가 있어, 가해기업이 배출한 어떤 유해한 원인물질이 피해물건에
도달하여 손해가 발생하였다면 가해자측에서 그 무해함을 입증하지 못하는 한

254

이르렀다.

불법행위에 있어서 인과관계가 문제되는 경우는 두 가지가 있다. 그 하나는 불법행위가 성립하여 손해배상청구권이 발생하기 위하여 가해행위와 발생손해 간에 필요한 원인과 결과와의 관계이고, 다른 하나는 불법행위로 인하여 발생한 손해배상의 범위를 한정하기 위한 인과관계이다.160) 그런데 환경소송에서 주로 문제가 되는 것은 책임의 귀속을 결정하는 관건이 되는 불법행위의 성립요건으로서의 인과관계이다.161) 우리 민법 제750조는 "고의 또는 과실로 인한 위법행위로 타인에게 손해를 가한 자는 그 손해를 배상할 책임이 있다."라고 규정하여 일반불법행위의 성립요건으로 인과관계의 존재를 요하고 있기 때문에 일반불법행위가 성립하기 위해서는 인과관계의 존재가 필요한데, 물론 이때의 인과관계는 법적 인과관계를 가리키는 것이나, 이는 자연적 인과관계를 전제로 하는 것이므로 인과관계의 입증문제에 있어서의 중심이 되는 것은 결국 자연적 인과관계의 입증으로 귀착되는 것이다. 그럼에도 불구하고 피해자에게 인과관계의 입증을 일반불법행위와 같은 수준으로 요구하게 된다면 실제 환경오염 행위를 매개로 이루어지는 피해에 대한 구제는 무력해 질 수밖에 없기 때문에162) 환경오염으로 인한 손해배상청구소송

책임을 면할 수 없다고 봄이 사회형평의 관념에 적합하다."고 하여 환경침해소송에서 입증책임을 완화 내지 전환하고 있다.
160) 平野克明, "因果關係の認定における蓋然性説", 民法學6(不法行爲の重要問題), 有斐閣, 1980, 57頁.
161) 李東冕, "環境訴訟에 있어서 立證責任緩和에 관한 硏究", 法曹 제52권10호, 法曹協會, 2003. 10, 27쪽.
162) 예컨대 환경오염으로 인한 건강피해의 경우를 가정할 때 입증곤란의 이유를 살펴보면 대체로 세가지 점에서 생각해 볼 수 있다. 첫 번째로, 인간의 건강은 다양한 요인에 의해 침해될 수 있기 때문에 오늘날 과학기술의 수준을 동원하여도 질병의 원인물질을 규명하는데 곤란한 점이 있고, 두 번째, 설령 질병의 원인물질이 특정되었다고 해도 환경오염에 의해 발생되는 질병의 상당수는 원

에 대한 입증책임의 분배의 이론구성을 어떻게 하느냐와 밀접한 관계를 맺고 있다. 그러나 환경오염으로 인한 피해를 상린관계법적으로 처리하든 불법행위법적으로 처리하든 환경오염과 손해와의 사이에 인과관계가 있어야 함은 차이가 없으며 입증곤란의 정도도 양자간에 차이가 없다.163) 이러한 문제상황 때문에 피해자에 대한 구제를 수월하게 하기 위하여 환경오염과 관련된 분쟁에서 인과관계의 문제를 어느 정도 완화할 필요가 생기게 된다. 이러한 노력은 다음과 같은 두 가지 방향으로 전개되었다. 첫째는 인과관계를 이른바 개연성이론을 적용하여 완화하는 방법이고, 또 다른 하나는 인과관계 추정을 통해서 피해자에 대한 구제가 효과적으로 이루어지도록 하자는 주장이다.164)

나. 입증책임의 완화이론

1) 개연성설

개연성설은 환경침해로 인한 인과관계의 증명은 자연과학적으로 엄격한 증명을 요하지 않고, 당해 침해행위가 없었더라면 결과가 발생하지 않았으리라는 "상당한 정도의 가능성"이 있으면 그것으로 충분하다고 보는 확정적 증명으로부터 개연적 증명으로 증명도를

인물질이 장기간에 걸쳐 미량으로 배출되고 또 그것이 환경매개체인 물·공기·토양을 통하여 피해자에게 도달되기 때문에 원인물질의 발생원으로부터 피해자에게 도달하는 경로의 입증이 대단히 어렵고, 세 번째는 오염물질의 배출원이 확인되었다 할 경우에도 그 곳에서 해당 원인물질이 실제로 제조되고 있었는지의 입증은 공장의 제조공정 등에 대한 정보자료를 가지고 있지 않은 원고로서는 지극히 곤란하다는 것이다. 松浦寬, 環境法槪說, 91頁.
163) 權龍雨, 앞의 책, 254-255쪽.
164) 全光錫, "環境權의 公法的 實現", 環境汚染의 法的 救濟와 改善策, 小花, 1996, 185쪽.

완화하여 피해자의 사법적 구제를 용이하게 할 목적으로 주장 된 이론165)으로서 우리나라의 다수의 견해166)이다. 판례도 초기 환경소송에서는 개연성이론을 인정하지 않았으나, 1974년 이른바 "한국전력사건"167)에서 이를 받아들인 이래 이를 수긍하는 방향으로 피해자의 입증정도를 완화하였다. 따라서 가해자는 이에 대한 반증을 하여 환경침해행위와 손해의 결과 사이에 아무런 연관이 없다는 것을 적극적으로 나타내어 인과관계의 존재를 부인할 수 있다. 하지만 민사소송에서 요구되는 법관의 심증정도는 이른바 역사적 증명으로서

---

165) 개연성설은 광해손해에 관하여 그 인과관계의 증명에는 채굴상황 등을 명확하게 할 필요가 있지만 지하의 채굴상황 등은 입증상 원고측에서 성확하게 아는 것이 곤란하다는 특수성을 근거로 공평한 배상을 지향하여 피고 측이 용이하다는 사실에 기초하고 있으며, 일본에서 德本 鎭 교수가 주창한 이론이라고 한다. 崔相鎬, 앞의 책, 170쪽.

166) 權龍雨, "公害로 인한 損害賠償 請求와 因果關係의 立證", 法曹 제23권 2호, 1974, 51쪽; 李太載, 公害의 私法的 救濟에 있어서의 因果關係論, 司法行政 제160호, 1974, 30쪽 ; 全昌祚, 公害의 私法的 救濟의 法理에 관한 硏究, 122쪽 이하; 其然昌, "公害의 因果關係에 관한 判例의 動向", 民事法과 環境法의 諸問題 (松軒 安二濬 博士華甲紀念), 1986, 509쪽.

167) 대법원 1974. 12. 10. 선고 72다1774 판결에서 "개연성이론 그 자체가 확고하게 정립되어 있다고는 할 수 없으나 결론적으로 말하면 공해로 인한 불법행위에 있어서의 인과관계에 관하여 당해 행위가 없었더라면 결과가 발생하지 아니 하였으리라는 정도의 개연성이 있으면 그로써 족하다는 다시 말하면 침해행위와 손해와의 사이에 인과관계가 존재하는 상당정도의 가능성이 있다는 입증을 함으로써 족하고 가해자는 이에 대한 반증을 한 경우에만 인과관계를 부정할 수 있다고 하는 것으로 이는 손해배상을 청구하는 원고에 입증책임이 있다는 종래의 입증책임원칙을 유지하면서 다만 피해자의 입증의 범위를 완화 내지 경감하는 반면 가해자의 반증의 범위를 확대하자는 것을 그 골자로 하고 있는 것으로 이해된다. 무릇 불법행위로 인한 손해배상에 있어서 불법행위의 성립요건으로서의 인과관계는 현실로 발생한 손해를 누구에게 배상책임을 지울 것인가를 가리기 위한 개념이므로 자연과학의 분야에서 말하는 인과관계가 아니라 법관의 자유심증에 터 잡아 얻어지는 확신에 의하여 인정되는 인과관계를 말한다 할 것인데 이런 확신은 통상인이 일상생활에 있어서 그 정도의 판단을 얻을 때는 의심을 품지 않고 안심하고 행동할 것이라는 정도를 일컬어 말함이니 이런 관점에서 볼 때 개연성이론을 수긍 못할 바 아니다."라고 하였다.

개연성을 의미하므로,168) 막연히 개연성이라는 용어를 사용하면서
그 구체적 기준을 제시하지 못하는 한 설득력을 갖지 못한다.169) 결
과적으로 우리의 실무는 입증곤란에 당면한 피해자에게 입증의 범
위를 축소하고 가해자의 반증의 범위를 확장하여 당사자 사이의 상
대적 형평성을 확보하는 것으로 이해된다. 즉, 반드시 일치하는 것
은 아니나 개연성설의 구체적 내용에 있어 기본적 입장은 환경오염
피해사건에 있어 피해자의 사법적 구제를 용이하게 하기 위하여 인
과관계의 증명도를 낮추려는 것이라고 할 수 있다.170) 우리 실무의
이러한 경향은 독일연방법원과 견해가 일치하고 있다고 할 수 있으
며171) 나아가 손해배상사건에서 손해발생의 존재와 그 범위의 산정
에 있어서 저하된 입증정도를 규정하고 있는 독일민사소송법 제287
조 규준의 적용도 가능하다고 하고 있다.172) 특징적인 것은 이러한

---

168) 李時潤, 民事訴訟法, 博英社, 1990. 8., 544쪽; 鄭東潤, 民事訴訟法, 法文社,
    1991, 410쪽; Rosenberg, L./Schwab, Karl H./Gottwald, P., Zivilprozeßrecht,
    15. Aufl., 1993, § 113 ff. ; Schellhammer, K., Zivilprozeß, 4. Aufl., 1989, Rz.
    550 ff.
169) 吳容鎬, "公害訴訟의 因果關係에 대한 立證", 民事判例硏究 Ⅶ, 1985, 158,
    169쪽 이하참조 ;대법원은 1984. 6. 12. 선고 81다558 판결에서 피해메카니즘
    및 유해물질 분량의 존재에 관한 입증을 가해자에게 전환함으로써 피해자의
    입증책임을 부분적으로 경감하고 있으나, 이는 입증의 대상을 제한한 것에 불
    과하며 입증의 정도에 관하여는 명확한 기준이 제시되지 않았다. 이에 반하여
    위 판결이 개연성이론의 입증의 기준과 범위를 명확히 하고 있다는 견해는 具
    然昌, 앞의 논문, 520쪽 이하.
170) 대부분의 학자들의 설명에 의하면 형사소송이나 민사소송에 있어서의 증명
    의 정도는 고도의 개연성에 이르는 것이어야만 하나 환경오염사건의 경우에는
    '상당한 정도'의 개연성으로서 족하다고 하고 있다. 吳錫洛, 立證責任論, 博英
    社, 1999. 8, 271쪽.
171) 용선로 사건(제4장 각주 28)에서도 인과관계가 심리의 중심적 대상은 아니었
    지만 인과관계의 판단에 관하여 예외적으로 입증의 경감과 입증책임의 전환을
    인정할 수 있다는 입장을 표방하고 있다. 安法榮, "民法上 環境汚染事故의 不
    法行爲責任 再照明", 95-96쪽.
172) 독일의 통설은 독일 민사소송법 제287조는 손해의 確定 내지 산정에만 적용
    되며, 책임근거(Haftungsgrund)의 확정에는 합리적 의심을 배제할 정도의 입

예외를 인정하는 기준으로서 행정규제상의 기준치를 넘는 오염물질의 방출을 들고 있다는 점이다.173)

　따라서 개연성설에 의하면 환경오염 피해자는 확실성에 미치지 못하는 상당한 정도의 개연성을 입증하면 그 증명책임을 다한 것으로 되어 법관에게 인과관계 존재의 심증을 형성시켜 주게 되고 가해자는 반증으로서 이 심증형성을 저지시키지 못하면 패소판결을 받게 되므로 결국 가해자측은 피해자측의 입증책임이 확실성 정도에서 개연성 정도로 경감되는 만큼 반증의 부담이 가중되는 것이다. 이와 같은 개연성이론 정립의 구체적 내용이나 법리적 구성에 관하여는 영미법상의 증거의 우월(Preponderance of evidence)의 법리를 도입하여 환경소송에 적용하려는 증거우월설과 사실상의 추정의 이론에 의하여 입증책임을 전환하려는 사실추정설로 견해가 나뉜다.174)

　증거우월설은 원고가 주장하는 사실과 피고가 주장하는 사실을 대비하여 어느 편의 사실이 더 우세한 개연성을 가지고 있느냐에 의하여 결론을 도출하려는 견해인데, 여기서 증거의 우월이라 함은 증인의 수나 증거의 양을 뜻하는 것이 아니라 증거가 법관을 확신시키는 힘(the convincing force of the evidence)을 의미한다. 그러

증을 요하는 동법 제286조가 적용되는 것으로 해석하고 있다. 따라서 책임설정적 인과관계(haftungsbegründende Kausalität)는 후자에 의해서, 책임충족적 인과관계(Haftungsausfüllende Kausalität)는 전자에 의하여 판단하여야 한다. Vgl. Rosenberg/Schwab, a.a.O., § 115 Ⅱ ; Schellhammer, a.a.O., Rz. 569.

173) 安法榮, 앞의 논문, 96쪽.

174) 吳錫洛, 앞의 책, 272쪽; 이에 대하여 金顯泰, "公害와 그 私法的 救濟를 중심으로 한 硏究", 法律行政論集 10, 高麗大學校法科大學法律行政硏究所, 1972, 254쪽; 其然昌, "公害와 因果關係에 관한 判例硏究", 法曹 제25권 제8호, 1975, 79쪽에서는 양자 간에 실질적 차이가 없다는 견해에 반하여, 牛山 積, "公害訴訟と因果關係論", 環境汚染法硏究, 日本評論社, 1972, 84頁에서는 기능면 등에서 차이가 있다고 보고 있다.

나 그 증명의 정도는 이미 통설이 되다시피 하고 있는 민사소송에 있어서의 증명의 정도와 실질적인 차이가 없는 것이므로 피해자의 입증부담에 별로 도움이 되지 못한다는 점이 지적되고 있다.[175]

또 사실추정설은 인과관계의 입증은 피해자인 원고가 부담하지 만 인과관계의 엄격한 증명은 필요치 않고 상당한 정도의 개연성을 입증하면 법관의 자유심증의 테두리 안에서 인과관계의 존재가 사 실상 추정되며, 가해자인 피고가 반증을 제시한 경우에 한하여 인과 관계를 부정할 수 있다고 하는 견해이다.[176] 이 견해는 종래 사실상 의 추정 또는 일응의 추정이라 하는 사실추정법칙을 응용한 것인 데,[177] 환경소송의 특수성 때문에 일반민사사건과 다른 심증형성을 의식적으로 승인하려는 것이다.[178] 따라서 이러한 개연성에 기하여 인정된 손해가 진실한 손해가 아니라는 것은 결국 가해자측에서 입 증하지 않으면 안 되는 결과 형식적으로야 어떻든 실질적으로는 인 과관계의 입증책임이 가해자에게 전환되는 셈이 된다고 한다.[179] 그

175) 소명과 증명을 구별하는 우리 법제상 영미법상의 증거법칙을 일반원칙으로 서 도입할 수 있는 것인가 하는 점과, 피고측의 반증도 개연성의 입증정도로 서 무방하게 되지 않는가 하는 점에서 난점이 있다고 한다. 全昌祚, 公害의 私 法的 救濟의 法理에 관한 硏究, 133쪽; 소송실무에서 보더라도 위 견해는 피해 자의 입증완화에 도움이 된다고 보기는 어렵다. 즉, 원·피고 양 당사자 간에 입증이 종료된 후 법관이 인과관계의 존부를 판단할 근거는 될 수 있을지 모 르나 입증과정에서 상대방의 증거와 비교하여 자신의 입증이 우월한지의 여부 를 판단하는 것은 사실상 불가능하고 대체로 당사자는 재판과정에서 자신의 증거가 우월하다고 여기는 경향이 강하기 때문에 그 증거의 우월성을 재판도 중에 판단하여 상당한 정도의 개연성을 입증되었다고 믿고 입증을 중단한다는 것은 기대하기 어렵기 때문이다.
176) 德本鎭, "鑛害賠償における因果關係", 戒能通孝 編, 公害法の硏究, 日本評論 社, 1970, 71頁 以下.
177) 李勇雨, "公害訴訟에 있어서의 判例動向", 司法行政, 第26卷 3號, 1985. 3, 37 쪽.
178) 千慶松, "公害訴訟에 있어서의 因果關係의 立證", 司法論集 第8輯, 法院行政 處, 1978, 132쪽.
179) 德本鎭, 前揭論文, 205頁.

러나 사실상의 추정을 개연성설의 근거로 하면서 인과관계의 증명
도를 낮추려고 하는 이 설의 이론적 타당성에 관하여는 많은 의문
이 제기되고 있다. 우선 증명의 정도를 낮추려고 함에 있어서 요건
사실과 간접사실, 경험칙 사이에 혼동이 있지 않은가 하는 점[180]과,
또 사실상의 추정에 있어서의 개연성과 개연성설에서 말하는 개연
성은 개념상 차이가 있는 것임에도 양자를 동일한 것으로 혼동하는
잘못을 저지르고 있다는 것이다.[181]

2) 개연성이론의 발전

가) 개연성설의 재검토

앞에서 살펴본 바와 같이 인과관계에 대한 피해자의 입증부담의
완화라는 필요성의 존재에 대해서는 공감대가 형성되어 있지만, 개
연성설에 의해 증명도의 인하라는 방식을 선택한 이론은 아무래도
법리적으로나 실용적 측면에서 무리가 있다는 점이 여러 각도에서
지적되고 있다. 즉, 환경소송에 있어서 인과관계는 개연성의 입증으

---

180) 요건사실의 사실상의 추정이란 보통의 증거에 의해서는 입증이 곤란한 요건
사실을 경험칙의 적용에 의하여 추단하게 되는 것을 말하는바 경험칙은 사물
의 진실개연성을 바탕으로 하는 것으로서 흔히 法官의 판단에 맡겨지는 사항
이므로 결국 증명의 정도를 낮추는 대상은 간접사실이 되게 마련이고, 그렇게
되면 요건사실의 인정이 자의(恣意)로 이루어질 염려가 있게 되는 것이다. 吳
錫洛, 立證責任論, 274-275쪽.
181) 사실상의 추정에 있어서의 개연성은 민사소송법상 증명에 해당하는 것이나,
개연성설의 개연성은 소송법학상 '증명'의 설명으로서 '확실성과 경계를 접하
는 개연성의 정도', '진실의 고도의 개연성'이라고 하는 경우의 개연성과는 다
르며 훨씬 입증도가 낮은 것, 즉 증명에 이르지 않는 정도를 뜻하는 것이므로
양자를 동일시 할 수 없는 것이며, 만일 사실상의 추정의 개연성을 후자의 뜻
으로 해석한다면 개연성을 주장한 목적에 반하게 된다. 崔相鎬, 앞의 책, 184
쪽; 石橋一晁, "因果關係論・各論 Ⅱ -イタイイタイ病訴訟を中心として", 現代
損害賠償法講座(5), 156頁.

로서 충분하다고 하지만 구체적인 경우에 어느 정도의 입증이 있으면 개연성을 인정할 것인가 하는 것은 전적으로 법관의 자유심증에 맡겨지게 되므로 인과관계의 존부는 법관의 주관에 따라 결정 지워지게 된다. 따라서 법관 개인의 환경침해에 대한 인식의 여하에 따라 당사자에게 유리 또는 불리하게 재판이 전개되므로 이는 인과관계 판단의 객관성보장이라는 원칙과 상치(相馳)하게 되며, 또 환경소송에 한하여 인과관계의 입증도를 일반민사소송의 경우보다 낮추는 것이 가능한 것인가의 문제가 생긴다.[182] 피해자의 증명의 정도가 개연성으로 충분하다고 하면 가해자인 피고의 반증 역시 이론상 개연성정도로 충분한 것이 되어야 하므로 결과적으로 피해자의 구제가 실현되지 않는다고 할 수 있으며,[183] 또 개연성설에 의하면 증명의 대상이 되는 사실이 무엇인지 불분명하게 된다는 것과, 개연성설의 내용도 추상적인 것임을 면할 수 없는 것이므로 인과관계 인정에 소극적이기 쉬운 법원에 대한 주의적 이론 이상은 아니라는 것이다.[184] 이는 환경소송에서 입증부담에 대한 완화의 요청을 증명도의 영역에서만 해결하려고 하기 때문에 생긴 필연적 결과인데, 이를 극복하기 위하여 입증주제를 구체적, 유형적으로 분석하고 고찰하는 방법이 전개되었다.[185] 이러한 유형적 고찰방법[186]은 인과관계 유무

182) 具然昌, "公害賠償請求와 因果關係의 立證", 考試界, 1985. 2, 53쪽.
183) 好美清光·竹下守夫, "イタイイタイ病第1次訴訟第1審判決の法的檢討", 判例時報 646号, 1971, 111頁; 賀集唱, "擧證責任", 續判例展望, 別冊ジュリスト 39号, 162頁.
184) 淡路剛久, "水質汚濁", 現代損害賠償法講座(5), 221頁; 伊藤眞, "早川メッキ工場廢液事件", 別冊ジュリスト 43号, 公害環境判例, 47頁.
185) 개연성설의 전개방향에 관하여 '심증의 정도를 문제 삼을 것이 아니라 어떠한 사실이 있으면 그 사실로부터 경험칙에 따라 사물의 자연적 추세로서 인과관계의 존재에 대한 증명이 있다고 할 수 있을 것인가 하는 식으로 문제를 전환하는 것이 적절하다'라는 지적이 일찍부터 있어 왔다. 東孝行, "公害法の諸問題(4)·完-因果關係の立證", 司法研修所論集 第1号, 9頁 以下.

에 대한 논쟁을 명확히 하고 개연성 개념에 대하여 구체적인 판단 기준을 제공할 수 있다는 점에서 실제적인 의의를 갖고 있다. 그러나 처음 실체법학자들에 의하여 불완전하게 정립된 개연성설이 입증책임에 관한 전반적인 이론검토가 불충분하였기 때문에 소송법적으로 보완하려는 간접반증의 책임을 지우는 방식의 이론이 등장하게 된 것이다.[187]

나) 신개연성설(간접반증이론)

변론주의가 지배하는 민사소송에서 주요사실에 대한 입증책임을 원고가 부담하나 그것은 직접증거가 아닌 간접사실의 증명에 의해서도 입증이 가능하며, 민사소송법상의 증명은 이른바 역사적 증명인 까닭에 증명된 간접사실에 경험칙상 고도의 개연성이 인정된다면 예외적인 가능성이 완전히 배제되지 않는다고 하여도 그 주요사실을 추인하여 증명이 되었다고 인정하여야 할 것임은 앞서 살펴본 바와 같다. 이 경우 피고에게 허용된 대항수단은 두 가지가 있는데 그 하나는 간접사실 자체에 대한 반증을 제출하는 것이고, 다른 하나는 간접사실은 그대로 둔 채 그 간접사실에 기초한 주요사실의 추인을 망설이게 하는 별개의 간접사실을 입증하는 것이다. 후자의 경우 원고가 주장하는 간접사실과 직접관계가 없는 다른 간접사실의 존재를 입증하여 경험칙의 적용을 배제하는 것이므로 그 증거는 간접사실의 존재에 대한 법관의 확신이 필요한 정도의 증거 즉, 본

---

186) 인과관계 존부를 판단하기 위한 고찰방법상 고려해야할 요소로서 가해원인 물질의 확정, 피해태양의 유형적 특징, 피고공장으로부터 나오는 유해물질의 방산, 피고의 공장으로부터 나오는 유해물질의 원고에의 도달 및 다른 원인의 부존재라는 다섯 가지를 들고 있다. 澤井 裕, 公害の私法的研究, 186頁 이하 참조.

187) 崔相鎬, 環境汚染에 대한 民事責任, 194쪽.

증(本證)을 제출하여야 한다.188) 그런데 그 증거는 법관으로 하여금 상대방이 주장하는 간접사실에 기하여 주요사실의 존재를 추인하는 것을 망설이게 하는 정도이면 되고, 더 나아가 주요사실의 부존재에 관하여 확신을 일으키게 할 정도일 필요는 없다는 점에서 주요사실을 기준으로 위 증거를 보는 경우, 즉 피고가 원고의 주장사실과 직접 모순되지 않는 사실을 입증하는 것에 의하여 원고의 입증 명제의 부존재를 추인시키려고 하는 때의 입증은 반증이 분명하므로, 이러한 반증을 간접반증(indirekter Gegenbeweis)이라고 부르는 것이다.189)

환경오염피해로 인한 사법상구제로서 소송의 경우 통상의 불법행위소송과는 달리 인과관계를 직접증거에 의해 입증할 수 있는 경우는 매우 드물다고 할 것이다. 특히 피해발생이 자연과학적 메카니즘이 구명되지 아니한 경우에는 직접증거에 의한 입증은 불가능한 것이라고 밖에 할 수 없다. 그러므로 인과관계의 존부가 최대의 쟁점이 되는 환경소송에 있어서는 그 인과관계의 전개를 추인시키기 위한 간접사실의 존부를 둘러싸고 당사자 쌍방의 공방이 전개되는 것이 보통이라고 할 수 있다. 이러한 의미에서 환경소송에서의 인과관계의 입증책임은 위와 같은 간접사실의 입증책임이라고 할 수 있다.190)

신개연성설은 위와 같은 간접반증이라는 개념을 도입함으로써 가해자의 면책의 입증책임을 강화하려는 이론으로서, 인과관계의 발전과정을 몇 개의 단계로 분해하여 입증주제를 유형화한 다음, 간접사실에 의한 증명을 허용함으로써 원고의 입증부담의 완화를 체계

---

188) 吳錫洛, "立證責任論", 134-135쪽.
189) 瀧川叡一, "擧證責任", 法律實務講座(民訴編) 4卷, 125頁 以下.
190) 安二濬, "公害에 관한 私法的 考察", 119-120쪽.

264

화하고 기준을 설정하려는 이론으로서 주장되고 있다. 인과관계의 연쇄를 유형적으로 보면 ⓐ 피해발생의 원인물질 내지 그 메카니즘, ⓑ 원인물질의 피해자에의 도달경로, ⓒ 가해공장에서의 원인물질의 생성 및 배출이라는 세 가지 유형의 사실로 분석하여,191) 이를 직접 증거에 의해서만이 아니라 간접사실에 의하여 증명하되, 위 세 가지 의 사실 중 어느 두 가지의 사실을 증명한 경우에는 가해자가 다른 간접사실을 증명하여 인과관계가 존부불명으로 되지 않는 한 법원 은 인과관계의 존재를 인정할 수 있다는 이론이다.192)

이러한 간접반증이론으로서 신개연성설은 동 이론을 채용한다고 하더라도 원고의 입증이 보통의 경우보다 낮은 정도의 개연성으로 족한 것이 되지 않는다는 점,193) 인과관계의 사안을 지나치게 유형 화·고정화하여 사실인정의 경직화를 초래하게 되고 실제상 직접반증 과 간접반증은 반드시 명확하게 구별되는 것도 아니라는 점194) 등이

191) 其然昌, "公害와 因果關係에 관한 判例硏究", 585쪽.
192) 먼저 피해발생의 원인물질 내지 그 메카니즘 ⓐ (원인에 해당하는 사실)와, 피해자 내지 피해자에의 도달 ⓑ (오염경로에 대한 사실), 그리고 기업에 있어 서의 원인물질의 생성배출 ⓒ (배출행위에 해당하는 사실)의 세 가지 사실로 분해하여 위 세 가지 중 두 가지 사실에 의하여 증명될 경우 인과관계는 '일 응의 추정'에 의하여 증명도에 달하고, 그 후는 피고 기업측에서 인과관계의 부존재를 입증함으로써 자기가 원인자가 될 수 없다는 것을 증명하지 않으면 안 된다고 한다. 환언하면, 원고측이 원인물질 ⓐ를 증명하고, 다시 오염경로 즉 오염물질의 오염과정을 거슬러 올라가 기업의 문전에 도달하는 사실 ⓑ를 증명할 경우 기업측은 자기가 오염원이 될 수 없다는 것을 주장하고 입증(간 접반증)을 하지 않는 한 인과관계의 존재가 추정된다는 것이다. 만일 피고측이 피고 기업에서 원인물질이 생성되지 않았다거나 생성되었지만 유출되지 아니 한 사실로서 ⓒ의 부존재를 증명한 경우는 간접반증에 성공한 것으로 인과관 계가 부정된다. 다만, 사실 ⓒ의 존재와 다른 오염원의 존재가 병존하지 아니 한 것까지 입증한다면 피고기업의 조업과 손해와의 사이에 인과관계는 부정될 것이다. 洪天龍, "水質汚染으로 인한 漁業被害의 私法的 救濟", 慶南法學 第2 輯, 1986, 44쪽.
193) 澤井 裕, "因果關係の判定", 判例公害法 3卷, 日本評論社, 1973, 116頁.
194) 藤田耕三, "水質汚濁事件と因果關係", 實務法律大系(6), 公害, 243頁.

문제점으로 지적되고 있으나, 종래의 개연성이론의 추상성을 극복하여 원·피고가 각각 입증하여야 할 범위를 명확히 한 이론으로서 환경소송에서 많은 활용이 기대되며, 우리 대법원은 1984년 이른바 진해화학사건195)이래 신개연성설을 채택하고 있다는 것이 통설적인 입장이다.196)

3) 기타 학설

이상에서 살펴본 환경소송에서 인과관계의 입증의 완화를 위한 목적으로 개연성설이 주장된 이래 그 이론적 결함을 보완하기 위한 노력이 계속되어 왔다. 이러한 개연성설에 대응하는 이론으로서는 인과관계의 인정을 자유심증의 문제로 다루면서 '일응의 충분한 증명' 또는 표견증명의 이론(Anscheinsbeweis, prima-facie Beweis)에 의하여 입증부담의 완화를 목적으로 이루려는 견해(일응의 추정설)과 제조물책임소송에 있어서 독일의 통설이 되고 있는 위험영역(Gefahrenbereich)에 의한 입증분배이론을 도입하여 개연성설의 한계성을 극복하려고 하는 견해 등이 주장되고 있다.197)

---

195) 대법원 1984. 6. 12. 선고 81다558 판결에서 "공해로 인한 손해배상청구 소송에 있어서는 기업이 배출한 원인물질이 물을 매체로 간접적으로 손해를 끼치는 수가 많고 공해문제에 관하여는 현재의 과학수준으로 해명할 수 없는 분야가 있기 때문에 가해행위와 손해발생 간의 인과관계의 고리를 모두 자연과학적으로 증명하는 것은 곤란 내지 불가능한 경우가 대부분이므로 피해자에게 사실적 인과관계의 존재에 관한 엄밀한 과학적 증명을 요구함은 공해의 사법적 구제의 사실상 거부가 될 우려가 있는 반면에 가해기업은 기술적 경제적으로 피해자 보다 원인조사가 훨씬 용이할 뿐 아니라 그 원인을 은폐할 염려가 있어, 가해기업이 배출한 어떤 유해한 원인물질이 피해물건에 도달하여 손해가 발생하였다면 가해자측에서 그 무해함을 입증하지 못하는 한 책임을 면할 수 없다고 봄이 사회형평의 관념에 적합하다."고 판시함으로서 간접반증이론을 받아들였다.
196) 李時潤, 新民事訴訟法, 580쪽 ; 李銀榮, 債權各論, 958쪽.

가) 표현증명설

'일응의 충분한 증명' 또는 표현증명(表見證明)이란 독일의 판례법상 발달한 법리로서 '피해자는 생활경험에 의하여 증명을 요하는 사실의 존재가 추론되어지는 정형적인 사상경과(事象經過·typischer Geschensablauf)의 증명에 의해 그의 입증책임을 다한 것이 되고, 법원은 가해자가 반증에 의하여 정형적 사상경과가 다른 사태경로의 진지한 가능성이 있다는 사실들을 충분히 설명하지 못한다면 사실을 추정 지우게 되어198) 개개의 확정이 없더라도 구체적인 사안에 있어서 인과관계나 과실의 존재가 입증된 것과 같은 효과를 가지는 법리이다. 이렇게 되면 상대방은 당해 경우에 부정형적인 사상경과가 발생할 가능성이 있는 예외사유가 존재함을 입증하여 이러한 개연성을 배제할 책임을 부담하게 된다. 만일 상대방이 이러한 책임을 다하게 되면 입증책임을 부담하고 있는 당사자는 비로소 일반적인 경험칙을 원용함이 없이 개별적 증거를 제출하여 주장사실을 입증하지 않으면 안된다. 이러한 표현증명이 입증책임전환을 가져오는 것이냐 아니면 법관의 증거가치의 판단에 상관이 있을 뿐인 것이냐 하는 점이 문제되는데, 표현증명 시 상대방은 표현증명에 의하여 입증되었던 원인자체에 대하여 증거를 제출해야 한다는 점에서 표현증명은 입증책임전환을 가져오는 것이 아니라 단지 법관의 증거가치의 판단에 관련된다고 보아야 할 것이다.199) 이 견해는 종래의 개

---

197) 吳錫洛, "立證責任論", 281쪽.
198) 吳容鎬, "公害訴訟의 因果關係에 대한 立證", 民事判例硏究(Ⅶ) 民事判例硏究會 編, 博英社, 1988., 521쪽.
199) Jürgen Prölss, Beweiserleichterungen im Schadensersatzprozeß, 1966, S. 6; 全京暈, 환경사법론, 156쪽.

연성설이 '개연성정도의 입증'을 통상의 증명에 가까운 것으로 파악
하여 환경오염피해소송에 특유한 심증형성의 특례를 인정하려고 하
였음에 반하여 개연성정도의 입증을 곧바로 통상의 증명과 다를 바
없는 '일응의 충분한 증명'으로 간주함으로써 종래의 법상태의 계속
을 파괴함이 없이 문제를 해결할 수 있는 장점이 있다고 하겠다.200)
그러나 이러한 표현증명설은 복잡한 과정을 거치는 환경손해에서
인과관계의 입증에 있어서 '일응 충분한 증명'의 원칙이 적용될 수
있는 사례가 흔치 않다는 점201)과 환경소송과 거의 성질이 같은 의
료과오소송에서 지적되고 있는 문제와 상대방의 반증으로 쉽게 번
복될 수 있다는 점202) 등에서 표현증명의 법리의 적용범위는 좁다고
할 것이다.

나) 위험영역설

독일의 제조물책임소송에서의 피해자의 입증곤란을 완화할 목적
으로 발전된 이론인 위험영역설을 환경소송에 도입하여서 위험영역
(Gefahrenbereich)에 따라 입증책임을 분배하고자 하는 주장이 제기
되고 있다.203) 위험영역설이란 피해자가 증명결핍(Beweisnotstand)에
처해 있는데, 다른 한편에서 가해자가 적어도 자기의 책임이 문제되

---

200) 崔相鎬, 環境汚染에 대한 民事責任, 233쪽.
201) 潮海一雄, "公害訴訟における損害論(1)", 判例タイムズ 311号(通卷 311号), 1974. 11, 28頁.
202) 의료과오소송에서 원래 일정한 요건과 결과가 명확하게 표시되는 경험칙은 적다는 점과 이러한 상황 아래서 안이하게 '一應의 推定'이 인정된다고 하면 입증곤란의 책임을 일방적으로 의사에게 부담시키는 결과가 된다는 점, 그리고 일응의 추정의 성립은 인정된다 하더라도 그 추정은 반증으로 쉽게 번복될 수 있다는 점 등이 지적된다. 中野貞一郎, "醫療裁判における證明責任", ジュリスト 臨時增刊特集 醫療と人權, 310頁.
203) 全昌祚, "危險領域理論과 環境訴訟에의 適用", 民事法과 環境法의 諸問題(松軒 安二濬博士 華甲紀念論文集), 1986, 645쪽 以下.

는 한도에 있어서 사실관계를 해명하는 것이 가장 손쉬운 입장에 있는 경우, 손해의 원인이 가해자의 위험영역에 존재한다면 입증책임분배의 일반원칙이 수정되어 가해자가 요건사실의 반대사실에 관한 입증책임을 부담하게 된다고 하는 이론이다.204) 이 위험영역설에 따르면 피해자는 오로지 손해의 원인이 가해자측의 위험영역에서 발생되고 피해자 자신의 위험영역이나 제3자의 위험영역 또는 아무에게도 속하지 않는 위험영역으로부터 발생하는 것이 아니라는 사실만 입증하면 된다고 한다.205) 여기서 가해자측의 위험영역이란 피해자에게 발생되는 피해에 관하여 피고가 자유로이 처분할 수 있는 법적·사실적 수단을 가지고 일반적으로 지배하는 것이 가능한 사실적 생활영역을 뜻한다.206) 그러나 독일에서도 위험영역의 한계가 애매하다는 점 등이 유력하게 제기되고 있고,207) 이를 환경소송에 도입하기 위해서는 그 실효성의 유무나 기존의 민사소송법이론과의 충돌여부에 관한 검토가 선행되어야 할 것으로 보인다.208)

다. 판례의 입장

위와 같이 인과관계를 확인하는 절차가 매우 어려움에도 불구하

---

204) Jürgen Prölss, a.a.O., S. 51ff.; 石田穰, "立證責任論の現狀と將來", 法學協會雜誌 90卷8号, 1098-1099頁 ; 浜上則雄, "製造物責任における證明問題(3)", 判例タイムズ 321호, 15頁 以下; 柏本邦良, "西ドイツ民事訴訟法學の現況(4)", ジュリスト 493号, 125頁 以下; 木間義信, "證明妨害", 民商法雜誌 65卷 2号, 194頁 以下; 吳錫洛, "立證責任論", 283쪽 參照.

205) 潮海一雄, 前揭論文, 29頁.

206) 이 원칙의 실질적 근거는, 책임에 관한 규범은 손해의 발생을 예방하는 목적을 갖고 있는 것이므로 그와 같은 목적은 가해자가 될 지위에 있는 자가 자기의 위험영역의 사상을 입증하여 책임을 면하도록 하여야만 이를 제대로 이룰 수 있다고 함에 있다는 것이다. 吳錫洛, 앞의 책, 284쪽.

207) Rosenberg, L./Schwab, Karl H./Gottwald, P., a.a.O., S. 673.

208) 吳錫洛, "立證責任論", 284쪽 ; 李時潤, 新民事訴訟法, 574쪽.

고 피해자에게 인과관계에 대한 입증을 일반 불법행위에서와 같이 요구한다면 실제 환경오염행위를 매개로 이루어지는 피해에 대한 구제는 무력해 질 수 밖에 없다. 이러한 문제상황 때문에 피해자에 대한 구제를 수월하게 하기 위하여 환경오염과 관련된 분쟁에서 인과관계의 문제를 어느 정도 완화할 필요가 생기게 된다. 이러한 노력은 두 가지의 방향으로 전개되었는데, 첫째는 인과관계를 이른바 개연성이론을 적용하여 완화하자는 주장이고, 둘째는 인과관계의 추정을 통해서 피해자에 대한 구제가 효과적으로 이루어지도록 하자는 주장이다.[209]

대법원은 초기판례[210]에서 전통적인 불법행위이론에 집착하여 공해사건에 있어서도 가해행위와 손해발생과의 사이의 인과관계 입증책임을 전적으로 원고에게 인정하였다. 그 후의 판례는 비교적 일관되게 원고의 입증의 범위를 완화 또는 경감하면서 가해자의 반증의 범위를 확대하고 있다[211]

그리고 1974년 대기오염에 의한 공해를 원인으로 한 한국전력사건[212]에서 개연성설을 취하다가, 1984년 진해화학사건[213]에서는 신

---

209) 全光錫, "環境權의 公法的 實現", 185쪽.
210) "일반적으로 불법행위로 인한 손해배상 청구사건에 있어서 그 불법행위와 손해발생과의 간에 인과관계가 있다는 주장·입증책임은 청구자인 피해자에게 있는 것이고, 이른바 공해사건이라고 하여 위의 입증책임의 소재가 달라진 것은 아니다.": 대법원 1973. 11. 27. 선고 73다919 판결.
211) 대법원 1984. 6. 12. 선고 81다558 판결, 대법원 1991. 7. 23. 선고 89다카1275 판결; 대법원 1997. 6. 27. 선고 95다2692 판결; 대법원 2002. 10. 22. 선고 2000다65666, 65673 판결; 대법원 2004. 11. 26. 선고 2003다2123 판결 등.
212) "개연성이론 그 자체가 확고하게 정립되어 있다고는 할 수 없으나 결론적으로 말하면 공해로 인한 불법행위에 있어서의 인과관계에 관하여 당해 행위가 없었더라면 결과가 발생하지 아니 하였으리라는 정도의 개연성이 있으면 그로써 족하다는 다시 말하면 침해행위와 손해와의 사이에 인과관계가 존재하는 상당정도의 가능성이 있다는 입증을 함으로써 족하다": 대법원 1974. 12. 10. 선고 72다1774 판결.

개연성설을 취하여 "기업이 배출한 원인물질이 물을 매체로 하여 간접적으로 손해를 끼치는 수가 많고 공해문제에 관하여는 현재의 과학수준으로도 해명할 수 없는 분야가 있기 때문에 가해행위와 손해의 발생사이의 인과관계를 구성하는 하나하나의 고리를 자연과학적으로 증명한다는 것은 극히 곤란하거나 불가능한 경우가 대부분이므로 이러한 공해소송에 있어서 피해자인 원고에게 사실적 인과관계의 존재에 관하여 과학적으로 엄밀한 증명을 요구한다는 것은 공해로 인한 사법적 구제를 사실상 거부하는 결과가 될 우려가 있는 반면에 가해기업은 기술적, 경제적으로 피해자보다 훨씬 원인조사가 용이한 경우가 많을 뿐만 아니라 그 원인을 은폐할 염려가 있고 가해기업이 어떠한 유해한 원인물질을 배출하고 그것이 피해물건에 도달하여 손해가 발생하였다면 가해자 측에서 그것이 무해하다는 것을 입증하지 못하는 한 책임을 면할 수 없다고 보는 것이 사회형평의 관념에 적합하다"고 판시하였다. 그러나 환경오염과 관련된 대부분의 판례는 관상수고사사건 판결214)과 폐수배출사건의 판결215)에서와 같이 인과관계에 관하여 개연성이론에 입각하여 손해배상책임을 인정하였다.216)

---

213) 대법원 1984. 6. 12. 선고 81다558 판결.
214) 대법원 1991. 7. 23. 선고 89다카1275 판결. "원고농장의 관상수들이 고사하게 된 직접원인은 한파로 인한 동해(凍害)이고 피고공장에서 배출된 아황산가스로 인한 것은 아니지만, 피고공장에서 수목의 생육에 악영향을 줄 수 있는 아황산가스가 배출되고 그 아황산가스의 일부가 대기를 통하여 이 사건 원고의 농장에 도달되었으며 그로 인하여 유황이 잎 내에 축적되어 수목의 성장에 장해가 됨으로써 한파로 인한 동해에 상조작용을 하였다는 사실관계에 터잡아 피고공장에서 배출한 위 아황산가스와 원고농장의 관상수들의 동해와 사이에 인과관계를 인정한 조치는 위 설시와 같은 공해소송에 있어서의 인과관계에 관한 개연성이론에 입각하여 볼 때 정당하다."
215) "공사장에서 배출되는 황토 등이 양식어장에 유입되어 농어가 폐사한 경우, 폐수가 배출되어 유입된 경로와 함께 농어가 폐사하였다는 사실이 입증되었다면 인과관계가 입증된 것이다": 대법원 1997. 6. 27. 선고 95다2692 판결.

라. 인과관계의 특수문제

1) 공동불법행위

다수자가 관련되어 오염물질을 배출하여 환경피해를 야기한 경우, 모든 관련자가 발생된 손해의 전부에 대하여 책임을 부담하는지 또는 이를 관련정도에 따라 분담하는지가 핵심이다.[217] 이러한 환경 피해에 대한 책임소재 규명의 어려움을 해결하기 위해서는 우선 민법 제760조상의 공동불법책임이 적용될 수 있을 것이다. 예컨대 어느 지역의 환경오염정도가 위험한계를 초과하여 손해를 발생시킨 경우에 그 지역 내의 오염배출자들은 모두 연대하여 그 손해에 대하여 가해자의 기여도를 고려함이 없이 배상하게 하고 있는데, 이러한 결과는 피해자를 보호하는 데에 있어서는 충실하다고 할 수 있 겠지만, 환경오염의 발생원인자인 가해자에게는 가혹한 결과를 초래하게 된다.

우리 민법은 공동불법행위를 협의의 공동불법행위, 가해자 불명 의 공동불법행위, 교사·방조의 경우로 구분하여 3개의 유형으로 규정하고 있다. 이들 중 수인이 공동의 불법행위로 타인에게 손해를 가한 경우에는 협의의 공동불법행위라고 하고, 연대하여 그 손해를 배상할 책임이 있다고 규정하고 있다. 이 경우 공동의사를 불문하고

---

216) 불법행위책임 성립요건을 완화하여 환경오염 문제를 해결하려는 법원의 태 도에는 문제가 있다는 견해로서, 즉 불법행위책임 성립요건을 완화하거나 형 해화하여 환경오염 문제를 해결하고자 하면, 과책주의를 바탕으로 삼고 있는 불법행위책임 도그마틱이 제 기능을 담당하기 어렵게 된다는 주장은, 양천수, "전문법의 책임으로서 환경책임과 환경민사책임", 環境法硏究 제29권 3호, 韓 國環境法學會, 2007, 271쪽 이하 참조.

217) 柳至泰, 앞의 논문, 361쪽.

각 원인자가 연대하여 책임을 지지만(부진정연대채무), 대법원은 이에 관련하여 환경책임에 있어서도 공동불법행위이론이 적용될 수 있음을 인정하고 있으므로,218) 각 가해자는 연대하여 전체에 대한 손해배상책임이 귀속되게 될 것이다. 그러나 이때에도 개별시설들이 스스로 야기한 위험을 초과하지 않는 것을 한도로 전체책임을 부담하여야 하므로 중립적 원인에 기한 손해발생에의 기여부분은 법원에 의한 조사를 거쳐 전체 손해액에서 상계하여 공제됨이 합리적이라 할 것이다.219)

복수원인자에 의한 환경오염이 발생하여 손해가 발생된 경우를 민법 제760조 제2항의 '어느 행위자가 그 손해를 가한 것인지를 알 수 없을 때'로 보아 피해자인 원고는 가해자가 공동행위를 하고 그에 의하여 손해를 입었다는 것을 입증함으로써 족하고, 이로써 각인의 행위와 손해 사이에 인과관계가 추정되며, 이에 대하여 가해자는 자기의 배출물과 손해 사이에 인과관계가 없다든지, 일부에 한하여만 인과관계가 있다는 것을 입증한 경우 면책 또는 감액 받을 수 있다.

환경정책기본법 제31조제2항의 "사업장 등이 2개 이상 있는 경우에 어느 사업장 등에 의하여 제1항의 피해가 발생한 것인지를 알

---

218) 대법원 1974. 12. 10. 선고 72다1774 판결에서 "공해소송이라 하여서 민법 제760조의 소위 공동불법행위책임을 적용하지 아니할 합리적인 근거가 없으므로 원심이 소외 회사의 굴뚝에서 분출되는 아황산가스로 인하여서도(피고 것에 비하여 극소량) 피해 있음을 인정하면서 공동불법행위라는 전제아래 피고에게 전손해를 명한 판단은 정당하다."고 판시하였다.

219) 대법원 1991. 7. 23. 선고 89다카1275 판결은 "공해사건에서 피해자의 손해가 한파, 낙뢰와 같은 자연력과 가해자의 과실행위가 경합되어 발생된 경우 가해자의 배상의 범위는 손해의 공평한 부담이라는 견지에서 손해에 대한 자연력의 기여분을 제한 부분으로 제한하여야 할 것이고…,"라고 하여 과실상계하였다.

수 없을 때에는 각 사업자는 연대하여 배상하여야 한다."는 규정과, 토양환경보전법 제10조의3 제2항의 "오염원인자가 2인 이상 있는 경우에 어느 오염원인자에 의하여 제1항의 피해가 발생한 것인지를 알 수 없을 때에는 각 오염원인자가 연대하여 배상하여야 한다."라는 규정은 민법상 공동불법행위에 대한 특칙에 해당한다고 할 수 있다.220)

그러나 위 공동불법행위책임을 지우기 위해서는 앞에서 본 바와 같이 공동행위자 각 행위가 독립하여 불법행위의 요건을 갖추고 있으면서 객관적으로 관련되고 공동으로 위법하게 피해자에게 손해를 가하여야 하는바, 환경오염 피해의 경우에는 피해의 만성적, 누적적 성격 때문에 이러한 요건을 충족하는지 규명하기가 쉬운 것이 아니다. 이러한 점 때문에 환경오염 피해의 경우에 공동불법행위에 대한 특수한 법리가 요구되는데, 환경정책기본법 제 31조 제2항의 규정은 이러한 요구에 부응하는 것이다. 법원도 같은 맥락에서 공동불법책임 법리를 적용해 오고 있다.221)

사업자는 문제된 시점에 자기가 오염물질을 배출하지 않았다는 것, 그리고 그 환경오염은 전적으로 다른 특정 사업자의 배출행위로 인한 것이라는 점 등을 증명하면 면책될 수 있다. 이 두 가지 중 어

---

220) 金泓均, 環境法(問題·事例), 40쪽.
221) A회사 공장에서 배출되는 아황산가스와 B회사 공장에서 배출되는 불화수소 가스가 토지 및 농작물에 피해를 주어 폐농상태에 이르게 하였다면 위 두 회사는 공동불법행위로서 연대하여 그로 인한 피해자들이 입은 손해를 배상할 책임이 있다고 한 사례로 대구고법 1987. 1. 16. 선고 85나111 판결이 있고, 공단 소재 공장들에서 배출된 공해물질(각종 유해가스 및 분진)로 인하여 초래된 공단 주변 주민들의 생활환경 침해 및 장차 발병가능한 만성적인 신체건강상의 장해로 인한 정신적 고통에 대하여 공장주들에게 공동불법행위자로서 위자료 지급의무가 있다고 본 사례로는 대법원 1991. 7. 26. 선고 90다카26607판결이 있다.

느 하나만 증명하여서는 가해자불명의 상태가 해소되지 않으므로 면책될 수 없다.[222)

2) 자연력과 공동원인

환경침해로 인한 손해가 가해자의 오염물질의 배출과 한파, 적조, 수온의 강하 등 이른바 '중립적 원인자(neutrale Ursache)'로서[223) 자연력과 경합되어 발생한 경우 가해자의 손해배상액을 산정함에 있어 손해의 공평분담이라는 차원에서 자연력의 기여분을 고려하여야 할 것이다. 법원은 판결이유[224)에서 "공해사건에서 피해자의 손해가 한파, 낙뢰와 같은 자연력과 가해자의 과실행위가 경합되어 발생한 경우 가해자의 배상범위는 손해의 공평한 부담이라는 견지에서 손해에 대한 자연력의 기여분을 제한 부분으로 제한하여야 한다."라고 하여 기여율에 따른 상계를 인정하고 있다. 물론 자연력이 가공하였다 하더라도 환경침해만으로써 해당 손해의 발생이 충분한 것으로 입증될 수 있거나, 반대로 자연력의 가공이 강하여 환경침해여부에 관계없이 해당손해가 발생할 수 있었음이 입증이 된 때에는 문제가 발생하지 않는다.[225) 따라서 전자의 경우에는 가해자가 전손해를 부담하게 되고, 후자의 경우는 환경침해를 하였다 하여도 오염물질 배출자는 책임을 지지 않게 된다. 그러나 문제는 자연적 재해와 같은 중립적 원인자가 손해발생에 기여하였으나 어느 하

---

222) 李銀榮, 앞의 책, 492쪽.
223) 全京暈, "環境侵害被害의 私法上 救濟法理", 381쪽.
224) 대법원 1985. 11. 12. 선고 84다카1968 판결; 대법원 1991. 7. 23. 선고 89다카1275 판결; 대법원 1991. 12. 27. 선고 90다카5198 판결; 대법원 1993. 2. 23. 선고 92다52122 판결; 대법원 2003. 6. 27. 선고 2001다734 판결.
225) 具然昌, "公害 및 自然的 災害의 共同原因과 賠償責任", 民事判例研究(Ⅸ), 博英社, 1987, 157쪽.

나 만에 의하여 충분히 손해가 발생할 수 있었는지를 입증하기 어려운 경우이거나 자연재해에 의하여 손해가 확대된 경우이다.[226]

이와 같이 환경침해가 자연재해와 공동원인이 된 경우의 배상책임의 범위결정에 관한 학설로서 공동불법행위법리의 유추적용설, 민법 제393조의 유추적용설, 자연력제감설이 있다.[227] 먼저 공동불법행위법리의 유추적용설은 민법 제760조를 유추적용함으로써 피해자를 두텁게 보호할 수 있으며, 환경오염피해구제의 확충과 강화를 위한 법리발전에 적합하다고 한다.[228] 두 번째, 민법 제393조 유추적용설은 환경오염에 의한 피해를 통상손해로 보고 자연력의 가공에 의한 피해를 특별손해로 하여, 가해자가 이 특별손해에 대하여 예견가능성이 있는 경우에는 이에 대한 손해도 배상하여야 한다는 견해이다.[229] 세 번째, 자연력제감설은 우리 민법이 과실책임에 입각하고 있으므로 특별규정이 있거나 가해자의 귀책사유에서 기인한 사유가 없는 한 자연력에 의한 손해에 대하여 결코 책임지울 수 없다는 근거 하에 전손해 중에서 자연력에 의한 손해는 이를 제감(除減)하여 배상범위를 정하여야 한다는 입장이다.

환경침해로 인한 손해발생에 자연력과 같은 원인이 가공된 경우 우리 판례의 입장은 앞에서 언급한 판결이유와 같이 자연력의 기여

---

226) 全京暈, 앞의 논문, 381쪽.

227) 具然昌, "環境汚染의 私法的 救濟 再照明", 173-174쪽.

228) 예컨대 가해원인 중 자연력 이외에 가해자가 한 사람뿐일 경우에는 이 가해자가 전손해를 배상할 책임을 지게 된다. 그러나 이 견해는 민법 제760조의 규정취지가 인간의 행위가 아닌 자연력은 적용대상이 아니고, 자연력에 의한 피해는 피해자가 감수할 수밖에 없음에도 위 예시와 같이 자연력 이외의 가해자가 한사람인 경우 그 과실이 미미한 경우에도 전손해를 부담케 하는 불합리가 있는 등 문제가 있다고 할 것이다.

229) 이 견해에 의하더라도 환경침해행위와 자연력의 손해에 대한 기여도가 불분명한 경우가 대부분이므로 배상범위의 결정에 어려움이 뒤따름을 피할 수 없게 된다.

도를 공제하여 손해배상액을 결정하는 것이 손해의 공평부담이라는
견지에서 타당하다고 하는 자연력제감설의 견해에 의하고 있다.

4. 무과실책임의 민법규정 적용

환경오염의 민사상의 책임의 법률적 근거가 될 수 있는 것은 민
법 제750조의 불법행위에 기한 손해배상책임에 관한 일반조항이지
만 민법 제758조에 의한 손해배상책임도 특별한 경우 그 근거가 될
수 있을 것이다. 민법 제758조는 공작물의 설치 또는 보관의 하자로
인하여 타인에게 손해를 가한 때에는 그 공작물의 점유자가 1차로
배상책임을 지고, 점유자가 손해의 방지에 과실이 없을 때 2차로 소
유자가 손해배상책임을 진다고 규정하고 있는바, 이 규정은 공작물
의 하자로 인하여 타인에게 손해를 가한 경우 점유자는 손해의 발
생을 막는데 필요한 주의를 다한 때에는 면책이 되지만, 소유자에게
는 무과실책임을 인정한 것이 된다는 것이다.[230] 또 민법 제758조의
공작물책임은 책임주체의 고의나 과실에 기한 가해행위라는 불법행
위를 매개로 하지 않으며 허용된 위험원(erlaubte Gefahrenquelle)을
지배하는 자가 그의 이익을 위하여 그러한 위험시설 등을 경영한다
면 그로 인하여 발생한 손해를 부담하여야 한다는 무과실의 위험책
임이다.[231] 이 규정은 위험책임의 법리에 따라 책임을 가중시킨 규

---

230) 이와 같이 공작물의 점유자, 소유자의 책임을 가중하는 근거는 '위험책임의
  원리'라고 하면서, 그 이유는 위험성이 많은 공작물 등을 관리 소유하는 자는
  위험의 방지에 충분한 주의를 하여야 하며, 만일 위험이 현실화하여 손해가
  생긴 경우에는 그에게 그 배상책임을 부담시키는 것이 사회적으로 타당하기
  때문이라고 한다. 郭潤直, 債權各論(民法講義 IV), 422쪽.

231) J. Esser, Die Zweispurigkeit unseres Haftpflichtrechts, JZ 1953, § § 11 f., S.
  92 ff. 위험책임의 성립은 행위자의 위법하고 책임있는 행위의 평가를 전제하

정이며, 그러나 제750조에 의해 공작물시공자가 시공상 고의·과실로 인한 손해배상책임을 지는 것까지를 배제하는 취지는 아닌 것이다.[232] 민법 제758조는 구 민법 제717조와는 달리 토지의 공작물에 한하지 않고 있기 때문에 토지를 기초로 하는 기업시설은 물론 기타 기업시설 일반 및 공작물 일반이 책임의 대상으로 될 수 있어서, 환경오염으로 인한 피해의 대부분이 본조의 손해로 볼 수 있다는 것이다. 공작물 하자의 존재에 관하여는 피해자 측에서 입증할 책임이 있으나, 실제로는 공작물로 인하여 손해가 발생한 경우에는 하자의 존재를 추정할 수 있는 경우가 많으므로 오히려 점유자, 소유자 측에서 하자에 대한 부존재의 입증책임을 지게 됨으로써 입증책임이 전환되어 환경오염 피해자의 보호는 더욱 두터워질 것이다.

토양오염이 지하 또는 지상의 저장탱크의 누출에 의한 경우는, 그러한 탱크시설은 전형적인 공작물에 해당하고, 소유자 또는 점유자가 그 공작물을 보유하게 된 경위는 그 배상책임에 영향을 끼치지 않고, 공작물의 하자가 소유자나 점유자의 고의·과실에 의한 것임을 필요로 하지 않기 때문에[233] 민법 제758조에 따른 손해배상책임을 물을 수 있을 것이다.[234] 그러나 이 규정을 적용하기 위하여는 적어도 그 공작물의 점유 혹은 소유기간 동안에 일어난 손해에 대

지 않으며, 또한 개별적인 침해가 발생한 경우에 위험한 시설의 경영이 법적으로 허용되어 있다는 것으로서 정당화 되지 않는다. 安法榮, "環境汚染事故와 危險責任", 308쪽.
232) 대법원 1996. 11. 22. 95다39219 판결.
233) 朴相烈, "土壤汚染과 法律問題", 韓國土壤環境學會, 土壤環境 제1권 제1호, 1996, 24쪽.
234) 이 경우 소유자책임의 특칙을 원용할 필요가 없으나 점유자의 경우에는 환경법상 무과실책임의 원칙이 적용되어 "점유자가 손해의 방지에 필요한 주의를 해태하지 아니한 경우"에도 책임을 지게 된다는 견해가 있다. 趙弘植, "土壤環境侵害에 관한 法的 責任", 23쪽 참조.

한 것이며 그 공작물의 점유 혹은 소유시점 이전에 발생한 손해에 대하여 책임을 물을 근거가 되지 못한다. 그렇다면 환경법상 무과실 책임의 특칙이 확립되어 있는 이상 환경소송에 있어서 피해자가 민법 제750조에 따른 일반불법행위책임을 주장하지 않고 무과실책임을 규정하고 있는 민법 제758조를 주장하여야 할 현실적인 필요는 거의 없다고 할 것이다. 판례는 '공작물이 그 용도에 따라 본래 갖추어야 할 안정성'이란 그 공작물 자체만의 용도에 한정되지는 않고 실제 설치·사용되고 있는 상황에서 요구되는 안정성까지 포함함을 전제로,[235] 공작물의 설치 및 보존의 하자는 공작물의 축조 및 보존에 불완전한 점이 있어 이 때문에 그 공작물이 그 용도에 따라 통상 갖추어야 할 안전성을 갖추지 못한 상태에 있는 것이지 공작물의 설치 및 보존에 있어서 항상 완전무결한 상태를 유지할 정도의 고도의 안전성을 갖추어야 하는 것은 아니라고 판시한 바 있다.[236]

5. 소결

환경오염피해에 의한 불법행위 손해배상청구권도 민법 제750조가 기본적 규정으로 적용되나, 학설과 판례에 의한 무과실책임에의 접근경향은 특별입법에 의하여 실현시키는 경우가 증가하고 있는 추세이다. 환경오염침해에 대한 무과실책임을 규정한 특별법으로서, 환경정책기본법 제31조, 토양환경보전법 제10조의3, 광업법 제75조, 수산업법 제82조, 해양오염방지법 제2조, 원자력손해배상법 제3조 등이 있다. 특히 토양환경보전법 제10조의3 제1항에서는 토양오염으로

---

235) 대법원 1988. 10. 24. 87다카827 판결.
236) 대법원 1987. 5. 12. 선고 86다카2773 판결; 대법원 1994. 10. 28. 선고 94다16328 판결; 대법원 1996. 2. 13. 선고 95다2235 판결.

인한 피해에 대해서 오염원인자에게 고의 또는 과실이 없더라도 무과실의 손해배상과 정화책임을 지도록 하고 있는데, 이러한 토양오염피해에 대한 구제의 실정법 규정으로서 토양환경보전법 제10조의3은 환경정책기본법 제31조와 함께 환경책임의 기본적인 책임유형으로서 무과실책임을 규정한 것으로서 토양오염의 특수성에 비추어 피해자의 권리구제를 용이하게 하고자 하는 의도에서 입법된 것으로 보인다. 그러나 이와 같은 무과실책임 규정은 민사상 불법행위책임의 성립요건 중의 하나인 과실의 입증이라는 문제가 토양오염의 특성상 매우 어렵기 때문에 과실의 입증문제를 해결하는 한 방편으로서 무과실책임을 인정한 것에 불과한 것이어서 무과실책임의 범위와 또 다른 요건인 인과관계의 입증의 문제가 남는다. 그리고 이 무과실책임은 행정상의 책임이라기보다는 피해구제를 위한 민사법상의 책임에 대한 특별법적인 성격을 갖는다고 할 것이다.237) 자세하게는 제3절 '토양오염사고에 대한 무과실책임'에서 살펴보기로 한다.

II. 토양오염사고의 계약상 책임

1. 서언

토양환경오염에 따른 책임귀속에 있어서 주로 적용되고 있는 환

---

237) 우리 환경정책기본법은 독일의 환경책임법과 같은 정교한 입법에 비하면 지나치게 간략한 것이라 할 수 있으나, 환경오염피해에 관한 현행제도의 기본적인 접근은 엄격한 사법적 처리에 의한 책임추궁보다는 조정제도를 통한 원만하고 호혜적인 해결임을 주의할 필요가 있다고 한다. 李相敦, "環境政策基本法에 대한 考察", 公法硏究 제21집, 韓國公法學會, 1993, 169쪽.

경사법은 대체로 유지청구권과 불법행위책임이 주로 논의되어 왔었다. 그러나 최근에는 토양오염으로 인하여 주로 담보책임과 관련해서 계약상의 책임이 새롭게 논의되고 있고 특히 유해한 물질에 의해 오염된 물건의 매매는 담보책임과 관련하여 중요한 의미를 갖는다. 독일의 판례238)에서 이러한 계약상의 환경책임이 다수 인정되고 있으며, 특히 토지 매매시에 토지가 오염되어 있거나 지하수가 오염되어 있는 경우에도 매수인은 매도인에게 목적물의 하자에 기한 담보책임을 주장할 수 있어 담보책임 규정은 중요한 의미가 있다고 할 것이다.239)

토양오염에서 계약상의 책임은 토지를 내상으로 하는 유상계약에서 목적물인 토지가 오염된 경우에 발생한다. 토양환경침해에 관련한 계약상 책임은 통상 잠재해 있다가 불법행위책임이 인정된 후 손해배상 책임이 인정된 토지 양수인이 주로 구상권을 행사할 수 있는 상대방을 찾는 과정에서 문제될 수 있다.240)

유상계약의 전형이라고 할 수 있는 매매계약 중, 토지를 목적물로 하는 매매계약에 있어서 매도인은 매매목적물에 하자가 있기 때문에 매수인에게 매매계약상 책임을 진다. 즉 매도인은 토지의 하자로 발생한 손해에 대하여 매수인에게 손해배상을 하여야 하고, 매수인은 토지의 하자를 이유로 매매계약을 해제할 수 있다. 이와 같이 오염된 토지의 매도인은 매수인에게 계약법상의 일정한 책임을 부담하는데 그 근거로는 채무불이행의 일종인 불완전 이행 또는 적극

---

238) 방부소독제의 농도가 독일연방 보건부에 의해서 허용되는 한계치보다 높으면 독일민법 제459조의 의미에서 하자로 인정된다고 하였다. OLG Frankfurt, NJW-RR 1988, 1455.
239) Alexander Reuter, Altlasten und Grundstückskauf, BB 1988, S.498.
240) 趙弘植, "土壤環境侵害에 관한 法的 責任", 339쪽.

적 채권침해의 법리와 하자담보책임에 관한 규정을 들 수 있다.241)
일반적으로는 하자담보책임에 기하여 계약상의 책임을 추궁할 수
있으나, 토양오염이 밝혀질 때까지 장시간이 소요될 것으로 보이는
데 대하여 하자담보책임의 제척기간이 짧기 때문에 불완전 이행 또
는 적극적 채권침해의 법리에 기한 책임의 논의가 필요하다.

2. 책임의 근거

가. 하자담보책임

매매의 목적물에 하자(瑕疵)가 있을 경우 매수인이 매매계약 체
결당시 그 하자를 알았거나 혹은 알지 못한데 과실이 있는 경우를
제외하고는 매수인은 매도인에 대하여 민법 제580조에 정한 하자로
인한 손해배상을 청구할 수 있고, 하자가 중대하여 계약의 목적을
달성할 수 없을 경우에는 계약해제도 할 수 있다. 토양오염에 대한
계약상 책임을 인정함에 있어서 가장 중요한 관건은 토양오염이 매
매의 목적물인 토지의 하자로 볼 수 있겠느냐 하는 점이다.242) 하자
라 함은 통상적으로 기대되는 용도로의 사용에 장애가 있는 물리적
결함을 지칭하게 되는데 토지의 경우 그 용도는 지상시설을 배치하
여 운영하는 것에 기본적인 목적이 있으므로 그 지하 토양의 오염
이 반드시 그 용도로의 사용에 장애를 초래하는 것은 아니라고 할
수 있다. 그러나 그 토양오염으로 인하여 제3자나 혹은 그 사용자에

---

241) 朴相烈, "토양오염과 법률문제", 7쪽.
242) 목적물의 하자란 목적물에 물리적 결함이 있는 경우를 말하며 결함으로 인
정할 것인지 여부는 일반적으로 그 종류의 것으로 보통 가지고 있어야 할 품
질, 성능을 객관적인 표준으로 하여 판단하여야 한다. 郭潤直, 앞의 책, 756쪽.

게 위해를 초래하거나 초래할 가능성이 있거나 환경당국에 의한 정화조치의 대상이 될 수 있다면 토지의 본래 용도로서의 사용에 대한 직접 혹은 간접적인 장애를 초래할 수 있으므로 민법상의 하자담보책임상의 목적물의 하자로 볼 수 있다고 할 것이다.243) 다만, 구체적으로 어느 정도의 오염이 목적물인 토지의 하자가 될 것인지는 그 기준 설정이 용이하지 않다. 그러나 "토지수용법"(현행 "공익사업을 위한 토지 등의 취득 및 보상에 관한 법률")에 의한 수용재결을 거쳐 토지가 기업자에게 인도된 후 대상토지에 상당량의 폐기물 등이 매립되어 이로 인한 토양과 지하수를 오염시키고 있음을 발견하고 토지소유자에게 매도인의 하자담보책임을 묻는 사건에서 "토지수용법에 의한 수용재결의 효과로서 수용에 의한 기업자의 토지소유권취득은 토지소유자와 수용자와의 법률행위에 의하여 승계취득하는 것이 아니라, 법률의 규정에 의하여 원시취득하는 것이므로, 토지소유자가 토지수용법 제63조의 규정에 의하여 부담하는 토지의

---

243) 수원지방법원 1996. 10. 24. 선고 95가합17789판결(하집1996-2, 102): 매매의 목적물에 관한 하자 여부는 매매의 경위와 목적 등 매매 당시의 제반사정을 고려하여 그 목적물이 통상 갖추어야 할 품질 내지 상태를 갖추었는지 여부에 의하여 판단되어야 할 것인바, 특히 주택건설업을 영위하는 원고 회사가 그 지상에 고층 아파트를 건축할 목적으로 피고들로부터 비록 지목 상으로는 전(田)으로 되어 있으나 도시계획법상 이미 전용주거지역으로 지정되어 있던 중 일반주거지역으로 용도변경 될 예정이던 이 사건 토지를 매수하였고, 피고들 또한 원고 회사의 위와 같은 이 사건 토지의 매수목적을 잘 알고 있었던 점, 이 사건 토지의 경우에는 그 면적 중 과반수를 넘는 부분의 지하에 다량의 일반폐기물이 매립되어 있었던 관계로, 폐기물관리법 등의 규정에 따라 일반폐기물처리업자를 통하여 폐기물을 배출할 수밖에 없었고, 그 비용으로는 일반 토사반출의 경우에 비하여 6배 이상에 달할 정도로 다액의 비용이 소요되는 점, 매매당사자인 원고 회사와 피고들이 위 매매 당시 이 사건 토지에 위와 같은 양의 폐기물이 매립되어 있어 그 처리비용으로 위와 같은 금액이 소요되리라는 사정을 알았더라면 추가배출비용 상당액을 당연히 매매대금에서 공제하였으리라고 보여 진다면, 이 사건 토지는 위 매매의 목적물로서 하자를 가진 것이라 봄이 상당하다.

인도의무에는 수용목적물에 숨은 하자가 있는 경우에도 하자담보책임이 포함되지 아니한다."고 판시244)하여 매수인의 보호와 거래의 동적안전을 보장하기 위하여 인정되는 담보책임에도 수용재결에 의한 경우에는 목적물의 하자담보책임을 물을 수 없다는 것이다. 그렇다면 매수인이 오랫동안 공장으로 사용된 토지를 매수하면서 오염조사를 하지 아니한 경우 과실이 있다고 할 수 있는지, 매도인은 토양이나 지하수의 오염사실을 매수인에게 고지하여야 하는지, 매도인이 오염의 의심이 있더라도 차라리 이를 확인하지 아니하고 계약을 체결한 경우 그 책임을 면할 수 있는지 등 해결해야 할 문제가 많다고 하겠다. 현행 토양환경보전법에 따른 우려기준 혹은 대책기준

---

244) 대법원 2001. 1. 16. 선고 98다58511 판결에서, "토지수용법에 의한 수용재결의 효과로서 수용에 의한 기업자의 토지소유권취득은 토지소유자와 수용자와의 법률행위에 의하여 승계취득하는 것이 아니라, 법률의 규정에 의하여 원시취득하는 것이므로, 토지소유자가 토지수용법 제63조의 규정에 의하여 부담하는 토지의 인도의무에는 수용목적물에 숨은 하자가 있는 경우에도 하자담보책임이 포함되지 아니하여 토지소유자는 수용시기까지 수용 대상 토지를 현존상태 그대로 기업자에게 인도할 의무가 있을 뿐이고, 한편 토지수용법 제63조의 규정에 의하여 수용 대상 토지에 있는 물건에 관하여 권리를 가진 자가 기업자에게 이전할 의무를 부담하는 물건은 같은 법 제49조 제1항에 의하여 이전료를 보상하고 이전시켜야 할 물건을 말한다. 기록에 의하면, 소외 이○○이 소외 이△△ 등과 순차 공모하여 피고 모르게 1992년 6월경부터 1993년 11월 하순경 사이에 약 7,500t 상당의 일반폐기물인 소각잔재물 및 특정폐기물인 폐합성수지 등을 대형 구덩이에 쏟아 붓고 그 위에 다량의 토사를 덮어버리는 방식으로 이 사건 토지에 매립함으로써 이 사건 토지의 일부 지하에 다량의 토사와 함께 혼합되어 있고, 그 주변의 토양과 지하수를 오염시키고 있는 사실, 기업자인 원고는 중앙토지수용위원회의 수용재결을 거쳐 1996. 6. 18. 이 사건 토지를 수용하고, 피고로부터 이 사건 토지를 위와 같은 폐기물이 매립된 상태로 인도받은 사실이 인정되는바, 위 인정 사실에 의하면, 이 사건 폐기물은 이미 이 사건 토지의 토사와 물리적으로 분리할 수 없을 정도로 혼합되어 토지의 일부를 구성하고 있어 독립된 물건이라고 보기 어려울 뿐만 아니라, 토지수용법 제49조 제1항의 이전료를 지급하고 이전시켜야 되는 물건이라고 볼 수도 없다. 그렇다면 앞에서 본 법리에 비추어 토지소유자인 피고에게 이 사건 폐기물의 이전의무가 있다고 볼 수 없고, 피고는 이 사건 토지 인도의무를 다하였다고 할 것이다."고 하여 토지소유자의 하자담보책임을 부인하였다.

을 초과하는 오염의 경우 환경당국에 의한 조치대상이 될 수 있으므로 이를 목적물의 하자로 볼 수 있을 것이나 현행 토양환경보전법 상의 기준은 초과하지 않지만 토양오염이 존재하였고 그 후 국내 토양관계법령의 변화로 인하여 공법상의 책임의 대상이 될 가능성이 있을 때 이를 하자로 볼 수 있는지는 분명하지 않으나, 하자담보책임이 매매거래로 인한 하자의 단기간의 처리를 그 목적으로 하는 것이므로 매매시점에 하자를 구성하지 않을 경우 하자담보책임을 물을 수 없다고 보는 것이 타당하다고 본다면, 장차의 오염기준의 변화에 따른 사정변경가능성까지를 포함하여 이를 하자로 보기는 어려울 것으로 보인다. 이에 대하여는 토양이 오염되어 있다는 사실만으로 매매의 목적물인 토지에 하자가 있다고 할 수 있는지는 단언할 수 없으나 토양오염으로 인한 분쟁이 증가함에 따라 일반인들의 토양오염에 대한 관심이 고조될수록 토양오염 자체가 하자라고 해석될 가능성은 점차 높아질 것으로 보는 견해가 있다.245)

토양오염에서의 매도인의 계약상의 책임을 하자담보책임에 근거할 경우 또 다른 문제는 하자담보책임에 대한 제척기간의 적용과 관련된 문제이다.246) 대체로 매수인이 매수 후 6개월 이내에 하자를 발견하는 것이 용이하지 않는 경우가 많으므로 제척기간의 적용으로 인하여 하자담보책임을 물을 수 없는 경우가 다른 매매유형에서

---

245) 朴相烈, "土壤汚染과 法律問題", 26쪽.
246) 민법 제582조의 하자담보책임은 하자를 발견한 때로부터 6개월 이내에 행사하여야 한다고 규정하고 있다. 그러나 토지매매가 상인간의 거래로 이루어진다면 상법 제69조에 따른 상사매매에 대한 하자담보책임의 특칙이 적용되게 되어 매매당시 하자를 발견할 수 없는 것이라고 하더라도 6개월 이내에 하자를 발견하여 이를 매도인에게 통보하지 않으면 하자담보책임을 물을 수 없게 될 것이다. 물론 매도인이 이러한 하자를 알고 있었던 경우라면 이러한 特則이 적용되지 않는다고 할 것이다. 趙弘植, "土壤環境侵害에 관한 法的 責任", 340쪽.

285

보다 훨씬 많다고 할 것이다.

나. 채무불이행책임

토양오염의 문제를 매매목적물의 하자담보책임으로 이론 구성하여 계약상의 책임을 묻기에는 토지거래가 단순한 물건의 매매와는 다른 특수성이 있고 토양오염 또한 장기간에 걸쳐 누적적으로 일어나고 그 발견이 용이하지 않다는 측면에서는 그 적용상의 난점이 적지 않다고 할 것이다. 그런데 권리의 하자나 물건의 하자가 매도인의 귀책사유로 발생한 때에는 담보책임 이외에 채무불이행의 요건도 충족시키는 경우가 있다.247) 일반적으로는 하자담보책임에 기하여 계약상의 책임을 추궁할 것이라고 보지만 토양오염이 밝혀질 때까지 장시간 소요될 것임에 대하여 하자담보책임의 제거기간이 짧기 때문에 불완전이행 또는 적극적 채권침해의 법리에 기한 책임 추궁도 생각할 수 있다.248) 이때 담보책임을 묻는 것 말고 채무불이행책임도 따로 물을 수 있는지에 관해서는, 학설은 대체로 특칙인 담보책임을 물어야 하는 것으로 해석한다. 그러나 대법원은 토양오염과 관련하여 "매도인이 성토작업을 기화로 다량의 폐기물을 은밀히 매립하고 그 위에 토사를 덮은 다음 도시계획사업을 시행하는 공공사업시행자와 사이에서 정상적인 토지임을 전제로 협의취득절차를 진행하여 이를 매도함으로써 매수자로 하여금 그 토지의 폐기

---

247) 담보책임과 채무불이행책임은 계약으로부터 생기는 책임이라는 점에서 공통성을 가지나, 우리 민법상의 하자담보책임법의 손해배상규정은 매도인의 과실을 요건으로 하지 않기 때문에 그 규범체계의 구조에 있어서 무과실의 특별책임이다. 安法榮, "賣買目的物의 瑕疵로 인한 損害賠償", 民事法學 제11·12호, 韓國司法行政學會, 230쪽.
248) 趙弘植, "土壤環境侵害에 관한 法的 責任", 340쪽.

물처리비용 상당의 손해를 입게 하였다면 매도인은 이른바 불완전이행으로서 채무불이행으로 인한 손해배상책임을 부담하고, 이는 하자 있는 토지의 매매로 인한 민법 제580조 소정의 하자담보책임과 경합적으로 인정된다."고 판시249)함으로써 양 책임의 경합을 인정한 바 있다.

그리고 토지 등의 임대계약에 있어서도 임대인은 임차목적물을 그 목적에 따라 사용·수익할 수 있는 상태를 제공하여야 하는데, 이러한 의무에 위반하여 토양오염 등을 발생시킨 경우에는 임차인은 임대인에게 담보책임이나 계약상 채무불이행 책임을 물을 수 있으며, 마찬가지로 임차인의 채무불이행에 대해서는 임대인이 임차인에게 계약상 책임을 추궁할 수 있다고 본다.250)

3. 책임의 한계

이상에서 살핀바와 같이 토양오염에 대한 계약상의 청구권도 환경책임법체계에서 중요한 의의를 가질 수 있다고 본다. 그러나 이러한 계약상의 청구권은 반드시 계약적 관계를 전제로 하고 있기 때문에 일반적인 환경보호 내지 환경책임법적 기초로서는 원래 적당한 것은 아니다. 즉 계약관계가 존재한 경우에도 불법행위적인 청구

---

249) 대법원 2004. 7. 22. 선고 2002다51586 판결.
250) 독일의 판례를 보면, 임차한 집에 유일한 식수로 사용되는 우물이 질산염으로 오염되어서 이를 음료수로 사용한 임차인의 건강이 침해되었다면 독일민법 제538조에 근거하여 임차인은 손해배상청구권을 행사할 수 있다고 하였고(BGH, NJW 1983, 2935), 또 임대인도 임대한 토지를 임차인이 쓰레기집하장의 설치(OLG Düsseldorf, NJW 1988, 2389), 부주의한 주유소 운영(BGH, BB 1986, 2289) 또는 수지(樹脂)나 염료의 저장소로 사용(OLG Düsseldorf, BB 1989, 2069)하여 토양오염을 일으킨 경우에는 임차인에 대하여 손해배상청구권을 행사할 수 있다고 한바 있다. 全京暈, 환경사법론, 363쪽.

권이 중요한 의미를 가질 수 있는데, 왜냐하면 계약상의 청구권은 단기의 소멸시효에 걸리고 또한 위자료의 청구는 불법행위로 인한 청구에서는 가능하나 계약법상의 청구에서는 불가능하기 때문이다. 하지만 환경침해로 인한 계약법상의 청구권은 환경침해를 당한 경우에 피해자가 손해배상이나 피해구제를 받을 수 있는 방법의 하나로서 매우 큰 의의를 가질 수 있다고 보여지기 때문에 계속적인 검토와 연구의 필요성이 있다고 할 것이다.[251]

제4절 토양오염의 무과실책임에 의한 구제

I. 개설

현행 민법상 손해의 귀속을 위한 책임법적 원리는 불법행위책임 체계 내에서의 과실책임주의(Verschuldensprinzip)이다. 토양오염에 있어서도 그 불법행위책임을 추궁하기 위해서는 민법 제750조의 적용을 대전제로 하고 거기에 환경정책기본법 또는 토양환경보전법상의 특칙을 가미한 구조로 되어있다.[252] 환경정책기본법 제31조(환경오염의 피해에 대한 무과실책임)와 토양환경보전법 제10조의3(토양오염의 피해에 대한 무과실책임) 제1항은 환경오염피해 또는 토양오염피해에 대한 무과실책임을 인정하고 있다. 그런데 문제는 민법 750조를 적용하지 아니하고 곧바로 환경정책기본법 제31조 제1항과 토양환경보전법 제10조의3 제1항에 의하여 문제를 해결할 수 있는가 하는 점이다. 다시 말해 오염된 토지의 매수인이 그 토지를 보유

---

251) 全京暈, 환경사법론, 368쪽
252) 趙弘植, "土壤環境侵害에 관한 法的 責任", 57쪽.

하는 것 자체가 위 조항들이 규정하고 있는 요건 즉, "사업장 등에서 발생되는 환경오염 또는 환경훼손으로 인하여 피해가 발생한 때에는" 또는 "토양오염으로 인하여 피해가 발생한 때에는"에 포섭되지 않는가 하는 점인데 이와 같은 해석이 가능하다면 앞에서 살핀 여러 관문을 통과할 필요 없이 토지 매수인에게 책임을 인정할 수 있으므로 매우 간단명료하게 될 것이다. 이에 대하여 우리의 환경정책기본법 제31조는 무과실의 손해배상을 환경정책의 기본원칙으로 한다는 것을 표방하고 있을 뿐이며, 그 자체로서 실체법적 효력을 갖지 못하여 이를 구체화하는 특별입법이 있어야 실효성이 확보된다고 하는 견해가 있다.[253] 그러나 위 조항은 기존에 청구권 기초로서 적용되었던 환경보전법 제60조와 근본적으로 다르지 않으며, 민사책임법 체계에 비추어 특별규정으로 해석되는 한 손해배상청구권

---

253) 그 이유는 환경정책기본법 제5절 분쟁조정 및 피해구제라는 표제하에 제30조에서 위 배상규정이 정부의 시책을 촉구하는 행정규제를 지향하고 있으며, 나아가 제3장 제32조에서 국가 및 지방자치단체가 환경보전과 환경오염으로 인한 피해구제를 위하여 필요한 조치를 하도록 규정할 뿐이며 종래의 환경보전법 제60조 제3항과 같이 민법규정을 적용할 것을 규정한 것과 같은 손해배상의 구체적인 규정이 흠결되었기 때문이라고 한다. 李銀榮, 債權各論, 1992. 714쪽; 또 다른 견해는 명문의 법규정에 반하여 해석하는 것은 문리해석의 법위를 뛰어 넘는 실질적인 입법행위라고 할 것이어서 특단의 사정이 없는 한 취할 바가 못 된다고 하면서 그 이유로 첫째, 위 환경관계법의 규정들은 연혁상 민법의 불법행위에 관한 규정을 전제로 하여 환경오염의 경우에 적용될 특칙을 규정한 것에 불과한 것으로, 민법의 불법행위와 전혀 관계없는 별개의 권리를 창출하기 위한 것이 아니라는 것이고, 두 번째는 위 양 규정상의 무과실책임은 자기의 행위에 대한 무과실책임일 뿐이고 전혀 지배가능성이 없는 타인의 행위에 대해서까지 책임을 진다는 것은 아니기 때문이라는 것이다. 그리고 마지막으로 위와 같은 해석은 위 양 규정의 문면에 반하여 채택할 수 없다는 것이다. 즉 환경정책기본법 제31조 제1항은 사업장 등에서 발생되는 환경오염으로 인하여 피해가 발생한 때에는 "당해 사업자"가 배상하도록 규정하고, 토양환경보전법 제10조의3 제1항의 경우도 "당해 오염원인자"가 배상하도록 규정하고 있는바, 양 규정에서 말하는 "당해"라는 요건은 환경오염에 직접 기여한 자만을 지칭하는 것으로 판단되기 때문이라는 것이다. 趙弘植, 앞의 논문, 58쪽.

의 실체적 근거규정이 된다고 보아야 한다.254) 더구나 개별 환경법
상에 환경오염피해에 대하여 어떠한 책임 및 구제규정을 두고 있지
않는 한 위 규정의 실체법적 효력을 쉽게 부인하여서는 안 될 것이
고, 따라서 위 규정의 구성요건에 해당되는 환경오염피해를 입은 자
는 오염원인자인 사업자에게 무과실책임을 지울 수 있을 것이다.255)
오늘날 이와 같은 무과실의 위험책임256)에 의한 손해배상책임은 현
행 민법의 과실책임원칙과 대등한 책임귀속의 일반원리로 승인되어
있으므로 독일과 같은 개별적 열거주의를 취하지 않을지라도 일반

---

254) 安法榮, 交通騷音 Immission과 民事責任, 110쪽.
255) 대구고등법원 1990. 1. 12. 선고 88나3049 판결에서 "금속제련업체인 피고회
사에서 일하여 오던 원고에게 중금속중독의 경우에 나타나는 증상인 중추신경
계의 언어장애, 피부의 과색소침착, 무감각가면상태(無感覺假眠狀態), 사구체손
상에 의한 신증후군 등의 증상이 있어 중금속의 복합중독증으로 강력히 의심
되고, 피고회사의 작업과정에 비소, 비스무스, 동, 납, 아연, 망간, 금 등의 중금
속이 취급되며 그러한 작업환경 속에서 원고가 18년 이상이나 작업함으로써
이에 노출된 사실이 인정된다면 피고회사가 원고의 위와 같은 증상이 중금속
중독증이 아니라거나 그 작업장에서 방출되는 중금속의 농도가 극히 미량이어
서 인체에 전혀 피해를 줄 수 없는 것이라는 사실을 입증하지 못하는 한 원고
의 질환과 피고회사 작업장에서의 중금속방출과의 사이에 인과관계를 긍정함
이 상당하다 할 것이고 이러한 경우 피고회사는 환경보전법 제60조 제1항에
따라 무과실책임을 부담하게 되며 원고의 작업기간 동안 위 작업장에서 방출
된 중금속의 농도가 법령상의 허용기준치 이하이었다는 사실만으로는 그 책임
을 면할 수 없다."라고 하여 환경정책기본법 제31조(구 환경보전법 제60조)의
실체법적 효력을 인정한 바 있다.
256) 위험책임은 허용된 위험원(erlaubte Gefahrenquelle)을 지배하는 자가 그의
이익을 위하여 그러한 위험시설 등을 경영한다면 그로 인하여 발생한 손해를
부담하여야 한다는 것이다. 법질서 내에서 위험의 허용이라는 것은 행위자에
게 요구되는 모든 위해방지조치에도 불구하고 손해발생이 불가피한 경우에만
인정될 수 있는 것이며, 이로 인한 손해는 위험시설을 관리·경영하는 자에게
귀속되어야 한다. 이러한 책임귀속의 당위성은 오늘날 사업경영자는 피해자보
다 위험의 예견과 방지에 우월한 역량을 갖추고 있으며, 책임위험의 비용은
보험이나 시장의 가격체계를 통해 분산시킬 수 있다는 정의관에 의해 뒷받침
된다. 安法榮, "環境汚染事故와 危險責任", 308-309쪽; Vgl. V. Caemmerer,
Reform der Gefährdungshaftung, 1971, S 15; Esser, J./Schmidt, E.,
Schuldrecht, Bd.. I /1, 8. Aufl., 1995, § 2 Ⅳ 6.

조항적 위험책임의 실효성을 부인할 수 없다고 본다.[257] 대법원은 최근 토양오염부지의 정화조치명령처분취소사건[258]에서 토양환경보전법 제10조의3 제3항 3호 소정의 오염원인자에 해당한다고 판단하고 동조 제1항의 규정에 의한 선의·무과실이 아닌 한 피해배상과 정화책임을 부담하여야 할 의무가 있는 오염원인자라고 하였는바, 이러한 판지는 토양환경보전법 제10조의3 제1항을 토양오염의 손해배상 청구권의 실체적인 근거규정으로 파악하는 것으로서 의미가 있다.

그러나 위 조항을 일반조항으로서 그 실체성을 인정할지라도, 개별사안에 구체적으로 적용하기 위해서는 해석론을 통해 그 요건과 효과가 구체화 되어야 함은 물론 나아가 환경오염의 위험분야별로 환경책임법의 구체화 규정이 검토되어야 할 것이다.[259]

II. 무과실책임

---

257) 安法榮, "環境汚染事故와 危險責任", 308쪽.
258) 대법원 2009. 12. 24. 선고 2009두12778 판결에서는 "이 사건 토지는 오래 전부터 한국철강의 철강공장 등 부지로 사용되어 오던 것으로서, 한국철강은 2003. 11.말경까지 계속하여 철강공장 등을 가동하였고, 원고는 2004. 3. 31.경 한국철강으로부터 제강설비, 압연설비 일부를 제외한 각종 시설물 및 잔해 등이 야적, 매립, 방치되어 있는 상태로 이 사건 토지를 인도받았으며, 2004. 6.경부터 장기간에 걸쳐 자신의 비용으로 대규모 철거작업을 수행한 사실, 원고 등이 2006. 10. 말경 서울대학교 농업과학공동기기센터 등 3개 연구기관에 의뢰하여 실시된 이 사건 토지에 대한 토양오염정밀조사 결과, 이 사건 토지에서 검출된 아연, 니켈, 불소, 카드뮴 등 9개 항목 토양오염물질이 법 제4조의2가 정한 토양오염의 우려기준을 초과하는 것으로 밝혀진 사실 등에 비추어, 공장시설 등의 부지인 이 사건 토지는 토양환경보전법 제2조 제3호 소정의 토양오염관리대상시설에 해당하고, 이 사건 토지의 양수인인 원고는 동법 제10조의3 제3항 제3호 소정의 오염원인자에 해당한다고 판단 같은 조 제1항의 규정에 의한 오염원인자로 보되, 다만 선의이며 과실이 없는 때에는 그러하지 아니하다고 할 것이다."
259) 安法榮, 앞의 책, 112쪽.

1. 토양환경보전법 제10조의3

가. 무과실의 피해배상

과실책임주의는 근대자본주의의 발전기에 있어서, 개인의 경제활동을 왕성하게 하고, 자유경쟁에 의한 여러 면에서 기업의 발달에 크게 이바지하여, 빛나는 실적을 올렸다. 그러나 한편 위험한 설비를 갖춘 기업이 발달하면서 과실책임주의에 의하여서는 위험성 있는 기업에 대하여 만족할 만한 해결을 가져오지 못한다는 측면에서 과실책임주의에 대한 여러 비판이 일어나고, 이를 수정한 무과실책임주의가 주장하게 되었다.260) 그 이론적 근거로는 사회적 위험이나 오염을 발생케 한 자는 그로 인하여 생기는 손해에 대하여 배상책임을 지는 것이 마땅하다는 위험책임주의와, 또한 이익을 얻는 과정에서 타인에게 손해를 끼쳤다면 그 이익 중에서 배상을 시키는 것이 공평의 원리에 맞는다는 보상책임주의가 있다.261) 이와 같이 토양환경보전법은 제10조의3 제1항에서 "토양오염으로 인하여 피해가 발생한 때에는 당해 오염원인자는 그 피해를 배상하고 오염된 토양을 정화하여야 한다."라고 규정함으로써 토양오염원인자에게 무과실책임을 인정하고 있다. 그런데 토양환경보전법상의 토양오염피해에 대한 오염원인자의 무과실책임은 환경정책기본법과 달리 시설책임뿐만 아니라 행위책임에 대해서도 규정을 함으로써 환경정책기본법

---

260) 郭潤直, 債權各論, 611-612쪽.

261) 이러한 무과실책임주의는 과실책임으로는 손해배상책임을 지울 수 없는 광업법, 자동차손해배상보장법 등 특수 분야에서 예외적으로 공평을 위하여 묻고 있으며, 판례에서도 이를 채택해가고 있다. 따라서 피해자는 가해자에 대하여 과실을 입증하지 않고 배상책임을 주장하면 된다. 趙銀來, "土壤汚染의 被害에 대한 責任", 지하수토양환경 제10권 제6호, 한국지하수토양환경학회, 2005. 12, 2쪽.

에 의한 무과실책임보다는 그 적용범위가 넓다고 할 것이다.[262] 이 규정은 위험책임의 법리를 실정화한 것으로, 토양오염 피해자는 가해자의 고의 내지 과실을 입증할 필요 없이 손해배상을 받을 수 있으므로 그만큼 환경피해 구제의 효율성이 높아진다 할 수 있다.[263] 또한 동법은 피해배상 뿐만 아니라 오염원인자에 대한 정화책임의 근거[264]를 마련하고 있는데, 이는 토양오염의 사전예방 뿐만 아니라 오염된 토양의 사후적 복구를 도모하고 있다는 점에서 의미가 크다. 그러나 토양오염은 특성상 오염원인자가 광범위하고 불명확한 점도 있으며, 또 책임범위를 특정하고 있지 않아서 구체적인 경우에 있어서 오염원인자와 피해의 범위에 관한 해석을 둘러싸고 논란이 제기될 수 있다.[265] 또한 2001년에 신설되고 2005에 개정된 현행 토양환경보전법 제10조의3 제3항(구 제23조 제3항)은 '오염원인자'의 범위를 명확하게 규정[266] 하고 있다. 따라서 공장시설물 등이 존재하는

---

262) 환경정책기본법 제31조 제1항에 의한 '사업장 등'의 무과실책임은 기본적으로 시설책임인데 비하여, 토양환경보전법 제10조의 3 제1항에 의한 토양오염책임은 시설책임과 아울러 행위책임에 대해서도 규정하고 있는 것이다. 행위책임이란 토양을 유해하게 변경시킬 수 있는 오염물질을 반입·유입시키거나 또는 기타의 방법으로 영향을 끼친 자는 그로부터 발생한 손해에 대해 책임을 져야 한다는 것이다. 全京暈, 환경사법론, 341쪽.

263) 金泓均, 環境法(問題・事例), 335쪽.

264) 제14조 제1항에 의한 특정토양오염 관리대상시설의 설치자에 대한 오염토양의 정화조치명령과 제15조 제3항에서 정한 오염원인자에 대한 토양오염 관리대상시설의 개선 또는 이전, 당해 토양오염물질의 사용제한 또는 사용중지, 오염토양의 정화, 토양오염방지조치명령 등이 있다.

265) 오염원인자에게 사인에 대한 손해배상책임과 공법상의 정화책임을 병렬적으로 나열한 것은 해석상 혼란을 야기할 수 있고, 또 정화책임을 지우기 위해서는 정화가 필요한 오염토양에 대한 객관적 기준과 정화의 목적 및 그 방법에 대한 기준을 마련하여야 하는데 이를 마련하지 않고 추상적인 정화책임을 묻는 것이 되어 실효성이 의문시된다는 비판적 견해로는 蔡永根, "우리나라 土壤環境保全法과 그 改正案의 內容과 問題點", 公法研究 第29輯 第2號, 2001. 2, 387쪽.

266) 오염원인자는 1. 토양오염물질을 토양에 누출·유출시키거나 투기·방치함으로

토지를 인수한 자는 그 인수시점 이전의 토양오염에 대하여도 피해
배상책임 및 복원책임을 그대로 승계한다. 다만, 토양오염시설을 인
수한 자가 "선의이며, 과실이 없을 때"에는 소유자 책임이 배제될
수 있다. 그러나 개정된 법에서도 토양오염관리대상시설을 소유·점
유 또는 운영하는 자에 대한 명확한 정의와 "선의이며, 과실이 없을
때"에 대한 정확한 기준을 규정하고 있지 않기 때문에 논란의 여지
가 있다.

또, 토양환경보전법상 토양오염의 피해에 대한 무과실책임 규정
은 환경정책기본법 제31조 제1항의 무과실책임 규정에 대하여 특별
법의 지위를 갖는가에 대해서도 논란의 여지가 있다.267) 환경정책기
본법 제31조 제1항은 사업장 등에서 발생되는 환경오염 또는 환경
훼손으로 인하여 피해가 발생한 때에는 당해 사업자는 그 피해를
배상하여야 한다. 그러나 현행 토양환경보전법은 피해의 원인을 '토
양오염'에만 국한하고 있기 때문에 환경정책기본법에서 규정한 오염
의 범위보다 제한적이어서268) 피해자는 토양오염의 입증부담을 덜기

써 토양오염을 유발시킨 자. 2. 토양오염의 발생 당시 토양오염의 원인이 된
토양오염관리대상시설을 소유·점유 또는 운영하고 있는 자. 3. 토양오염관리대
상시설을 양수한 자 및 합병·상속 그 밖의 사유로 제1호 및 제2호에 해당되는
자의 권리·의무를 포괄적으로 승계한 자. 4. 민사집행법에 의한 경매, 채무자회
생 및 파산에 관한 법률에 의한 환가, 국세징수법·관세법 또는 지방세법에
의한 압류재산의 매각 그 밖에 이에 준하는 절차에 따라 토양오염관리대상시
설을 인수한 자 등이다. 다만, 제3호(토양오염관리대상시설을 양수한 자에 한
한다) 및 제4호의 경우에 토양오염관리대상시설을 인수한 자가 선의이며 과실
이 없는 때에는 '오염원인자'의 책임을 부담하지 않는 것으로 규정하였다.
267) 토양오염은 일반적 환경피해에 포함시켜 통일적 규율의 대상으로 함에 큰
문제가 없고, 입법론상 다른 환경오염, 예컨대 수질·대기·지하수오염 등과
달리 토양오염만을 특별히 취급할 필요성은 없어 보인다는 견해로는, 金泓均,
環境法(問題·事例), 335쪽.
268) 토양환경보전법은 '토양오염'을 "사업활동 기타 사람의 활동에 따라 토양이
오염되는 것으로서 사람의 건강·재산이나 환경에 피해를 주는 상태"로 정의하
고 있는 바(제2조 1호), 사람의 활동을 전제로 한 개념이기 때문에 환경에 피

위하여 환경정책기본법 제31조에 기한 책임을 물을 수 있다.[269]

나. 오염토양의 정화책임

앞에서 살펴본바와 같이 토양환경보전법 제10조의3 제1항은 토양오염원인자에게 무과실의 손해배상책임을 지도록 함과 아울러 오염토양에 대한 정화책임도 부과하고 있다. 이와 같은 징화책임은 이른바 미국의 Superfund법으로 일컫는 CERCLA의 오염토양에 대한 정화책임제도를 도입하여 2001년 3월 토양환경보전법 3차 일부개정에서 새롭게 규정한 것이라고 할 수 있다. 그런데 이 조항에서 조문제목을 "토양오염의 피해에 대한 무과실책임"으로 표시하고 '오염원인자가 피해배상과 아울러 오염된 토양을 정화'하도록 규정한 것은 성격이 다른 사법상 책임과 공법상 정화책임을 구분하지 않은 것으로서 타당하지 아니하다는 주장[270]이 있으나, 동 조항의 정화책임의

해를 주는 활동자체에 전혀 개입하지 아니한 사람을 포섭하지 못한다. 趙弘植, "土壤環境侵害에 대한 法的責任", 1998. 11, 301쪽.

269) 예컨대 '토양오염'인지의 여부가 문제가 되어 토양환경보전법 제10조의3 규정의 적용이 쟁점이 되는 경우 同 규정에 의하지 않고 환경정책기본법 제31조에 기한 손해배상을 청구할 수 있다는 청구권경합설로 해석하는 것이 소송상 원고에게 부담을 덜어줄 수 있고 환경침해로 인한 피해의 적절한 구제라는 무과실책임규정의 본래의 취지를 살리는 길이기도 하다. 趙弘植, 앞의 논문, 307쪽.

270) 오염원인자의 정화책임은 자연자원의 수탁자로서 국가에 대한 책임으로서 공법상 책임이지만 손해배상책임은 사인에 대한 사법상 책임을 의미하므로 성격이 다른 두 종류의 책임에 대해 별개의 규정을 마련하는 것이 입법기술상 타당하다는 견해가 있다. 蔡永根, "우리나라 土壤環境保全法과 그 改正案의 內容과 問題點", 公法硏究 제29집 제2호, 韓國公法學會, 2001. 2, 386쪽; 동법 제1조의 목적조항에서도 오염토양정화의 취지가 공익성을 가지고 있음을 확인할 수 있고, 동법상의 다른 규정을 전체적으로 살펴볼 때도 토양의 정화책임은 사법적 성격을 가진 것이 아니라, 공법적 성격을 가진다는 점을 알 수 있으므로 토양정화책임을 민사책임으로 보는 것은 아직 토양오염이 가져다 줄 위험성 및 공법상 위험방지책임의 필요성을 간과하고 있는 것이며, 오염된 토양을 정화하는 법의 취지는 위험을 방지 혹은 제거하는데 있는 것이지 개인의 이익

규정위반에 대해서는 벌칙규정이 없고[271] 조문의 내용과 그 체계적
인 해석상 사법상 책임이라고 해석하여야 할 것으로 보인다.[272] 그
런데 현재 우리나라에서는 토양오염지역을 복원하기 위한 국가적인
특별예산이나 기금제도가 수립되어 있지 않다. 토양환경보전법 제15
조의3(오염토양의 정화)과 제19조(오염토양개선사업) 제3항에 따라
오염원인자에게 정화비용을 부담시킬 수 없는 경우에는 지방자치단
체의 예산으로 비용을 부담하여야 한다. 다만 동조 제5항은 토양보
전대책지역의 오염토양개선사업을 실시하는 지방자치단체에 대한
정부의 기술적·재정적 지원을 규정하고 있으며, 또 동법 제26조는
국가의 예산범위 안에서 지방자치단체가 추진하는 토양보전사업에
필요한 비용을 국고로 보조 또는 융자할 수 있다고 규정하고 있을
뿐 이에 대한 자세한 규정은 없다. 수년 전 환경부 발표에 의하면
석유류나 유독물저장시설, 폐금속광산으로 인해 발생한 국내 오염된
지역을 복원하는 비용이 최소 8천62억 원 내지 2조1천3백95억 원에

조절에 있는 것은 아니므로 오염된 토양에 관한 책임문제에 있어서는 그 위험
을 방지 내지는 제거하는 데 주안점을 두어야 하므로 토양정화책임을 공법적
으로 파악할 필요가 있다는 견해로는, 金鉉峻, "土壤淨化責任", 193쪽.
271) 토양환경보전법 제11조 제3항 또는 제14조 제1항의 정화조치명령, 제12조제1
항의 신고의무, 동조 제3항의 토양오염방지시설의 설치, 제14조 제1항의 설치
명령 및 개선명령, 동조 제3항의 사용중지명령 등을 이행하지 아니한 자에 대
하여는 동법 제28조 이하에서 벌칙을 규정하고 있다.
272) 安鍾五, 有害廢棄物 法制에 관한 韓·美 比較硏究, 慶熙大學校 大學院, 博士
學位 論文, 2004, 277쪽; 공법과 사법의 구별은 시민법이 처음으로 등장할 때
국가의 기능은 오로지 치안유지와 국방에만 국한시키고 국민 각자의 경제활동
은 광범위하게 허용되는 경제활동의 자유와 평등의 원리에서 비롯되었으며,
이 원리를 바탕으로 근대자본주의가 고도로 발달한 것이고 자본주의의 발달은
생산수단의 대규모, 물량의 대량화 및 운송의 신속화 등을 가져옴으로써 다양
한 생활관계를 규제하는 위 규정의 성격에 대해서는 공법과 사법의 구별이 불
가능하며, 경우에 따라서는 구별의 필요성까지 없다고 본다는 견해는, 한종열,
"기름유출로 토양을 오염시킨 주유소 양수인의 책임", 法律新聞 제3434 호
(2006. 2. 13.), 13쪽

이르는 것으로 조사된바 있다.273) 이 중에서 오염원인자에게 부담시킬 수 없는 경우에 복원사업에 필요한 재원을 지방자치단체가 부담하여야 하는데, 이는 열악한 지방자치단체의 예산 사정상 상당한 부담을 주게 될 것이다. 한편 폐기물관리법은 폐기물처리공제조합의 설치에 대한 규정을 둠으로써 폐기물처리에 대한 효과적인 재원마련의 방안을 가지고 있다.274) 이처럼 토양환경보전법에서도 석유류 및 유해화학물질 등 오염유발시설이나 제품에 부담금을 징수하고 공제조합의 설립근거를 규정하여 오염된 토양의 정화기금을 마련할 수 있는 방안을 고려할 필요가 있다.

2. 복수원인자의 책임

환경정책기본법 제31조 제2항은 사업장 등이 2개 이상 있는 경우에 어느 사업장 등에 의하여 환경피해가 발생한 것인지를 알 수 없을 때에는 각 사업자는 연대하여 배상하여야 한다고 규정하고 있는데, 토양환경보전법 제10조의3 제2항에서도 오염원인자가 2인 이상 있는 경우에 어느 오염원인자에 의하여 피해가 발생한 것인지를 알 수 없을 때에는 각 오염원인자가 연대하여 배상하고 오염된 토양을 정화하여야 한다고 규정함으로서 위 환경정책기본법상의 사업

---

273) 이는 전체 석유류·유독물의 제조·저장시설의 1%와 전국 2백90곳에 이르는 휴·폐금속광산 부지 1천7백80만㎡ 등을 오염시설로 간주한 뒤 이들 지역을 복원하는데 비용을 계산한 결과이다. 그러나 아직 오염실태가 파악되지 않은 쓰레기 매립지나 군사시설·공장지역 등이 추정대상에서 빠져 있다. 따라서 환경부는 실제 복원비용이 추정치 보다 훨씬 클 것으로 보았다.(중앙일보 2002. 6. 16. 42판. 21쪽 기사)

274) 폐기물관리법 제41조에 "방치폐기물의 처리이행을 보증하기 위하여 사업장 폐기물을 처리대상으로 하는 폐기물처리업자와 폐기물 재활용신고자는 폐기물 처리 공제조합을 설립할 수 있다."고 명시되어 있다.

장 또는 사업자의 책임요건을 삭제하고 연대책임원칙을 강화하였다.

우리 민법 제760조는 복수의 불법행위자가 있는 경우에 있어서 그들에게 연대배상책임을 묻기 위해서는 공동불법행위의 요건을 충족하여야 하고 동시에 그 공동행위자의 각 행위가 관련공동성을 가져야 한다는 요건을 충족하여야 하는 것으로 규정하고 있다.[275] 그럼에도 환경정책기본법과 토양환경보전법은 환경침해로 인한 손해의 발생 시 그 손해의 직접적인 원인행위자를 가리기 힘들다는 점에 착안하여, 위와 같이 환경오염으로 인한 손해의 경우에는 관련공동성이 없다고 하더라도 행위자 모두에게 연대책임을 지울 수 있도록 규정한 것이다.[276] 이러한 환경정책기본법과 토양환경보전법에서의 연대책임규정이 같은 시기에 인접한 장소에 존재하는 복수의 작업장 등에 대하여 적용된다는 데에는 이론의 여지가 없다.[277] 여타의 환경매체에 의한 환경피해소송에 관한 판례[278]에서 동시 또는 거의 같은 시기에 복수의 가해자에 의한 침해에 대해서 공동불법행위책임을 인정하고 있다. 그러나 같은 장소에 시간을 달리하여 존재한 복수의 사업장에 대하여 또는 토양환경의 경우 2인 이상이 같은 장

---

275) 郭潤直, 債權各論, 764-768쪽.
276) 趙弘植, "土壤環境侵害에 대한 法的責任", 309쪽.
277) 朴相烈, "土壤汚染과 法律問題", 5쪽.
278) 대법원 2006. 1. 26. 선고 2005다47014, 47021, 47038 판결에서 "수인이 공동하여 타인에게 손해를 가하는 민법 제760조의 공동불법행위에 있어서는 행위자 상호간의 공모는 물론 공동의 인식을 필요로 하지 아니하고, 다만 객관적으로 그 공동행위가 관련 공동되어 있으면 족하며 그 관련공동성 있는 행위에 의하여 손해가 발생함으로써 이의 배상책임을 지는 공동불법행위가 성립하는 것이므로, 동시에 또는 거의 같은 시기에 건축된 가해 건물들이 피해 건물에 대하여 전체적으로 수인한도를 초과하는 일조 침해의 결과를 야기한 경우, 각 가해 건물들이 함께 피해 건물의 소유자 등이 종래 향유하던 일조를 침해하게 된다는 점을 예견할 수 있었다면 특별한 사정이 없는 한 각 가해 건물의 건축자 등은 일조 침해로 피해 건물의 소유자 등이 입은 손해 전부에 대하여 공동불법행위자로서의 책임을 부담한다고 봄이 상당하다."고 판시한바 있다.

298

소의 토양을 누적적으로 오염시킨 경우에도 위 규정이 적용가능한
지 여부에 대해서는 여러 견해가 있을 수 있다. 이 규정이 앞에서
본대로 환경침해의 경우 오염원인자를 정확히 구별하기 어려운 점
에 착안하여 환경을 두텁게 보호하기 위하여 입법된 점을 고려하면
이 경우를 앞의 경우와 구별하여 볼 이유는 없다고 볼 것이어서 누
적적으로 환경오염에 기여한 자들도 연대책임을 진다고 할 것이
다.279) 즉 복수원인자의 연대책임을 인정하는 경우는 토양오염으로
인한 피해가 만성적, 누적적인 특징 때문에 그 책임소재 규명이 매
우 어렵고, 경우에 따라서는 책임분할 자체가 곤란하며, 이미 도산
하였거나 지불능력이 없는 자에게 책임을 묻는 것은 현실적으로 의
미가 없기 때문에 피해자를 두텁게 보호할 수 없다는 데에 기인한
다. 그러나 연대책임은 부유한 자에게는 아무리 오염억제조치를 강
구하여도 책임을 부담시키게 되고, 반면에 가난한 자에게는 책임추
궁가능성을 결과적으로 배제함으로써 이들 모두에게 도덕적 해이
(moral hazard)를 유발케 하여 오염억제효과를 반감시킴과 동시에
오염기여도가 적은 자에게 지나친 부담을 줌으로써 형평의 관념과
오염원인자 책임원칙에 반한다는 비판이 제기될 수 있다.280) 그리고

279) 趙弘植, 앞의 논문, 309-310쪽 ; 예컨대 어느 공장용지에 대한 정부의 정밀조
사 또는 현재의 소유업체의 토양오염도 검사결과 납성분이 토양오염대책기준
인 1,000ppm 이상 발견되어 그 공장용지를 포함한 지역이 대책지역으로 지정
되고 개선사업을 수행하게 되었는데, 그 공장용지의 입주업체가 과거 수십년
동안 갑, 을, 병으로 순차적으로 바뀌었다면, 그 입주업체 중 누가 오염원인자
로서 책임을 져야 하는가의 문제를 상정한다면 환경정책기본법 제31조 제2항
에 규정된 연대책임원칙을 강화한 토양환경보전법 제10조의3 제2항의 해석상
같은 장소에서 시간을 달리하여 누적적으로 토양을 오염시킨 당사자들은 오염
된 토양에 대하여 연대책임을 져야 한다고 볼 수 있다. 즉 그들은 각자 자신
이 오염시킨 정도에 국한되지 않고, 전체오염에 대하여 토양환경보전법상의
행정처분 및 행정벌에 의한 제재를 받을 수 있을 뿐 아니라 민사상 불법행위
책임 및 계약책임을 지게 될 가능성도 있다. 朴相烈, 앞의 논문, 7쪽.
280) 복수의 오염원인자 상호간의 관계나 오염원인자 상호간의 비용부담문제에

이와 같은 복수의 오염원인자에 대하여 연대책임은 세부규정의 마련이 없이 전적으로 행정능력에 맡기고 있는데 이 부분만을 놓고 보면 미국, 독일 등과 유사하다고 할 수 있으나, 토양오염의 연대책임을 분담시킬 수 있는 행정체계가 이들 국가와는 차이가 있다는 것을 고려해야 한다. 즉, 연대책임의 분배에 따른 문제를 완화하기 위한 정책적 수단이 없을 뿐 아니라 토양오염의 연대책임을 분배할 수 있는 구체적인 지침 등이 없어 토양오염 피해의 책임을 놓고 토양오염관리대상시설의 운영자와 소유자 사이에 분쟁이 발생281)되는 일이 있게 된다. 따라서 이러한 문제를 해결하기 위해선 영국 등의 법에서 규정하고 있는 오염원인자 간의 책임부담 순서와 결정절차를 마련해야 할 필요가 있다282).

있어 모든 오염원인자에게 소를 제기하지 않고 상대적으로 부유한 자(deep pocket)에게 정화작업의 중요한 요소인 신속성을 확보할 수 있게 한다는 점에서 연대책임의 이유가 된다고 하나 이는 일방적 부담이라는 문제가 발생할 수 있다. 金泓均, 環境法, 341쪽.

281) 예컨대, 의왕시 한진화학 공장주변 유류오염사건과 같이 정화명령을 받은 자가 정화시행도중 다른 오염원인자를 발견하여 소송분쟁으로 이어진 경우나, 남양주시 주유소기름유출사건에서와 같이 토양오염 피해의 책임이 운영자에게만 있는 경우에도 소유자에게 연대책임을 부담시킴으로써 분쟁이 발생한 것 등이다.

282) 예를 들면, 독일은 복수의 오염책임자 간 정화의 의무서열에 대한 강제적인 규정은 없으나 복수의 오염책임자들(오염유발자와 소유자·점유자)간에 동등한 책임을 부담시키고 있다. 다만, 정화비용을 상환해야 하는 오염책임자의 결정은 행정재량에 맡기고 있다. 그 외에 오염책임자들 간 구상권 조항을 법에 규정하고 있어 오염책임자들은 오염과 관련된 정도를 고려한 각각의 원인 기여분에 상당하는 구상권을 독립적으로 갖고 있다. 이에 어느 한 책임자가 오염부지를 정화한 후 다른 오염책임자에게 비용을 상환받을 수 있도록 하고 있다. 미국은 비구속책임분할지침에 의해 연계된 PRP(잠재적인 오염책임자)에게 책임분담 기준에 따라 오염책임을 분담시키고 있다. 그리고 연대책임의 분배에 따른 문제가 발생할 경우 이를 완화하기 위하여 기금을 마련해 두고 있다. 또 영국의 경우는 면책평가 방법과 절차, 복수의 오염유발자와 토지 소유자 및 점유자 간 책임분담 절차를 수립하여 법에 세부적으로 규율하고 있다. 김종화, "土壤汚染의 責任에 관한 法理를 中心으로", 법제현안 제2006-5호(통권 제187호), 國會事務處 法制室, 2006. 5, 29-30쪽.

3. 책임의 면제

가. 천재·지변 등 불가항력의 사유

토양환경보전법은 오염원인자의 무과실의 손해배상책임과 정화 책임을 규정함과 아울러 일정한 경우에 면책을 인정하고 있다. 먼저 동법 제10조의3 제1항 단서에서 "토양오염이 천재·지변 또는 전쟁으로 인하여 발생한 경우"는 책임을 묻지 아니한다는 규정을 두어 불가항력으로 인한 침해는 면책을 인정하고 있는데 이는 2001. 3월 토양환경보전법 제3차 일부개정에서 규정하였다. 종전의 규정에 무과실책임 규정을 두고 있으면서도 천재지변이나 전쟁 등 제3자의 원인으로 야기된 불가항력적인 토양오염에 대해서도 오염원인자가 이를 책임져야 하는가의 논란이 있어 왔는데 이를 불식시키기 위한 것으로 타당한 입법이라 하겠다. 즉, 무과실책임은 가해행위와 손해발생 간의 인과관계가 인정되면 발생한 손해는 배상되어야 하고, 따라서 불가항력에 의하여 발생한 토양오염에 대해서 면책규정이 없으면 배상하여야 하는 손해가 되기 때문이다. 그러나 경미한 토양오염에 대한 면책규정이 없는 것은 문제가 있다고 본다. 왜냐하면 환경침해로 인한 인용의무는 위법성과 관련된 논의이고 무과실책임은 위법성이 배제된다는 점에서 그 특징이 있으므로, 경미한 토양오염에 대한 배제규정이 없으면, 경미한 토양오염에 대해서도 피해자는 손해배상을 청구할 수 있다는 것이 되어 문제가 된다고 할 것이다.283)

---

283) 全京暈, 환경사법론, 342쪽.

나. 선의이며 무과실인 경우

단지 토양오염관리대상시설의 현재 소유자, 점유자 또는 운영자라는 이유만으로 책임을 지게 된다면 이는 오염자책임원칙에 반하고 형평에 맞지 않는 결과를 초래할 수 있으며, 자칫 투자가 위축되는 예기치 아니한 부작용을 초래할 우려가 있게 된다고 할 것이다.[284] 따라서 이러한 점을 감안하여 토양환경보전법은 예외적으로 제10조의3 제3항에서 토양오염관리대상시설을 양수한 자[285]와 "민사집행법"에 의한 경매, "채무자회생 및 파산에 관한 법률"에 의한 환가, "국세징수법·관세법" 또는 "지방세기본법"에 따른 압류재산의 매각 그 밖에 이에 준하는 절차에 따라 토양오염관리대상시설을 인수한 자가 선의·무과실인 경우 토양오염사고에 대해 책임을 배제하는 규정을 두고 있다. 이러한 규정은 미국의 CERCLA상의 선의의 매수인항변을 도입한 것인데, 문제는 토양오염관리대상시설 인수자의 선의·무과실에 대한 정확한 판단기준에 대해 언급이 없고, 또 그 판단기준이 명확하지 않기 때문에 이에 대한 논란의 여지가 남아 있다. 따라서 이로 인해 고비용을 부담해야 하는 복원책임을 위한 소송이 남발될 가능성은 항상 열려 진 상태이므로 선의·무과실의 조건을 명확히 규정할 필요가 있다.[286]

---

284) 金泓均, 환경법, 341쪽.
285) 다만, 토양오염관리대상시설을 양수한 자에 한하고, 합병·상속 그 밖의 사유로 권리·의무를 포괄적으로 승계한 자는 제외된다.
286) 선진외국의 입법 사례를 참고하면, 영국의 경우는 부지 매매시 "구매인주의 원칙"을 적용, 부지를 매각할 때 매도인이 매수인에게 용도의 제한에 대해 고지할 법적 의무가 없으므로 선의의 토지 소유자도 부지 정화의 책임을 부담해야 하게 되며, 덴마크의 경우는 토지가 매도될 때 매도인이 매수인에게 토양오염의 정보를 제공해야 하며, 매도인은 매도 후라도 오염이 발견되면 토지를 환수하거나 매수인에게 보상해야 한다. 즉, 선의의 매수인은 책임을 부담치 않음. 네덜란드는 특정한 조건 하에서 선의의 토지 소유자 및 점유자는 책임이

다. 토양환경평가의 결과에 따른 면책

위와 같은 토양오염관리대상시설을 인수한 자가 선의·무과실인 경우 토양오염사고에 대한 면책규정은 토양환경보전법 제10조의2 제1항에 정한 토양환경평가도 선의·무과실을 판단하는데 유용한 수단이 될 수 있다. 예컨대 토양오염관리대상시설의 양수인이 토양환경평가를 실시하고 그 결과 토양오염의 부존재를 믿고 거래를 한 경우에 특별한 사정이 없는 한 양수인에게 선의·무과실이 인정되어 책임이 면제된다 할 것이다.287) 즉, 동조 제2항에서 "토양환경평가의 결과는 그 평가 당시의 토양오염의 정도를 나타내고 있는 것으로 추정한다."고 하고 있으므로 토지거래, 영업의 양도 및 양수, 기업의 인수나 금융기관의 대출 등에서 토양환경평가를 통하여, 거래의 당사자들이 자발적으로 토양오염실태를 조사하고 그 결과에 따라 사전에 무과실배상책임과 정화책임을 회피하거나 분배할 수 있도록 한 것이다.288)

4. 책임의 귀속주체

토양오염에 있어서 그 피해배상 및 정화책임의 귀속주체는 구체적으로 오염을 발생시킨 오염원인자289)가 분명한 경우에는 별 문제

면제되는 것으로 하고 있고, 독일은 특정한 조건 하에서 과거의 소유자에게도 책임을 부담시키며, 오염원인을 제공치 않은 현재 소유자의 책임은 그 토지의 가치 범위 내에서 결정된다고 하고 있음. 김종화, 앞의 논문, 21쪽.

287) 黃昌植, "企業의 引受·合倂과 土壤汚染", 環境問題硏究叢書 Ⅸ, 大韓辯護士協會, 2001. 12, 146쪽.

288) 全京暈, 앞의 책, 343쪽.

가 없지만 주로 기업활동에 있어서 오염을 유발한 원인주체가 분명하지 않은 경우에는 누구에게 책임을 물을 것인가가 문제가 된다. 또한 오염원인자가 분명한 경우라 하더라도 당사자의 파산 등으로 인하여 책임을 물을 수 없는 경우를 상정하여 책임의 주체를 명확히 할 필요가 있는데, 토양환경보전법은 책임주체로서 오염원인자의 범위를 확대하여 토양오염유발시설의 소유·운영자뿐만 아니라 양수·경매 등을 통해 인수한 자를 모두 오염원인자에 포함290)하여 제10조의3 제3항에 규정하고 있다. 이와 같이 토양오염피해에 대한 법적 책임을 물적 범위에서 배상책임과 정화책임으로 확장하고, 또 그 책임귀속의 주체에 관한 인적범위도 토양오염원인자 외에 토양오염 당시 토양오염의 원인이 된 토양오염관리대상시설을 소유·점유 또는 운영하고 있는 자는 물론 그 시설을 양수한자 및 합병·상속 그 밖의 사유로 직접 오염유발자 및 그 시설을 소유·점유 또는 운영하고 있는 자 권리·의무를 포괄적으로 승계한 자 등에 까지 확장한 것은 모두 토양오염의 법적 책임을 일종의 엄격책임으로 강화한 것이라고 볼 수 있다.291)

가. 토양오염을 유발시킨 자

289) 토양환경보전법은 '토양오염원인자'라는 개념 하에 토지의 소유자, 점유자 등 이른바 '상태책임자'를 적시하고 있는데, '책임자'라는 표현이 보다 적절한 것으로 생각된다. 참고적으로 미국의 CERCLA(종합환경대응보상책임법)에서는 '잠재적 책임당사자(Potentially Responsible Parties)'라는 표현을 사용하고 있다. 金泓均, 앞의 책, 336쪽.
290) 2001. 3. 28.개정 이전 토양환경보전법에는 "토양오염으로 인하여 피해가 발생한 때에는 당해 오염원인자는 그 피해를 배상하여야 한다."라고 규정함으로써 책임주체를 단순히 당해 원인자에 한정하였고, 또 오염피해에 대한 배상책임을 규정하였을 뿐 정화책임에 대해서는 규정하지 않았기 때문에 법적용에 어려움이 있었다.
291) 김종화, 토양환경보전법 개선과제, 5쪽.

토양오염물질을 토양에 누출·유출시키거나 투기·방치함으로써 토양오염을 유발시킨 자를 오염원인자로 규정하고 있다(제10조의3 제3항 1호). 여기서 토양오염물질의 발생자로서 그 처리 또는 처분을 위탁한 자를 토양오염유발자로 볼 수 있는지 분명치 않지만 동법이 목적하고 있는 취지에 비추어 토양오염을 유발시킨 자에 해당한다고 할 것이다.292) 그러나 미국에서는 일반적으로 유해물질을 처분하고 싶다고 하는 의도가 없고, 단순히 유해물질을 제3자에게 원재료 또는 완성품으로서 매각한 자에게는 책임이 없다고 한다.293) 이러한 해석상의 논란을 불식시키기 위해서는 입법적으로 명확히 할 필요가 있다.

나. 소유자 · 점유자 또는 운영자

동 법은 또 토양오염 발생당시 토양오염의 원인이 된 토양오염 관리대상시설의 소유자 및 점유자 또는 운영자를 오염원인자로 명시하고 있다(제10조의3 제3항 2호). 이는 토양오염의 원인시설의 소유 및 점유자로서 그 운영에 관한 지휘·감독권을 가지고 있었던 자

---

292) 토양오염물질을 발생시킨 자가 그 처리를 위탁한 경우 그는 적절한 처리를 위탁하였을 뿐이므로 위 규정에 정한 토양에 누출·유출시키거나 투기·방치를 한 것으로는 보기 어렵다고 할 수 있겠으나, 기업의 운영에 있어서 불가피하고, 당해기업은 그로인해 막대한 이윤을 획득하고 있으므로 오염원인자로 보아 책임을 부탐케 하는 것이 오염된 토양의 정화를 중요한 목적으로 하는 法 취지에 부합한다고 본다. 金泓均, 環境法, 338쪽.

293) Dayton Independent School District v. United States Mineral Products Co., 906 F. 2d 1059, 20 ELR 21464(5th Cir. 1990).외 다수의 판결은, 석면(asbestos)을 포함한 건축자재, 유해물질을 포함한 원재료, PCB를 포함한 전기제품의 판매자에게 책임이 없다고 하는 판단하였으며, 또 다른 판결에서는 석면을 포함한 건축자재의 판매는 유해물질의 처분의 준비에 해당하지 않는다고 하였고, 판매자가 유해물질을 처분하려고 한 증거가 없기에 책임이 없다고 한 판례도 있다. 加藤一郎 外, 土壤汚染と企業の責任, 131, 153頁 參照.

를 의미하는데, 이때 소유자 및 운영자의 책임여부를 판단하는 기준
은 소유의 사실과 지배의 유무라고 말할 수 있다. 참고로 United
State v. Moore, 703 F. Supp. 455, 18 ELR 21272(E. D. Va. 1988)에
서는 피고에게 책임을 부담시키는 것에는 시설을 현재 소유하고 있
다는 사실만으로 충분하고, 소유 또는 관리하고 있는 것까지는 필요
로 하지 않는다고 하고 있다.[294] 그리고 운영자에 대해서는 당해 시
설을 '자기의 계산으로' 운영하는 자로 보아야 할 것이다. 그렇다면
오염관리대상시설을 소유하고 있는 자로부터 시설을 임대받아 운영
하고 있는 사람과 같이 자기 자신이 직접 그 운영으로 인한 이익과
손실의 주체로서 시설을 운영하는 사람은 운영자에게 속할 것이나,
일정한 보수를 받고 운영을 보조하는 사람 또는 운영에 자문
(consulting)을 해 준 사람 등은 운영자에 속하지 않을 것이기 때문
이다.[295]

다. 양수인 및 포괄승계인

토양오염관리대상시설을 양수한 자와 합병·상속 그 밖의 사유로
오염유발자 및 토양오염관리대상시설을 소유·점유 또는 운영자의 권
리·의무를 포괄적으로 승계한 자(제10조의3 제3항 3호)는 토양오염
을 직접 야기하지 않더라도 배상 및 정화책임을 부담하는 오염원인
자가 된다. 이는 결과적으로 인수시점 이전의 토양오염에 대해서도
양수한 현재의 소유자란 이유로 책임을 부담할 수 있다는 것을 의
미한다. 대법원은 판결[296]에서 "철강공장 부지로 사용되던 토지를

---

294) 趙銀來, "土壤汚染의 被害에 대한 責任", 8쪽.
295) 趙弘植, "土壤環境被害 관한 法的 責任", 306쪽.
296) 대법원 2009. 12. 24. 선고 2009두12778 판결에서, 토양환경보전법 제2조 제3

제강설비, 압연설비 일부를 제외한 각종 시설물 및 잔해 등이 야적, 매립, 방치되어 있는 상태로 매수한 사안에서, 공장시설 등의 부지인 위 토지가 토양환경보전법 제2조 제3호에 정한 '토양오염관리대상시설'에 해당하고 그 토지의 양수인이 위 법 제10조의3 제3항 제3호에 따라 제1항에 정한 '오염원인자'에 해당한다."고 하여 그에 따르는 책임을 인정하고 있다. 양수인의 책임승계에 관련하여 토양환경보전법이 그 적용시점에 대하여 아무런 규정을 두고 있지 아니하므로, 동 법의 시행 이전에 토양오염관리대상시설을 양수한 자에게도 그 토양오염에 대하여 책임을 물을 수 있다는 견해가 있다.297)

호의 "토양오염관리대상시설 이라 함은 토양오염물질을 생산·운반·저장·취급·가공 또는 처리함으로써 토양을 오염시킬 우려가 있는 시설·장치·건물·구축물 및 장소 등을 말한다."고 규정하고, 법 제10조의3 제3항 제3호는 "토양오염관리대상시설을 양수한 자 및 합병·상속 그 밖의 사유로 제1호 및 제2호에 해당되는 자의 권리·의무를 포괄적으로 승계한 자는 제1항의 규정에 의한 오염원인자로 본다. 다만, 토양오염관리대상시설을 양수한 자가 선의이며 과실이 없는 때에는 그러하지 아니하다."고 규정하고 있는바, 법 제2조 제3호에 규정된 토양오염관리대상시설 중 '장소'에는 토양오염물질을 생산·운반·저장·취급·가공 또는 처리함으로써 토양을 오염시킬 우려가 있는 시설·장치·건물·구축물이 설치되어 있는 부지도 포함된다고 볼 것이므로, 위와 같은 부지를 양수한 자는 법 제10조의3 제3항 제3호의 규정에 따라 같은 조 제1항의 규정에 의한 오염원인자로 보되, 다만 선의이며 과실이 없는 때에는 그러하지 아니하다고 할 것이다. 원심은, 원고가 2003. 3. 14. '한국철강'으로부터 이 사건 토지를 매수하여 2003. 3. 25. 원고 앞으로 소유권이전등기를 마친 사실, 이 사건 토지는 오래 전부터 한국철강의 철강공장 등 부지로 사용되어 오던 것으로서, 한국철강은 2003. 11.말경까지 계속하여 철강공장 등을 가동하였고, 원고는 2004. 3. 31.경 한국철강으로부터 제강설비, 압연설비 일부를 제외한 각종 시설물 및 잔해 등이 야적, 매립, 방치되어 있는 상태로 이 사건 토지를 인도받았으며, 2004. 6.경부터 장기간에 걸쳐 자신의 비용으로 대규모 철거작업을 수행한 사실, 원고 등이 2006. 10. 말경 서울대학교 농업과학공동기기센터 등 3개 연구기관에 의뢰하여 실시된 이 사건 토지에 대한 토양오염정밀조사 결과, 이 사건 토지에서 검출된 아연, 니켈, 불소, 카드뮴 등 9개 항목 토양오염물질이 법 제4조의2가 정한 토양오염의 우려기준을 초과하는 것으로 밝혀진 사실 등에 비추어, 공장시설 등의 부지인 이 사건 토지는 법 제2조 제3호 소정의 토양오염관리대상시설에 해당하고, 이 사건 토지의 양수인인 원고는 법 제10조의3 제3항 제3호 소정의 오염원인자에 해당한다고 판시하였다.

그러나 법 시행 이전의 양수인에게까지 소급하여 책임을 부담시키는 것은 책임원칙상 지나치게 가혹한 해석이라 아니할 수 없어 부당하다고 본다. 또 민사집행법에 의한 경매, 채무자 회생 및 파산에 관한 법률에 의한 환가, 국세징수법·관세법 또는 지방세법에 의한 압류재산의 매각 그 밖에 이에 준하는 절차에 따라 토양오염관리대상시설을 인수한 자(제10조의3 제3항 4호)도 그 인수한 시점 이전의 토양오염관리대상시설이 위치한 토양오염에 대하여 배상책임과 정화책임을 승계할 가능성이 높아졌다. 전통적으로 포괄승계라는 법률적 효과를 발생하는 것으로 이해되어 온 합병, 상속의 경우에는 同규정이 특별한 의미를 갖지 않는다. 그러나 문제는 '영업양도'와 같은 특수한 경우인데 제10조의3 제3항 4호 후단의 해석상 '그 밖의 이에 준하는 절차'에 포함되어 일정한 경우에는 그 승계자의 책임이 인정될 수 있을 것이다.[298] 다만, 위 동조 제3항 단서에 토양오염유발시설을 양수한자가 선의이며 과실이 없는 때에는 소유자책임을

---

297) 黃昌植, "企業의 引受·合倂과 土壤汚染", 149쪽; 법 시행이전에 오염토양을 양수한 者에 대한 소급책임을 인정한 판례로는 Ohio v. Georgeoff(1983년 N. D. Ohio연방지방법원)사건이 있다. 이 사건에서 원고인 주 정부는 CERCLA(一名 Superfund법)는 계속하고 있는 public nuisance를 완화하기 위한 것이고, 이 법률에 근거해서 부과된 책임은 성질상 소급적인 것이 아니라고 주장했다. 그러나 법원은 본건에서 제소되어 있는 public nuisance를 발생시키는 행위는 모든 Superfund法의 입법 이전에 이루어졌기 때문에 책임을 부과하는 것에는 법률을 소급적용할 필요가 있다고 판단하였다. 한편 소급적용에 해당한다고 판단된 후, 법원은 Superfund법의 소급책임이 절차적으로 허용되는지의 여부를 검토하였는데, 이 점에 관해서 원고인 주 정부는 절차적인 법률, 구제적 제정법의 경우에는 예외적으로 소급적용이 인정되고 위헌이 아니라고 한 후, 시민의 건강프로그램으로서 Super fund法은 이것에 해당하고 따라서 위헌이 되지 않는다고 주장했다. 그것에 대해서 법원은 Super fund법은 공공의 복지를 실현하기 위한 법률이기 때문에 소급적용하는 것은 절차적으로는 바람직하지 않지만, 허용될 수 있는 것으로 정부의 주장을 받아들였다. 趙銀來, "土壤汚染의 被害에 대한 責任", 5쪽.
298) 金泓均, 環境法, 339쪽.

지지 아니한다고 규정하고 있다. 이는 CERCLA상의 선의의 매수인 항변(innocent purchaser defense)을 도입한 것으로 보인다.[299]

Ⅲ. 개별 환경법에 의한 토양오염책임

1. 환경정책기본법 제31조

환경정책기본법 제31조 제1항과 토양환경보전법 제10조의3 제1 항에서 각 무과실책임원칙을 규정하고 있는데 이에 대하여 해석상 많은 논점을 제시하고 있다. 환경정책기본법이 환경오염을 유발시킨 '사업장 등'의 사업자에 대한 무과실책임을 규정하고 있는데 반하여 토양환경보전법은 '사업장'과 '사업자'의 요건 대신 '토양오염'과 '토 양오염원인자'라고 명시함으로서 사업장 이외의 장소에서 발생되는 토양오염침해사고 뿐만 아니라 사업자가 아닌 자의 토양오염원인자 는 과실의 유무와 관계없이 그 피해를 배상하고 오염된 토양을 정 화해야 하는 무과실책임을 인정하고 있다. 이는 토양오염의 인과관 계가 복잡한 경우가 많기 때문에 오염원인자의 주관적인 주의의무 를 따지기 곤란하고 또한 배상책임의 요건으로 과실을 요구할 경우 자칫 오염원인자가 배상책임을 면할 우려가 있으므로 토양오염에 대한 민법 제750조의 불법행위책임을 강화하는 동시에 오염된 토양 의 정화책임을 분명히 하려는 의도로 보인다.[300] 또 환경정책기본법

299) 42 USCA § 9607 : 동 규정에 의하면 책임을 면하기 위하여는 선의의 매수 인이 자신의 선의인 점 이외에 해당 토지 매수 전에 충분한 주의의무를 다하 고, 또 제3자에 의한 예측가능한 작위, 부작위에 대하여도 상당한 주의를 기울 여야만 하기 때문에 실무적으로 매수인의 항변을 주장하여 면책을 이끌어 내 기는 어렵다고 하겠다. 黃昌植, 土壤汚染의 法的 責任, 토양오염평가 및 복원에 관한 세미나자료, 環境管理公團(2001. 4. 24.), 43쪽.

과 '환경개선비용부담법'이 오염원인자에 대하여 단지 비용부담만을 지우는 데서 그치는 반면, 토양환경보전법은 진일보하여, 오염원인 자에게 직접 토양오염을 방지·제거·회복시켜야 할 책임까지 지우는데 그 특색이 있다.[301]

그런데 위와 같은 환경정책기본법과 토양환경보전법이 규정하고 있는 무과실책임원칙이 민사책임에도 적용되는가의 여부이다. 환경 정책기본법의 전신인 구 환경보전법은 제60조 제3항[302]에서 민법규 정과의 연계에 관한 규정을 두고 있는데 반하여, 현행 환경정책기본 법은 그와 같은 규정을 두고 있지 아니하다. 그러나 현행 환경정책 기본법 제31조가 위와 같은 민법의 보충적 적용을 지시하지 않았다 하여도 법 적용의 일반원칙에 따라 동일하게 해석되어야 할 것이므 로, 조문의 형식적 형태나 소재에 비추어 실체법적 본질이 결여되었 다고 할 수 없다.[303] 오히려 오늘날 환경오염사고에 관한 위험발생 의 다양성에 비추어 당연한 사항으로서 확인의 필요성을 느끼지 않 았기 때문에서라고 보는 것이 합리적이라는 이유에서다.[304] 따라서

---

300) 김종화, 土壤環境保全法의 改善課題, 4쪽; 이에 대하여, 1977년에 제정된 환 경보전법 제60조 제1항에서는 사람의 생명 및 신체에 대한 피해에 대해서만 무과실책임이 인정되고 있을 따름이고, 재산피해에 대해서는 인정되고 있지 않아 재산피해의 구제에 관하여는 민법상의 과실책임의 원칙이 적용되었는데, 이 법은 환경오염으로 인한 피해의 구제에 대하여 최초로 무과실책임을 인정 한 것으로 그 의의가 있으나 당시의 재산피해에 대해서도 거의 무과실책임에 가까운 배상책임을 인정하게 된 판례·학설보다도 뒤떨어진 입법이라는 비판이 있다. 洪天龍, "環境汚染被害의 救濟 : 損害賠償請求와 留止請求", 10쪽.
301) 趙弘植, "土壤環境 侵害에 관한 法的 責任", 305쪽.
302) 동 조항에서 무과실책임에 의한 피해배상에 관하여 "이 법에 의한 것을 제 외하고는 민법의 규정에 의한다. 다만 민법 이외의 법률에 다른 규정이 있을 때에는 그 규정에 의한다."라고 규정함으로서 민법규정을 준용하도록 하였다.
303) 安法榮, "環境汚染事故와 危險責任", 304쪽.
304) 법률을 입안할 때는 가능한 한 압축된 언어로 간결하게 하는 것이 원칙이므 로 효력규정설의 입장에서 위 연계규정이 없어졌다는 이유만으로 그 실체법적 효력을 부인할 것은 아니라고 본다. 趙弘植, 앞의 논문, 306쪽; 同旨, 吳錫洛,

일반불법행위책임의 경우와 달리 환경침해로 인한 손해배상책임의 경우에는 가해자의 고의나 과실에 대한 입증을 필요로 하지 않는다는 것이 다수설305)과 판례306)의 입장이다. 이러한 토양오염침해에 대한 손해배상의 청구권 경합을 인정하는 것은 결국 환경침해에 대한 구제를 두텁게 하는 실익이 있고, 현실적으로 무과실책임이 적용되기 위한 요건, 예컨대 '사업장 등' 또는 '토양오염'의 해석이 불분명한 상태에서 법조경합을 인정할 경우 소송상 원고에게 부담이 되기 때문이다.307)

그리고 전술한 바와 같이 토양환경보전법 제10조의3에서는 책임

앞의 책, 96쪽.

305) 李尙圭, 環境法論, 1998, 242쪽; 황진호, '環境汚染에 대한 損害賠償', 제38회 변호사연수회 심포지엄Ⅱ자료, 1996, 85쪽.

306) 대법원 2001. 2. 9. 선고 99다55434 판결에서 "환경정책기본법 제31조 제1항 및 제3조 제1호, 제3호, 제4호에 의하면, 사업장 등에서 발생되는 환경오염으로 인하여 피해가 생한 경우에는 당해 사업자는 귀책사유가 없더라도 그 피해를 배상하여야 하고, 위 환경오염에는 소음·진동으로 사람의 건강이나 환경에 피해를 주는 것도 포함된다."고 판시하였고, 대법원 2003. 6. 27. 선고 2001다734 선판결에서도 "원심이 환경오염 피해에 대한 무과실 책임을 규정한 환경정책기본법 제31조 제1항 에 의하여 그 사업장에서 발생된 환경오염의 하나인 온배수의 배출로 인한 소외 회사의 피해를 배상할 의무가 있다고 판시하였는바, 이는 피고가 방류한 온배수로 인하여 자연수온이 상승되고 이에 따라 이 사건 집단폐사에 이르렀음을 밝힌 것으로, 온배수가 환경오염원에 해당함을 분명히 설시한 것이라고 볼 수 있으므로 원심에 이유불비의 위법이 있다고 볼 수 없다."고 하여 무과실책임을 인정하였다.

307) 趙弘植, "土壤環境 侵害에 관한 法的 責任", 306쪽; 이에 관한 판례는 보이지 않으나, 대법원은 자동차손해배상보장법상의 책임, 선박소유자의 책임, 국가배상법상의 책임과 같은 몇 가지의 경우를 제외하고는 규범충돌에 있어서 대체로 청구권경합을 인정한다. 胡文赫, "法條競合과 請求權競合에 관한 判例의 動向", 民事判例研究 Ⅹ, 博英社, 1988. 3, 467쪽 이하; 다만 하급심에서 "환경정책기본법 제31조 제1항 의 규정은 손해의 책임과 발생에 관한 입증책임을 환경오염을 발생시키는 사업자에게 지우는 것으로서 민법 제750조 에 대한 특별규정이라고 보아야 하므로 환경오염으로 인한 손해배상사건에 관하여는 그 피해자가 위 법률의 적용을 구하는 주장을 하였는지 여부를 가리지 아니하고 민법상의 손해배상 규정에 우선하여 적용하여야 한다."고 한 판결이 있다. 인천지방법원 부천지원 2004. 10. 22. 선고 2002가단23361 판결.

요건상 환경정책기본법 제31조 제1항에 정하고 있는 '사업장'이라는 시설책임에만 한정하고 있지 아니하고 토양오염으로 인하여 피해가 발생한 경우에는 시설책임뿐만 아니라 사업장 이외의 행위책임308)에 대해서도 무과실책임이 인정된다고 할 것이다. 따라서 토양오염의 경우에는 사업장 등에서 사업활동을 통해 오염을 야기한 사업자는 물론 토양오염손해를 발생시킨 모든 오염원인자가 무과실의 책임을 부담하게 된다. 그러나 토양오염피해가 대부분 개인의 경우보다는 사업장 등 시설로부터 발생하였을 것이므로 법리적으로 환경정책기본법 제31조에 의하여 손해배상을 청구하면 된다는 결론에 이르게 된다. 그렇다면 결국 개별분야에서 특수한 환경침해로 인한 특별법에 의한 무과실책임을 인정하는 위와 같은 토양환경보전법 제10조의3 조항을 쓸모없는 규정으로 만들 수 있다는 문제가 있다.309)

2. 폐기물관리법

현행 우리나라의 환경법체계는 환경매체 중심으로 편성되어 있기 때문에 토양이라는 환경매체를 보호하기 위하여 토양환경보전법이 제정된 것이지만, 환경이란 전체적으로 유기적인 일체를 이루는 생태체계로서310) 타 매체에서의 오염이 토양으로 이어질 수 있다. 더구나 토양환경보전법은 모든 범주의 토양오염을 규율하는 것이 아니라 토양오염물질로 지정된 물질에 해당하고, 그것이 토양오염우려기준 및 대책기준 이상일 때만 규제하게 되므로 여기에 해당하지

---

308) 행위책임적 불법행위에 있어서는 행위가 지니는 위험성이 귀책의 근거가 되므로 행위와 손해 사이에 위험성관련이 있을 때 불법행위가 성립하고 유책성 관련은 문제되지 않는다. 金亨培, 民法學硏究, 博英社, 1989. 8, 303쪽.
309) 全京暈, 환경사법론, 200쪽.
310) 洪準亨, 環境法, 23쪽.

않는 토양오염에 대하여 다른 법을 적용할 수 있는지가 문제가 된다.[311]

예컨대 현행법상 토양오염물질에 지정되지 않은 유해물질에 의하여 오염된 토양의 경우와 같이 토양환경에 악영향을 주는 폐기물에 대하여 폐기물관리법에 의한 지정폐기물 또는 일반폐기물로서 분류하여 규제가 가능한지가 그것이다. 그러나 환경부는 "폐기물"의 정의를 극히 제한적으로 오염된 토양은 폐기물이 아니고 예외적으로 그것이 불법매립 또는 투기된 폐기물로 인하여 직접 오염된 토사에 한하여 폐기물로 보고 처리하여야 한다고 해석하고 있다.[312] 이러한 제한적 해석의 기저에는 바로 매체에 대한 집착이 자리하고 있는데, 즉 토양은 폐기물이 아니고 폐기물로부터 보호해야 할 대상인 매체로서 파악하고 있기 때문에 폐기물을 불법적으로 토양에 매립한 경우 매립된 폐기물 자체는 토양이 아니므로 토양환경보전법이 적용되지 않는다는 체계를 취하고 있는 것이다. 그러나 그 오염폐기물이 토양을 오염시키는 것이고 토양환경보전법이 규율하지 않는 영역이므로 거기에 폐기물관리법을 적용할 여지가 있다면 그 적용을 적극 고려하는 것이 타당할 것이다.[313] 이 문제를 다룬 우리나라 판결은 없지만, 미국의 연방항소법원 판례[314]는 이를 정면으로 다루고 있다. 우리나라 폐기물관리법에 해당하는 미국의 자원보전회복법(RCRA)과 관련하여 제기된 소송의 판결이유에서 오염된 토양과 같이 유해폐기물(hazardous wastes)에 의하여 오염된 환경매체

---

311) 이경운·장신·신창선, "汚染土壤改善責任에 관한 比較法的 研究", 環境法研究 제22권, 韓國環境法學會, 2000, 294쪽.
312) 환경공무원교육원, 토양환경관리법 연수교재, 1997, 177쪽.
313) 趙弘植, "土壤環境 侵害에 관한 法的 責任", 325-328쪽.
314) Chemical Waste Management Inc. v. E.P. A., 869 F. 2d 1526, 276 U.S. App. D.C. 207(D.C. Cir. 1989)

(environmental medium)는 그 자체가 유해폐기물로 취급되어야 한다고 판시하고 있다.[315] 다만 우리의 경우 도산한 회사의 공장부지를 경락받은 은행에 대하여 그 부지에 불법적으로 방치되고 매립되어 있던 특정폐기물을 토지 매수인으로서 폐기물관리법상 처리책임이 있는지를 다툰 사건[316]이 있으며, 이 사건 이후 1999. 2. 8. 폐기물관리법 제24조 제5항의 개정을 통해서 토지양수인 등 포괄승계인의 폐기물처리의무가 명문으로 규정된바 있다.[317] 이는 직접적으로는 토양환경보전법상의 문제를 다룬 사건은 아니지만, 오염토양의 정화책임을 부담하여야 함을 분명히 한 점에서 의미가 있다고 할 것이다.

---

315) 趙弘植, 앞의 논문, 328쪽.
316) 대법원 1997. 8. 22. 선고 95누17724 판결은, 당시 화선키메탈(주) 공장부지의 폐기물처리에 대한 조치명령취소사건에서 폐기물관리법의 관련규정에 정한 이유 설명이 없이 몇 가지 사실관계를 근거로 하여 매수인인 서울은행에 공법상 폐기물처리책임의 승계를 인정하였다. 이러한 대법원의 판결에 대하여 동 판결이 토지양도인의 토양오염유발시설이 그대로 설치되어 있는 경우에는 그 시설을 운영하지 않더라도 토지양수인이 오염가능성이 있는 시설이 설치되어 있는 토지를 양수하였기 때문에 폐기물처리결과에 대한 책임승계를 인정한 것이라고 볼 수 있다는 견해가 있다. 朴相烈, "土壤汚染과 法的問題", 5쪽 ; 趙弘植, 앞의 논문, 321쪽.
317) 이는 2007. 4. 11.자 법률 제8371호로 폐기물관리법 전부개정에서 제17조 제4항에서 규정하고 있는데, "사업장폐기물배출자가 그 사업을 양도하거나 사망한 경우 또는 법인이 합병한 경우에는 그 양수인·상속인 또는 합병 후 존속하는 법인이나 합병에 의하여 설립되는 법인은 그 사업장폐기물과 관련한 권리와 의무를 승계한다. '민사집행법'에 따른 경매, '채무자회생 및 파산에 관한 법률'에 따른 환가, '국세징수법', '관세법' 또는 '지방세법'에 따른 압류 재산의 매각, 그 밖에 이에 준하는 절차에 따라 사업장폐기물배출자의 사업을 인수한 자도 또한 같다."라고 되어 있다. 이 규정은 방치된 폐기물처리의 책임을 양수인, 상속인 등에게 확대함으로써 방치된 폐기물문제를 다소 해결하고 있다 할 수 있으나, 사업양도가 구체적으로 무엇을 의미하는지, 사업장만을 매입한자나 기존 대출자로서 경락받은 자가 여기에 해당하는지 여부 등에 관한 논란이 있을 수 있다. 金泓均, "環境法上 環境責任制度", 88쪽.

3. 광업법 및 광해방지법의 적용

토양환경침해는 일본의 도야마(富山)현의 미츠이(三井) 광업소에서 방출된 폐수에 의한 중금속오염사건 사례와 같이 광해소송에서 비롯되었다고 할 수 있다. 널리 광산피해를 뜻하는 "광해(鑛害)"[318]에 대하여 우리나라 "광업법" 제75조(구 제91조)는 광해배상에 관한 특별규정을 두고 있는데, 제1항에서 당해 광업권자 또는 조광권지는 광해로 인하여 타인에게 '현저한 손해'를 입힌 경우 무과실의 손해배상책임을 규정하면서 광해의 종류를 "광물을 채굴하기 위한 토지의 굴착, 갱수나 폐수의 방류, 폐석이나 광재(鑛滓)의 퇴적 또는 광연(鑛煙)의 배출"에 의한 경우 등으로 제한하고 있다. 그리고 제2항에서는 광업권자 또는 조광권자가 복수일 때에는 연대배상책임을 지는 것으로 규정하고 있다. 또 경남 고성군 폐금속광산의 중금속오염사건을 계기로 2005. 5. 31. 법률 제7551호로 제정된 "광산피해의 방지 및 복구에 관한 법률"(이하 '광해방지법'이라 약칭함)에서는 광해방지의무자[319]는 제10조 제1항에서 광해를 방지할 책임이 있고, 동조 제2항 제4호에서 광산개발로 인하여 발생하는 광해에 대한 손해배상 및 원상회복을 위한 비용을 부담한다고 각 규정하고 있다.

따라서 광해로 인하여 토양오염을 야기한 경우에는 광업법 제75조 제1항과 '광해방지법' 제10조 제2항의 적용이 가능하다고 할 것이다. 그런데 우리나라의 광업법 제75조 제1항의 무과실책임은 일본

---

318) 광산보안법 제2조 5호에서 정의하고 있는 "광해"라 함은 광산에서의 토지의 굴착, 광물의 채굴, 선광 및 제련과정에서 생기는 지반침하, 폐석·광물찌꺼기의 유실, 갱수·폐수의 방류 및 유출, 광연의 배출, 먼지의 날림, 소음·진동의 발생으로 광산 및 그 주변의 환경에 미치는 피해를 말한다.
319) 동법 제2조 제7호에서 "광해방지의무자"라 함은, 광업법 제42조 또는 제61조에 따라 채굴계획의 인가를 받은 채굴권자 또는 조광권자, 휴지광산 및 폐광산의 광업권자 또는 조광권자를 말한다고 정의하고 있다.

의 광업법 제109조 제1항의 광해에 대한 무과실책임 인정범위와 동일한 것으로 제한된 범위에 국한되어 있으나, 독일 연방광산법 (Bundesberggesetz : BBergG) 제114조는 광해에 대한 위험책임을 규정하면서,[320] 동법 제2조 제1항 3호의 의미에서의 설비는 "주로 동법 제2조 제1항 1호와 2호에서 규정된 활동의 하나에 기여하거나 기여하도록 정해진 운영시설과 운영설비"라고 하여 제114조의 책임에 대해 한편으로는 행위책임을, 다른 한편으로는 시설책임을 규정함으로서 광해에 대한 광범위한 위험책임을 인정하고 있다.[321]

광해배상책임 내지 광해방지의무자의 범위에 대해 '광해방지법' 제10조 제3항에 "광업권 또는 조광권을 승계한 자는 광해방지의무자로서 종전의 광업권자 또는 조광권자에게 발생한 광해방지책임을 승계한다."고 명시하고 있고, 또 동법 제25조 제3항에서는 "광해방지의무자가 사망하였거나 광업권 또는 조광권이 이전된 경우에는 제1항의 규정에 따른 광해방지의무자의 권리·의무는 포괄승계인에게 이전된다."고 명시함으로써 광산 오염지역의 현재 소유자가 그에 대한 책임을 지도록 하고 있다. 위와 같이 광해발생원인자가 없더라도 광해방지의무자의 권리·의무가 포괄 승계된 현재의 광업권 또는 조광권자가 이에 대한 책임을 져야 하는 것으로 규정함으로써, 책임의 배분방법과 광산개발에 의한 토양오염 등의 발생시기에 따른 무과실책임의 적용방법에 관하여 문제의 상당부분을 해결할 수 있게 하고 있다.[322] 그러나 광업법 제75조 제1항의 무과실책임은 '현저한'

---

320) Werner Wussow, Unfallhaftpflichtrecht, 14. Aufl., 1995, Rdnr. 1263.
321) 全京暈, 환경사법, 242쪽.
322) "광산피해의 방지 및 복구에 관한 법률"은 휴·폐금속광산에 의한 토양오염을 포함한 전반적인 광해에 의한 환경오염 등과 관련하여 여러 법률에 산재되어 규정되어 있고, 분산되어 있는 관련부처 및 원인자의 법적의무를 정리하고 있으며, 토양오염을 포함한 광해방지 및 복구에 관한 국가의 계획과 이를 이행

손해에만 적용된다고 규정하고 있음으로 해서 이는 이른바 비본질
적인 경미한 광해에 대해서는 무과실책임이 인정되지 않는다는 것
을 의미하므로, 광업법 제75조 제1항의 배상책임자로서, '광해방지
법' 제10조 제2항의 광해방지의무자로서의 광업권자 또는 조광권자
는 광산운영에 따른 시설운영자이고 이는 환경정책기본법 제31조에
서 규정하고 있는 '사업장 등'에서 발생하는 환경오염에 해당된다고
할 것이어서 환경정책기본법 제31조에 의한 무과실책임이 인정될
수 있을 것이다.

Ⅳ. 입법론

1. 서언

토양오염은 다른 환경매체에 의한 오염에 비하여 농작물 및 과
수, 지하수 및 하천 등의 오염으로 이어져 국민의 생활에 밀접한 영
향을 주는 특질이 있다. 따라서 토양오염의 피해에 대한 책임은 통
상의 과실책임보다 무과실의 위험책임을 묻는 것은 당연하다고 할
것이다. 그러나 살펴본 바와 같이 우리나라는 피해구제를 위한 법적
장치가 다소 체계적이지 못함을 발견할 수 있고, 일부 책임규정은
그 자체에 한계가 있음을 알 수 있다. 1995. 1월 토양환경보전법 제
정 이후 2010. 5. 25. 법률 제10314호로 일부개정된 것까지 무려 17

하기 위한 국가의 전담기관, 토양오염을 조사하고 모니터링하는 체계, 그리고
광해방지사업금 등의 마련을 포함하고 있다. 외국의 관리제도와 그간의 국내
문제점 등을 종합적으로 고려할 때, 휴·폐금속광산에 의한 토양오염을 방지하
고, 현재 발생하고 있는 토양오염 등을 관리할 수 있는 법과 제도의 틀이 체
계적으로 마련되었다고 볼 수 있다. 박용하·서경원, "휴·폐금속광산지역의 토
양오염관리정책의 평가", 한국지하수토양환경학회지 제11권 3호, 2006, 2-3쪽.

차례의 개정을 통하여 많은 규제조항을 삽입하고 유해물질의 지정 종목의 확대, 오염대상시설 및 토양오염검사의 강화 등을 규정하였으나, 유해물질의 방출과 폐기물의 불법 매립, 투기 등에 의한 토양오염은 계속되고 있고, 또 이미 오염된 토양의 정화조치도 그 실효성을 담보하기에는 미흡한 점이 많다고 할 것이다. 그리고 私法上 구제에 있어서도 피해자의 경우 정보의 부족 등으로 인하여 오염행위와 피해간의 인과관계 입증이 곤란할 뿐만 아니라 사업자에게 손해배상책임이 있다고 하더라도 피해배상액이 고액인 경우가 많기 때문에 배상책임의 이행을 담보하기가 어려워 적절하고 효과적인 구제가 이루어지고 있지 못하고 있는 실정에 있다. 따라서 현행 법제도상의 불비를 해석론으로 해결하는 것도 한계가 있기 때문에 입법적 보완이 불가피할 것이고, 이 경우 앞에서 살펴 본 바와 같이 토양오염에 대한 책임원칙과 특별한 기금을 마련하고 체계적 대응을 하고 있는 미국의 CERCLA상의 Superfund Program이나 연방토양보호법의 제정을 통하여 Altlasten에 대한 정화(Sannienrung)에 대처하고 있는 독일 등 선진국의 법제와의 비교로부터 몇 가지 시사를 이끌어 낼 수도 있을 것이다.

2. 입법방향에 대한 검토

가. 책임의 범위와 한도규정

1) 무과실책임의 범위

토양환경보전법 제10조의 3에서 토양오염의 피해에 대해 오염원인자에게 무과실책임을 묻는 규정을 두고 있으나, '오염원인자' 및 피해의 범위에 관하여 논란이 제기될 수 있고, 그 적용대상이 '토양오염'에 한정됨으로 인해 토양오염에 기인하여 발생하는 지하수 등 수질오염에 대해서는 대처방법이 미흡하다고 하는 점 등이다. 또 개별 환경법에도 간접적이고 공법적 구제수단이지만, 예컨대 폐기물관리법은 폐기물의 불법처리를 방지하기 위한 일정한 경우 소유자에게 조치명령을 할 수 있고, 또 사업장에 방치된 폐기물처리와 관련하여 양수인, 상속인 등에게 승계시키는 규정을 둠으로써 방치된 폐기물문제로 야기되는 토양오염을 방지하는데 일조하고 있다고 할 수 있으나 사업양도의 의미, 양수인의 구체적 범위에 있어서도 해석상 명확하지 않은 문제가 있다. 이에 대한 명확한 규정이 필요하다.

2) 배상책임 한도액

독일 환경책임법 제15조는 인적 손해에 대해서는 합산하여 최고 1억 6천만 마르크까지 그리고 물건의 손해에 대해서도 합산하여 최고 1억 6천만 마르크까지 책임이 있다고 규정하여서 하나의 환경침해로 총 3억 2천만 마르크까지 배상될 수 있다고 규정하고 있다. 이러한 책임최고한도는 위험책임 구성요건 시에 엄격한 책임으로 인한 보상으로서 산업의 발전에 지장을 주지 않으려는 독일의 법 전통에 상응하는 규정이라고 할 것이다. 이러한 책임최고한도액을 규정하는 것은 사업자로 하여금 책임보험에 가입하는데 유용함을 줄 수 있으나, 책임최고한도액을 제한하는 것은 우리나라의 위험책임입법에서는 생소한 것이라고 할 것이다. 그러나 손해배상책임의 최고한도를 규정하는 것도 필요하다. 이는 특히 위험책임으로 인해 그 책임의 내용이 강화되어 있어 시설운영자의 입장에서는 책임규모를 경제적으로 예견할 수 있는 가능성이 제공될 필요가 있고, 다른 면에서는 이러한 책임을 보험 등에 의하여 보장하는 것이 가능할 수 있도록 하기 위한 측면도 있게 된다.[323]

나. 연대책임에 대한 책임분배

우리 법에는 복수책임자간의 연대책임은 규정되어 있으나 책임분담에 관한 규정이 없기 때문에 부진정연대책임으로 해석될 가능성이 높다고 생각된다. 행정기관의 선택에 의해 재산적 지위가 좌우되는 것보다는 오염기여분에 따른 상호책임분담이 합리적일 것이므로 이 또한 입법적 해결이 요망된다고 할 것이다. 외국의 경우 명확한 토양오염의 연대책임에 대한 구체적인 책임분담 방법과 절차 등을 법에 상세히 규정하고 있거나 또는 행정재량에 따라 처리할 수 있도록 하고 있다. 영국은 복수의 오염원인자 간 책임부담 순서 및 절차를 관련법에서 자세하게 규정하고 있다.[324] 그런데 미국, 독일은 法에 이를 자세하게 규정하지 않고 있으며, 책임을 분담하는 기준과 절차 등을 마련하고 행정능력에 맡기고 있다.[325] 우리나라의 현행

---

323) 柳至泰, "環境責任法立法論", 公法研究 제20집(1992), 366쪽.
324) 다만, 영국의 경우 면책평가 방법과 절차, 복수의 오염유발자와 토지의 소유자 및 점유자 간의 책임 분담 절차를 수립하여 법에 세부적으로 규정하고 있음에 불구하고, de minimis원칙을 채택하여 부지의 오염책임이 미미한 책임자들이 연대책임에 묶이는 것을 방지하고 있다.
325) 예를 들면, 독일은 복수의 오염책임자들 간의 정화의 의무서열에 대한 강제적인 규정은 없으나 복수의 오염책임자들(오염유발자와 소유자 및 점유자) 간에 동등한 책임을 부담시키고 있다. 단 정화에 대한 비용을 상환해야 하는 오염책임자의 결정은 행정재량에 맡기고 있다. 그 외에 오염책임자들 간의 구상권조항을 법에 규정하고 있어서, 오염책임자들은 오염과 관련된 정도를 고려한 각각의 원인 기여분에 상당하는 구상권을 상호 독립적으로 갖고 있다. 이에 따라 어느 한 책임자가 오염부지를 정화한 후, 다른 오염책임자에게 비용을 상환받을 수 있도록 하고 있다. 미국의 경우, 비구속책임분할지침에 의해

토양환경보전법은 복수의 오염책임자에 대해 연대책임을 채택하고
는 있지만 이에 대한 자세한 세부규정 없이 행정능력에 맡기고 있
다. 이와 같은 사실만으로 볼 때 우리나라는 미국, 독일과 같다고
할 수 있다. 그러나 토양오염의 연대책임을 분담시킬 수 있는 행정
체계가 이들 국가들과 같지 않다는 것을 고려해야 한다는 것이다.
우리나라는 언대책임의 분배에 따른 문제를 완화하기 위한 수단이
없을 뿐만 아니라 토양오염의 연대책임을 분배할 수 있는 구체적인
지침 등이 없다. 그렇기 때문에 앞의 제2장 제2절 이하에서 살펴 본
경기도 의왕시 한진화학 인근지역의 유류오염 사건과 같이 정화명
령을 받은 자가 정화사업 도중에 다른 오염원인자를 발견하게 되어
법적 소송 등의 논쟁이 발생하게 되는 것이다. 또한 남양주시 주유
소 기름유출 사건과 같이 토양오염 피해의 책임이 운영자에게만 있
는 경우에도 운영자와 소유자에게 연대책임을 부담시키기 때문에
분쟁이 발생한 것이다. 이러한 문제를 방지하거나 또는 최소화하기
위해 영국의 법에서 규정하고 있는 오염원인자 간의 책임 부담 순
서와 결정절차를 우리의 정책에 반영해야 할 것이다.

다. 책임의 면제와 제한

토양오염사건에서 미국 및 유럽국가에서는 원칙적으로 오염자부
담원칙을 적용하여 토양오염원인자와 오염지역의 소유자 및 점유자

연계된 PRP에게 책임분담 기준에 따라 오염책임을 분담하고 있다. 그리고 연
대책임의 분배에 따른 문제가 발생할 경우, 이를 완화하기 위해 기금을 마련
하고 de minimis 및 de micromis 합의 규정을 두고 있는 것이다. 이러한 연대
책임 적용의 문제점에 대한 보완 정책은 다른 국가에서도 나타나고 있다. 박
용하·박상열·양재의, "토양오염지역의 책임에 관한 우리나라, 미국, 영국,
독일, 네덜란드, 덴마크 법과 제도의 비교분석 및 우리나라 정책개선방향",
52-53쪽.

에게 토양오염에 대한 무과실 소급책임을 부담시키고 있다. 그러나 토양오염의 원인책임자가 선의이며 과실이 없는 때에는 원인자책임에서 면제될 수 있도록 규정하고 있다. 물론 소급책임을 적용할 경우, 지나치게 무거운 책임은 도리어 책임당사자로 하여금 자포자기 내지 도덕적 해이를 유발함으로써 오염발생의 억제효과를 갖지 못하게 만들며,326) 이전의 소유자에 의해 발생된 폐기물에 대해서도 현재의 소유자가 책임을 부담하게 되는 형평성의 문제가 발생한다. 이러한 문제를 보완하기 위해 각 국가는 선의 · 무과실의 책임조건을 지정하는 기준과 방법을 두고 있다. 우리나라도 무과실책임을 적용하고 있으며, 토양오염관리대상시설을 인수한 자가 선의이며 과실이 없는 때에는 원인자책임에서 면제될 수 있도록 규정하고 있는 것은 영국, 독일 등과 비슷하다. 그러나 이들은 선의 · 무과실의 조건을 명확하게 규정하고 있는 반면, 우리나라는 이러한 선의 · 무과실의 판단기준이 명확하지 않다.327) 우리나라에서는 토양이 오염된 지역을 적극적으로 찾으려는 노력을 할 책임자가 분명치 않으며, 더욱이 높은 비용을 부담해야 하는 오염토지의 정화를 책임지기보다는 정화책임을 회피하기 위한 소송이 남발될 수 있다.328) 따라서 이

---

326) 李相敦, "美國의 綜合環境對應責任法(수퍼펀드法)에 대한 最近의 論爭과 改正論議", 法學論文集 제24집 제1호, 中央大學校 法學硏究所, 2000. 2, 81쪽.

327) 환경오염책임자의 면책규정과 항변 규정 마련을 고려해야 한다. 우리나라에서 토양환경오염의 잠정적인 책임자의 선의 · 무과실을 입증하기 위한 항변 규정의 마련을 위해서는 미국의 CERCLA §107에 제시되고 있는 토양오염에 대한 항변의 범위를 참조할 수 있다. 그리고 토양오염책임자의 면책을 고려하기 위한 기준으로서는 영국의 DETR Circular 2/2000, Annex3의 Chapter D에서 제시되는 토양오염자 면책평가 기준 및 방법을 고려할 수 있다. 그러나 이들 국가에서 제시되고 있는 법, 규정, 지침 등을 우리나라에 직접 적용할 수는 없다. 따라서 이러한 외국의 법, 규정 등이 우리의 실정에 적합한가를 심층 분석하고, 이들을 우리의 실정에 맞도록 변형하여 우리 법제도에 적용할 필요성이 있다. 박용하 · 박상열 · 양재의, 앞의 글2, 51쪽.

328) 박용하 · 박상열 · 양재의, 앞의 논문, 50-53쪽 참조.

322

러한 사항들이 입법적으로 구체화될 필요성이 있다.

라. 정보청구권

토양오염침해의 원인을 규명하기 위해서는 관련된 많은 정보가 필요하다. 특히 피해자의 입장에서는 가해자로부터 오염물질이 유출되어 환경침해가 있었고, 이 침해로 인하여 손해를 발생시켰다는 점을 입증해야 하는 책임을 원칙적으로 부담하기 때문에, 정보의 필요성이 더욱 절실하다. 피해자를 위해 입증책임을 완화 또는 전환하는 경우에도 많은 정보와 지식을 가진 피고의 반증이나 주장이 있으면 피해자를 위한 법적 장치가 무력화될 수 있다는 우려가 있기 때문에, 피해자의 정보접근의 필요성은 여전히 존재한다고 할 수 있다.329)

독일 환경책임법 제8조와 제9조에서는 피해자에게 부과된 시설의 손해발생 적합성의 입증과 그의 손해배상청구권의 행사를 용이하게 하기 위하여 피해자에게 시설보유자 및 일정한 관청에 대하여 정보청구권(Auskunftansprüche)을 규정하고 있는데 이를 참고할 수 있을 것이다.330) 다만 이 정보청구권은 그 적용범위에 따라서 가해

329) 尹庸碩, "環境汚染의 民事責任에 관한 새로운 動向", 財産法硏究 제11권 1호, 韓國財産法學會, 1994. 12, 76쪽.
330) 이는 피해자가 독일 환경책임법 제6조에 의하여 손해발생에 대한 인과관계의 추정을 받는다 할지라도 시설의 가동과정, 사용된 설비, 투입되거나 배출된 물질의 종류와 농도 등의 손해발생의 원인이 되기에 적합한 사실을 입증하지 않으면 안 되는데, 이러한 자료는 거의 모두가 가해자인 시설보유자의 지배영역 내에 있으므로 피해자에게 접근할 수 있는 법적 수단을 마련할 필요성이 인정되기 때문에, 정보청구권을 인정하게 되었다. 즉, 피해자는 사업자에게 손해배상청구를 하기 위하여 필요한 경우에 정보청구권을 행사할 수 있고, 제공한 정보의 내용이 부족한 경우에는 사업자의 자료에 대한 열람청구권을 행사할 수 있는 것이다. 全京暈, "環境責任法 制定의 必要性과 그 內容", 環境法硏究 제25권 1호, 韓國環境法學會, 2003. 9, 73쪽.

자 측의 영업상의 비밀유지라는 다른 보호법익과 충돌하기 때문에 적절한 조화를 꾀해야 한다는 점이다.[331] 따라서 정보청구권이나 열람청구권은 기업이나 제3자에게 중대한 이익에 부합될 때에는 인정하지 않도록 해야 할 것이며 또한 정보청구권의 행사가 무차별적으로 행사되지 않도록 하기 위하여, 손해가 관련된 시설에 의하여 발생하였다는 것을 입증한 경우에 행사되도록 하여야 할 것이다.[332]

마. 배상청구의 시효

현행 민법 제766조는 불법행위로 인한 손해배상청구권은 "피해자나 그 법정대리인이 그 손해 및 가해자를 안 날로부터 3년간 이를 행사하지 아니하면 시효로 인하여 소멸하며, 불법행위를 한 날로부터 10년을 경과한 때에도 같다"고 규정하여, 3년의 단기소멸시효와 10년의 장기소멸시효제도를 두고 있다. 그런데 환경오염이라는 것이 그 성질상 피해가 10년 이내 뿐 아니라 경우에 따라서는 20년이나 30년 후에도 발생할 수 있는 것이어서 이를 민법의 일반불법행위와 똑같이 취급한다면 손해배상청구권이 시효로 소멸하는 경우가 적지 않을 것이다. 광업법 제80조는 "손해배상청구권은 피해자가 손해 또는 배상의무자를 안 때로부터 3년간 행사하지 않으면 시효로 인하여 소멸한다. 손해가 발생한 때로부터 10년을 경과한 때에도 또한 같다. 전항의 기간은 진행중에 있는 손해에 대하여는 그 진행이 정지하는 때로부터 기산한다."고 규정하고 있어 관련 입법에 좋

---

331) 고문현, "환경정책기본법 제31조 무과실책임규정의 개정방안", 「환경정책연구」 8(4), 2009, 141쪽.
332) 全京暈, 앞의 논문, 73쪽.

은 참고가 될 수 있을 것이다. 장기의 시효기간 기산점을 손해의 인식에 두고 있는 점이 민법의 불법행위를 한 날과 다르고, 민법 제204조제2항의 "…방해가 종료한 날로부터…1년 이내에 손해배상청구권을 행사하여야 한다."는 것과 비슷하여 환경오염의 장기적이고 잠재적인 특징에 대응할 수 있다. 또한 진행 중의 손해에 대해서는 그 진행이 정지한 때를 시효의 기산점으로 하고 있는 점도 참고해야 할 것이다.[333]

바. 손해배상의 이행담보규정

토양오염피해에 대한 무과실책임의 당사자는 토양오염유발자, 토양오염관리대상시설의 소유 및 점유자와 운영자 그리고 양수인 및 인수자이다. 그러나 현행의 토양환경보전법상으로 토양오염에 대한 책임을 부담할 오염원인자를 특정할 수 없는 경우, 또는 비용부담능력이 없는 경우에 대처할 수 있는 방법이 규정되어 있지 않다. 더구나 토양환경오염은 그 속성상 피해정도가 광범위할 뿐만 아니라 다수의 피해자가 발생하므로 배상액과 복구비용 또한 막대하기 때문에 가해자인 오염원인자의 책임이 확정되더라도 자력으로 거액의 손해배상액 등을 지급할 능력이 있는 경우는 그리 많지 않을 것이고,[334] 오염원인자가 존재하지 않거나 무자력 등에 의해 책임당사자가 책임을 질 수 없는 경우도 많을 것이다. 이와 같이 가해자의

---

333) 李東洸, "環境訴訟에 있어서 立證責任緩和에 관한 硏究", 法曹 제52권8호, 法曹協會, 2003. 8, 56-57쪽.

334) 그러나 '오염원인자'로 한정하는 현행법의 태도는 비교법적으로 본다면 그 범위를 좁게 규정한 것이고, 더욱이 독일과는 달리 경찰법상 일반조항을 갖지 않기 때문에 토지의 소유자에 대한 상태책임의 추궁 또한 쉽지 않다고 한다. 이경운·장신·신창선, "汚染土壤 改善責任에 관한 比較法的 硏究", 環境法硏究 제22권, 韓國環境法學會, 2000, 337

무자력 또는 지급능력 부재의 경우는 결국 피해자에 대한 실질적 구제가 좌절될 수밖에 없게 된다. 다만 이러한 경우 토양환경보전법 제15조 제3항에 의하여 당해 지방자치단체가 오염토양정화사업은 할 수 있다고 규정하고 있을 뿐이다. 그러나 이 경우에도 자력이 준비되지 않는 지방자치단체는 정화의 실시를 연기하여 오히려 토양오염을 더욱 악화시킬 위험이 있다.335) 따라서 이러한 경우를 대비하여 우연적인 환경침해에 의하여 발생할 수 있는 막대한 손해배상금의 이행을 담보하기 위한 독일과 같은 제도적 장치,336) 또는 미국에서와 같은 책임보험 내지 오염제거를 위한 별도의 Superfund와 같은 기금을 창설하는 것도 신중히 고려할 필요가 있다.337) 또한 전국민에 대해 환경의식 고취와 환경오염을 방지하기 위한 각종 전문

---

335) 그러한 상황이 발생하면 대부분의 경우, 국민의 조세에 의해 정화가 이루어지지 않을 수 없는데, 토양환경보전법 제26조의 규정에 따라 정화조치를 행하는 지방자치단체에 대해 국가가 국고로 보조하거나 융자할 수 있다는 식의 규정은 오히려 실제에 있어서는 선언적 의미에 그칠 수도 있다.

336) 독일 환경책임법(UmweltHG)에 의하면, 특히 대형 위험잠재적 시설은 동법 제20조에 따른 시행령의 자세한 기준에 따라서 담보제공 의무를 진다고 규정하고 있다. 그리고 이미 가동되지 않고 있는 시설로부터 특별한 위험이 유발된 때에는 해당관청은 가동중지 당시의 시설보유자에게 10년 이내의 기간 동안 담보의 제공을 명할 수 있다(§19 Abs. 1. S. 2 UmweltHG). 그리고 이에 대한 담보제공은 법적용 지역 내에서 사업경영의 권한이 있는 책임보험(Haftpflichtversicherung), 연방이나 주의 면제 또는 보증 또는 동법의 적용지역 내에서 사업경영의 권한이 있는 금융기관의 책임보험과 동일한 효력을 보장하는 면제 또는 보증에 의하여 할 수 있으며(§19 Abs. 2 UmweltHG), 그리고 해당관청은 시설보유자가 담보를 제공하지 아니하거나 지정된 적절한 기간 내에 담보의 제공을 입증하지 아니한 경우에 그 시설의 운영을 전부 또는 일부를 정지할 수 있다(§19 Abs. 4 UmweltHG)고 규정하고 있다.

337) 토양복원비용의 조달은 오염자부담원칙에 따라 오염원인자나 토지소유자에게 부담시키는 것이 원칙이고, 오염자의 규명이 어렵거나 현실적으로 오염자나 토지소유자의 재정능력 부족으로 정화가 불가능할 경우는 기금을 사용하되 오염책임당사자를 찾아 이를 구상케 함으로써 기금 고갈이 되지 않도록 하여야 하고, 운용주체는 공공재적 성격상 정부가 맡아서 운영하여야 할 것이다. 박준우, "토양환경보전을 위한 복원비용 조달방안", 2002년 국정감사 정책자료집 1, 69쪽.

지식을 숙지토록 하고, 배상청구형 보험계약을 도입하여 보험기간 내에 배상청구를 요건화하고, 환경오염사고로 인한 배상책임시에는 강제보험·공동보험·재보험·Pool제[338] 국가기금 등 다양한 제도적 방안을 검토하여 충분한 피해보상이 되도록 하여야 하며,[339] 아울러 토양오염방지차원의 과징금·과태료 부과 등의 행정책임을 병행하는 구조를 취하는 것도 필요하다고 할 것이다.

제5절 환경분쟁조정제도에 의한 피해구제

I. 개요

환경의 중요성에 대한 일반 국민의 인식변화에 따라 환경오염의 피해와 관련한 분쟁사건이 크게 증가하고 있는 게 현실이다. 앞에서

---

338) Pool제는 공동보험의 한 형태로 보험자간에 조직을 만들어서 그 구성원이 인수한 위험을 집중한 후 구성원의 인수능력 등에 따라 사전에 정한 인수비율에 따라서 각 구성원이 분담하는 조직을 말한다. 梁承圭, 保險法, 삼지원, 1995, 92쪽.

339) 미국의 Superfund는 일차적으로 오염을 적당한 시기에 제거하기 위하여 마련해 놓은 방책일 뿐이고, 그 궁극적인 책임은 국민 개인 또는 기업에 부과하게 되며, 그 책임 또한 엄격·무과실·연대책임으로 일단 책임당사자가 되면 파산위험을 맞게 될 정도의 엄청난 부담을 지게 된다. 이러한 부담이 보험을 통하여 보험회사에 직접적으로 전해짐으로써 보험위기(Insurance crisis)를 맞게 되고, 국가기금제도 및 각종 환경법령제도 등도 국민의 비판을 받게 되었다고 볼 수 있다. 이에 비하여 일본에서는 담보의 대상을 적절히 제한하며, 공동보험제 등을 적절히 활용하고, 강제보험을 통하여 충분한 재정을 확보하고, 재보험제 등을 통하여 위험을 분산하고, 동시에 국가가 보험제도에 개입하여 최종적인 재보험자로서 실질적으로 환경오염으로 인한 피해에 대해 국가적인 참여를 함으로써 환경오염배상책임보험제도의 활용도를 높여가고 있으며 점차 이러한 보험제도가 선호되고 있다고 한다. 崔相會, "環境汚染과 保險制度에 관한 考察 - 美國의 法制를 中心으로-", 法學研究 제13집, 韓國法學會, 2002, 392쪽 이하.

살펴본 바와 같이 환경오염 피해에 대한 사법적 구제수단으로는 사전적 구제로서 유지청구권과 사후적 구제로서 손해배상청구권이 논의되어 왔다. 그러나 유지청구권은 피해자가 가해자에 대해 환경오염피해의 발생행위를 중지할 것을 청구함에 있어 요건 충족 등에 곤란한 문제점340)을 가지고 있고, 환경오염피해를 금전적으로 전보하는 제도로서 가장 일반적인 피해구제수단인 손해배상청구권의 경우도 인과관계 입증과 제요건의 증명 등에 어려움341)이 있어 환경오염피해의 구제로서의 한계가 지적되고 있다.342) 이와 같이 환경오염피해는 개인적인 노력만으로는 환경분쟁을343) 해결하기가 사실상 곤란하고, 또 비용과 시간이 과다하게 소요되어 피해구제제도로서의 실효성이 떨어진다는 점이 문제로서 지적되어 왔다.

　이러한 문제해결을 위하여, 사법기관에 의한 분쟁해결방식의 장점이 될 수 있는 공평·타당성을 취함과 동시에 행정기관이 지니고

340) 환경피해는 그 특성상 매우 장기간에 걸쳐 서서히 나타나는 예가 많기 때문에 가해행위에 대한 적절한 시기에 유지청구권을 행사하기 어렵다는 것이 그 문제점이라 할 수 있다.
341) 즉, 환경오염에 대한 피해구제의 범위는 사업활동의 과정에서 발생하는 오염물질의 누적으로 인한 피해의 특성상 인과관계의 '개연성'만으로 피해사실을 인정하고 있으며, 환경정책기본법 제31조나 토양환경보전법 제10조의3 등에서 가해자의 무과실책임을 원칙으로 하기 때문에 행정규제기준의 준수만으로는 손해발생에 대한 책임이 면제 되지 않는 점과 위법성의 판단에 있어서 '수인한도론'에 의하여 그 판단이 엄격하게 됨에 따라 일반 사법상의 손해배상청구와는 구별되는 것이다.
342) 사법상 구제는, 우선 인체의 건강피해 등에 대한 현실적 회복에는 도움이 되지 않으며, 또 당사자본위의 개인구제로서 광역화된 지역전체의 환경악화에는 효과적인 대처 및 구제수단이 될 수 없다는 점에서의 문제와, 사후적 구제이기 때문에 피해의 사전방지에는 한계가 있다는 것이다.
343) 환경분쟁조정법 제2조 제2호는, '환경분쟁'이라 함은, 환경피해에 대한 다툼과 "환경기술개발 및 지원에 관한 법률" 제2조 제2호의 규정에 의한 환경시설 즉, 환경오염물질 등으로 인한 자연환경 및 생활환경에 대한 위해를 사전에 예방·저감하거나 환경오염물질의 적정처리 또는 폐기물 등의 재활용을 위한 시설·기계·기구 기타 물체로서 환경부령이 정하는 것의 설치 또는 관리와 관련된 다툼을 말한다고 규정하고 있다.

있는 전문성과 과학적인 지식·정보를 충분히 활용하여 행정기관이 분쟁에 적극 개입함으로써 신속하게 절차를 마무리하는 환경분쟁조정제도의 필요성이 요구되었다.344)

Ⅱ. 법적 근거와 특성

1. 법적 근거

환경분쟁조정제도는 환경분쟁이 가지는 특성과 환경분쟁해결에 있어서 민사소송절차가 지니는 문제점을 바탕으로 하여 보다 유연하고 탄력적인 절차와 전문지식의 활용을 통하여 간이·신속한 분쟁해결을 도모하려는 데에 그 합리적 근거를 엿볼 수 있는 것이다. 다시 말하면, 환경분쟁조정제도는 법원의 엄밀한 재판절차에 의한 권리구제라는 뒷받침(backup)을 기대하면서, 그 자체의 독자적인 체계와 절차에 의한 환경분쟁처리의 법적 지위를 간직하는 것이라고 할 수 있다.345) 이 제도는 우리 헌법에서 보장하고 있는 환경권의 침해로 인한 국민의 생명·신체 또는 재산상의 피해를 손쉽게 구제해 주기 위한 절차로서 행정기관의 처분만을 대상으로 하는 행정심판이나 행정소송제도와는 다르다.346)

실정법상 환경분쟁조정제도의 근거는 "환경정책기본법" 및 "환

---

344) 환경부 중앙환경분쟁조정위원회, 환경분쟁조정제도 해설, 1999. 7, 6쪽.
345) 李尙圭, "環境汚染紛爭調整의 法的 性格", 人權과 定義 通卷 219號, 1994. 10, 35쪽.
346) 환경분쟁에 따른 그 권리구제의 절차로서 행정심판이나 행정소송제도가 대표적이기는 하지만, 이러한 행정쟁송수단은 행정기관의 처분만을 대상으로 한다는 점에서 본질적 차이가 있다. 김시평, "우리나라 環境紛爭調整制度의 現況과 發展方向", 環境法硏究 제21권, 韓國環境法學會, 1999, 89쪽.

경분쟁조정법"에서 찾을 수 있다. 요컨대 환경정책기본법 제29조에 정한 바의 '국가 및 지방자치단체는 환경오염 또는 환경훼손으로 인한 분쟁 기타 환경관련 분쟁이 발생한 경우에 그 분쟁이 신속하고 공정하게 해결되도록 하기 위하여 필요한 시책을 강구하여야 하고', 또 동 법 제30조의 '환경오염 또는 환경훼손으로 인한 피해를 원활히 구제하기 위하여 필요한 시책을 강구하여야 하는바', 그 필요한 시책으로서 '환경분쟁조정법'을 근거로 구체적 실현수단을 위해 마련된 것이 환경분쟁조정제도347)이다. 환경분쟁조정대상이 되는 "환경피해"라 함은 동 법 제2조 1호에서 정하고 있는 '사업활동 기타 사람의 활동에 의하여 발생하였거나 발생이 예상되는 대기오염, 수질오염, 토양오염, 해양오염, 소음·진동, 악취, 자연생태계파괴, 일조방해, 통풍방해, 조망저해 그 밖의 대통령령이 정하는 원인으로 인한 건강·재산·정신에 관한 피해(단, 방사능오염으로 인한 피해는 제외)를 말한다.'고 하고 있다. 환경분쟁의 조정은 '신의성실의 원칙' 하에 운영됨을 대원칙으로 하며,348) 이는 환경분쟁이 가지는 특성과

347) 환경분쟁조정법 제1조에서 '환경분쟁의 알선·조정 및 재정의 절차 등을 규정함으로써 환경분쟁을 신속·공정하고 효율적으로 해결하여 환경을 보전하고 국민의 건강 및 재산상의 피해를 구제함을 목적'으로 하고 있다. 환경오염피해분쟁조정제도가 처음 도입된 것은 1963년 제정된 '공해방지법'을 개정하여 분쟁조정제도를 신설한 1971년 1월부터이다. 당시의 법률은 다분히 선언적인 의미일 뿐이었으며, 동 제도는 1977년에 제정된 '환경보전법'에 따라 존속되었으나 법령의 미비로 실효를 거두지 못하였고, 1990년 환경보전법이 6개법으로 분법화되면서, 환경오염피해를 실질적이고 적극적으로 구제하도록 환경오염피해구제에 관한 단행법인 '환경오염피해분쟁조정법'을 1990. 8. 1. 법률 제4258호로 제정·공포하였다. 그 후 1997년 8월 28일 법 명칭을 현행 "환경분쟁조정법"으로 바꾸고 환경분쟁조정의 대상의 확대, 다수인 관련분쟁의 조정에 관한 규정을 신설하는 등 규정의 운영상 나타난 일부 미비점을 개선·보완하고 전부개정하여 시행되고 있으며, 현재 2008. 3. 21. 제8차 개정에 이르고 있다.
348) 환경분쟁조정법 제3조(신의성실의 원칙)에 "환경분쟁조정위원회는 조정절차가 신속·공정하고 경제적으로 진행되도록 노력하여야 하며, 조정의 절차에 참여하는 분쟁당사자들은 상호신뢰와 이해를 바탕으로 성실하게 절차에 임하

환경분쟁해결에 있어서 민사소송절차가 지니는 문제점을 바탕으로 하여 보다 유연하고 탄력적인 절차와 전문지식의 활용을 통하여 간이·신속한 분쟁해결을 도모하는 근간이 되고 있다.

2. 환경분쟁조정제도의 특성

가. 피해분쟁기구의 독립성

환경분쟁조정제도는 환경오염에 대한 피해를 신속 공정하게 구제받을 수 있도록 하기 위하여, 중앙환경분쟁조정위원회의 위원장 및 위원을 대통령이 임명하도록 함으로써[349] 일반행정기구로부터 독립성을 도모하고 있다. 이는 환경규제행정을 담당하고 있는 행정기관이 분쟁을 조정한다면 그에 대한 공정성과 객관성을 신뢰할 수 없기 때문이다.[350]

나. 전문성의 확보

환경분쟁조정위원회는 환경문제에 대한 분쟁을 효율적으로 해결하고 전문성을 고양하며, 소송전 단계에서 해결할 수 있도록 하는 분쟁조정제도로서, 각 분야에서 전문적인 지식과 경험을 가진 자를

여야 한다."고 규정하고 있다.

349) 환경분쟁조정법 제8조(위원회위원의 임명) 제1항에 "중앙조정위원회의 위원장을 포함한 위원은 환경에 관한 학식과 경험이 풍부한 자로서 환경부장관의 제청에 의하여 대통령이 임명 또는 위촉한다."고 규정하고 있다.

350) 그러나 중앙환경분쟁조정위원회가 완전한 독립성을 확보하기 위해서는 위원회를 환경부 산하에 둘 것이 아니라, 일본과 같이 총리직속에 두고 위원장의 직급(1급)도 상향조정할 필요가 있다. 참고로 일본의 '중앙공해등조정위원회'는 장관급인 위원장을 포함하여 6인의 위원으로 구성하며, 국회의 동의를 얻어 내각총리대신이 임명하고 직권행사에 있어 독립성을 유지하고 있다.

위원으로 위촉하고, 또 전문적인 사항에 대해 조사연구를 위한 심사관을 둘 수 있기 때문에 보다 환경문제와 같은 전문적인 사안에 보다 효과적으로 대처할 수 있다는 것이다.351)

다. 절차적 간편성과 저비용

민사소송절차에 의한 해결은 당사자 사이의 권리관계에 관한 최종적인 판단의 성질을 가지기 때문에 그 절차를 엄격하게 하고 있고, 또 소송기간이 장기적이라는 문제점이 있는데 반하여 환경분쟁조정제도는 절차의 엄격성을 완화하여 위원회의 소정양식에 따라 신청하도록 하여 절차를 간편하게 할 뿐만 아니라 신청비용도 소송에 비해 저렴하며, 사실조사 시의 출장비 또는 조사비용 등을 국가에서 부담하므로352) 환경오염으로 인한 피해자의 경제적 부담은 크게 경감된다는 것이다.

라. 직권주의 가미

중앙환경분쟁조정위원회는 환경분쟁조정법 제30조(직권조정) 제1항에 따라 환경오염으로 인한 사람의 생명·신체에 대한 중대한 피해, 제2조 제2호의 환경시설의 설치 또는 관리와 관련된 다툼 등 사회적으로 파급효과가 클 것으로 우려되는 환경분쟁에 대하여는 당

---

351) 李尚圭, "環境汚染紛爭調整의 法的 性格", 35쪽.
352) 환경분쟁조정법 시행령 제34조(조정비용)에 정한 법 제63조제1항에 따라 당사자가 부담하지 아니하는 비용은, 1. 위원회의 위원·심사관·직원 및 관계전문가의 출장에 드는 비용, 2. 법 제13조 제3항에 따라 위촉한 관계전문가의 조사비용 3. 법 제18조의 규정에 의하여 협조를 요청받은 자의 출장에 드는 비용 4. 법 제38조에 따른 참고인 또는 감정인의 출석에 드는 비용 5. 분쟁조정절차의 진행과 관련한 우편료 및 전신료 등이다.

사자의 신청이 없는 경우에도 직권으로 조정절차를 개시할 수 있으며, 동법 제32조에 의거 환경분쟁을 효율적으로 해결하기 위하여 위원 또는 심사관으로 하여금 당사자가 점유하고 있는 공장이나 사업장 등 관련 장소에 출입하여 관련문서 등을 열람, 조사 또는 복사하도록 하거나 참고인의 진술을 듣고 감정인의 출석 등을 할 수 있도록 함으로써, 위원회가 조정의 실효성을 확보하기 위한 직권주의를 가미하고 있다.

III. 분쟁조정제도의 검토

1. 유형과 현황

환경분쟁조정의 유형에는 알선·조정·재정 등이 있다. '알선'은 비교적 간단한 분쟁사건에 대하여 알선위원이 분쟁당사자의 화해를 유도하여 합의가 이루어지게 하는 절차를 말하며,[353] '조정'은 알선으로는 해결이 곤란한 사건에 대하여 조정위원회가 사실조사 후 조정안을 작성, 양측에 수락을 권고하는 절차로서 양당사자가 수락하면 이는 당사자 간의 조정조서의 내용대로 재판상 화해와 동일한 효력이 있는 것으로 간주된다(환경분쟁조정법 제33조 제2항).[354]

---

353) 예컨대, 특정 분쟁의 경우에는 당사자들이 감정상의 이유로 직접 대화하기를 꺼려할 수도 있는 바 이러한 경우 제3자가 개입하여 분쟁당사자의 협상을 유도·촉진시킬 수 있는데 이 과정을 '알선'이라 한다.
354) 1997. 8. 28. 환경분쟁조정법의 전부개정에서 '조정'의 효력을 당사자 간 합의한 것으로 간주한다는 규정을 정하였는데, 그 이전에는 관계당사자가 조정안을 수락하여 기명날인한 조정조서는 재판상 화해조서와 동일한 효력을 가진다고 규정하였었다. 이는 구 국가배상법 제16조 중 "심의회의 배상결정은 신청인이 동의한 때에는 민사소송법의 규정에 의한 재판상 화해가 성립한 것으로 본다."라는 부분이 헌법재판소에 의하여 1995. 5. 25.자 위헌결정(91헌가7)을 받

이에 비하여 '재정'은 환경분쟁 중 곤란한 손해배상사건에 대하여 제3자인 재정위원회가 서로 대립하는 당사자 간의 분쟁에 대하여 사실조사 및 심문 등의 절차를 거쳐 법률적 판단으로 재정결정을 하여 분쟁을 해결하는 준사법적 쟁송절차로써, 재정문서의 정본이 당사자에게 송달된 날로부터 60일 이내에 당해 재정의 대상인 환경피해를 원인으로 하는 소송이 제기되지 아니하거나 그 소송이 철회된 때에는 당사자 간에 재정내용과 동일한 내용으로 재판상 화해가 된 것으로 간주된다(환경분쟁조정법 제42조).

위와 같은 분쟁조정을 관장하기 위한 환경분쟁조정위원회가 있는데, 이는 환경오염으로 인한 국민의 건강 및 재산상의 피해를 구제하기 위하여 설치된 합의제 행정관청으로, 독립성을 띤 준사법적인 임무를 수행하는 기관이며, 중앙환경분쟁조정위원회와 지방환경분쟁조정위원회로 구성되어 있다. 중앙환경분쟁조정위원회는 환경분쟁의 재정, 국가 또는 지방자치단체를 당사자로 하는 분쟁의 조정, 다수인관련분쟁, 직권조정 등의 업무를 수행하고 있으며, 지방환경

음에 따라 위헌시비를 염려하여 개정한 것이라고 한다. 洪準亨, 環境法, 박영사, 2001, 401쪽; 그러나 2008. 3. 21.자 환경분쟁조정법 전문개정에서 다시 조정조서와 재정문서는 공히 재판상 화해와 동일한 효력을 부여하도록 규정하였다. 이는 개정 전 규정과 같이 당사자 간 합의의 효력만 인정할 경우 조정조서 또는 재정결정에 대하여 의무불이행시 이행을 강제할 수단이 없어 실효성 확보가 곤란하기 때문에 강제집행을 위해서는 별도의 재판절차 즉, 의무의 이행을 구하는 소를 제기하여야 하는 불편함이 있기 때문이다. 재판상 화해의 효력을 인정할 경우는 화해조서는 확정판결과 동일한 효력이 발생되며, 미이행 시 민사소송법 제220조에 따라 별도의 재판절차 없이 강제집행이 가능하므로 의무이행의 소송을 제기하는 불편함을 해소할 수 있다는 측면에서 바람직하다고 할 수 있다. 그리고 환경분쟁조정위원회와 유사한 조정기구인 금융분쟁조정위원회, 소비자분쟁조정위원회, 저작권심의조정위원회, 프로그램심의조정위원회에서는 당사자 간에 합의된 조정조서는 모두 재판상 화해와 동일한 효력을 부여하고 있으며, 다만, 전자거래분쟁조정위원회, 인터넷주소분쟁조정위원회 및 개인정보분쟁조정위원회에서 결정한 조정조서는 당사자 간의 합의와 같은 효력을 부여하고 있다.

334

분쟁조정위원회는 당해 시 도의 관할구역 안에서 발생한 환경분쟁의 알선·조정업무를 수행하고 있다. 중앙환경분쟁조정위원회는 설립된 1991. 7. 19.부터 2009. 12. 30.까지 총 2,647건의 분쟁조정사건을 접수하여 처리하여 왔다. 이 총 2,647건의 처리현황을 보면, 이 중 2,242건을 처리(재정, 조정, 중재합의)하였으며, 308건은 자진철회로 종결되었고, 97건은 처리 중에 있는 것으로 집계되었다. 한편 처리되어 효력이 확정된 2,242건 중 1,881건이 합의되어 약 84%의 합의율을 보이고 있고, 나머지 360건(16%)은 조정중단 또는 소송제기로 합의되지 아니하였다.355)

2. 분쟁조정의 성립과 효력

2008. 3. 21. 개정 전 환경분쟁조정법은 조정이나 재정이 성립하면 당사자 간에 당해 조정 및 재정과 동일한 내용의 합의가 이루어진 것으로만 규정하고 강제집행력을 배제하고 있었으나, 위 개정으로 조정조서 및 재정문서가 성립하게 되면 재판상 화해와 동일한 효력을 부여함으로써 의무를 이행하지 않을 경우 그 확정력에 따라 민사소송법에 의한 이행강제를 확보할 수 있게 되었다.356)

---

355) 처리된 2,242건 중 소음·진동으로 인한 피해가 가장 많은 1,922건(86%)을 차지하였으며, 나머지 대기오염 152건(7%), 수질오염 66건(3%), 해양오염 9건(0%), 기타 93건(4%)으로 나타났다. 또 처리된 사건 중 정신적 피해가 888건으로 가장 많은 40%를 차지하고 있으며, 건축물 피해와 정신적 피해를 함께 신청한 사건이 526건(23%), 축산물피해 286건(13%), 농작물피해 138건(6%), 건축물피해 72건(3%), 수산물피해 58건(3%), 기타 274건(12%) 순으로 집계되었다. 처리된 사건 중에서 재정사건은 2,194건이었으며, 이중 배상결정은 1,031건(47%), 기각 243건(11%), 방음대책 등 13건(1%), 중재합의 906건(41%)이고, 조정사건은 48건인데 이 가운데 조정성립 21건(42%), 조정중단 26건(54%), 기각 2건(4%)으로 조사되었다. 중앙환경분쟁조정위원회, "2009 .12. 31. 현재 환경분쟁조정현황통계자료"참조.
356) 다만 '재정'의 경우는, 재정문서의 정본이 당사자에게 송달된 날부터 60일 이

그런데 환경분쟁조정법 제41조에 의하면, "환경분쟁조정위원회
는 환경피해의 복구를 위하여 원상회복이 필요하다고 인정하는 경
우에는 손해배상에 갈음하여 당사자에게 원상회복을 명하는 재정(裁
定)결정을 할 수 있다"라고 규정하고 있는바, 요컨대 위원회의 소관
사무와 관련하여 손해배상 및 원상회복 이외의 구제수단을 인정할
수 있는지가 문제된다. '재정'의 경우 현재는 사업의 시행을 전제로
한 인과관계의 존부 및 손해배상액만의 판단에 주력하고 있으나, 앞
으로는 사업의 시행여부·방법 및 피해예방조치의 강구에 관한 재
정 및 원인재정[357]·의무이행권고·관계 행정기관에 대한 건의 등도
적극적으로 활용할 필요가 있다는[358] 주장이 제기된다.

한편 환경분쟁조정법 제46조에 정한 다수인관련분쟁의 조정은
우리나라의 환경분쟁조정제도에서 특기할 만한 것으로서, 동일한 원
인으로 인하여 다수인에게 환경피해가 발생하거나 발생할 우려가
있는 경우에는 관할 환경분쟁조정위원회의 허가를 받아 그 중 1인
또는 수인이 대표당사자로서 조정신청을 할 수 있도록 하였는바, 이
는 단체소송의 예에 준하는 것이라 볼 수 있다.[359]

환경분쟁조정제도가 소송에 비하여 탄력적으로 운용되며 관련

내에 당사자 쌍방 또는 일방으로부터 그 재정의 대상인 환경피해를 원인으로
하는 소송이 제기되지 아니하거나 그 소송이 철회된 때에는 해당 재정문서는
재판상 화해와 동일한 효력이 있고, 당사자가 임의로 처분할 수 없는 사항에
관한 것은 그러하지 않다고 규정하고 있다(환경분쟁조정법 제42조)
357) 환경오염피해에 대한 '재정'은 손해배상책임의 유무 및 그 배상액을 판단하
는 책임재정과 가해행위와 피해의 발생 사이의 인과관계의 존부에 관한 판단
을 하는 원인재정으로 구분하고 있는데, 일본의 공해분쟁처리법에서는 위 두
종류를 모두 인정하고 있는 반면, 우리나라의 환경분쟁조정법에서는 원인재정
의 유형은 인정하고 있지 아니하고 책임재정만을 인정하고 있다. 柳至泰, 環境
法, 220-221쪽.
358) 金炯辰, "環境紛爭調整法의 諸問題", 法曹 제50권 12호(통권 543호), 2001. 12,
137-138쪽.
359) 李尙圭, 環境法論, 法文社, 1998, 250쪽.

전문가들의 참여가 자유롭고 구체적 정의에 부합하는 분쟁해결제도
이기는 하나 그렇다고 하더라도 법치주의라는 한계를 벗어나서는
아니 될 것이다. 또 환경분쟁조정이 곧 소송으로 연계되는 경우가
다수 발생하고 있어 엄격한 소송에서의 법리에 따라 다시 재판하는
경우가 발생하는 만큼 법치주의와의 합치라는 문제의식은 환경분쟁
조정을 함에 있어 끊임없이 유지되어야 할 것이다.360)

3. 문제점

환경분쟁조정법상의 환경분쟁조정제도는 사법기관에 의한 분쟁
해결방식의 장점인 공정성과 행정기관이 지니고 있는 전문성 및 절
차의 신속성 등을 활용하여 환경분쟁을 신속·공정하게 해결하기 위
한 제도로서 그간 개별적 환경분쟁을 신속하고 원만한 해결을 통하
여 국민들의 환경오염피해구제에 상당한 기여를 하여오고 있음은
사실이다. 그러나 이와 같은 분쟁조정제도는 환경오염피해에 대한
충분한 구제측면에서는 일정한 한계와 문제점이 있다 할 것이다.

우리나라의 환경분쟁조정제도의 문제점으로는 미국의 ADR
(Alternative Dispute Resolution)제도361)의 비판적 견해362)와 흡사한

360) 姜貞曄, "代替的 紛爭解決制度(ADR)로서의 環境紛爭調整과 環境訴訟" 環境
法研究 第30卷3號, 韓國環境法學會, 2008. 11, 200쪽.
361) 우리나라 환경분쟁조정제도는 미국에서의 사법재판에 의하지 아니하고 분쟁
을 해결하는 이른바 ADR(Alternative Dispute Resolution)제도와 유사하다.
ADR제도는 문자 그대로 소송절차에 의하지 아니하고 민사분쟁을 해결하는 것
으로서, 미국에서 1960년대 후반부터 ADR에 대한 새로운 각도에서 연구가 활
발해지고 종래에는 존재하지 않던 각종 ADR제도가 분쟁해결에 이용되는 현상
이 나타나는 등 이른바 ADR Movement가 등장하게 되었다. 李學春, 現代社會
와 環境紛爭, 동남기획, 2002, 292쪽.
362) Fiss, Owen M., Against Settlement, 93 Yale L.J. 1073(1984), pp. 1075-1090;
Goldberg, Green and Sander, Dispute Resolution 2nd. Ed.(Little and Brown,
Boston, 1985), pp. 490-503.

데 이를 살펴보면 다음과 같다. 첫째로, 분쟁조정은 당사자들의 동의가 있는 경우에만 이용되어야 하나, 실제로는 경찰·검찰·법원의 강제적인 권유에 의하여 당사자들이 마지못해 이용하게 될 수 있다는 점이고, 둘째로 조정과정에서 분쟁당사자들 간의 경제적·사회적 지위의 불균형을 간과하고 있기 때문에 경제적 강자가 약자에게 양보를 얻어내는 절차로 전략하기 쉽다는 점과, 셋째로 조정제도의 기능상 법적 권리의 보호가 아닌 법적 권리의 일부포기를 전제로 한 분쟁당사자들 사이의 평화를 목적으로 하는 것이기 때문에 이는 사법재판이 가지고 있는 시정적인 기능이 없어 사회전체의 관점에서 볼 때 정의가 완벽하게 실현되지 아니한다는 점이다. 그리고 마지막으로 사법재판에 의한 분쟁해결은 민주주의발전과 법의 지배를 실현하는 중요한 기능을 가지고 있는 반면, 조정제도는 절차의 공정성에 관한 규제가 불가능하여 당사자 일방이 자신도 모르는 사이에 법적 권리를 침해받을 가능성이 많다는 점 등이라고 할 수 있다.[363]

또한 분쟁조정제도의 효율성 확보와 소송외적 피해구제의 실질적인 충실화 차원에서 검토되어야 할 문제점으로, 예컨대 인과관계의 입증완화 내지 추정, 일정한 시설에 대한 보험가입강제 등 담보제공문제, 정보청구권 및 열람권 등의 확보 등이 충분히 고려되어야 한다. 이는 환경오염피해에 대한 배상책임법의 제정이 이루어 질 경우 동법에서 본격적으로 다루어야 할 내용이지만, 그 제정논의가 현실적으로 구체화 되고 있지 않음으로 환경분쟁조정법 체계 내에서 한시적으로라도 적극적인 검토가 있어야 할 것이다.

그리고 일조방해가 환경오염의 하나로서 환경분쟁조정의 대상인

---

363) 李相敦, "訴訟外 方法을 통한 紛爭의 解決 -美國에서의 ADR에 관한 論爭을 中心으로-", 人權과 正義(통권 150호), 1989. 2, 112면; 李學春, 앞의 책, 313-314쪽.

지의 여부에 관해서인데, 살펴보면 환경분쟁조정법 제2조 제1호의 "환경피해"와 환경정책기본법 제3조 제4호의 "환경오염"의 정의에 각 "일조방해"를 열거하고 있고 환경분쟁조정사건의 상당부분을 일조방해사건이 차지하고 있다.364) 그러나 이는 환경오염이 불가량물(不可量物)의 유입에 의한 임미시온365)으로서 근본적으로 물권의 침해유형 중 적극적 침해를 일으키는 경우에 환경오염으로 인정하고 있음에 비추어 일조방해는 환경오염과 유사한 것처럼 보이나 위법성 판단에 있어 근본적인 차이가 있고, 일조방해와 같은 소극적인 침해는 일반적인 환경오염의 개념에는 포함될 수 없는 문제라고 할 것이다. 즉 일조방해의 문제는 근본적으로 소유권의 소극적인 침해 문제로 다루어야 하는 사안으로서 환경오염과는 관계가 없으므로 이를 환경오염의 하나의 유형으로 예시하는 것은 환경오염의 개념을 너무나 확장한 것이라고 할 것이다.366) 만일 일조방해의 문제를

---

364) 오히려 적극적 침해로서 토양오염사고와 같은 경우 중앙환경분쟁조정위원회에 조정신청을 한 사례가 2000~2005년 사이에 총 1,413건 중 단 2건 만이 있을 뿐이다. 그리고 중앙환경분쟁조정위원회가 설립된 1991. 7. 19.~2009. 12. 30.까지 총 2,647건을 접수하여 그 중 2,242건을 처리(재정, 조정, 중재합의)하였는데, 308건은 자진철회로 종결되었고, 97건은 처리 중에 있다. 그리고 처리된 2,242건 중 소음·진동으로 인한 피해가 1,922건(86%), 대기오염 152건(7%), 수질오염 66건(3%), 해양오염 9건(0%), 기타 93건(4%)인데, 기타 중 토양오염이 3건, 추락위험 1건, 기름유출 3건, 생태계 1건, 일조권 59건, 입지선정 2건, 통풍방해·조망 8건, 해충 6건, 실내공기 1건 등이다. 중앙환경분쟁조정위원회, 2009. 12. 31.현재 환경분쟁조정현황 참조.

365) 독일연방 임미시온방지법(BImSchG)에서는 임미시온을 제3조 제2항에서 규정하고 있는데, 이에 의하면 "사람, 동물, 식물, 토양, 물, 대기 및 문화재와 물건에 작용하는 공기오염, 소음, 진동, 빛, 열, 광선 및 유사한 환경침해이다"라고 규정하고 있다. 그리고 환경침해의 개념을 동법 제3조 제1항에서 규정하고 있는데 이는 "이 법의 의미에서 유해한 환경침해란 공공이나 상린관계자에게 위험, 현저한 불이익 또는 현저한 오염을 야기하기에 종류·정도 또는 기간에 따라서 적당한 임미시온(Immissionen)이다"라고 하여 환경침해는 임미시온이라고 하고 있다. 이러한 규정은 임미시온으로서 환경침해를 정의하고 환경침해로서 임미시온을 규정하여서 순환논증을 하고 있다. 全京暈, 獨逸環境私法論, 11쪽.

환경분쟁조정의 대상으로 삼는다면 순서상 당연히 먼저, 건축법이 적용되고 또한 우리 판례와 학설에 의해서 일조방해의 문제로 다루어지는, 주거지역안의 일조방해의 문제를 먼저 환경분쟁조정의 대상으로 삼는 것이 타당할 것이다.367)

---

366) 일본의 '공해대책기본법' 제2조 1항은 공해란 "사업활동 기타 사람의 활동에 수반하여 발생하는 상당범위에 미치는 대기오염, 수질의 오탁, 토양오염, 소음·진동, 지반의 침하(광물의 채굴을 위한 토지의 굴착으로 인한 것은 제외) 및 악취로 인한 사람의 건강 또는 생활환경에 관한 피해가 발생하는 것을 말한다."고 되어 있다. 따라서 공해분쟁제도의 대상이 되는 것은 위의 7가지 공해에 한정되고, 일조와 통풍의 저해, 전파장해는 물론, 약품공해, 식품공해 등 통속적으로 공해라고 불리는 것은 포함되지 않는 것으로 규정하고 있다.
367) 일조방해가 환경분쟁조정의 대상이 될 수 있는지의 문제에 대한 자세한 논의는, 全京暈, "환경사법론", 443-448쪽 참조.

제 5 장   결론

오늘날 환경문제는 우리나라뿐만 아니라 범세계적인 측면에서 그 중요성을 강조해도 지나치지 않음은 주지하는 바이다. 지구환경을 보전하고 또 오염된 환경을 개선하기 위한 법적 규제의 필요성이 증대되고 있음에도 생활수준향상과 경제질서에 수반하여 나타나는 인위적인 생산활동은 불가피하게 유류 및 유기화합물의 사용량이 증대 되었고, 이에 따라 공장폐수 또는 산업폐기물 등의 형태로 외부환경에 악영향을 끼치는 유해물질이 끊임없이 배출되면서 많은 곳에서 우려할 정도의 토양오염을 심화시키고 있다.

토양오염은 다른 환경매체에 의한 오염과 다르게 쉽게 눈에 띄지 않는다는 잠재성을 가진 축적성의 오염이고, 뿐만 아니라 토양에 서식하는 생물체와 지하수 오염을 통하여 간접적으로 인간에게 피해를 유발하기 때문에 상당한 시차를 두고 발생하면서도 장기간에 걸쳐 나타난다는 특수성이 있다. 또 토양오염은 그 개선이 어려우면서도 대기나 수질오염에 비해 유동성이 없기 때문에 훨씬 더 많은 시간과 비용을 필요로 하는 특징을 가지고 있다. 따라서 이러한 토양오염피해를 미연에 방지하는 법 정책적인 제도마련이 필요함과 아울러 오염된 토양에 대한 복원과 효율적인 관리를 통한 청정한 국토를 보전하고 유지하려는 국민적 노력이 절실히 요구되고 있다. 그러기 위해서는 토양환경으로의 유해물질의 유입 및 오염방지를 위한 사전예방적인 대책으로서 공법적 규범체계의 확립이 우선되어야 할 것이다. 반면에 토양오염피해에 따른 사법상 구제에 대해서도 충분한 논의와 검토가 필요하다. 특히 토양환경오염에 의한 책임법적 논의를 함에 있어 민법상 일반불법행위체계가 개별적 우발적으로 발생하는 개인의 위법행위를 염두에 둔 것이어서 현대사회에서 필연적이고 대량적으로 발생하는 Immission 내지 생활방해와 같이 추상적이고 변화무쌍한 요소가 많은 환경침해 사고에 대해서는 적용상 여러 가지 어려움이 수반하게 된다.

우리나라와 같이 환경오염에 대한 공법적 규제가 약한 경우 사법적 구제, 특히 손해배상제도는 환경오염피해에 대한 구제와 환경오염예방, 억제를 위한 차원에서도 법제도 운용이 매우 중요하다고 할 것이다. 따라서 우선 환경오염피해의 예방과 구제는 결국 諸 학문을 망라한 학제적인 연구와 노력으로 이루어져야 하며, 환경오염피해 구제를 위한 법이론 및 판례의 법 창조적이고 정의에 맞는 탄력적 적용으로 해결하여야 할 것이다. 아울러 근대 사법이 예상하지 못한 새로운 현대적 소송유형인 환경오염사건은 고전적인 개인간의 분쟁과는 상이한 특질을 내포하고 있으므로 이에 맞추어 새롭고 적절한 환경책임법의 입법이 요청되고 있다. 따라서 환경오염에 대한 법이론과 판례의 발전방향은 피해자와 가해자의 개인적 구제의 법리구명에 국한되지 않는 환경보전이란 기본적 문제를 해결하는 명제에서 적극적이고 새롭게 발전되어야 하며 국민 모두가 헌법상 보장된 환경권의 실현을 위하여 의식수준을 한층 더 높이고 행동하여야 할 것이다.

이 책에서는 환경오염의 일반적인 책임법리와 그 사법상 구제방안을 중심으로 하여 그중에서 토양환경의 오염에 국한하여 먼저 토양오염에 대한 기본적인 고찰을 통해서 오염원인과 실태를 파악하고 우리나라와 선진 외국의 토양오염책임관련 법제를 비교하면서 법리의 생성과 전개과정에서 나타난 문제점을 해석론적으로 정리하고 토양오염에 관한 책임을 논의하였다. 토양환경오염의 원인으로는 일반적으로 산업활동에서 생산품의 부산물로 직접 배출되는 유해물질과 매연이나 분진 또는 공장폐수와 각종 폐기물 등에 함유된 유해 화학물질과 중금속이 최종적으로 토양에 유입되어 잔류함으로써 나타나고 있다. 이에 대한 해결방법으로 사전예방차원에서 토양오염 자체를 미연에 차단하고 자연적인 토양의 기능을 온전하게 유지하는 것이 중요하지만 완전한 예방이 사실상 불가능하기 때문에 사전에 이를 통제할 수 있는 관련법제의 중요성과 함께 사후적인 피해구제방안에 대하여 검토하였다.

그동안 사법적 구제는 근대민법 이론에 의하여 해결을 시도하여 왔으나 환경오염의 특수성 때문에 구제가 불완전한 측면이 있어 수정이 불가피해졌고, 이에 대한 많은 이론의 발전과 판례가 집적되어 왔으며 새로운 입법을 통한 해결책이 강구되고 있다. 또 민사책임의 법리적 구성에서 실체법적인 면과 절차적인 면으로 나누어 지금까지 문제된 이론을 중심으로 분석·검토하여 보면, 우리 민법이 환경오염이라는 현상을 예상하고 제정된 법이 아니므로 환경오염문제를 해결하기에 난점이 많고, 민법 제217조는 독일민법의 Immission에 관한 규정을 상린관계법에 두면서도 보상에 관한 규정을 빠뜨리고 있어 유지청구와 손해배상청구를 불법행위와 물권법과 관련하여 어떻게 구성하는가의 문제 등이 있다.

토양오염피해에 관한 구제방법으로는 먼저 신속·간편한 절차로 분쟁을 효율적으로 해결하고자 하는 목적으로 설치된 환경분쟁조정법상의 분쟁조정위원회에 알선, 조정, 재정 등을 신청하는 경우와 또는, 법원에 소송을 제기하는 방법으로 나눌 수 있다. 토양환경오염의 피해에 대해 소송을 제기하는 경우에는 환경보호를 위해서 공법적인 규제권을 가지고 있는 행정기관에 그 규제조치의 발동을 청구하는 행정소송과 사법적 구제로서 민사상 손해배상청구 또는 오염물질의 배출의 중지를 구하는 유지청구 및 계약상의 책임을 지우는 방법 등이 있다. 종래에는 환경침해로 인한 민사상 피해구제에 관하여는 이를 물권법의 상린관계로 보는 경향도 있었는데, 이는 주로 가해자의 무과실책임을 묻기 위함이었다. 우리나라는 환경정책기본법 제31조와 토양환경보전법 제10조의 3에서 각 조문 제목으로 무과실책임을 규정하고 있다. 이러한 무과실배상책임의 요건은 민법의 과실책임주의에 대한 특칙으로서 결국 행위에 대한 위법성판단을 기초로 하는 민법상 불법행위 과실책임은 환경오염분쟁을 해결하는 데에는 한계에 이르게 되었고, 환경오염의 책임귀속으로서 위험원을 지배하고 관리하는 시설의 소유자에 대한 무과실의 위험책임원리로의 수정이 불가피하게 되었다. 그러나 오염물질이 아닌 기타 환경적 유해한 침해의 경우는 결국 민법 제750조 이하의 불법행위규정에 의할 수밖에 없다. 뿐만 아니라 토양환경침해에 의한 피해구제에 있어서도 그 배상은 민법 규정에 의하는 것으로 하고 있기 때문에 환경법이 무과실책임이라는 점만을 제외하고는 민법 제750조와 크게 다르지 않다고 할 것이다. 따라서 민법 규정과 특별법으로서 환경정책기본법 및 토양환경보전법에 의한 손해배상청구권의 행사로 당해 오염침해행위와 인과관계의 범위 내에서 배상을 청구할 수 있다. 유지청구에 있어서는 가해자의 고의·과실은 독립한 요건으로 요구하지 않으나, 손해배상청구에 있어서는 이론을 일반 불법행위책임으로 구성하는 한 불법행위의 성립요건인 고의·과실은 반드시 필요하고, 중요한 것은 과실과 관련해서 무과실책임을 묻기 위한 논리구성을 제시하였다. 인과관계의 입증과 관련하여 개연성이론을 전개하여 입증책임의 경감 내지 전환을 모색하였고, 위법성의 판단과 관련하여 피침해이익의 성질과 정도, 지역성, 피해자가 지니고 있었던 지식, 토지이용의 선후관계, 상당한 방지조치, 규제기준위반여부 등을 종합하여 수인한도론과 수인한도를 넘는 침해를 가져오지 않도록 조치할 의무에 위반하는 것이라는 신수인한도를 논의하였다. 복수원인자에 의한 환경오염이 발생하여 손해가 발생된 경우 피해자인 원고는 가해자가 공동행위를 하고 그에 의하여 손해를 입었다는 것을 입증함으로써 각인의 행위와 손해 간에 인과관계가 추정되며, 이에 대하여 가해자는 자기의 배출물과 손해간에 인과관계가 없다든지, 일부에 한하여만 인과관계가 있다는 것을 입증한 경우 면책 또는 감경 받을 수 있다는 공동불법행위에 대하여 논의하였다. 그러나 법원의 판례가 가해자의 과실을 어느 정도 완화하여 인정하여 왔을 뿐만 아니라 일부 토양환경보전법 제10조의3과 같이 개별법에서 무과실책임이 규정됨에 따라 상린관계에 근거한 학설은 그 적용영역이 축소되었다. 따라서 환경침해에 대한 사법상의 구제는 불법행위로 인한 손해배상청구에 관한 규정을 통한다는 것이 지배적 견해가 되었다.

손해배상청구는 환경오염으로 인하여 손해를 입은 경우에 이를 금전으로 배상받는 것이고 그 손해는 피해자의 건강, 신체, 재산에 대한 유형적 손해뿐만 아니라 정신적 고통과 같은 무형적 손해도 포함되는데 이는 피해구제수단으로서 가장 보편적인 방법이라고 할 수 있다. 또 손해배상청구소송에 의한 구제의 강화 내지 엄격한 실현은 다른 한편으로 오염발생을 자발적으로 억제하게 하는 일반예방적 효과를 가져다준다. 그러나 일반적으로 토양오염의 특수성을 고려해 볼 때, 피해자인 개인이 전통적인 민법이론과 절차에 따라서 토양오염발생자의 불법행위책임을 추급하는 것은 반드시 용이한 것은 아니다. 토양오염피해사건의 경우에 가해자의 고의 또는 과실이 있어야 하고, 또 가해행위와 피해의 발생과의 사이에 인과관계가 있음을 입증하여야 하며, 더구나 토양오염과 같이 불특정 내지 다수의 가해자가 있을 경우에는 책임분담관계를 엄밀하게 결정짓는 것은 거의 불가능하기 때문이다. 그리고 특히 토양환경침해로 인한 계약상 담보책임 등과 관련하여 계약법상의 책임이 논의되고 있는데 계약상의 환경책임에 관해서도 독일 판례에서는 다수 인정되고 있다. 우리나라에서도 최근에 환경침해문제를 계약법상의 책임과 연관시켜 보자는 논의가 점차로 학설과 판례에서 다루어지고 있다.

토양오염에 대한 사전적 조치로서 유지청구권은 환경오염이 현실로 발생하고 있다든가 또는 발생이 예상되는 경우에 그 배제 또는 예방을 구하는 것으로서 보통 조업의 정지·중단·제한, 일정한 예방, 개선조치의 청구 또는 더 나아가 오염시설 등의 폐쇄나 이전 청구의 형태를 취한다. 유지청구는 민법 제214조의 소유물의 방해제거청구권과 방해예방청구권 규정이 기본조항으로서 관련이 되고, 민법 제217조의 규정에서 일정한 생활방해(Immission)에 대해서는 인용하도록 규정하면서 인용한도를 넘을 경우에는 적당한 조치를 청구할 수 있다고 함으로써 방해제거청구권이나 방해예방청구권을 행사할 수 있도록 하고 있다. 이러한 사법적인 대응방안의 법리구성을 두고서 손해배상청구와 유지청구를 일원적으로 구성하여 이를 물권법적으로나 불법행위법적으로 이론을 구성하려는 견해가 있는가 하면, 통설과 판례에서는 양자를 구분하여 유지청구는 물권법적으로 손해배상청구는 불법행위법적으로 이론을 구성해야 한다는 논의가 전개되고 있다. 이러한 이론구성은 영미법상에서 nuisance 특히 Private Nuisance(사적 생활방해)에 대하여 손해배상이나 유지청구 모두를 불법행위 문제로 취급하여 손배배상을 근간으로 하고 유지명령을 예외적인 것으로 구성함과는 다르고, 독일법상의 Immission 구제를 개인의 법익침해를 보호하기 위하여 방해제거청구권과 방해예방청구권은 물권법적으로 그리고 일정한 경우에 피해자의 법익의 과도한 희생방지를 위한 보상청구권을 인정하는 방법으로 다루면서 불법행위법적으로 손해배상을 문제 삼고 있는 것과는 다소 다르다. 우리나라는 일본의 판례와 다수설의 입장에서 취하고 있는 물권법 내지 상린관계법으로 유지청구를, 손해배상청구는 불법행위법적으로 이론을 구성하는 이원설과 동일한 법리구성을 하고 있는데, 이는 우리나라의 환경오염사건이 대부분 손해배상사건으로, 판례가 많이 집적된 일본의 영향을 받은바 크다고 볼 수 있다.

그리고 외국의 토양환경오염 관련법제와 사례 등의 비교·분석을 통해서 우리의 법 적용과 대응에 시사점을 제시하였다. 토양오염피해에 대하여 환경정책기본법과 토양환경보전법을 중심으로 한 법적 해결방안 등 환경오염피해구제를 위한 현행제도를 개관한 결과 외국법제에 비해 토양오염지역 등에 대한 정의미흡, 오염부지의 효율적 관리부재, 오염토양에 대한 책임배분의 불명확, 오염지정화 재원조달제도미비, 주무감독기관의 분산, 오염토양 세부복원계획부재, 관련법의 분산 등의 문제점이 있다는 점이다.

따라서 소급책임, 엄격책임, 연대책임이라는 특징으로 정리되는 이른바 수퍼펀드(Superfund)법이라고 일컫는 미국의 종합환경대응보상책임법(CERCLA)에서 정하고 있는 책임이 지나치게 무겁다는 점과, 거래비용의 과다, 브라운필드 등 문제점과 과중한 책임에 따른 정화비용의 예측 불가능성이 투자 및 보험시장을 위축시키고 있다는 비판이 있는 것이 사실이지만 CERCLA에서 토양선별복원기준에 관한 지침과 기준위해성 평가에 의해 오염지역을 구분하고 범위를 선정하는 과정, 복합적인 복원조치가 필요한 오염부지에 위해성 평가를 실시하고, 그 결과를 이용하여 적절한 복원방법을 선택하는 것 등은 우리나라의 토양오염지역의 선정과 복원과정에서 고려할 필요가 있다고 본다. 그리고 CERCLA가 토양오염뿐만 아니라 대기 및 수질오염 등 인체와 환경을 위협하는 유해물질에 의해 오염된 부지를 복원하기 위한 기금을 포함한 종합적이고 포괄적인 책임법의 기능을 수행하고 있는 점은 우리나라의 입법적인 대응방안으로서 시사하는 바가 크므로 적극적인 검토가 이루어져야 하겠다.

우리나라에서도 다양한 특별법의 규정을 두어 토양오염피해를 비롯한 환경침해로 인한 책임에서 오염자의 무과실책임을 인정하는 법제가 운용되고 있지만 재정적 여건미비로 여전히 결과책임과 시설책임의 중심구조로 설정되어 있어 여러 면에서 문제점이 있는 게 사실이다. 예컨대 환경정책기본법 또는 토양환경보전법와의 관계 정립, 그리고 환경정책기본법 제31조 제1항에서 정하고 있는 '사업장 등'에서 발생되는 환경침해로 인한 피해의 무과실책임이 일반조항 형태의 구성요건적 내용을 포괄적으로 규정하고 있음으로 해서 실체적 효력의 인정여부를 둘러 싼 논란을 잠재움으로써, 궁극적으로 피해자의 권리보호에 충실하기 위하여 환경책임체계를 일원화하여야 한다는 원칙론이 제시되고 있다.

따라서 토양오염피해에 대한 사업자의 무과실의 위험책임을 명시하고, 환경오염을 야기시킬 위험성이 높은 시설의 경우 환경오염으로 인한 손해배상책임을 이행할 수 있도록 필요한 조치를 하도록하고, 입증책任을 사업자가 부담하도록 함으로써 오염피해에 대한구제가 보다 원활하게 이루어질 수 있는 입법적 보완이 필요하다고하겠다. 또한 오염원인자나 복수원인자에 의하여 야기되는 환경오염또는 환경훼손이 문제되겠으나 책임의 주체 측면에서 불특정당사자상호간의 책임관계도 명확히 설정해야 할 것이다. 그리고 독일의Altlasten이나 미국의 Brownfield의 대응과 처리방안으로서 정책적대처와 법운용을 참고하여 우리나라도 문제를 본질적으로 해결할수 있는 대책과 통합적인 환경책임법의 입법적 검토가 적극 요청된다고 할 것이다. 환경책임은 흔히 단독 오염원인자나 복수원인자에의하여 야기되는 환경오염 또는 환경훼손이 문제되겠으나 책임의주체 측면에서 불특정당사자 상호간의 책임관계도 명확히 설정해야할 것이다. 책임의 범위는 무한배상의 경우와 최고한도를 설정하는경우로 이원화하는 방안이 필요하다. 책임의 입증에서는 전형적인인과관계의 입증전환을 토대로 삼되 위험의 추정과 같은 방식이 용인되어야 할 것이다. 환경책임의 실효성을 담보하는 장치로서는 배상책임보험 등의 재정책임을 중심으로 하되 환경오염의 방지차원의과징금·과태료 등의 민사벌이나 행정벌과 같은 행정책임을 병행하는 구조를 취하여야 가는 것도 필요하다고 할 것이다.

▌참고문헌 ▌

I. 국내문헌

1. 단행본

郭潤直, 物權法, 博英社, 1995.

_____, 債權各論(民法講義 IV), 博英社, 2003.

郭潤直(編輯代表), 民法注解[V] 物權(2), 博英社, 1992.

具然昌, 環境法論(改訂版), 法文社, 1993.

權龍雨, 不法行爲論, 考試院, 1974.

_____, 債權各論, 法文社, 1989.

金南辰, 行政法 II(第7版), 法文社, 2002.

金明龍, 土壤環境保全法의 改善方案, 韓國法制研究院, 2001. 12.

金相容, 物權法(全訂版), 法文社, 2000.

金連泰, 環境保全作用研究, 高麗大學校 出版部, 1999.

金泓均, 環境法(問題·事例), 弘文社, 2007.

金顯泰, 不法行爲論, 一潮閣, 1980.

金亨培, 民法學研究, 博英社, 1989. 8.

_____, 註釋 民法債權各則(6) : 不法行爲 總說, 韓國司法行政學會, 2000.

_____, 債權各論(契約法), 博英社, 2001.

柳至泰, 環境法, 高麗大學校出版部, 2000. 10.

徐熺源, 環境訴訟, 북피디닷컴, 2004.

孫潤河, 環境侵害와 民事訴訟, 청림출판, 2005. 10.

安法榮, 交通騷音 Immission과 民事責任, 法文社, 2001. 12.

안영희·김인수·김은경·김무훈, 土壤環境의 汚染과 淨化, 구미서관, 2004. 2.

梁承圭, 保險法, 三知院, 1995.

吳錫洛, 環境訴訟의 諸問題, 日新社, 1991.

_____, 立證責任論, 博英社, 1999.

李尙圭, 環境法論, 法文社, 1998.

李時潤, 民事訴訟法, 博英社, 1990. 8.

李銀榮, 民法 II, 博英社, 2002.

_____, 債權各論(제4판), 博英社, 2004. 12.

_____, 物權法, 博英社, 1998

李學春, 現代社會와 環境紛爭, 동남기획, 2002

張庚鶴, 民法槪論, 法律出版社, 2001.

全京暈, 獨逸 環境私法論, 法元社, 1998.

_____, 환경사법론, 집문당, 2009.

鄭東潤, 民事訴訟法, 法文社, 1991.

정재춘 외4, 미국의 주요 환경법, 서울시정개발연구원, 1995.

趙銀來, 環境法, 세종출판사, 2003.

趙顯權, 環境法, 法律文化院, 2006.

千柄泰·金明吉, 環境法論, 三英社, 2000.

崔相鎬, 環境汚染에 대한 民事責任, 계명대학교 출판부, 1999.

洪準亨, 環境法, 한울아카데미, 1994.

_____, 環境法, 博英社, 2005.

洪天龍, 消費者被害救濟論, 三英社, 1980.

2. 논문

姜貞嬅, "代替的 紛爭解決制度(ADR)로서의 環境紛爭調整과 環境訴訟" 環境法研究 제30권 3호, 韓國環境法學會, 2008. 11.

具然昌, "公害와 因果關係에 관한 判例研究", 法曹 제25권 제8호, 法曹協會, 1975.

_____, "環境汚染의 私法的 救濟", 法學. 제22권 2호(통권 제46호), 서울大學校 法學研究所, 1981. 9.

_____, "公害賠償請求와 因果關係의 立證", 考試界 통권 제336호, 國家考試學會, 1985. 2.

_____, "公害의 因果關係에 관한 判例의 動向", 松軒 安二濬 博士 華甲紀念 「民事法과 環境法의 諸問題」, 博英社, 1986.

_____, "公害 및 自然的 災害의 共同原因과 賠償責任", 民事判例研究(IX), 博英社, 1987. 2.

_____, "環境政策基本法(案)에 관한 小考", 環境法研究 제10권, 韓國環境法學會, 1988.

_____, "環境汚染被害의 私法的 救濟 再照明", 環境法研究 제11권, 韓國環境法學會, 1989.

權肅杓, "環境汚染의 現況과 그 對策", 公害問題와 裁判, 裁判資料 제2집, 法院行政處, 1978.

權龍雨, "公害의 豫防·排除請求", 法과 公害, 韓國法學敎授會 編, 1974.

354

_____, "公害로 인한 損害賠償 請求와 因果關係의 立證", 法曹 제23
　　권 2호, 法曹協會, 1974.

_____, "鑛害賠償責任의 法理", 誠軒黃迪仁博士華甲記念「損害賠償
　　法의 諸問題」, 博英社, 1990.

金基洙, "公害의 私法的 救濟의 方向과 相隣關係的 構成", 環境法研
　　究 創刊號, 韓國環境法學會, 1979.

金明龍, "土壤環境保全法의 比較法的 分析 - 獨逸의 聯邦土壤保護法
　　을 中心으로 -", 環境法研究 제24권 1호, 韓國環境法學會,
　　2002. 9.

김시평, "우리나라 環境紛爭調整制度의 現況과 發展方向", 環境法研
　　究 제21권, 韓國環境法學會, 1999.

金連泰, "環境法에 있어서 事前配慮原則의 實現", 高麗大 法學論集
　　제34호, 高麗大學校 法學研究所, 1998. 12.

_____, "廢棄物의 槪念 및 分類·處理體系 -독일의 순환관리 및 폐
　　기물법을 중심으로-", 環境法研究 제25권 1호, 韓國環境法學
　　會, 2003.

金載鎬, "環境被害의 救濟(Ⅰ)", 法學研究 제14권 제1號, 忠南大學校
　　法學研究所, 2003. 6.

_____, "環境汚染被害에 대한 法的 救濟-私法的 側面을 中心으로-",
　　天鳳 石琮顯博士華甲紀念 「現代 公法理論의 諸問題」, 三
　　英社, 2003.

김종화, "土壤環境保全法의 改善課題 : 토양오염의 책임에 관한 법
　　리를 중심으로", 법제현안 제2006-5호(通卷 제187호), 國會
　　事務處 法制室, 2006. 5.

金鉉峻, "獨逸法上 土壤環境保護와 그 示唆點". 公法研究 제29집 제1

호, 韓國公法學會, 2000. 11.

_____, "土壤淨化責任", 公法研究 제34집 제2호, 韓國公法學會, 2005. 12.

金顯泰, "公害와 그 私法的 救濟를 중심으로 한 研究", 法律行政論集 10, 高麗大學校法科大學 法律行政研究所, 1972. 6.

_____, "公害責任의 私法的 研究", 延世行政論叢 제6집, 延世大學校 行政大學院, 1979. 12.

金亨培, "不法行爲法 改正案意見書 -危險責任-", 民事法學 제15호, 韓國司法行政學會. 1997.

金炯錫, "所有物 妨害排除請求權에서 妨害의 槪念 - 大法院 2003.3.28. 선고, 2003다5917 判決의 評釋을 겸하여 -", 法學 제45권 제4호(통권 제133호), 서울大學校 法學研究所, 2004. 12.

金泓均, "環境法上의 環境責任制度", 法曹 제532호, 法曹協會, 2001. 1.

_____, "美國綜合環境對應責任法上의 責任當事者와 土壤環境保全法上의 汚染原因者", 環境法研究 제24권 제1호, 韓國環境法學會, 2002.

김홍석 외 연세대학교 산학협력단, 토양지하수 경제적 가치평가 및 사례조사 연구, 환경부, 2008. 12.

羅允洙, "環境汚染被害의 私法的 救濟", 商事法學 創刊號, 商事法研究會, 1994.

柳至泰, "環境責任法立法論", 公法研究 제20집, 韓國公法學會, 1992.

문광섭, "環境侵害에 대한 留止請求", 環境法의 諸問題(上), 裁判資料

第94輯, 法院圖書館, 2002. 6.

박노일, "環境被害救濟制度에 대한 法制的 檢討", 法制懸案 通卷 제
141호, 國會事務處 法制室, 2002. 12.

朴相烈, "土壤汚染과 法律問題", 土壤環境 제1권 1호, 韓國土壤環境
學會, 1996.

박영우, "近隣妨害에 관한 立法例와 民法 第217條", 法曹 제28권 제4
호, 法曹協會, 1979.

박용하, 토지이용 용도별 토양오염기준 및 복원기준 마련을 위한 연
구, 한국환경정책·평가연구원, 2003.

박용하·박상열·양재의, "토양오염지역의 책임에 관한 우리나라, 미
국, 영국, 독일, 네덜란드, 덴마크 법과 제도의 비교분석 및
우리나라 정책개선방향", 환경정책연구 제3권 2호(통권 5
호), 한국환경정책·평가연구원, 2004.

박용하·서경원, "휴·폐금속광산지역의 토양오염 관리정책의 평
가", 한국지하수토양환경학회지 제11권 3호, 2006.

박용하·양재의, "土壤環境保全法의 土壤汚染關聯 主要用語의 定義
및 再定立에 관한 考察" 환경정책연구 제4권 1호, 한국환경
정책·평가연구원, 2005.

박용하·윤서성·방상원·김미정·양재의·이양희, 토양오염지역의
관리 및 복원방안 연구 I -미국의 법, 제도를 중심으로-, 한
국환경정책·평가연구원, 2002. 12.

박용하·윤서성·송재우·장지수·이양희, 토양오염지역의 관리 및
복원방안 II, 한국환경정책·평가연구원, 2003. 12.

박용하·이승희, 토양환경보전을 위한 오염방지기준 및 관리대책,
한국환경기술개발원, 1995. 12.

朴銥炘, "美國 環境法上의 土壤汚染의 淨化責任", 美國憲法硏究 7, 美國憲法學會, 1996. 7.

박종원, "미국의 브라운필드문제와 그에 대한 법적 대응 - 브라운필드법을 중심으로-", 環境法硏究 第29卷 3號, 韓國環境法學會, 2007.

司空埈, "폐금속광산이 인근지역 주민건강에 미치는 영향", 영남의대 학술지 제24권 제2호, 영남대학교 의과대학, 2007. 7.

徐光民, "損害賠償責任의 一要件性으로서의 違法性 -특히 絶對權 및 人格權利益의 侵害와 關聯하여-", 民事法學 第4·5號. 韓國司法行政學會. 1985. 2.

徐燉珏, "公害로부터의 自由", 法과 公害, 韓國法學敎授會, 1974.

안경희, "環境侵害에 대한 民事法的 救濟", 環境法硏究 제28권 3호, 韓國環境法學會, 2006.

安法榮, "環境汚染事故와 危險責任 -一般條項的 危險責任構成을 위한 法政策的 小考-", 박기갑 외, 環境汚染의 法的救濟와 改善策, 小花, 1996.

_____, "賣買目的物의 瑕疵로 인한 損害賠償", 民事法學 제11·12호, 韓國司法行政學會. 1995. 2.

_____, "營業經營의 過失侵害와 責任歸屬의 因果的 標識", 判例硏究 제8집, 高麗大學校 法學硏究所, 1996.

_____, "民法上 環境汚染事故의 不法行爲責任 再照明", 翰林大學校 翰林法學 FORUM 제2권, 1992.

安二濬, 公害에 관한 私法的 考察, 慶熙大學校大學院 博士學位論文, 1974.

_____, "獨逸民法의 Immission의 法理", 慶熙法學 제13권, 慶熙法學

研究所, 1975.

양천수, "전문법의 책임으로서 환경책임과 환경민사책임", 環境法研究 제29권 3호, 韓國環境法學會, 2007.

吳錫洛, "環境責任法" 試案, 環境法研究 제15권, 韓國環境法學會, 1993.

_____, "公害의 私法的 救濟", 法務諮問委員論說集(4), 法務部法務諮問委員會, 1980. 7.

吳容鎬, "公害訴訟의 因果關係에 대한 立證", 民事判例研究(Ⅶ) 民事判例研究會 編, 博英社, 1988.

尹瑞成, "原因者負擔原則의 適用에 대한 考察", 環境法研究 제10권, 韓國環境法學會, 1988.

_____, "汚染된 土壤의 公法上 淨化責任에 관한 研究", 成均館大學校 大學院 博士學位論文, 1999.

尹庸碩, "環境汚染의 民事責任에 관한 새로운 動向", 財産法研究 제11권 1호, 韓國財産法學會, 1994. 12.

尹眞秀, "環境權 侵害를 理由로 하는 留止請求의 許容與否", 判例月報 통권 제315호, 判例月報社, 1996. 12.

尹喆洪, "環境權의 本質과 留止請求權", 民事法學 제17호, 韓國司法行政學會, 1999. 4.

_____, "環境利益侵害에 대한 私法的 救濟", 比較私法 제7권 1호, 韓國比較私法學會, 2000. 6.

李均成, "公害의 被害者救濟와 保險", 環境法研究 제2권, 韓國環境法學會, 1980.

李光信, "公害事件과 因果關係의 立證責任", 法曹春秋 제114호, 서울地方辯護士會, 1974. 4.

359

李東旡, "環境訴訟에 있어서 立證責任緩和에 관한 硏究", 法曹 제52
　　　권 10호, 法曹協會, 2003. 10.

_____, 環境訴訟에 있어서 立證責任緩和에 관한 硏究, 漢陽大學校
　　　大學院 博士學位論文, 2006.

李命甲, "環境汚染의 被害救濟", 現代民商法의 硏究 : 威廷 李在澈博
　　　士 華甲紀念論文集, 法文社, 1984.

李尙圭, "環境汚染紛爭調整의 法的 性格", 人權과 定義 通卷 219號,
　　　大韓辯護士協會, 1994. 10.

李相敦, "訴訟外 方法을 통한 紛爭의 解決 -美國에서의 ADR에
　　　관한 論爭을 中心으로-", 人權과 正義 통권 제150호, 大
　　　韓辯護士協會, 1989. 2.

_____, "環境政策基本法에 대한 考察", 公法硏究 제21집, 韓國公法
　　　學會, 1993.

이승우, "유럽공동체지침안의 環境責任", 環境法硏究 26卷 3號,
　　　韓國環境法學會, 2004. 1.

李英姬, "統一獨逸의 環境政策- 汚染土壤政策을 中心으로", 技術士
　　　제125호, 韓國技術士會, 1996. 2.

李勇雨, "受忍限度論 小考", 法曹 제27권10호, 法曹協會, 1978. 10.

_____, "公害防止訴訟", 公害問題와 裁判, 裁判資料 第2輯, 法院行
　　　政處, 1979. 8.

_____, "公害訴訟에 있어서의 判例動向", 司法行政, 제26권 3호, 韓
　　　國司法行政學會, 1985. 3.

李在澈, "公害의 私法的 硏究", 嶺南大學校 大學院 博士學位論文,
　　　1972.

李正雨, "公害에 대한 私法的 救濟", 저스티스 제11권 1호, 韓國法學

360

院, 1973. 12.

李昌桓, "美國에 있어서 土壤汚染에 관한 法的 責任", 中央法學 제3
　　　호, 中央法學會, 2001.

_____, 有害廢棄物 汚染地域의 淨化에 관한 公法上 責任 : 미국의
　　　Superfund Act를 중심으로, 中央大學校大學院 博士學位論
　　　文, 1998.

李太載, "公害의 私法的 救濟에 있어서 因果關係論", 司法行政 통권
　　　제160호, 韓國司法行政學會, 1974.

林正平, "共同不法行爲論에 있어서 公害에 대한 小考", 松軒安二濬博
　　　士華甲紀念 「民事法과 環境法의 諸問題」, 博英社, 1986.

張庚鶴, "公害事件判例", 法과 公害, 韓國法學敎授會 編, 1974.

全京暈, "韓國環境立法의 槪觀", 延世法學 제12권, 延世大學校
　　　法學會, 1995.

_____, "環境侵害로 인한 違法性判斷과 環境政策基本法 제31조의
　　　效力", 民事法學 제22호, 韓國民事法學會, 2002. 9.

_____, "環境侵害被害의 私法上 救濟法理", 環境法硏究 제25권 2호,
　　　韓國環境法學會, 2003. 12.

全光錫, "環境權의 公法的 實現", 環境汚染의 法的 救濟와 改善策,
　　　小花, 1996.

全炳成, "우리나라 環境法의 發展과 環境政策基本法의 制定", 環境法
　　　硏究 제14권, 韓國環境法學會, 1992. 9.

전재경, 環境責任法制硏究, 연구보고 2003-16, 韓國法制硏究院, 2003.

全昌祚, "公害의 私法的 救濟의 法理에 관한 硏究", 東亞論叢 제11
　　　집, 東亞大學校, 1974.

_____, "公害와 過失·無過失", 法과 公害, 韓國法學敎授會, 1974.

_____, "危險領域理論과 環境訴訟에의 適用", 民事法과 環境法의 諸問題「松軒 安二濬博士 華甲紀念論文集」, 博英社, 1986.

鄭淇雄, "不法行爲에 있어서 違法性 判斷: 相關關係理論을 中心으로", 財産法硏究 제3권 제1호. 韓國財産法學會, 1986. 1.

鄭南哲, "環境法上의 協同의 原則", 環境法硏究 제25권 1호, 韓國環境法學會. 2003. 9.

정영석, "油類汚染 損害賠償保障節次 및 補償매뉴얼 開發(국토해양부 편)", 한국해양대학교, 2009. 2.

鄭 玩, "環境汚染被害에 대한 民事責任", 環境法硏究 제25권 제2호, 韓國環境法學會, 2003.

鄭在吉, "西獨의 Immission保護法", 法學 제22권 제1호(통권 제45호), 서울大學校 法學硏究所, 1981. 3.

鄭在憲, "公害의 私法的 救濟", 司法硏究資料 제6집, 法院行政處, 1979.

조만형, "環境汚染被害救濟制度로서의 損害賠償責任과 保險", 環境法硏究 제27권 2호, 韓國環境法學會, 2005. 9.

趙誠民, "環境侵害와 妨害排除請求權의 認否", 考試界 통권 제470호, 國家考試學會, 1996. 4.

趙銀來, "土壤汚染被害에 대한 企業의 責任法理에 관한 硏究", 慶南大學校 大學院, 博士學位論文, 1999.

_____, "土壤汚染의 被害에 대한 責任", 지하수토양환경 제10권 제6호, 한국지하수토양환경학회, 2005. 12.

曺日煥, "環境權保護의 司法的 實效化를 위한 環境責任法 制定의 必要性", 人權과 正義 제202호, 大韓辯護士協會, 1993. 6.

趙弘植, "土壤環境侵害에 관한 法的 責任", 環境法硏究 제20권, 韓國

362

　　　　　環境法學會. 1998,

_____, "駐韓 美軍의 環境責任과 SOFA의 後續契約", 法學 제45권
　　　　　제3호, 서울大學校 法學硏究所, 2004. 9.

蔡永根, "우리나라 土壤環境保全法과 그 改正案의 內容과 問題點".
　　　　　公法硏究 제29집 2호, 韓國公法學會, 2001.

千慶松, "公害訴訟에 있어서의 因果關係의 立證", 司法論集, 第8輯,
　　　　　法院行政處, 1978.

崔光瀇, "環境民事責任", 環境法硏究 제22권, 韓國環境法學會, 2000.

_____, "汚染된 土壤의 淨化責任", 公法硏究 제30집 4호, 韓國公法
　　　　　學會, 2002. 6.

최봉석, "土壤汚染에 대한 法的·政策的 對應의 現況과 課題", 環境
　　　　　法硏究 제29권 1 號, 韓國環境法學會, 2007.

崔相鎬, "獨逸의 環境責任法과 우리나라의 環境政策基本法의 比較考
　　　　　察", 民事法學 제16호, 司法行政學會. 1998. 6.

崔相會, "環境汚染과 保險制度에 관한 考察 - 美國의 法制를 中心으
　　　　　로-", 法學硏究 제10집, 韓國法學會, 2002. 12.

최진석, 산업클러스터 구축정책과 환경관리, 한국환경정책·평가연구
　　　　　원, 2006. 12.

韓貴鉉, "獨逸 環境法上의 事前配慮와 危險防止", 大學院論文集 제22
　　　　　호, 東亞大學校 大學院, 1997. 7.

_____, "土壤汚染과 汚染土壤淨化責任의 法理: 獨逸聯邦土壤保護法
　　　　　(BBodSchG)을 중심으로", 公法學硏究 제3권 제1호, 韓國比
　　　　　較公法學會, 2001. 4.

_____, "日本의 새로운 土壤汚染對策法", 土地公法硏究 제17집, 韓
　　　　　國土地公法學會, 2003. 2.

_____, "環境損害에 대한 責任法制 - 유럽환경손해책임지침과 독일 환경손해법안을 중심으로-", 公法硏究 제35집 1호, 韓國公法學會, 2006. 10.

한상운, "영국의 통합환경관리제도에 관한 연구", 환경정책연구 제6권 3호, 한국환경정책 · 평가연구원, 2007.

한종열, "기름流出로 土壤을 汚染시킨 注油所 讓受人의 責任", 법률신문(제3434호), 2006. 2. 13.

洪準亨, "우리나라 環境政策基本法의 改定方向", 우리나라 環境法體系整備에 관한 硏究Ⅱ, 한국환경정책·평가연구원, 1998.

洪天龍, "水質汚染으로 인한 漁業被害의 私法的 救濟", 慶南法學 제2집, 慶南大學校法學硏究所, 1987.

_____, "環境汚染被害의 救濟 -損害賠償請求와 留止請求-", 環境法硏究 제14권, 韓國環境法學會, 1992.

胡文赫, "法條競合과 請求權競合에 관한 判例의 動向", 民事判例硏究 X, 博英社, 1988.

한상운, "영국의 통합환경관리제도에 관한 연구", 환경정책연구 제6권 3호, 한국환경정책·평가연구원, 2007.

황상일 외 1, "오염토양부지의 정보관리체계 효율화 방안", 한국환경정책·평가연구원, 2004. 12.

황상일 외, "土壤保全基本計劃樹立硏究(환경부 용역보고서)", 한국환경정책·평가연구원, 2005. 12.

黃鎭浩, "環境汚染에 대한 損害賠償", 人權과正義 통권 제240호, 大韓辯護士協會, 1996. 8.

黃昌植, "企業의 引受·合倂과 土壤汚染", 環境問題硏究叢書 Ⅸ, 大韓辯護士協會, 2001.

_____, 土壤汚染의 法的 責任, 토양오염평가 및 복원에 관한 세미 나자료, 環境管理公團, 2001. 4. 24.

Erwin Deutsch, 金玟中 譯, "獨逸環境責任의 理論과 根本原則", 司 法行政 通卷 제375호, 韓國司法行政學會, 1992. 3.

Erwin Deutsch, "環境責任: 그 理論과 原理", 環境問題硏究叢書 I, 大韓辯護士協會, 1991.

Hager, "新環境責任法", 環境問題硏究叢書 I, 大韓辯護士協會, 1991.

환경부, "토지 이용 용도별 토양오염기준 및 복원기준 마련을 위한 연구", 한국환경정책·평가연구원, 2003.

3. 기타

국회환경노동위원회, 환경오염손해에대한배상책임법안검토보고서, 2003. 4.

고성군, 경남 고성군 병산마을 폐광산의 건강영향조사. 2004.

法制處, "環境政策基本法 制定理由", 관보 제11589호, 1990. 8.

중앙환경분쟁조정위원회, 2001 환경분쟁조정사례집, 2002. 2.

중앙환경분쟁조정위원회, 2002 환경분쟁조정사례집, 2003. 6.

중앙환경분쟁조정위원회, 2003 환경분쟁조정사례집, 2004. 7.

중앙환경분쟁조정위원회, 2004 지방환경분쟁조정사례집(제4집), 2005. 8.

한국폐기물학회, 사용종료매립지의 적정사후관리방안, 1995.

한국법제연구원 편, 법령용어사례집(下), 2002.

한국토양환경학회 1996년도 경기지부결성 및 세미나자료.

한국토양환경학회, 의왕시소재 유류오염부지 등에 대한 토양정밀조
    사보고서, 1998.

환경공무원교육원, 토양환경관리법연수교재, 1997.

환경부자료, 1997 폐기물발생 및 처리현황, 1998.

환경부, 환경백서 2005, 2008, 2009.

환경부, 환경통계연감 제20호, 2007. 10.

환경부, 2008년도 토양측정망 및 토양오염실태조사결과, 2009. 8.

네이버 백과사전

http://www.defra.gov.uk/environment/landliability/circ
    2-2000/index.htm

http://www.epa.gov/oilspill/ncpover.htm

http://www.rivermedia.com/consulting/er/regs/epcraovr.htm

Ⅱ. 외국문헌

1. 歐美

Armao, Joseph J./Griffith, Brian J., The SEC's Increasing Emphasis
    of Disclosing Environmental Liabilities, 11 Nat. Resources
    & Envt. 31, Spring 1997.

Bagby, John W./McCarty, F. William, The Legal Environment of
    Business, 2nd, Irwin, 1993.

Park, Sang-Yeol, "Environmental Law in Korea", Journal of
    Environmental Law and Practice, Nov./Dec., 1993, pp.
    32-38.

Baur, Jürgen F./Stürner, Rolf., Lehrbuch des Sachenrechts, 16. Aufl., 1992.

Beck, Ulrich, Risk Society : Toward a New Modernity(Theory, Culture & Society), translated by Mark Ritter, Sage Publications, Sep. 1992.

Boston, Gerald W./Madden, M. Stuart, Law of Environmental and Toxic Torts, West Publishing Co., Apr. 1994.

Brennan, Douglas F., Joint and Several Liability Generators under Superfund: A Federal Formula for Cost Recovery, 5 UCLA J. of Env. L. & Policy, 1986, pp. 101-135.

Buchwald, K./W. Engelhardt(Hrsg.), Umweltschutz, Bd. 4 - Schutz des Bodens, 1999.

von Caemmerer, Reform der Gefährdungshaftung, 1971.

Calabresi, Guido, The Costs of Accidents: A Legal and Economic Analysis, Yale Univ. Press, Sep. 1970.

Collins, David M., "The Thanker's Right of Harmless Discharge and Protection of the Marine Environment", Journal of Marine Law and Commerce, vol. 18, No. 2, Apr. 1987, pp. 275-292.

Dana, David A., The New "Contractarian" Paradigm in Environmental Regulation, Univ. of Illinois Law Review, Vol. No. 1. 2000, pp. 35-59.

Di Fabio, Udo, Das Kooperationsprinzip, ein allgemeiner Rechtsgrundsatz des Umweltrechts, NVwZ 1999, S. 1156 f.

367

Erbguth, W./Stollmann, F., Zum Stand des Bodenschutzrechts, NuR 1994, S. 321 f.

Esser, J., Die Zweispurigkeit unseres Haftpflichtrechts, JZ 1953, S. 129 ff., in: ders., Wege der Rechtsgewinnung, 1990.

_____, Grundlagen und Entwicklung der Gefährdungshaftung, 2. Aufl., 1969.

Esser, J./Schmidt, E., Schuldrecht, I/1, 8. Aufl., 1995, I/2, 8. Aufl., 2000.

Ferguson, C./Kasamas, H., Risk Assessment for Contaminated Sites in Europe, Volume 2 Policy Frameworks. LQM Press. UK. 1999, pp. 23-85.

Ferris, Linly, CERCLA Remedy Selection: Abandoning the Quick Fix Mentality, 21 Ecology Law Quarterly, 1994, pp. 786-828.

Findly, Roger W./Farber, Daniel A., Environment Law in a Nutshell, 5th Ed. West Group, 2000.

Fiss, Owen M., Against Settlement, Yale Law Journal 93, May 1984, pp. 1073-1090.

Gaby, Bomheim, Haftung für grenzüberschreitende Umweltbeeinträchtigungen im Völkerrecht und im Internationalen Privatrecht, 1995, S. 34 f.

Gergen, Michael J., The Failed Promise of the "Polluter Pays" Principle: An Economic Analysis of Landowner Liability for Hazardous Waste, 69 New York Univ. Law Rev.,

1994, pp. 624-676.

Gerlach, Johann, Privatrecht und Umweltschutz im System des Umweltrechts, 1989.

Goldberg, Stephen B. et al., Dispute Resolution, 2nd. Ed., Little, Brown and Co., Jan. 1985.

Gusy, Christoph, Kooperation als staatlicher Steuerungsmodus, ZUR 2001. S. 1 ff.

Hager, Günter, Das neue Umwelthaftungsgesetz, NJW 1991. S. 135 f.

Hedeman, William, et al., Superfund Transaction Costs: A Critical Perspective on the Superfund Liability Scheme, 21 Envtl. L. Rep. (Envtl. L. Inst.), 10413, 10415, 1991.

Henderson, James A./Twerski, Aaron D., Product Liability: Problems & Process, Little Brown and Co., July 1987.

Hester, Ronald E./Harrison, Roy M., environmental forensics, Issues in Environ- mental Science and Technology Vol. 26 (No. 16 Assessment and Reclamation of Contaminated Land), The Royal Society of Chemistry, UK. 24, 2000.

Himmelmann, S./Pohl, A./Tünnesen-Harmes, C., Handbuch des Umweltrecht, 1995, A. 7, Rn. 29.

Italiano, Michael L., et al., Environmental Due Diligence During Mergers and Acquisitions, 10 Nat. Resources & Env't 17, 1996.

James, Philp S., Introduction to English Law, 10th Ed., 1979.

Johnson, Jeff, Democrats Blast Revised Superfund, Chemical &

Engineering News, Sep. 15, 1997.

Kakalik, James S./Ebener, Patricia A./Felstiner, William L. F./Shan et al., costs of Asbestos Litigation.Santa Monica: RAND Corp., 1984.

Karkkainen, Bradley C., "Information as Environmental Regulation : TRI and Performance Benchmarking, Precursor to a New Paradigm?", Georgetown Law Journal, Vol. 89, 2001, pp. 257-370.

Kauch, Petra, Bodenschutz aus bundesrechtlicher Sicht, Selbstverlag des Instituts fur Siedlungs- und Wohnungswesen und des Zentralinstituts fur Raumplanung der Universitat Munster, 1993, S. 12 ff.

Klein, Andrew R., Hazardous Waste Cleanup and Intermediate Landowners: Reexamining the Liability-Based Approach, 21 Harv. Envtl. L. Rev. 337, 345, 1997.

Kloepfer, Michael, Umweltrecht, 2. Aufl., 1998.

Kohnke, Helmut/Franzmeier, D. P., Soil Science Simplified, 4th Ed. Waveland Press Inc, Dec. 1994.

Kriser J., Environmental Law and Policy, Bobbs-Merril, 1971.

Landy, Marc K./Roberts, Marc J./Thomas, Stephen R., The Environmental Protection Agency : Asking the Wrong Questions, Oxford Univ. Press, 1990.

Levine, Andrew S., The Brownfields Revitalization and Environmental Restoration Act of 2001: The Benefits and the Limitations, 13 Vill. Envtl. L. J. 217, 2002.

Lowe, M./Lowe, J., The New UK Contaminated Land Regime. 2001.

Menell, Peter S., "The Limitations of Legal Institutions for Addressing Environmental Risk", Journal of Economic Perspectives, 5, 1991, pp. 93-113.

Oswald, Lynda J./Schipani, Cindy A., CERCLA and the "Erosion" of Traditional Corporate Law Doctrine, 86 Nw. U. L. Rev. 1992, pp. 259-321.

Peine, Franz J., Die Bodenschutzkonzeption der Bundesregierung, UPR 1997, S. 54 ff.

Postel, Sandra, Diffusing the Toxics Threat : Controlling Pesticides and Industrial Waste, Worldwatch Inst. 79, June 1987, pp. 1-73.

Poulter, Susan R., "Cleanup and Restoration: Who Should Pay?", 18 Journal of Land, Resources & Environmental Law, 1998, pp. 77-95.

Pound, Roscoe, An Introduction to the Philosophy of Law, Yale Univ. Press, 1922. 7th reprinting 1971.

Powell, Frona M., Amending CERCLA to Encourage the Redevelopment of Brownfields: Issues, Concerns, and Recommendations, 53 Wash. U. J. Urb. & Contemp. L. 113, 114, 1998.

Probst, Katherine N./Portney, Paul R., Resources for the Future, Assingning Liability for Superfund Cleanups : An Analysis of Policy Actions, 1992.

Prosser, William L., Handbook of the Law of Torts, 4th ed., West Publishing Co., 1971.

Prölss, Jürgen, Beweiserleichterungen im Schadensersatzprozeß, 1966, S. 6 f.

Prumm, H. P., Umweltschutzrecht, 1989.

Reuter, Alexander, Altlasten und Grundstückskauf, 1988.

Rodgers, William H., Handbook on Environmental Law, 1st Ed. Minn.: West Publishing Co., Dec. 1977.

Rosenberg, Leo/Schwab, Karl Heiny/Gottwald, Peter, Zivilprozeßrecht, 15. Aufl., 1993.

Salje, Peter, Umwelthaftungsgesetz Kommentar, 1993.

Schellhammer, Kurt, Zivilprozeß, 4. Aufl., 1989.

Shira, Kelly J., Returning Common Sense to Cleanup? The Small Business Liability Relief and Brownfields Revitalization Act, 34 Ariz. St. L. J. 991, 2002.

Soergel/Siebert, Kommentar zum, BGB, Bd, 4, Sachenrecht, 15. Aufl., 1976.

von Staudinger, J., BGB, 12. Aufl., 1989.

Strock, James M., Superfund : This Process is a Hazardous Mess, Phoenix Gazette, Jan. 1994. at B7.

Tarlock, A. Dan/Hanks, Eva H., Environmental Law and Policy, 50 Ind. L. J. 612. 1975.

Taupitz, Jochen, Das Umwelthaftungsgesetz als Zwischenschritt auf dem Weg zu einem effektiven Umwelthaftungsrecht, Jura 1992, S. 113 ff.

372

Taylor, Jerry, Salting the Earth-The Case for Repealing Superfund, Regulation, Cato Institute, Nov. 1996.

Visser WJF, Contaminated Land Polices in some industrialized Countries, 2d., 1993.

Wallace, Liability of Corporations and Corporate Officiers, Directors, and Shareholders under Superfund: Should Corporate and Agency Law Concepts Apply?, 14 J. CORP. L., 1989, pp. 839-863.

Weisskopf, Michael, Administrative Costs Drain "Superfund"; Few Toxic Waste Sites Actually Cleaned, Wash. Post, June 19, 1991, at A1.

Wolf, Manfred, Sachenrecht, 13. Aufl., 1996, S. 232 ff.

Wussow, Werner, Unfallhaftpflichtrecht, 14. Aufl., 1995.

EPA(Environmental Protection Agency), Insurance Issues and Superfund: Hearing Before the Committee on Environment and Public Works, U. S. Senate, 99th Cong., 1st Sess., 1985.

Friends of the Earth, Buyer Beware: A guide to finding out about contaminated land, 1993.

German Federal Ministry for Environment, German Federal Government Soil Protection Report, June 2002.

Restatement of the Law of Torts, Section 822, comment b., American Law Institute, 1939.

SBLR-BRA(Small Business Liability Relief and Brownfield Revitalization Act), Pub. L. No. 107-118 Stat., 2356,

2002.

The World Commission on Environment and Development, Our Common Future, Oxford Univ. Press, May 1987.

UK Environment Agency, Dealing with contaminated land in England: Progress in 2002 with Implementing the Part 11A Regime, Sep. 2002.

2. 日本

加藤一郎, 公害法の生成と展開 : 公害法の研究, 岩波書店, 1978.

加藤一郎・森島昭夫・大塚 直・柳憲一郎 監修, 安田火災海上保險(株) 外 1 編集, "土壤汚染と企業の責任", 有斐閣, 1995.

高橋滋, "土壤汚染修復の展望", 廢棄物學會誌 9卷2号, 1998.

古賀哲夫, アメリカの最近の環境問題 -有害化學物質と人身被害-, 名古屋學院大學論集 社會科學篇 第27卷 1号, 1990. 7.

吉田文和, 廢棄物と汚染の政治經濟學, 岩波書店, 1998.

吉村良一, 大氣汚染公害訴訟における因果關係論 : 尼崎・名古屋南部訴訟判決を中心に, 法律時報 73卷 3號(902號), 日本評論社, 2001.

吉村良一・橋本佳幸, "環境危險責任の基本構造: 民法學のあゆみ", 法律時報 75卷 12號(937號), 日本評論社, 2003.

那須淑子・佐久間敏雄, 土と環境, 三共出版, 1997.

南 博方・大久保規子, 要說 環境法, 有斐閣, 2003.

淡路剛久, 公害賠償の理論, 有裴閣, 1978.

374

_____, "水質汚濁", 現代損害賠償法講座(5), 日本評論社, 1973.

_____, 最新の公害訴訟と私法理論(4), 判例タイムズ 第208号.

淡路剛久・大塚 直・北村喜宣 編, 環境法判例百選(別冊 ジュリスト No. 171), 有斐閣, 2004.

大塚 直, 環境法, 有斐閣, 2002.

_____, "市街地土壌汚染淨化をめぐる新たな動向と法的論点(一)", 自治研究 75巻10号, 1999.

_____, "原因者主義か所有者主義か -土壌環境保全對策に關する立法を素材にして-, 法學敎室 第257号, 2002. 2.

德本 鎭, "鑛害賠償における因果關係", 戒能通孝 編, 公害法の研究, 日本評論社, 1970.

東京海上火災保險株式會社 編, 環境リスクと環境法(美國編), 有斐閣, 1995.

東孝 行, 公害訴訟の理論と實務, 有信堂, 1972.

_____, "公害法の諸問題(4)・完-因果關係の立證", 司法研修所論集 第1号.

藤田耕三, "水質汚濁事件と因果關係", 實務法律大系(6), 公害.

山口和男, 公害訴訟, 實務民事訴訟法講座, 日本評論社, 1970.

木宮高彦, 公害概論, 有斐閣, 1974.

西原道雄, 公害に對する私法的救濟の特質と機能, 法律時報 第39巻 7号, 1977.

石橋一晃, "因果關係論・各論Ⅱ-イタイイタイ病訴訟を中心として", 現代損害賠償法講座(5), 日本評論社, 1973.

小林秀之, 新製造物責任法大系 Ⅰ, 弘文堂, 1998.

小澤英明, 土壌汚染對策法, 東京:白揚社, 2003.

松村弓彦, "ドイツ 1994年循環型經濟・廢棄物法", 世界の環境法, 國際比較環境法センタ, 1996.

松浦 寬, 環境法概說(全訂第4版), 信山社, 2004.

野村好弘, 公害の判例, 有斐閣, 1971.

_____, "受忍限度論について", 公害法研究 第1卷 第3号, 1972,

野村好弘・淡路剛久, 公害判例の研究, 有斐閣, 1971.

牛山　積, "公害訴訟と因果關係論", 環境汚染法研究, 日本評論社, 1972.

原田尙彦・野村好弘・淡路剛久, "公害訴訟と環境權", ジュリスト 第492號, 有斐閣, 1971.

柳憲一郎, 環境法政策: 日本・EU・英國にみる環境配慮の法と政策, 清文社, 2001.

伊藤高義, "差止請求權", 現代損害賠償法講座(5), 日本評論社, 1973.

伊藤　眞, "早川メッキ工場廢液事件", 公害環境判例, 別冊ジュリスト 43号.

日本弁護士連合會 編, ケースメソッド環境法, 日本評論社, 2005. 3.

日本厚生省生活衛生局企劃課 編, 化學物質とダイオキシン・生活と環境, 44(6), 1999,

齊藤滿里子, 環境ホルモン研究 - ダイオキシン類による環境汚染問題の現狀, 文化女子大學紀要. 服裝學・造形學研究, 32集, 2001.

潮海一雄, "公害訴訟における損害論(1)", 判例タイムズ 第25卷 12号 (通卷 311호), 1974. 11.

竹內保雄, "差止命令", 公害法の生成と展開(加藤一郎 編), 岩波書店, 1970.

中野貞一郎, "醫療裁判における證明責任", ジュリスト 臨時增刊特集 醫療と人權.

池田恒男, 長良川河口堰建設差止訴訟控訴審判決: 大規模公共事業による環境破壊を理由とする差止請求, ジュリスト 別冊 171號, 2004.

清水兼男, "公害差止の不法行爲法的構成", ジュリスト 第78号, 1969. 11.

春日伊知郎・松村弓彦・福田清明, "ドイツ環境責任法", 判例タイムズ No.792, 1992.

澤井 裕, 公害の私法的研究, 一粒社, 1978.

_____, "因果關係の判定", 判例公害法 3卷, 日本評論社, 1973.

_____, 公害差止の法理, 日本評論社, 1976.

平野克明, "因果關係の認定における蓋然性說", 民法學6(不法行爲の重要問題), 有斐閣, 1980.

賀集 唱, "擧證責任", 續判例展望, 別冊ジュリスト 39号.

河村寛治・三浦哲男, EU環境法と企業責任, 信山社, 2004. 4.

好美清光・竹下守夫, "イタイイタイ病第1次訴訟第1審判決の法的檢討", 判例時報 646号, 1971. 9.

後藤孝典, 現代損害賠償論, 日本評論社, 1984.

環境法政策學會 編, 化學物質・土壤汚染と法政策, (社)商事法務研究會, 2001.

環境廳水質保全局 監修・水質法令研究會 編, "逐條解說 水質汚染防止法", 中央法規出版, 1996.

黑川陽一郎, 土壤汚染對策法の概要, ジュリスト No. 1233, 2002.

▌사항색인 ▌

378

382

토양환경사법론

초판 1쇄 인쇄 2014년 9월 10일
초판 1쇄 발행 2014년 9월 15일

저   자   정제강

발 행 인   김현호
발 행 처   법문북스
등록번호   제5-22호
등록일자   1979. 8. 27.
주   소   152-050 서울 구로구 구로동 636-62
전   화   02)2636-2911~2
팩   스   02)2636-3012
홈페이지   www.lawb.co.kr